Bionische Unternehmensführung

Rüdiger Fox

Bionische Unternehmensführung

Mitarbeitermotivation als Schlüssel zu Innovation, Agilität und Kollaboration

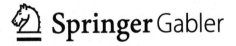

Springer Gabler

Rüdiger Fox
GCH-Institute
Zell am Moos, Österreich

ISBN 978-3-658-13224-8 ISBN 978-3-658-13225-5 (eBook)
DOI 10.1007/978-3-658-13225-5

Die Deutsche Nationalbibliothek verzeichnet diese Publikation in der Deutschen Nationalbibliografie; detaillierte bibliografische Daten sind im Internet über http://dnb.d-nb.de abrufbar.

Springer Gabler

Gedruckt auf säurefreiem und chlorfrei gebleichtem Papier

Springer Gabler ist Teil von Springer Nature
Die eingetragene Gesellschaft ist Springer Fachmedien Wiesbaden GmbH
Die Anschrift der Gesellschaft ist: Abraham-Lincoln-Str. 46, 65189 Wiesbaden, Germany

Für meine Kinder und ihre ganze Generation, damit sie von uns eine Wirtschaft übernehmen können, die dem Menschen nachhaltig dient

Vorwort

Probleme kann man niemals mit derselben Denkweise lösen, durch die sie entstanden sind.
Albert Einstein (1879–1955)

Seit einigen hunderttausend Jahren bevölkert unsere Spezies Mensch inzwischen die Erde und hat sich systematisch immer neue Klimazonen als dauerhaft bewohnbaren Lebensraum erschlossen. Doch anders als sämtliche anderen Lebewesen musste sich der Homo sapiens hierbei nicht allein auf den zeitraubenden Prozess der Evolution verlassen, um sich den unterschiedlichen Lebensbedingungen anzupassen. Stattdessen entwickelte er unermüdlich bessere Werkzeuge, zunehmend komplexere soziale Strukturen und immer neue kulturelle Fähigkeiten, um zusätzliche Nischen des Planeten für sich bewohnbar zu machen.

Lediglich die Fähigkeit, sich von der Oberfläche der Erde zu lösen und zu fliegen, überließ er lange Zeit scheinbar unerreichbar den Göttern.

Doch vor 500 Jahren begannen unsere Vorfahren, intensiv darüber nachzudenken, wie sie auch diese Dimension der Welt, die bisher weitgehend den Vögeln und Insekten vorbehalten war, systematisch für sich erobern könnten. Während anfängliche Versuche, die Natur möglichst exakt zu kopieren, nur kurze Sprünge oder Gleitflüge erlaubten, brachte schließlich die Zerlegung der Aufgabe in die beiden Funktionen Vortrieb und Auftrieb die Lösung. Weitgehend getrennt voneinander konnte die Technik ausreichend optimiert werden, um eine Erfolgsgeschichte zu schreiben, die uns heute fast jeden Punkt des Planeten scheinbar mühelos erreichen lässt. Daher ist die Luftfahrt bis zur Gegenwart zu einem großen Anteil von der Entwicklung immer leistungsfähigerer Antriebe sowie der Perfektionierung der Flügelprofile bestimmt.

Während es bei Triebwerken darum geht, für den Vortrieb möglichst effizient die verfügbaren Energieträger in gerichteten Vorschub umzuwandeln, entscheidet das Profil der Tragflächen darüber, wie viel Auftrieb erzeugt wird – begrenzt durch den maximalen Anstellwinkel, bis zu dem die Strömung dem Flügelprofil folgt, ohne „abzureißen". Allerdings determiniert es gleichzeitig, welcher Luftwiderstand sich dem Vortrieb negativ entgegenstellt. Da dieser konkurrierende Faktor mit zunehmender Fluggeschwindigkeit auch noch überproportional ansteigt, ist die Optimierung von Flugzeugflügeln eine immer größere Herausforderung.

Doch während die Luftfahrt sich durch immer bessere Berechnungsverfahren für die Geometrie, strömungsoptimierte Flügelenden und komplexe Klappensysteme darum bemüht, die Effizienz der Tragflügel dennoch weiter zu steigern, um auch in höheren Geschwindigkeitsbereichen die Wirtschaftlichkeit des Fliegens zu optimieren, gibt es einen Punkt, an dem diese Versuche an eine fundamentale physikalische Grenze stoßen: beim Erreichen der Schallgeschwindigkeit.

Sobald man sich diesem Punkt nähert, ändern sich die aerodynamischen Strömungsgesetze grundsätzlich, und ein „Verdichtungsstoß" erhöht schlagartig den Luftwiderstand. Statt profilierte Flügelformen werden plötzlich möglichst dünne, weitgehend profillose Tragflügel vorteilhaft, die idealerweise stark nach hinten gepfeilt sind oder eine Dreiecksform haben. Gleichzeitig wird die Steuerung des Flugzeuges unter diesen Flugbedingungen so komplex, dass sie nicht mehr vom Piloten alleine kontrolliert werden kann, sondern weitgehend autonome Systeme eine Vielzahl an Teilfunktionen im Hintergrund selbstständig übernehmen müssen.

Solche Phasenübergänge, ab denen sich die bisher gewohnten, scheinbar zwangsläufigen Kausalitäten nicht mehr fortsetzen, sondern in diesem neuen „Aggregatszustand" grundsätzlich andere Regeln gelten, kann man allerdings nicht nur in unserer physischen Umwelt beobachten. Denn was jedem aus dem Übergang von Flüssigkeiten in die Dampfphase vertraut ist, gibt es auch in sozialen Systemen – und die Wirtschaft ist eines davon.

Vor circa 250 Jahren haben wir begonnen, systematisch über Ökonomie nachzudenken, um die Erzeugung von Gütern und Dienstleistungen immer effizienter zu machen. Auch hier haben wir schrittweise den „Antrieb" in Form von finanziellen Kapitalströmen vom Management des organisatorischen „Auftriebs" in unseren Unternehmen getrennt, um beide separat zu optimieren. Seitdem versuchen wir auch auf diesem Gebiet, mit immer perfektionierteren Methoden auf der Basis betriebswirtschaftlicher Modelle das „Profil" unserer Organisationen an immer höhere Veränderungsgeschwindigkeiten anzupassen.

Doch seit einigen Jahren spüren wir immer häufiger, dass wir uns auch in der Wirtschaft einer Grenze zu nähern scheinen, bei der noch so komplexe Organisationsdesigns nicht mehr ausreichen, um die notwendigen Leistungssteigerungen zu erbringen, die den immer schneller ansteigenden Anforderungen der Wirtschaftswelt gerecht werden können.

Im Gegenteil: Rapide abnehmende Mitarbeitermotivation, massive Einbrüche der Marktanteile von etablierten Konzernen dank scheinbar über Nacht entstandenen neuen technologischen Möglichkeiten sowie immer stärker sichtbar werdende Grenzen einer auf kontinuierlichem Wachstum aufbauenden Wirtschaft sind nur ein paar herausstechende, aber unübersehbare Symptome dafür, dass unsere bisherigen Organisationsmodelle immer näher an ihren maximalen „Anstellwinkel" kommen, ab dem sie riskieren, dass bei der geringsten weiteren Turbulenz „die Strömung abreißt" und sie durchsacken.

Betrachtet man unsere heutige Wirtschaft mit ein wenig Abstand, so sind auch hier die Zeichen unübersehbar, dass wir ebenfalls an einem Phasenübergang angekommen sind, ab dem eine weitere Steigerung nicht mehr über die bisherigen Strategien erreicht werden kann.

Dennoch beherrschen bisher nur zwei grundsätzliche Denkschulen die immer lauter werdende Diskussion um die Zukunft unseres Wirtschaftssystems. Während die einen die gemeinhin anerkannten Gesetze unserer bisherigen Betriebswirtschaft als ureigenes Element der menschlichen Natur rechtfertigen und den immer stärkeren Wettlauf um das Überleben des Stärkeren als unverzichtbare Triebkraft menschlichen Fortschrittes ansehen, versuchen moralisch motivierte Stimmen, durch Appelle an die menschliche Vernunft und die Voraussage apokalyptischer Untergangsszenarien dieses System abzubremsen.

Mit steigender Dynamik und zunehmendem Näherkommen der Grenzen unseres Wachstums wird diese Diskussion immer radikaler. Übersehen wird dabei allerdings, dass trotz aller Unterschiede beiden Seiten eines gemeinsam ist: Sie sehen die aktuellen Wirkmechanismen unseres Wirtschaftssystems als inhärent gegeben und für seinen Erfolg als unverzichtbar an.

Dieses Buch soll zeigen, dass es einen dritten Weg gibt.

In den letzten Jahren hat unsere Wirtschaft unter anderem durch globale Vernetzung, nahezu uneingeschränkte Kommunikation in Echtzeit und explodierende Datenmengen zwar eine Grenze erreicht, bei der unsere Organisationen nicht mehr durch bisherige Methoden auf noch höheren Geschwindigkeiten gebracht werden können.

Wenn wir allerdings ein Verständnis für die neuen Gesetze entwickeln, die jenseits dieses Phasenüberganges gelten, können wir in eine Wirtschaftsphase eintreten, in der eine ganz neue Qualität der Entwicklung möglich wird. Hierfür benötigt es lediglich eines *Updates* des Konzeptes des Homo Economicus.

> Durch globale Vernetzung hat die Wirtschaft mit Beginn des neuen Jahrtausends einen Phasenübergang erreicht, ab dem grundsätzlich andere Regeln für wirtschaftlichen Erfolg gelten.

Zunächst müssen wir hierzu einsehen, dass unser bisheriges Wirtschaftsverständnis, das noch fast alle unsere heutigen wirtschaftlichen Handlungen und Entscheidungen prägt, auf vereinfachten Annahmen basiert, die weder der heutigen Komplexität des Systems adäquat entsprechen, noch die eigentliche menschliche Natur widerspiegeln. Dies wird im *ersten Kapitel* dieses Buches „Eine neue Wirtschaftsrealität" ausführlich gezeigt.

Durch ein Upgrade unseres wirtschaftlichen Denkens auf das Komplexitätsniveau der neuen globalen Randbedingungen und eine Integration der fundamentalen menschlichen Handlungsmechanismen eröffnet sich demgegenüber ein systemimmanenter neuer Weg, bei dem das primäre Ziel einer Steigerung des nachhaltigen menschlichen Wohlstandes durch die Wirtschaft weiter verfolgt werden kann, ohne die aktuellen negativen Nebenwirkungen in Kauf nehmen zu müssen.

Ein Organisationsmodell, welches die entscheidenden Faktoren hierfür integriert, sowie eine Übersicht, welche positiven Konsequenzen dies für Führung, Unternehmensbilanzierung und Aktienmärkte haben wird, erläutert der *zweite Kapitel* „Homo Economicus Reloaded".

Im *dritten Kapitel* „Der Transformationsprozess" wird schließlich im Detail beschrieben, wie der Übergang gestaltet werden kann, durch den Unternehmen auch im Zeitalter der globalen Vernetzung wieder zu einem integralen Element eines Systems erfolgreicher menschlicher Evolution werden.

Zuletzt bietet dieses Buch im *vierten Kapitel* „GCH in a Nutshell" ein einfaches Werkzeug, um Organisationen bezüglich ihrer Qualität zu bewerten, mit der sie auf diese Zukunft vorbereitet sind.

Um unsere Wirtschaft nachhaltig auf die Zukunft auszurichten, müssen wir nicht lernen, gegen unsere Überzeugungen zu handeln oder Verzicht zu üben. Wir müssen lediglich unsere eigene menschliche Natur besser verstehen und die fehlenden Faktoren in unseren bisherigen betriebswirtschaftlichen Gleichungen ergänzen, die für unsere Entscheidungen und Handlungen jenseits des Phasenüberganges zu einer global vernetzten Wirtschaft erfolgsentscheidend sind.

Ebenso wie die Bionik für die Ingenieurswissenschaften ganz neue Möglichkeiten erschlossen hat, optimierte Strukturen und Prozesse durch die Übertragung der Erfolgsrezepte der Evolution zu erschaffen, so kann auch organisatorische Führung von Phänomenen der belebten Natur lernen und durch ihre Integration deutlich wirkungsvollere Organisationen ausbilden. Auf diese Weise verbindet

„Bionische Führung" bisherige Wirtschaftskonzepte mit evolutionären und anthropozentrischen Elementen in einer Weise, in der sich diese gegenseitig aktiv unterstützen.

Für den Weg dorthin benötigt es nicht viel.

Von der Wirtschaft bedarf es lediglich der Bereitschaft, unser bisheriges System als in der Vergangenheit erfolgreich, allerdings für die Zukunft suboptimal anzuerkennen und auf eine höhere Qualität neu ausrichten zu wollen.

Und von den wirtschaftskritischen Stimmen bedarf es der Offenheit, dass die überall sichtbaren ökologischen und gesellschaftlichen Auswirkungen unseres aktuellen Wirtschaftens keine zwangsläufigen Konsequenzen eines in sich grundsätzlich „bösen" Systems sind, das man bekämpfen muss. Diese negativen Nebenwirkungen werden lediglich durch einige konzeptionelle betriebswirtschaftliche Vereinfachungen verursacht, die aus dem Ruder gelaufen sind, aber durch ein Upgrade unseres Verständnisses der Zusammenhänge zukünftig vermieden werden können.

Durch eine objektivere Sicht auf unser bisheriges Wirtschaftsdenken brauchen wir Wirtschaft in der bisherigen Form nicht mehr als zwangsläufige Entwicklung verstehen, der wir alternativlos ausgeliefert sind und die sich unausweichlich immer stärker beschleunigt, sondern können sie als eine primitivere, aber notwendige Zwischenetappe in einem sozialen Lernprozess sehen. Hierdurch schaffen wir Raum dafür, Wirtschaft durch Anpassung unseres ökonomischen Bewusstseins an eine komplexere Zukunft so zu verändern, dass wir das Ergebnis mit gutem Gewissen an die nächste Generation weitergeben können.

Sämtliche Gedanken zu diesem Buch entstammen nicht theoretischen Überlegungen und Analysen, sondern über 20 Jahren praktischer Realitätserfahrung in der Leitung von Teams, Abteilungen, mittelständigen Unternehmen und Konzerngesellschaften mit vielen tausend Mitarbeitern. Sie sind lediglich mit entsprechenden Hintergründen aus der neuesten humanistischen und wirtschaftspsychologischen Forschung unterlegt. Damit soll gezeigt werden, dass es sich nicht um zufällige Einzelphänomene handelt, sondern um allgemeingültige Effekte, die wir allerdings in unserer täglichen Wahrnehmung, dank des bisher verbreiteten Wirtschaftsverständnisses, gelernt haben, auszublenden.

Da Englisch inzwischen in unserer Managementsprache dominiert, wurden die entsprechenden englischen Schüsselbegriffe in Klammern als Referenz ergänzt.

Zell am Moos, Österreich Rüdiger Fox

Inhaltsverzeichnis

Abbildungsverzeichnis

Tabellenverzeichnis

1 Eine neue Wirtschaftsrealität

Morpheus: „Danach gibt es kein Zurück. Nimm die blaue Pille – die Geschichte endet, du wachst in deinem Bett auf und glaubst, was du auch immer glauben willst. Nimm die rote Pille – du bleibst hier im Wunderland und ich werde dir zeigen, wie tief das Kaninchenloch reicht."

Wachowski Geschwister, „Matrix"

Zusammenfassung

Wirtschaft erscheint zunehmend als eine sich immer schneller drehende Spirale neuer Möglichkeiten, aber auch rapide steigender Leistungsanforderungen und massiver sozio-ökologischer Nebenwirkungen, der wir unentrinnbar ausgeliefert sind. Dabei ist dies nur die Folge davon, dass wir nach vereinfachten Regeln interagieren, an die wir kollektiv glauben, die allerdings ursprünglich aus der Physik der mechanischen Systeme entliehen wurden. In Wirklichkeit sind wir durch globale Vernetzung lediglich an einer Phasengrenze angekommen, ab der fundamental andere Regeln gelten, die es erforderlich machen, neue Wirtschaftskompetenzen zu erlernen. Dieses Kapitel soll zeigen, dass es uns, wenn wir die systemischen Zusammenhänge besser verstehen lernen und in Organisationen die Komplexität der handelnden menschlichen Akteure mit den vollständigen evolutionären Erfolgsrezepten verknüpfen, in der Zukunft möglich sein wird, nachhaltig erfolgreich zu wachsen und gleichzeitig diese Widersprüche aufzulösen.

R. Fox, *Bionische Unternehmensführung*,
DOI 10.1007/978-3-658-13225-5_1

1.1 Drei Welten

> Da begab sich nun, ihr Mönche, der König zu den Blindgeborenen und sprach zu ihnen: „Blindgeborene, habt ihr euch den Elefanten angesehen?"
> „Ja, Majestät, wir haben uns den Elefanten angesehen."
> „Sagt, ihr Blindgeborenen, wie ist denn ein Elefant?"
> (Udāna VI.4 "Die Andersgläubigen 1")

Es vergeht kaum ein Tag, an dem wir nicht in irgendeiner Form über Wirtschaft sprechen. Und wir verwenden diesen Begriff, der in seiner Ursprungsbedeutung die allgemeinen Regeln des Haushaltens[1] umfasst, mit einer Selbstverständlichkeit, als ob er eine klar abgrenzbare, eindeutige Bedeutung hätte. Doch während dies anfänglich tatsächlich so war, müssen wir bei näherer Betrachtung feststellen, dass wir inzwischen gleichzeitig in mehreren, sehr unterschiedlichen Wirtschaftsrealitäten leben.

Wenn wir morgens die Kaffeemaschine einschalten, machen wir uns keine Gedanken darüber, wie der Strom erzeugt wurde, der ihr Wasser aufheizt, ihr Display zum Leuchten bringt oder ihr Mahlwerk antreibt – und wie diese Energie vom Ort ihrer Erzeugung bis in unsere Wohnung gelangt ist. Wir überlegen auch nicht, über welche verschiedenen Entwicklungsstadien das Design des Gerätes weiterentwickelt wurde, bis es seine heutigen Funktionalitäten perfekt beherrscht. Und wir denken ebenso wenig darüber nach, wie über die unterschiedlichen Stufen der Produktion aus einer Vielzahl an Rohmaterialien die Einzelteile hergestellt wurden, die erst in ihrer abgestimmten Choreografie miteinander in der von uns erwarteten Effizienz wirksam werden.

Noch ein wenig schlaftrunken drücken wir im Vorbeigehen auf einen Knopf und können wenige Augenblicke später nach unserer morgendlichen Tasse Kaffee greifen, mit der in der Hand wir einen neuen Tag beginnen. Was noch vor nicht allzu langer Zeit ein Prozess war, bei dem lediglich der landwirtschaftliche Anbau der Bohnen sowie die Bereitstellung einfacher und allgemein nutzbarer Kochutensilien arbeitsteilig organisiert war, während das Rösten und Mahlen, das Wasserholen und Feuermachen in der Verantwortung der Nutzer lag, ist heute das Ergebnis eines hoch komplexen Systems von miteinander verzahnten wirtschaftlichen Teilsystemen, die von uns unbeachtet im Hintergrund ablaufen und dazu dienen, das für uns bestmögliche Genusserlebnis mit minimalem Arbeitseinsatz zu ermöglichen.

Und dies ist nur eine von vielen komfortablen Errungenschaften, von denen wir weitgehend unbewusst jeden Tag profitieren und die für uns längst

[1] Ökonomie – aus dem Griechischen: oíkos „Haus" und nomos „Gesetz; Regel".

selbstverständlich geworden sind. Wir sind gewohnt, dass die Regale in den Geschäften in einer fast unüberschaubaren Auswahl gefüllt sind, wenn wir die unterschiedlichsten Produkte unseres täglichen Bedarfes benötigen; dass der Bus, der uns morgens zur Arbeit bringt, pünktlich an der Haltestelle ankommt und der Zug jeden Tag zur gleichen Zeit am Bahnhof losfährt; und dass wir nicht nur mit den entlegensten Orten der Welt kommunizieren können, sondern uns sogar Flugzeuge inzwischen jederzeit dorthin bringen würden.

In den letzten 100 Jahren haben wir eine Welt geschaffen, die uns immer mehr körperlich harte Arbeit abnimmt und gleichzeitig Produkte zur Verfügung stellt und Möglichkeiten selbstverständlich werden lässt, die noch vor einem Jahrhundert unvorstellbar waren. Wir haben es nicht nur geschafft, genug Nahrung zu erzeugen, um zumindest theoretisch eine Weltbevölkerung, die allein in den letzten 50 Jahren um 50 % angewachsen ist, ausreichend versorgen zu können[2], sondern zugleich eine unglaubliche Vielfalt an Waren und Dienstleistungen geschaffen, die wir bereits wenige Jahre nach ihrer Entwicklung für selbstverständlich halten und die aus unserem Alltag kaum noch wegzudenken sind.

Dieses System, das wir als Wirtschaft bezeichnen, hat sich von einer lokalen Subsistenzwirtschaft über einen in einem immer größeren Einzugsbereich möglichen Tauschhandel inzwischen zu einem hochkomplexen globalen System von miteinander vernetzten Einzelprozessen entwickelt, die scheinbar unauflösbar miteinander in Beziehung stehen. Die Einführung von Geld als leicht transportierbares und lagerfähiges Tauschmittel hat schier unbegrenzte Möglichkeiten geschaffen, ökonomische Prozesse zu zerteilen und Handlungen Einzelner nicht nur örtlich, sondern auch zeitlich entkoppelt miteinander zu verknüpfen. Globale Logistiknetze sichern präzise getaktet die vielstufigen Umwandlungsprozesse vom Rohstoff zum individuell zugeschnittenen Endprodukt – bis zur finalen Entsorgung nach dem Gebrauch. Immer schnellere Kommunikationsmöglichkeiten ermöglichen den zwischenmenschlichen Austausch in Echtzeit mit jedem Ort der Erde und sind inzwischen aus dem Alltag nicht mehr wegzudenken. Und immer stärker miteinander vernetzte technische Systeme erzeugen täglich eine explosionsartig wachsende Menge an Daten, die uns ungeahnte Optimierungsmöglichkeiten eröffnen.

Diese faszinierende Welt nutzen wir jeden Tag, ohne viel darüber nachzudenken. Und wir mussten sie nicht im Detail konzipieren und von Hand zusammenfügen, sondern sie ist möglich geworden durch ein System, das sich nahezu

[2] Wenn nicht die weltweite Verteilung ungleichmäßig wäre und nicht ca. 40 % auf dem Weg bis zum Verbrauch verlorengingen.

selbstständig durch ihm innewohnende, scheinbar natürliche Regeln kontinuierlich weiterzuentwickeln scheint.

Wenn wir dann den Kaffee getrunken haben, machen wir uns auf den Weg zu unserem Arbeitsplatz, an dem wir klar vorgegebene Verantwortungsbereiche und Aufgaben haben, die wir nach besten Möglichkeiten erfüllen versuchen, um im Austausch für unseren Einsatz materielle Kompensation zu erhalten, mit der wir unseren Lebensunterhalt bestreiten können.

Allerdings hat sich auch diese Wirtschaftswelt in den letzten Jahrzehnten immer stärker verändert. Während Arbeitsaufgaben ursprünglich ein möglichst ganzheitliches Wissen („Know-how“) über die Erstellung eines Produktes erforderten, wurden im Laufe des letzten Jahrhunderts die Arbeitsprozesse immer kleinteiliger zerlegt und standardisiert, um höhere Effizienz zu erreichen. Was ursprünglich lediglich auf einzelne Organisationen beschränkt war, ist inzwischen dank unbegrenzter globaler Logistikmöglichkeiten zu einem internationalen System der Arbeitsteilung geworden.

Doch mit zunehmender Standardisierung entstand zeitgleich eine neue Konkurrenz für die menschliche Arbeitsleistung. Nachdem bereits seit der Industriellen Revolution physische Arbeit immer stärker auf Maschinen übertragen werden konnte, hat durch die flächendeckende Verbreitung des Computers inzwischen eine ähnliche Erfolgsgeschichte für administrative Prozesse begonnen. Auf die Industrielle folgt nun die Digitale Revolution mit vergleichbar drastischen Auswirkungen auf unsere bisher gewohnte Arbeitswelt.

Die Bedrohung, in immer mehr Arbeitsprozessen durch deutlich effektivere und gleichzeitig kostengünstigere technische Alternativen ersetzt werden zu können, macht inzwischen vor kaum einer Industrie mehr halt. Sie führt dazu, dass heutige Arbeitsrealitäten geprägt sind von einem Leistungsdruck zu immer höherer Geschwindigkeit und Effizienz und der konstanten Gefahr, dennoch wegrationalisiert zu werden.

Und der inzwischen global gewordene Wettbewerb tut sein Übriges dazu, dass diese Veränderungsgeschwindigkeit immer stärker zunimmt. Durch kontinuierlich abnehmende Produktlebenszyklen ist Wirtschaft für alle an ihrem Funktionieren Beteiligten zu einer immer schneller drehenden Spirale geworden, in der die Zentrifugalkräfte konstant zunehmen.

Wenn wir dann abends nach Hause kommen, sind die Medien voll von Berichten über die rasant zunehmenden Schattenseiten einer Wirtschaft, die wir kaum noch ignorieren können. Während es vor wenigen Jahrzehnten noch gelegentliche ökologische Katastrophen waren, die ein mangelndes Verantwortungsbewusstsein einzelner Unternehmen oder Unternehmer in das Rampenlicht gerückt haben, so ist es inzwischen unübersehbar, dass Wirtschaft in der heutigen Form in wachsendem Maße kollektive ökologische und soziale Folgen hat, die sowohl unsere Umwelt als auch unsere gesellschaftlichen Systeme absehbar an ihre Grenzen bringen.

Während die Warnung des Club of Rome bezüglich der Grenzen des industriellen Wachstums vor einem knappen halben Jahrhundert noch weitgehend ignoriert wurde, können wir heute die Augen nicht mehr davor verschließen, dass wir immer deutlicher die Regenerationsfähigkeit unseres Planeten überfordern. Dies gilt nicht nur für die unübersehbaren und in ihren Konsequenzen schwer präzise zu prognostizierenden Auswirkungen der Nutzung von fossilen Brennstoffen, sondern betrifft grundsätzlich den Verbrauch von jeder Art von Rohstoffen, die Nebenwirkungen unserer Produktionsprozesse sowie die notwendige Entsorgung der von menschlicher Hand geschaffenen Produkte. Millionenstädte, in denen es nur noch mit Atemmasken möglich ist, sich auf offener Straße zu bewegen, machen offensichtlich, dass wir durch unser wirtschaftliches Handeln inzwischen unübersehbar unsere eigenen existenziellen Lebensgrundlagen wie Luft, Wasser und Nahrung beeinträchtigen.

Gleichzeitig verursacht unser Wirtschaftssystem in immer stärkerem Maße, soziale Verwerfungen in Form von rapide zunehmender Ungleichverteilung, deren Konsequenzen längst nicht mehr auf lokale Arbeitsauseinandersetzungen begrenzt bleiben. Durch den immer stärkeren Kostendruck getriebene prekäre Arbeitsbedingungen in vielen Ländern stehen in diametralem Gegensatz zu dem wirtschaftlichen Nutzen in denjenigen Ländern, die von diesen Waren profitieren. Die mediale Transparenz dieser klaffenden Lücke zwischen den Lebensbedingungen hat das Risiko wirtschaftlich motivierter Fluchtbewegungen und damit den globalen Handlungsdruck deutlich verstärkt. Und auch *innerhalb* einer steigenden Zahl von Ländern geht die Schere zwischen arm und reich immer weiter auseinander und verstärkt massiv das innergesellschaftliche Konfliktpotenzial.

Wenn wir also heute über Wirtschaft sprechen, so müssen wir uns zunächst vergegenwärtigen, dass innerhalb der letzten 250 Jahre aus einem integrierten System von ursprünglich lokal begrenzten Interaktionen zwischen einer sehr beschränkten Zahl von Wirtschaftsbeteiligen in den letzten Jahrzehnten drei Welten erwachsen sind, die in Bezug auf ihre Auswirkungen auf den Menschen immer weiter auseinanderdriften:

1. eine begehrenswerte Welt, die durch den Besitz von neuen technologischen Möglichkeiten unser Leben leichter und komfortabler macht,
2. eine zunehmend herausfordernde Arbeitswelt, deren kontinuierlich steigende Anforderungen an den Einzelnen immer mehr Menschen an das Limit ihrer Leistungsfähigkeit bringt,

3. eine immer bedrohlichere Welt, deren kollektives Handeln zunehmend gesellschaftliche und ökologische Auswirkungen verursacht, die mittelfristig die für den Menschen lebensnotwendigen Systeme an die Grenzen ihrer Tragfähigkeit bringen.

Wie sieht dann aber unsere Zukunft und besonders die Zukunft unserer Kinder angesichts dieser Entwicklungen aus?

Ist „Wirtschaft" tatsächlich nichts anderes als der Gattungsbegriff für ein wissenschaftliches Erklärungssystem, dessen inhärente Regeln der Natur des Menschen entspringen, und jeder Einzelne insofern zwangsläufig dazu verurteilt ist, irgendwie zu versuchen, in diesem Wettlauf zu überleben? Sind immer höhere Leistungsanforderungen in unserer Arbeitswelt die unvermeidbaren Nebenwirkungen eines kollektiven menschlichen Strebens nach „mehr", denen wir alternativlos ausgeliefert sind? Und können wir höchstens durch zwanghafte Regulierung versuchen, die größten Krisensymptome unseres Wirtschaftssystems zu mildern, um die unvermeidlichen Kollateralschäden an Umwelt und Gesellschaft möglichst weit hinauszuzögern, damit sie zumindest uns selbst nicht mehr betreffen?

Bei aller Berechtigung von moralischen Appellen wäre es jedenfalls naiv, zu glauben, dass flächendeckende menschliche Einsicht kurzfristig zu der notwendigen Selbstbeschränkung führen könnte, um diese Tendenzen noch früh genug auf ein erträgliches Maß zu verlangsamen.

Eine kollektive Trendwende herbeiführen zu wollen, die in relevantem Maße unsere ökonomische Fluggeschwindigkeit durch Konsumverzicht herabsetzt, ist angesichts einer weltweit in vielen Ländern erst gerade entstehenden neuen Mittelschicht nicht nur vollkommen unrealistisch, sondern auch moralisch nicht zu rechtfertigen. Gleichzeitig stehen die Vorzeichen eher darauf, dass die Schere der weltweiten Ungleichverteilung noch weiter auseinandergeht, sodass auch in diesem Punkt kurzfristig keine Entlastung zu erwarten ist.

Auch unsere individuelle, ganz natürliche Angst vor dem Verlust unseres Arbeitsplatzes, der die Grundlage unserer Versorgung repräsentiert, hindert verständlicher Weise die meisten von uns daran, aktiv den Lauf im „Hamsterrad" zu verlangsamen. Stattdessen geben wir uns immer neu der Illusion hin, dass es doch immer noch ein wenig schneller geht – und bestätigen damit zugleich, dass das System noch Steigerungspotenzial hatte. Letztendlich müssen wir ja auch nur etwas schneller sein als der nächste Kollege, um der unmittelbaren Gefahr zu entgehen, von der Organisation ausgesondert zu werden.

Und zuletzt fördert die menschliche Neigung, insbesondere kollektive Konsequenzen in der Zukunft überproportional mental zu diskontieren, dass wir uns immer wieder gerne dem Glauben hingeben, dass die Zukunft schon nicht so schlimm werden wird, wie die Prognosen dies suggerieren. Letztendlich sind für die meisten Menschen die konkreten Auswirkungen sozio-ökologischer Nebenwirkungen unseres wirtschaftlichen Wachstums auch noch nicht individuell spürbar, selbst wenn bereits nachhaltige Schäden an den ökologischen und sozialen Systemen angerichtet werden.

▶ Um die Nebenwirkungen unserer Wirtschaft in Form von immer höherem Leistungsdruck sowie der existenziellen Gefährdung lebenswichtiger ökologischer und sozialer Systeme zu vermeiden, müssen wir uns nicht einschränken, sondern einen Phasenübergang überschreiten.

Keine der drei Wirtschaftstendenzen lässt sich insofern realistisch in ihrer Entwicklung umkehren. Wenn wir uns also nicht einem Fatalismus hingeben wollen, bleibt uns nur, nach vorne einen Weg zu suchen, der schnell genug zu einer Veränderung führt, bevor die Kluft zwischen den drei Realitäten für die menschlichen Systeme unerträglich wird. Und gerade dort hilft uns eine janusköpfige Eigenheit von Phasenübergängen, nämlich dass nicht nur die bisher gewohnten Gesetzte massiv in ihrer Wirksamkeit nachlassen, sondern dass ab diesem Punkt gleichzeitig fundamental andere Regeln in Kraft gesetzt werden, die bisher nicht vorstellbare Möglichkeiten eröffnen.

Um diese zu identifizieren, ist es allerdings notwendig, die einzelnen Elemente unserer bisherig als selbstverständlich vorausgesetzten wirtschaftlichen Glaubenssätze forensisch voneinander zu isolieren und systematisch zu überprüfen, ob sie unter den heutigen Randumständen tatsächlich noch zwingend kausal miteinander verknüpft sind. Auf die erwähnten drei Wirtschaftsrealitäten übertragen führt dies zu fundamentalen Fragen, deren Gültigkeit jenseits der Phasengrenze einer global vernetzten Wirtschaft neu validiert werden muss:

1. Sind der Besitz von immer neuen technologischen Möglichkeiten, die unser Leben leichter und komfortabler machen, der effizienteste Weg, um unsere menschlichen Bedürfnisse zu befriedigen?
2. Sind Leistungssteigerungen in der Arbeitswelt nur durch die Erbringung von noch höheren Einzelleistungen erreichbar, während die Menschen immer stärker miteinander sowie mit den Möglichkeiten der Automatisierung konkurrieren?
3. Kann eine Steigerung von wirtschaftlicher Leistungserbringung nur durch einen höheren Ressourcenverbrauch und auf der Basis von sozialem Gefälle erreicht werden?

Ein kurzer Rückblick auf die Entstehungsgeschichte dieser bis heute scheinbar untrennbar mit unserem Wirtschaftsverständnis verbundenen Axiome soll zunächst zeigen, in welchem Kontext sie entstanden sind.

Denn anders als die enorme Komplexität des Systems es suggerieren möchte, basiert unser Wirtschaftssystem auch heute noch auf einer sehr geringen Anzahl von Modellen und Basisannahmen, die von Mitte des 18. Jahrhunderts bis Mitte des 20. Jahrhunderts schrittweise postuliert und seitdem nie grundsätzlich hinterfragt wurden. Während der Handel bereits seit tausenden von Jahren als herausragende Fähigkeit der menschlichen Spezies seinen Siegeszug um die ganze Welt angetreten hatte, war es erst Adam Smith (1723–1790), der explizit über die Frage nachgedacht hat, wie maximaler Wohlstand für eine möglichst große Zahl an Menschen geschaffen werden kann – und wie man ihn angesichts einer wachsenden Bevölkerung systematisch steigert (Smith 1999).

Kern seiner Theorie war es, dass menschliches Eigeninteresse die vornehmliche Triebkraft ist, die zu wirtschaftlichen Handlungen motiviert, und dass diese in Kombination mit Wettbewerb die bestmögliche Nutzung der verfügbaren Ressourcen sicherstellt. Bis heute ist dieser Zusammenhang eine der fundamentalen Annahmen unserer Wirtschaftstheorien, und der regelmäßige Verweis auf dieses als Selektion aus der Evolution bekannte Erfolgsrezept suggeriert uns, dass unsere Wirtschaft auf der Biologie aufgebaut ist und insofern in ihrer Unveränderbarkeit Naturgesetzen gleich kommt.

Bei näherem Hinschauen zeigen allerdings nicht nur die Biografien der Repräsentanten der letzten Jahrhunderte, sondern insbesondere die Ansätze selbst, dass die Wirtschaftstheorien allerdings zu einem Großteil dem damaligen Wissen der Physik entstammen und weit davon entfernt sind, der eigentlichen menschlichen Natur zu entsprechen (Beinhocker 2006).

Hierzu zählte seit Anbeginn zunächst die grundsätzliche Vorstellung, dass jedes Wirtschaftssystem immer wieder einen Gleichgewichtszustand zwischen miteinander konkurrierenden Kräften anstrebt, so wie beispielsweise Angebot und Nachfrage sich bei einem bestimmten Preis als primäre Referenzgröße aufeinander einpendeln. Trotz offensichtlicher individueller Unterschiede in der Nutzenbewertung von Gütern begann man bereits zu sehr früher Zeit, diese unübersehbaren Varianzen zugunsten der Vereinfachung unter den Tisch fallen zu lassen und bevorzugte statt dessen Modelle wie die von Vilfredo Pareto (1848–1923), dessen bis heute anerkannte betriebswirtschaftliche Theorien auf der rationalen Mechanik seiner Promotionsarbeit zu den „fundamentalen Prinzipien des Gleichgewichtes fester Körper" aufbauten.

Im Laufe des 20. Jahrhunderts erlaubte dann die Idee, dass jedem Produkt im Markt ein bestimmter objektiver Nutzwert zugewiesen werden kann, der für alle

Marktteilnehmer gleich ist, die Erweiterung der mathematischen Modelle auf multiple Märkte, die miteinander interagierten und durch einen uneingeschränkten und vollkommen transparenten Wettbewerb den gesellschaftlich bestmöglichen Gleichgewichtszustand erreichen sollten.

Mit Übertragung dieser mikroökonomischen Grundgesetze auf die Makroökonomie in den 1960er-Jahren war schließlich der Avatar der heutigen Wirtschaftstheorie erwachsen geworden: ein nur vom Eigennutz angetriebener, ausschließlich rational handelnder und allwissender „Homo Economicus", der sich in vollkommenen transparenten Märkten bewegt.

Auf der Basis von einigen – zu der damaligen Zeit als vertretbar eingeschätzten – Vereinfachungen ist auf diese Weise ein Wirtschaftskonzept entwickelt worden, welches bis heute jeder rationalen betriebs- und volkswirtschaftlichen Entscheidung zugrunde gelegt wird. Allerdings sind seine Wurzeln mitnichten in der menschlichen Natur zu finden, sondern waren getrieben von dem konstanten Bemühen, möglichst einfache mathematische Modelle zu erhalten – und diese fand man unschwer erkennbar in der Physik der Mechanik.

So wie allgemeine Kräfte in der Physik überall uneingeschränkt wirksam sind, ist beispielsweise die vollständige Transparenz der Märkte zu einer fundamentalen Grundannahme der Volkswirtschaft geworden. Analog ist aus der Idee, dass identische physikalische Kräfte auf vergleichbare Körper immer den gleichen Effekt auslösen, die Grundlage für die Idee eines anonymisierten Marktteilnehmers entstanden, dessen Handlungen standardisierten Gesetzen folgen.

Und auch die Ursprünge der noch heute den meisten Führungsvorstellungen zugrunde liegenden Annahme, dass ein höherer Systemdruck notwendigerweise zu einem höheren Output führen wird, finden wir in der physikalischen Theoriewelt der nicht-kompressiblen Flüssigkeiten.

Während ein kollektiver Glaube an diese Modelle für die Menschheit zu einem noch vor 100 Jahren unvorstellbaren Fortschritt geführt hat, hat unsere Wirtschaft allerdings die Welt der statischen, geschlossenen Systeme längst verlassen, in der die schrittweise Optimierung eines linearen Prozesses zur Umwandlung von Rohstoffen in Waren für den notwendigen Lebensbedarf ein Erfolgsrezept darstellt.

Selbst wenn wir nur die vereinfachte hierarchische Klassifizierung menschlicher Bedürfnisse durch Abraham Maslow berücksichtigen, so wird bereits unmittelbar erkennbar, dass oberhalb der Befriedigung unserer lebensnotwendigen Basisbedürfnisse ein „Mehr" an Waren nicht mehr notwendigerweise zu einer höheren Zufriedenheit führt. Während wir uns Sicherheit noch bedingt erkaufen können, kann materieller Besitz nur noch als Ersatzbefriedigung für Zugehörigkeit dienen. Und spätestens für das Selbstwertgefühl reduziert sich bei einer in einem materiellen Kontext notwendigerweise zunehmenden sozialen Kluft die Zahl derjenigen rapide, die kurzzeitig die Illusion haben, davon zu profitieren.

Inzwischen leben wir in einem offenen, dynamischen System, das nicht nur sehr bedingt menschliche Bedürfnisse ausschließlich materiell zu befriedigen vermag, sondern – analog zum noch vor 150 Jahren weitgehend unbekannten zweiten Hauptsatz der Thermodynamik – dazu neigt, dass seine Entropie, das heißt das Maß der Unordnung, immer weiter zunimmt. Auf die Wirtschaft übertragen bedeutet dies, dass globale Transparenz dazu führt, dass im Gleichtakt mit neuen Waren auch das Anspruchsniveau kontinuierlich steigt, während die Nebenwirkungen dieses Wachstums dazu führen, dass unser soziales und ökologisches Umfeld immer stärker in Mitleidenschaft gezogen wird. Gegenüber reinen Wachstumsstrategien rückt daher die Notwendigkeit immer weiter in den Vordergrund, mehr Ordnung zu erzeugen, um tatsächlich kollektive Befriedigung zu erreichen.

> Wir verknüpfen nur deswegen Bedürfnisbefriedigung zwangsläufig mit mehr Waren, Erfolg mit höherer Einzelleistung und Wachstum mit Ressourcenverbrauch, weil dies unsere bisherigen, der Mechanik entliehenen Wirtschaftsmodelle suggerieren.

In unserem bisherigen Wirtschaftsverständnis erscheint ein solcher Weg systemfremd. Würden wir jedoch den Homo Economicus nicht mehr als „standardisierten Festkörper" betrachten, sondern ihm eine individuell variable Bedürfnishierarchie zutrauen, uns zunehmend auf seine Fähigkeit zur kognitiven Leistung fokussieren, während wir transaktionale Tätigkeiten automatisieren, und den natürlichen Evolutionsprozess von gesellschaftlichen Wertsystemen in unsere Geschäftsmodelle integrieren, so erhielten wir einen neuen ökonomischen Avatar, der nicht nur unserer tatsächlichen menschlichen Natur näher käme, sondern auch wirtschaftliche Regeln entstehen ließe, die ganz natürlich eine Welt nachhaltigen Wohlstandes erzeugen würden.

Ein solcher Upgrade des Homo Economicus verstünde, dass er sowohl den gesamtgesellschaftlichen als auch seinen eigenen Vorteil nicht allein durch Eigennutz maximieren kann, sondern mit Hilfe von Kollaboration erzielen muss; dass ein Großteil seiner Handlungen von seinem Reptiliengehirn beeinflusst werden und er daher lernen muss, wie er am besten emotional-rational im heutigen Kontext entscheidet; und dass er zwar nicht allwissend ist, aber die Befähigung hat, lebenslang zu lernen.

Mit einem solchen Verständnis wird die Wirtschaftstheorie zwar deutlich komplexer, aber es eröffnet sich die Möglichkeit, jenseits der Phasengrenze einer auf maximales Wachstum ausgerichteten Ökonomie ein System zu erdenken, das unsere drei Wirtschaftswelten wieder zusammenbringt, ohne dass wir unsere tatsächlichen Bedürfnisse einschränken müssen.

1.2 Des Kaisers neue Kleider

> So ging der Kaiser unter dem prächtigen Thronhimmel, und alle Menschen auf der Straße und in den Fenstern sprachen: „Wie sind des Kaisers neue Kleider unvergleichlich! Welche Schleppe er am Kleide hat! Wie schön sie sitzt!“ Keiner wollte es sich merken lassen, dass er nichts sah; denn dann hätte er ja nicht zu seinem Amte getaugt oder wäre sehr dumm gewesen. Keine Kleider des Kaisers hatten solches Glück gemacht wie diese.
> “Aber er hat ja gar nichts an!” sagte endlich ein kleines Kind.
> (Hans Christian Andersen, „Des Kaisers neue Kleider“)

Als ich Anfang der 90er-Jahre im Herbst meinen ersten Arbeitsplatz antrat, bestand eine meiner ersten Aufgaben als designierte Führungsnachwuchskraft darin, den gerade gestarteten Unternehmensplanungsprozess eines großen Konzerns zu begleiten. Dieser umfasste drei unterschiedliche Planungsperioden: eine Kurzfristplanung für das folgende Jahr, eine Mittelfristplanung für die kommenden drei Jahre sowie eine Langfristplanung über zehn Jahre.

Als marktführender Zulieferant der Automobilindustrie war dieser jährlich anstehende Prozess streng getaktet und systematisch über mehrere Wochen im Detail durchorganisiert:

- Die verantwortlichen Vertriebsbereiche schätzten auf der Basis bisheriger Zahlen die Produktionsraten unserer Kunden für die kommenden zehn Jahre ab und erhielten oftmals diese Information sogar direkt von ihren Kunden auf Typenebene heruntergebrochen; zusätzlich prognostizierten sie unseren Zulieferanteil an der Gesamtfahrzeugproduktion auf der Basis bisheriger Marktanteile und der Einschätzung unserer technologischen Marktführerschaft.
- Die Entwicklungsbereiche sagten aufgrund vergangener Entwicklungszyklen voraus, wann mit dem nächsten technologischen Upgrade unseres Produktportfolios zu rechnen sei, und skalierten die hierfür notwendigen Budgetbedarfe hoch.
- Die Einkaufsabteilung plante in der Regel recht moderate Steigerungen der Rohmaterialpreise und orientierte sich dabei im Wesentlichen an der aktuellen Marktsituation.
- Die Personalabteilung steuerte die jährliche Erhöhung der Löhne und Gehälter sowie den wachstumsbedingt unvermeidlichen Zuwachs an Administration bei.

- Die Fertigung verpflichtete sich nach längerer Verhandlung zu kleineren jährlichen Produktivitätssteigerungen auf der Basis entsprechender Lernkurven.
- Und die Kalkulationsabteilung errechnete unter Berücksichtigung der technologischen und fertigungstechnischen Veränderungen die jeweiligen Stückpreise.

Nach wenigen kleineren Optimierungsrunden mit denjenigen Abteilungen, deren Wunschzettel ein wenig zu umfangreich ausgefallen war, konnten dank eines kontinuierlichen Wachstums die Gewinnervorgaben des Vorstandes erfüllt und die Planung verabschiedet werden.

Und das faszinierende für mich war, dass diese Vorhersagen über Jahre hinweg mit nur geringen Abweichungen wie geplant eintraten.

Über die folgenden Jahre habe ich dann gelernt, dass dieses Verfahren einer kollektiven Extrapolation von Vergangenheitserfahrung das Standardvorgehen für unternehmerische Planungsprozesse ist – unabhängig von der Industriesparte oder der Position in der Lieferkette. Ausgehend vom bestehenden Produktportfolio wurde die Zukunft schlicht als logische Weiterentwicklung der Vergangenheit vorhergesagt.

Auch die wenig später überraschend eintretende Pkw-Absatzkrise, die durch die starke japanische Konkurrenz verursachte war, wurde zügig in diesen Prozess integriert. Nachdem die Krisenursache schnell als die unter „Lean Production“ bekannt gewordene Systematik von Toyota, konstant ihre Fertigungsabläufe und -kosten zu optimieren, identifiziert war, musste man lediglich die Zielgröße bei den jährlichen Effizienzsteigerungen in den Produktionsprozessen erhöhen. Aus 1–2 % wurden planerisch jährlich 5–6 %, die in die Zielvereinbarungen der Produktionsleitung übernommen wurden. Dort, wo dies durch die Optimierung von Produktionsabläufen nicht mehr in ausreichendem Maße realisierbar war und auch die Automatisierung an ihre Grenzen stieß, mussten Fertigungskosten durch Verlagerung in Niedriglohnländer reduziert werden. Das Rad begann sich schneller zu drehen, während das Planungsverfahren unverändert beibehalten werden konnte.

Zeitgleich begann man, ganz im Sinne der „Lopez-Strategie“[3] auch im Einkauf die Machtposition in der wirtschaftlichen „Nahrungskette“ für kontinuierliche Preisreduzierungen zu nutzen, und erhöhte durch intensiven Preisdruck auf die Lieferanten auch dort die Geschwindigkeit. Wo dies an wirtschaftlich machbare Grenzen stieß, entschied man sich für Vereinfachungen, die niedrigere Kos-

---

[3]benannt nach José Ignacio López de Arriortúa, EVP General Motors bzw. Vorstand Volkswagen in den 90er-Jahren.

ten durch reduzierte Qualität erkauften. Man wählte nicht mehr das Bestmögliche, sondern das gerade noch für den Zweck Notwendige. Auch dies konnte in den bestehenden Planungsprozessen problemlos abgebildet werden.

Da sich diese beiden Effekte allerdings nicht beliebig dauerhaft für existierende Produkte in dieser Geschwindigkeit fortsetzen ließen, wuchs als nächstes der Druck auf den Entwicklungsprozess. Immer schneller wurden technologische Verbesserungen notwendig, um mit den Zielvorgaben für Einsparungen sowohl in der Herstellung als auch in der Beschaffung Schritt halten zu können, und begannen zunehmend, die Produktlebenszyklen zu verkürzen. Gleichzeitig verstärkte sich die Notwendigkeit von Standardisierung, um möglichst schnell Volumeneffekte in Einkauf und Fertigung erzielen zu können.

Diese Entwicklung hat in den letzten drei Jahrzehnten mit unterschiedlicher Geschwindigkeit inzwischen in fast allen Industrien Einzug gehalten. Der Automobilbau ist längst von dem Sog nach immer kürzeren Entwicklungszyklen erfasst worden. Und Mobiltelefone benötigen inzwischen jährlich mehrere neue Generationen, um überhaupt an den Märkten Schritt halten zu können, sodass selbst eine Jahresplanung kaum noch sinnvoll ist. Und selbst im Flugzeugbau, der aufgrund seiner technischen Komplexität und seiner Sicherheitsbedürfnisse heute noch eine der letzten Bastionen für sinnvolle Langfristplanung geblieben ist, bröckelt es bereits seit Jahren bei den Planungszyklen für die Kabinenausstattung.

Verursacht durch den zunehmenden Preisdruck gerieten schließlich auch die Administrationskosten unter Druck. In der Folge wurde zunächst der „Lean"-Ansatz auf alle Verwaltungsprozesse ausgeweitet, um auch diese nach Möglichkeit zu verschlanken, und als nächstes dann mit Hilfe von immer ausgeklügelter Software so weit wie möglich zu digitalisieren. Und da die dann noch verbleibenden Kosten unabhängig von der Unternehmensgröße weitgehend fix waren und nur durch Verbreiterung der Volumenbasis produktbezogen verringert werden konnten, wurde eine zweite Beschleunigungswelle ausgelöst: der Druck zu immer schnellerem Wachstum.

Der Gesamttrend kann nicht mehr geleugnet werden: wie Abb. 1.1 verdeutlicht, befindet sich unsere Wirtschaft in einer Spirale, die sich immer schneller drehen muss, um erfolgreich zu bleiben, und auf drei Ziele ausgerichtet ist: kontinuierliches Wachstum, immer kürzere Produktlebenszyklen sowie eine maximal mögliche Standardisierung.

Doch wie lange können wir diesen Prozess noch fortsetzen? Werden wir immer wieder neue Wege der Optimierung finden, die uns aufs Neue auf den nächsten Geschwindigkeitslevel anheben – ähnlich wie das Moor'sche Gesetz[4]

[4]nach Gordon (*1929).

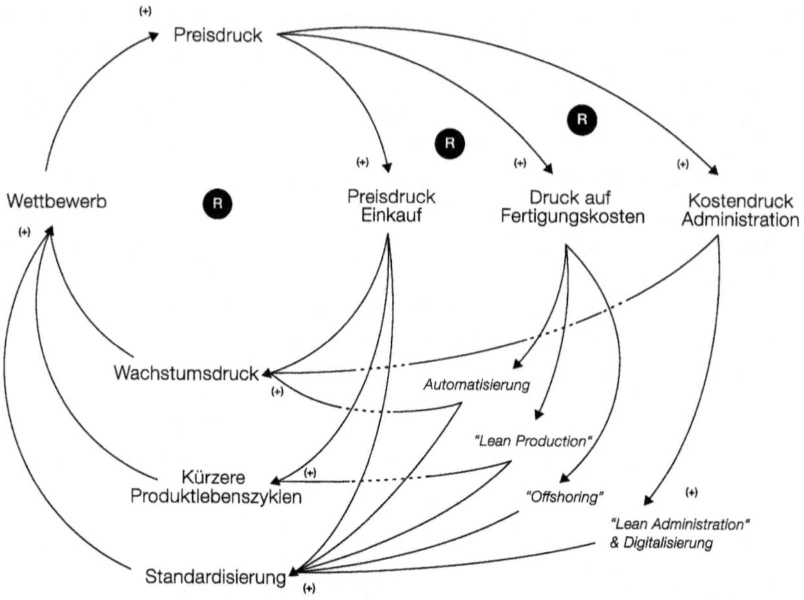

Abb. 1.1 System Map des aktuellen Wirtschaftssystems (selbstverstärkender Kreislauf)

uns seit einem halben Jahrhundert suggeriert, dass wir alle ein bis zwei Jahre durch höhere Integration der Schaltkreise die Leistungsfähigkeit unserer Computerchips verdoppeln können?

Nun, in der Tat ist die jüngste Geschichte der Menschheit voll von Beispielen, in denen Technologiesprünge immer wieder als fundamental angenommene Grenzen der Entwicklung überwunden haben. So erlaubte die Erfindung des Stahlskelettbaus ab Ende des 19. Jahrhunderts, die „magische Grenze" für Hochhäuser von zehn Stockwerken zu überschreiten, und wir nähern uns inzwischen Bauhöhen von einem Kilometer. Neue Materialien wie Kohlefaserstrukturen konnten immer wieder die maximale Baugröße und Transporteffizienz von Flugzeugen steigern. Und die Entdeckung und Nutzung von Tiefsee-Ölfeldern, der Einsatz von „Fracking" sowie die Möglichkeit der Ausbeutung von Ölsand verschieben immer wieder aufs Neue den „Peak-Oil"-Zeitpunkt[5] und schaffen es, trotz rapide steigender Nachfrage, die Preise fossiler Brennstoffe auf einem wirtschaftlich vertretbaren Niveau zu halten.

[5]der Zenit der Ölförderung nach Marion King Hubbert (1903–1989).

Ähnlich sprießen auch immer wieder neue Management-Schulen aus dem Boden, die uns neue Wege zu bisher unerreichbar erscheinenden Leistungslevels unserer Organisationen in Aussicht stellen. Auf die Erfolgsgeschichte von „Lean“ folgte dank der exponentiell wachsenden Möglichkeiten der Informationstechnologie die Digitalisierung, während „Agile“ Ansätze des Projektmanagements uns aktuell versprechen, die nächste Schallgrenze zur Verkürzung von Entwicklungsprozessen zu durchstoßen. Gleichzeitig suggeriert eine zunehmende Zahl an Konzepten für „Hochleistungsorganisationen“, dass unsere Unternehmen noch in umfangreichem Maße über Optimierungspotenzial verfügen, das es als Nächstes zu heben gilt.

Und warum sollen wir uns nicht immer wieder staunend von den Ergebnissen der neuesten Errungenschaften beeindrucken lassen, mit denen der Mensch Ziele erreicht, die zuvor für unmöglich gehalten wurden, und auf die nächste Welle warten, um sie reiten zu lernen? Warum soll nicht auch in Zukunft weiter das funktionieren, was bisher erfolgreich war?

Letztendlich entspricht es ja auch unseren tiefen menschlichen Bedürfnissen, dass sich die Zukunft als Fortsetzung der Vergangenheit darstellt. Diese Erbschaft unseres Reptiliengehirns, das unseren Vorfahren in ihrer lokal begrenzten Welt voll von sich zyklisch wiederholenden Prozessen erfolgreich das Überleben gesichert hat, ist auch heute noch permanent aktiv. Instinktiv erklären und im Zweifel verfremden wir ständig die Vergangenheit, um sie logisch mit der Realität in Einklang zu bringen („Rückschaufehler“, engl. „Hindsight Bias“), selektieren diejenigen Informationen heraus, die unseren Überzeugungen entsprechen („Bestätigungsfehler“, engl. „Confirmation Bias“) und bevorzugen grundsätzlich die Erhaltung des Status quo („Status Quo Bias“) gegenüber Veränderungen. Auf diese Weise erhalten wir uns die Überzeugung, die Zukunft vorhersagen zu können, so wie wir es schon in Urzeiten gelernt haben: durch Extrapolation von Vergangenheitserfahrungen.

Erst bei näherer Betrachtung wird offensichtlich, dass all die Beispiele menschlichen Fortschritts charakteristische Gemeinsamkeiten haben, die wir in unserer euphorischen Zukunftserwartung übersehen:

a) Die immer neue Überwindung von Systemgrenzen erzeugt zunehmend unerwünschte Nebenwirkungen, die mit jeder neuen Stufe eine neue Qualität erreichen. Diese Effekte werden allerdings oft lange nicht wahrgenommen, da sie mangels Relevanz zu Beginn der Entwicklung vernachlässigt werden konnten und daher über lange Zeit überhaupt nicht erfasst werden.
b) Die technischen Grenzen werden lediglich verschoben, aber nicht außer Kraft gesetzt, während der Prozess sich zunächst beschleunigt. So erreicht dieser

sich selbst immer weiter verstärkende Kreislauf unvermeidlich, trotz mehrfacher Verschiebung, einen Sättigungspunkt, bei dem der zusätzlich notwendige Aufwand beginnt, jeden Nutzen zu übersteigen.

c) Die Leistungssteigerungen erreichen irgendwann einen Bereich, ab dem sie für den Menschen unübersehbar nicht mehr sinnvoll erscheinen und an dem eine grundsätzliche Trendwende ausgelöst wird, die das gesellschaftliche Koordinatensystem für Prioritäten und Wertesysteme neu festlegt.

Während die Kosten für immer höhere Wolkenkratzer ebenso wie immer größere Flugzeuge exponentiell in die Höhe steigen, sind die Umweltschäden der neuen Erschließungsverfahren für Öl – unabhängig von den grundsätzlichen besorgniserregenden Klimaauswirkungen fossiler Energieträger – inzwischen exorbitant. Allerdings ignorierte man diese Faktoren über lange Zeit weitgehend, da angesichts der neuen Möglichkeiten des Wohnungsbaus und der globalen Mobilität die Kosten zunächst keine entscheidende Rolle spielten und auch für die terrestrische Ölförderung in kaum bewohnbaren Gegenden dieser Erde ein intensiver Einsatz von Chemikalien oder großflächige Landschaftszerstörung nicht notwendig ist. Weil diese Faktoren in der Vergangenheit irrelevant waren und vernachlässigt werden konnten, sind sie auch heute noch bei vielen vorgeblich ganzheitlichen Fortschrittsbewertungen unterrepräsentiert.

Gleichzeitig halfen zwar verbesserte Berechnungs- und Konstruktionsverfahren beim Bau optimierter Hochhäuser und Flugzeuge. Sie ändern aber nichts an der Tatsache, dass das Eigengewicht jeder Konstruktion irgendwann eine physikalische Grenze erreicht, bei der allein das notwendige Mehrgewicht für eine erhöhte Tragfähigkeit die zusätzliche statische Belastbarkeit der Konstruktion überschreitet und kein Zusatznutzen mehr geschaffen werden kann. Ebenso sind auch der Verfügbarkeit von Rohstoffen notwendigerweise irgendwann endliche Grenzen gesetzt.

Und zuletzt stellt sich nicht nur die Frage nach den sinnvollen Grenzen in der Höhe von Wolkenkratzern, wenn man sich angesichts prekärer Parallelgesellschaften in Ballungsräumen der gesellschaftlich notwendigen Funktion bewusst wird, die zwischenmenschliche Erlebniswelten im Wohnumfeld für das Erlernen von sozialem Verhalten haben. Oder wenn das Bedürfnis nach Reisekomfort durch den Wunsch nach individuellen Direktflugverbindungen mit einem nur noch bedingt kostengünstigeren Massentransport kollidiert. Ebenso regt sich auch immer stärker der Widerstand der unmittelbar von der Energiegewinnung betroffenen Regionen, überproportional die ökologischen Konsequenzen ertragen zu müssen, um der Allgemeinheit die Vorteile ihrer scheinbar unbegrenzten

Verfügbarkeit zu ermöglichen, während die Anzeichen für die Notwendigkeit einer nachhaltigen Energiewirtschaft inzwischen unverkennbar sind.

Betrachtet man mit offenen Augen unser wirtschaftliches Gesamtsystem, so werden auch hier diese drei charakteristischen Systemfaktoren offensichtlich. Unübersehbare Klimaveränderungen, Umweltschäden oder Rohstoffverknappung sind nur einige Symptome, die uns zunehmend bewusst machen, dass die Lebenszeit unseres auf konstantem Wachstum aufgebauten Wirtschaftssystems endlich ist und seine Grenzen tatsächlich immer näher kommen. Nur weil ursprünglich nicht die Notwendigkeit bestand, die noch vergleichsweise geringen Auswirkungen menschlicher Tätigkeit auf Gemeingüter zu berücksichtigen, fehlen sie auch heute noch in einer betriebswirtschaftlichen Bilanzierung. Doch trotz unseres unbeirrbaren Festhaltens an unserer bisher unstrittig erfolgreichen Expansionsstrategie hat hinter vorgehaltener Hand eine heftige Diskussion über mögliche Formen einer Postwachstumsökonomie begonnen.

Ebenso erreicht die Verkürzung von Produktlebenszyklen immer häufiger nicht nur ihre technische, sondern auch ihre wirtschaftliche Grenze. Während verkürzte Entwicklungszeiten den Koordinationsaufwand sowie das Fehlerrisiko und damit die Kosten nach oben treiben, erlauben kürzere Lebenszeiten im Markt immer seltener die volle Amortisation dieser Investitionen. Auch der Aufwand für Automatisierung und „Offshoring" ist angesichts kurzer Produktionszyklen immer seltener betriebswirtschaftlich sinnvoll, während die alternative Strategie, immer neue, nur unwesentliche Verbesserungen als Upgrades zu verkaufen oder sogar ihre Einführung zu erzwingen, zunehmend den Verbraucher verärgert.

Zuletzt kollidiert die Notwendigkeit für Standardisierung mit dem Erfordernis für unternehmerische Identität sowie dem zunehmenden Kundenbedürfnis nach individuell zugeschnittenen Lösungen. Was in einem geschlossenen, lokal begrenzten System noch attraktiv war, zu besitzen, erhöht in einer offenen, globalen Gesellschaft bei Massenverfügbarkeit schnell die „Entropie". Dann steigern neue Produkte schnell das als selbstverständlich vorausgesetzte Minimum an Lebensstandard und tragen durch Verschiebung der Maßstäbe nicht mehr zu einer nachhaltigen Lebenszufriedenheit bei.

▶ Während wir noch versuchen, in einer immer schnelleren Spirale aus Wachstum, kürzeren Produktlebenszyklen und Standardisierung nicht zu verlieren, nähert sich das System einer Grenze, ab der grundsätzliche gesellschaftliche Wertveränderungen stattfinden.

Wird es unserer Wirtschaft also eines Tages so gehen wie den Dinosauriern, die trotz ihrer Größe mangels Anpassungsfähigkeit an massive Veränderungen ausstarben? Werden wir bis dahin einen immer härter werdenden Überlebenskampf führen, der uns zu immer weiteren Leistungssteigerungen antreibt?

Die Antwort hängt davon ab, ob wir die Fähigkeit entwickeln können, die Zukunft nicht mehr als zwangsläufige Fortsetzung der Vergangenheit zu extrapolieren, sondern alternative Szenarien auf der Basis von offensichtlichen Grenzen und neuen Trends zu antizipieren. Während die meisten Unternehmen noch ostentativ an ihren bisher erfolgreichen Produkten und Strategien festhalten und versuchen, diese immer weiter zu optimieren, zeigt sich in immer mehr Industriezweigen, dass die Globalisierung, Kommunikation und Digitalisierung uns völlig neue Möglichkeiten der Produkt- und Dienstleistungserstellung sowie Bedürfniserfüllung eröffnet, die durch „diskontinuierliche" neue Lösungen grundlegende Annahmen unseres aktuellen Wirtschaftsverständnisses aus den Angeln hebt.

Während bisher „besitzen" als unverrückbares Grundbedürfnis des Kunden angenommen wurde, schafft die „Sharing Economy" in immer mehr Lebensbereichen Geschäftsmodelle, die tektonische Verschiebungen in etablierten Märkten verursachen. Büro- und Wohnraum, Investitionsgüter und Transportmittel sind nur erste Bereiche, in denen eine rasant steigende Zahl an Menschen das Teilen nicht nur als wirtschaftlich vorteilhaft, sondern auch als sozial bereichernd erfahren und immer offener für neue Varianten dieses Modells werden.

Gleichzeitig entstehen neue Unternehmen, die auf einem vollkommen geschlossenen Rohstoffkreislauf aufbauen und Nachhaltigkeit nicht als lästige Störung oder Bedrohung interpretieren, sondern gezielt als Geschäftschance erschließen. Dies geht inzwischen so weit, dass einige Konzepte sogar die unerwünschten Hinterlassenschaften anderer Marktteilnehmer als Geschäftsgrundlage nutzen und durch gezielte Verwertung von Abfall nicht nur eine positive Umweltbilanz aufweisen, sondern an beiden Enden des Prozesses betriebswirtschaftliche Vorteile erlösen[6].

Zuletzt erschüttert immer häufiger die komplette „Virtualisierung" bisheriger Dienstleistungsmärkte sowie die Verschiebung von physischen Produktionsprozessen hin zu neuen „Prosumern"[7] eine bisher klare Rollenverteilung in der wirtschaftlichen Nahrungskette und machen in immer mehr Industrien jede Planung auf der Basis bisheriger Produkte und Dienstleistungen zur Makulatur.

Immer neue solcher „Schwarzen Schwäne"[8] tauchen an unserem Wirtschaftshimmel auf, die allerdings systemisch betrachtet eine Gemeinsamkeit haben: Sie stellen bisherige Grundannahmen über den Homo Economicus infrage und

[6]z. B. „Blue Economy".

[7]Eine Mischung aus „Producern" (Herstellern) und „Consumer" (Verbraucher).

[8]bisher als unmöglich erachtete Ereignisse, nach Nassim Nicholas Taleb.

ersetzten sie durch Faktoren, die einem zunehmenden Bewusstsein für gesellschaftliche Notwendigkeiten und Verantwortung näherkommen. Tagtäglich widerlegen sie dabei den ersten in Abschn. 1.1 identifizierten betriebswirtschaftlichen Glaubenssatz, dass lediglich „der Besitz von immer neuen technologischen Möglichkeiten, die unser Leben leichter und komfortabler machen, der effizienteste Weg ist, um unsere menschlichen Bedürfnisse zu befriedigen".

Und genau hier liegt der Schlüssel für die bisherigen Spieler in der Wirtschaft, die Türe in diese neue Zukunft so frühzeitig aufzustoßen, dass sie hieran auch zukünftig beteiligt bleiben. Statt zu versuchen, durch verstärkte Regulierung und die Prognose volkswirtschaftlicher Katastrophenszenarien den unaufhaltsamen Erfolg dieser für etablierte Unternehmensterritorien existenzgefährdenden Konzepte zu bremsen, sollten wir erkennen, dass hier die ersten Keimlinge eines neuen Wirtschaftssystems sichtbar werden, welches globale Trends und Werteverschiebungen frühzeitig erkannt hat und hierauf erfolgreich reagiert – und dass es mittelfristig überlebensnotwendig wird, diese Konzeptideen mitten in unsere Organisationen einzupflanzen, um die bisherige Ordnung in unseren Schrebergärten vorsätzlich durcheinanderzubringen (wie dies möglich ist, wird noch ausführlich später im Abschn. 3.1 erläutert).

Denn was zunächst wie ein Charakteristikum von überall aus dem Boden sprießenden Start-up-Unternehmen aussieht, deren Gründer wir als eine bisher in dieser Form unbekannte Spezies fasziniert beobachten, beinhaltet ein um Faktoren größeres Potenzial für finanziell und ressourcenmäßig deutlich besser ausgestattete Konzerne und mittelständische Unternehmen, wenn es systematisch erschlossen wird.

Hierzu müssen wir allerdings endlich anerkennen, dass sich der Zyklus unserer bisherigen Wirtschaftslogik seinem Ende zuneigt und Wachstum, Standardisierung und weitere Verkürzung von Entwicklungszyklen nur noch begrenzt steigerungsfähig sind. Stattdessen ist es notwendig, in unsere Strategieprozesse gezielt die Neuentwicklung von solchen Geschäftsmodellen zu integrieren, die zwar das Aussterben unserer bisherigen wirtschaftlichen Grundlage geradezu beschleunigen, in denen allerdings die neuen digitalen Möglichkeiten auf ein adäquates Niveau an Lösungsbewusstsein treffen – bevor es andere von außen tun.

Dafür ist es zunächst notwendig, dass jedes Unternehmen individuell eine ehrliche und vollständige Bilanz der „Nebenwirkungen" seiner bisherigen technologisch getriebenen Wachstumsstrategien erstellt, die auch die Auswirkungen auf nicht aufteilbare, aber dennoch gesellschaftlich lebenswichtige Gemeingüter einbezieht. Zugleich ergibt sich aus der Häufigkeit, mit der wir in der jeweiligen Industrie die technologischen Machbarkeitsgrenzen in der Vergangenheit bereits hinausgeschoben haben, der Reifegrad des bisherigen Geschäftskonzeptes.

Beide Faktoren zusammen zeigen das Maß der Überalterung der jeweiligen Industrie und die Dringlichkeit, mit der auf den dritten charakteristischen Indikator für das unvermeidbare Ende solcher selbstverstärkenden Kreisläufe fokussiert werden muss, der gleichzeitig auch den Schlüssel zur Lösung offeriert: die Identifikation beziehungsweise Antizipation des nächsten evolutionären Levels der gesellschaftlichen Wertsysteme, für die entsprechende komplett neue Geschäftsmodelle konzipiert werden müssen.

Während wir in den letzten Jahren gelernt haben, ergänzend zu unserer Geschäftsplanung Risikoanalysen erstellen zu lassen, um für mögliche Varianzen in unseren Szenarien die maximalen Schwankungen für unsere Prognosen abschätzen zu können, und auf dieser Basis entsprechende präventive Maßnahmen konzipiert haben, die diese Volatilität begrenzen sollten, hat dieser neue Prozess allerdings eine ganz andere Qualität.

Sein Ziel ist es, zu der aktuellen Unternehmensrealität parallele Geschäftsmodelle zu entwickeln und zu implementieren, die in vielen Fällen zunächst diametral unseren bisherigen Erfahrungen und Überzeugungen gegenüberstehen. Die Voraussetzung hierfür ist es, anzuerkennen, dass in einer globalisierten und miteinander vernetzten Welt letztendlich nicht das bisher Gewohnte, sondern die tatsächlichen kollektiven menschlichen Bedürfnisse und Wertesysteme die Märkte bestimmen werden und sich diese stufenweise evolutionär weiterentwickeln.

Für einen solchen Prozess sind vier entscheidende Schritte essenziell: Zunächst muss das aktuelle Angebot an Produkten und Dienstleistungen transzendiert werden, um die ursprünglichen Kernfunktion der bisherigen Geschäftstätigkeit zu identifizieren und gleichzeitig den Raum für neue Lösungsmöglichkeiten zu eröffnen. Hierbei kann es entscheidend sein, auch historisch miteinander verschmolzene Funktionalitäten aufzuspalten, damit diese im Licht möglicher neuer Wertkonzepte analysiert und gegebenenfalls hinterfragt werden können.

Für einen Automobilhersteller der Oberklasse kann dies beispielsweise bedeuten, die Mobilitätsfunktion des Fahrzeuges von seiner Statussymbolik zu trennen. Für einen Schuhhersteller sollten die ergonomische Optimierung, die physische Schutzfunktion und die Moderolle seiner Produkte aufgespalten werden.

Als Nächstes müssen für jede dieser Einzelfunktionen aus den relevanten globalen Trends und Risiken mögliche nächste evolutionäre Stufen identifiziert werden, die die bisherige Geschäftsidee gefährden oder zumindest infrage stellen könnten. Während hierzu eine Vielzahl an Quellen zur Verfügung stehen, ist die präzise Wahrnehmung der tatsächlichen Tendenzen eines zunehmenden gesellschaftlichen Bewusstseins derjenige Teil, der über den Erfolg des Prozesses entscheidet.

Für genau diese Auswahl kann die jeweilige Eintretenswahrscheinlichkeit plausibel abgeschätzt werden, mit der in einer absehbaren Planungsperiode zu rechnen ist. Durch die Überlagerung dieser Abschätzungen miteinander ergeben sich kombinierte Wahrscheinlichkeiten für das Eintreten von fundamentalen Marktveränderungen, die es ermöglichen, entsprechende Prioritäten für die Entwicklung komplett neuer Geschäftsmodelle zu setzen.

In einer letzten Phase werden für die wahrscheinlichsten, durch diesen Prozess identifizierten Verschiebungen im gesellschaftlichen Koordinatensystem gezielt neue Lösungen für die bisherigen Märkten entwickelt, die auch neue technologische Möglichkeiten wie beispielsweise die vernetzten Kommunikations- und Datentechnologien gesund integrieren.

▶ Statt die Zukunft aus der Vergangenheit zu extrapolieren, müssen Unternehmen zukünftig gesellschaftliche Werteveränderungen frühzeitig antizipieren, um hieraus immer wieder neue Geschäftsmodelle zu kreieren.

Im Fokus des Planungsprozesses von Unternehmen muss zukünftig nicht mehr die Optimierung ihres bisherigen „Daumendrücker"-Geschäftsmodells stehen, sondern strategische Überlegungen zur Integration neuer Ideen, mit denen sie sich auf der nächsthöheren Abstraktionsebene an die Spitze der Dynamik der Evolution des gesellschaftlichen Bewusstseins stellen und aus der Antizipation der Entwicklungen immer wieder die richtigen Weichen für die komplette Neuentwicklung von Lösungen stellen.

Beispiel: Automobilindustrie

In seiner einfachsten Form wählt man aus den als relevant identifizierten möglichen Wertveränderungsszenarien diejenigen beiden Trends und Risiken aus, die für die spezifische Industrie die größte Relevanz haben.

Für den bereits erwähnten Hersteller für Oberklassefahrzeuge wäre beispielsweise ein ökologisch induziertes Risiko, dass allgemeine Regulierungen für den maximalen Flottenverbrauch der produzierten Fahrzeuge verbindlich eingeführt werden. Gleichzeitig ist bereits als sozialer Trend erkennbar, dass sich die Präferenzen der inzwischen volljährigen Y-Generation nachweislich verschieben und sie ein Auto immer weniger als Statussymbol anerkennen.

Versieht man nun diese beiden offensichtlichen Trends und Risiken mit plausiblen Eintretenswahrscheinlichkeiten, so zeigt Tab. 1.1 unmittelbar, dass eine Planung auf der Basis bisheriger Produkte – der sogenannte „Daumendrücker-Strategie" (Szenario AA) – über den Betrachtungshorizont angesichts dieser bereits absehbaren Trendveränderungen eine mittelfristige Erfolgswahrscheinlichkeit von unter 50 % hat.

Tab. 1.1 Beispiel einer zweidimensionalen Risikoeinschätzung für die Produktion von Oberklassefahrzeugen

		Szenario		AA	AB	BA	BB
		Eintretenswahrscheinlichkeit		**42 %**	18 %	28 %	12 %
1	**A1**	Keine Einigung bzgl. Flottenverbrauch	*60 %*	**60 %**	**60 %**		
	B1	Globale Begrenzung des Flottenverbrauches	*40 %*			**40 %**	**40 %**
2	**A2**	Auto behält Funktion als Statussymbol	*70 %*	**70 %**		**70 %**	
	B2	Autobesitz verliert für Generation Y seine Rolle als Statussymbol	*30 %*		**30 %**		**30 %**

Die Notwendigkeit der Entwicklung zumindest eines zusätzlichen alternativen Geschäftsmodells zur Absicherung der Zukunft des Unternehmens ist offensichtlich. Für einen Fahrzeughersteller der Oberklasse bieten sich unterschiedliche Strategien an, von denen nur einige beispielhaft erwähnt seien. Hierzu können bereits bekannte Lösungen wie die Umstellung auf elektrische Antriebskonzepte im Falle von Regulierungen des Flottenverbrauches (Szenario BA) ebenso gehören wie der Aufbau von Car-Sharing Angeboten für den Fall, dass beide Trendveränderungen eintreten (Szenario BB).

Alternativ könnte man sich allerdings auch gezielt auf bisher unerschlossene Marktkonstellationen konzentrieren wie die Entwicklung von Zusatzfunktionalitäten für das Fahrzeug, die gezielt auf die Kombination von ökologischer Mobilität mit der Befriedigung neuer soziale Bedürfnisse abzielen (Szenario AB). Dies könnte beispielsweise eine Visualisierung von aktuell an einer Mitfahrgelegenheit interessierten Personen im Fahrzeug bedeuten, die wahlweise nach vorher festgelegten Filtermöglichkeiten auf der Basis von Informationen aus den sozialen Netzwerken ausgewählt werden.

Eine solche zweidimensionale Geschäftsmodellanalyse lässt sich auch als grafische Überlagerung visualisieren, wodurch sich die entsprechenden Überlebenswahrscheinlichkeiten der verschiedenen Geschäftsmodelle unmittelbar ablesen lassen, wie dies Abb. 1.2 für dieses Beispiel zeigt.

Welches weitere Feld für die Entwicklung neuer Produkt- oder Dienstleistungskonzepte ausgewählt wird und ob gleich mehrere neue Geschäftsfelder entwickelt werden, bleibt letztendlich eine strategische Unternehmensentscheidung, ebenso wie die Frage, ob das neue Geschäftsfeld aus eigenen Mitteln entwickelt oder durch eine gezielte Akquisition hinzugekauft wird.

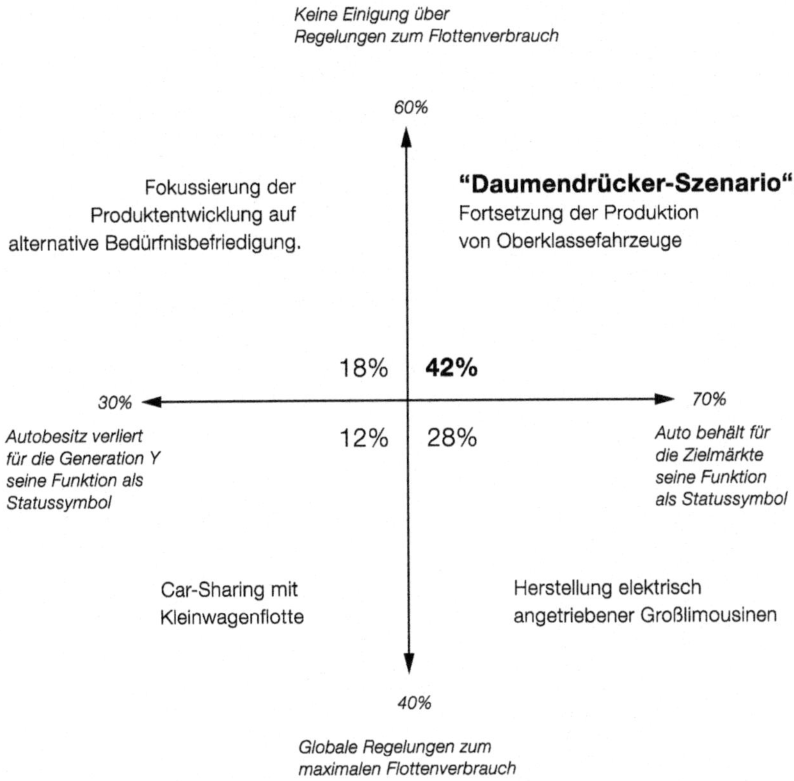

Abb. 1.2 Grafische Darstellung möglicher ergänzender Geschäftsmodelle zur strategischen Absicherung der zweidimensionale Risikoeinschätzung für die Produktion von Oberklassefahrzeugen

Deutlich wichtiger ist die Konsequenz, mit der diese neuen Geschäftsmodelle für die antizipierten gesellschaftlichen Werteveränderungen konzipiert und dann auch umgesetzt werden.

Beispiel: Tourismusindustrie

Als Aufgaben eines Unternehmens der Tourismusbranche sollte unter anderem unterschieden werden zwischen der Funktion als effizienter Reiseorganisator in fremde Länder und der inhaltlichen Gestaltung von Urlaubszeiten, die eine möglichst intensive Erholung der Kunden zum Ziel hat.

Denkbare Trendveränderungen beziehungsweise Szenarien, die die Zukunft des bisherigen Geschäftsmodells leicht an den Rand einer 50 %-igen Überlebenswahrscheinlichkeit bringen könnten, wären in diesem Fall beispielsweise die Zunahme des Risikos von terroristischen Anschlägen auf Orte des Massentourismus, eine Steigerung des ökologischen und sozialen Bewusstseins der Gäste oder auch neue Möglichkeiten der „virtuellen" Erholung.

Aus Tab. 1.2 kann man erkennen, welche Geschäftsmodellrisiken sich durch Überlagerung ergeben, wenn man in diesem Fall diese drei möglichen Trendwenden mit plausiblen Eintretenswahrscheinlichkeiten versieht.

Nur durch die Entscheidung des Unternehmens, zumindest drei zusätzliche Geschäftsmodelle für die Szenarien ABA, AAB sowie BAA zu entwickeln, könnte es seine zukünftigen Erfolgschancen wieder in die Nähe von 80 % bringen.

Tab. 1.2 Beispiel einer dreidimensionalen Risikoeinschätzung für ein Unternehmen der Tourismusindustrie

		Szenario		AAA	ABA	AAB	ABB	BAA	BBA	BAB	BBB
		Eintretenswahrscheinlichkeit		**34 %**	18 %	11 %	6 %	15 %	8 %	5 %	3 %
1	**A1**	Massentourismus-Ziele bleiben auch zukünftig attraktiv	*70 %*	**70 %**	**70 %**	**70 %**	**70 %**				
	B1	Zunehmende Terror-Gefahr für Massentourismus	*30 %*					**30 %**	**30 %**	**30 %**	**30 %**
2	**A2**	Kunden suchen passive Erholung zu minimalem Preis	*65 %*	**65 %**		**65 %**		**65 %**		**65 %**	
	B2	Kunden wollen vermehrt sinnstiftenden, „sanften" Tourismus	*35 %*		**35 %**		**35 %**		**35 %**		**35 %**
3	**A3**	Urlaub bleibt ein physisches Erleben	*75 %*	**75 %**	**75 %**			**75 %**	**75 %**		
	B3	Urlaub wird virtualisiert	*25 %*			**25 %**	**25 %**			**25 %**	**25 %**

Auch an dieser Stelle seien nur beispielhaft einige potenzielle Geschäftsideen aufgeführt, die diesen möglichen Trends vorgreifen würden. Für das Szenario ABA könnte dies bedeuten, bisherige Reiseangebote durch die Möglichkeit zu erweitern, sich vor Ort an sozialen Projekten aktiv zu beteiligen und gleichzeitig verstärkte Aufmerksamkeit auf die ökologisch nachhaltige Auswahl der Reiseoptionen zu legen.

Für den Fall einer immer stärker empfundenen Terrorgefahr wäre eine Variante für Szenario BAA, Massentourismusziele im eigenen Land zu erschließen.

Und für Variante AAB wäre als radikal neue Idee mittelfristig denkbar, lokale „Urlaubszentren“ zu entwickeln, in denen im Rahmen eines Kurzurlaubes dank den technischen Möglichkeiten der 3-D-Visualisierung virtuelle Reisen zu entfernten Orten der Welt simuliert werden, ohne dass man den mühsamen Reiseaufwand auf sich nehmen muss. Was auf den ersten Blick vielleicht noch wie eine Utopie erscheint, ist zumindest bereits für einen virtuellen Vogelflug in einem Simulator realisiert worden.

Bereits durch diese drei zusätzlichen Geschäftsmodelle würden sich die nachhaltigen Zukunftschancen des Unternehmens von 34 % auf 79 % erhöhen:

• *AAA: „Daumhendrücker“-Strategie (bisheriges Geschäftsmodell)*	*34 %*
• ABA: Nachhaltiger Urlaub weltweit mit sozialem Engagement	18 %
• AAB: „Virtual Vacation Centers“	11 %
• BAA: Entwicklung von attraktiven Massenzielen im eigenen Land	15 %
Nachhaltige Geschäftsaussichten aller Geschäftsmodelle:	**79 %**

Aufgrund der inzwischen deutlich angestiegenen Veränderungsdynamik der globalen Märkte, die bisher eher willkürlich, allerdings bei systemischer Betrachtung als Teil eines evolutionären Prozesses identifiziert werden kann, wird eine solche Analyse ebenso wie der hierzu gehörende Kreativprozess idealerweise als integrales Element jedem unternehmerischen Planungsprozess vorangestellt, um auf dieser Basis zunächst zu einer realistischen Zukunftseinschätzung zu kommen.

Sind die möglichen neuen Geschäftsmodelle einmal identifiziert, lassen sich dann auch die notwendigen Investitionen sowie der avisierte Markterfolg abschätzen und in die Planung integrieren.

Allerdings ist es keinesfalls das primäre Ziel dieses Vorgehens, die Präzision der Unternehmensplanung zu verbessern. Vielmehr geht es darum, das Unternehmen zu einem agilen Akteur innerhalb gesellschaftlich unvermeidlichen und notwendigen Veränderungen zu machen. Durch die Fähigkeit einer Organisation, die zukünftigen Entwicklungen und überfälligen Werteveränderungen unserer Gesellschaft zu antizipieren und für die veränderten menschlichen, sozialen und ökologischen Anforderungen pro-aktiv die entsprechenden Lösungen zu entwickeln, wird es ihr möglich sein, ihre Zukunft, die bisher nur auf der Extrapolation der Vergangenheit beruhte, selbst aktiv mitzugestalten.

Gleichzeitig wird auf diese Weise der zukünftige Geschäftserfolg von der Notwendigkeit eines steten Wachstums entkoppelt, sodass jenseits der Extrapolation auch der dritte der in Abschn. 1.1 identifizierten Glaubenssätze, dass „eine Steigerung von wirtschaftlicher Leistungserbringung notwendigerweise nur durch einen höheren Ressourcenverbrauch und auf der Basis von sozialem Gefälle erreicht werden kann", ad absurdum geführt wird.

Beschreiten Unternehmen diesen Weg allerdings nicht, so erlauben inzwischen die technologischen Möglichkeiten, dass andere kommen werden, die diese Konzepte erfolgreich in die Realität umsetzen. Dies wird später noch im Abschn. 3.2 näher ausgeführt werden.

1.3 Dreifaltigkeit Reloaded

> „Wenn Du ein Schiff bauen willst, so trommle nicht Männer zusammen, um Holz zu beschaffen, Werkzeuge vorzubereiten, Aufgaben zu vergeben und die Arbeit einzuteilen, sondern lehre die Männer die Sehnsucht nach dem weiten endlosen Meer."
> (Antoine de Saint-Exupéry)

Der ein oder andere Leser mag an dieser Stelle bereits das Buch zur Seite gelegt und zu Stift und Papier gegriffen haben, um die im vorherigen Abschnitt beschriebene Vorgehensweise umgehend auf das eigene Geschäftsmodell anzuwenden.

Allerdings sollten Sie zunächst weiterlesen – denn es wird diesmal nicht ausreichen, nur ein neues Strategiewerkzeug in unseren Management-Werkzeugkasten zu übernehmen. Erinnern Sie sich an das Fliegen bei Überschall? Hierzu brauchen Sie nicht nur eine gänzlich neue Art der Flächenprofile, sondern müssen gleichzeitig über teil-autonome Systeme verfügen, die auf der Basis von Sensor-Informationen schon reagieren, bevor Sie im Cockpit überhaupt der Turbulenzen gewahr wurden.

Dieser Abschnitt soll zeigen, dass Unternehmensführung jenseits des Phasenübergangs einer globalen Vernetzung zwei grundsätzliche Veränderungen in unserem Managementdenken erfordert: das Bewusstsein, dass Unternehmensstrategie nicht mehr eindeutig und linear, sondern ein dynamischer und kontinuierlich lernender Prozess ist. Und dass wir hierfür Organisationen benötigen, die die inhärenten Fähigkeiten besitzen, dieses neue Verständnis zu einem integralen Teil ihres Denkens und Handelns im Unternehmen zu machen.

Andernfalls wird sich der im vorherigen Abschnitt beschriebene Prozess trotz aller guten Vorsätze auf gelegentliche Workshops beschränken, bei denen in einem handverlesenen Kreis mit hohem Energieaufwand neue Ideen und Visionen konzipiert werden, die dann schnell wieder im allgegenwärtigen Tagesgeschäft anderen unmittelbaren Dringlichkeiten zum Opfer fallen.

Allein schon die Bereitschaft, sich auf die neue Realität einzulassen, ähnelt allerdings der Herausforderung, mit der die Seefahrer über Jahrhunderte konfrontiert waren. Während man schon zu Anfang des 17. Jahrhunderts fähig war, durch Triangulation das Festland im Detail vermessen und somit kartografieren zu können, gab es noch bis in die zweite Hälfte des 18. Jahrhunderts keine verlässlichen Karten des Ozeans. Dies lag nicht daran, dass es zu wenige mutige Pioniere gab, die bereit waren, auf die Weltmeere aufzubrechen, um sie zu erforschen, sondern schlichtweg an der Tatsache, dass aus dem höchsten Sonnenstand oder dem Polarstern lediglich der geografische Breitengrad ermittelt werden konnte – nicht aber der Längengrad. Hierfür wäre neben dem Sextanten noch eine exakte Zeitmessung notwendig gewesen, die erst gegen Ende des 18. Jahrhunderts technisch realisiert wurde.

In See zu stechen war somit eine Reise, bei der man zwar ungefähr wusste, ob man die richtige Richtung eingeschlagen hatte, allerdings nicht, wie weit man bereits gekommen war, sobald das vertraute Festland hinter der Erdkrümmung verschwunden war. Ähnlich wird es uns in der global vernetzten Wirtschaft gehen, wenn wir der Notwendigkeit folgen und den sicheren Hafen unseres bisherigen weitgehend vorhersehbaren Territoriums verlassen.

Dies war bisher allerdings nicht Teil unserer Vorstellung von erfolgreicher Managementkompetenz. In der Vergangenheit halfen uns immer systematischere Verfahren dabei, die Märkte zu „vermessen" und auf dieser Basis nicht nur eine durchdachte Unternehmensstrategie zu konzipieren, sondern auch die Umsetzung durch die entsprechende Ausrichtung sämtlicher Unternehmensfunktionen im Detail zu planen und zu organisieren.

Spätestens seit den 1980er-Jahren gehörten insbesondere Michael Porters drei generische Erfolgsstrategien zum Basishandwerkszeug einer ganzen Generation von Führungskräften. Nach Klärung der Prioritätensetzung bezüglich Einzigartigkeit oder Kostenführerschaft sowie der Frage, ob man sich auf eine ganze Industrie oder nur ein bestimmtes Segment konzentrieren wolle, war es unmittelbar möglich, sich für die erfolgversprechendste von drei möglichen Strategievarianten zu entscheiden und nur noch notwendig, diesen Weg konsequent zu verfolgen (Porter 1999).

Um in der Zukunft erfolgreich zu sein, reichte es grundsätzlich aus, entweder auf Kostenführerschaft zu setzen, auf gezielte Differenzierung in der Industrie im Vergleich zum Wettbewerb oder aber den Fokus auf eine ganz spezifische Marktnische zu legen. Noch heute ist diese Strategieschule nicht nur Teil der universitären Ausbildung, sondern ernährt auch ganze Beraterarmeen, die versprechen, kriselnde Unternehmen dabei unterstützen zu können, trotz eines immer komplexeren wirtschaftlichen Umfeldes mithilfe der jeweilig geeignetsten Variante wieder erfolgreich zu werden.

Doch betrachtet man einmal mit etwas objektivem Abstand diese drei Standardstrategien im Kontext unserer heutigen Wirtschaftsrealität, so wird offensichtlich, dass sich in den letzten Jahren etwas Grundlegendes an den Rahmenbedingungen geändert hat, was allen dreien einen großen Teil ihrer Grundlage entzieht.

Insbesondere für große Unternehmen war bisher die Kostenführerschaft eine der vielversprechendsten Strategien. Durch kontinuierlich steigende Volumina konnten nicht nur Zulieferkosten gedrückt, sondern auch die Nutzung von verfügbaren Kapitalinvestitionen maximiert werden. Gleichzeitig lohnte es sich, sowohl die Fertigungs- als auch die administrativen Prozesse zu standardisieren, um sie zu verschlanken und zunehmend in Niedriglohnländer zu verlagern. So beflügeln auch heute noch Schlagwörter wie „Lean", „Verlagerung" und „Volumeneffekte" die Fantasie im oberen Führungsbereich auf dem Weg, immer günstigere Kosten realisieren zu können.

Allerdings wird hierbei übersehen, dass die Grundvoraussetzung für die Effektivität aller drei Ansätze identisch ist: die Möglichkeit einer Standardisierung der Prozesse. Und diese Notwendigkeit kollidiert immer stärker mit einer Realität, bei der mit zunehmender Vielfalt an Möglichkeiten die Zahl an Varianten ebenso schnell zunimmt wie die Veränderungsgeschwindigkeit der Produkte und Dienstleistungen.

Während Lean und „Offshoring" eine detaillierte Dokumentation der einzelnen Prozessschritte erfordern, damit diese analysiert, optimiert und transferiert werden können, ist dies angesichts einer schnell wachsenden Variantenvielfalt für Organisationen immer aufwendiger und in Anbetracht von rapide zusammenschmelzenden Lebenszyklen kaum noch zeitgerecht realisierbar. Was demgegenüber zunimmt, ist der administrative Aufwand, eine solche Strategie zu verfolgen. Dokumentationen werden immer umfangreicher, Prozesse immer verzweigter und die Notwendigkeit, Organisationseinheiten zu schaffen, die deren Einhaltung kontrollieren, lässt die Kosten dieser Strategie exponentiell anwachsen.

Wenn man sich nicht auf einen volatilen Nachahmermarkt beschränken möchte, um in einem üblicherweise mit Anbietern überfüllten Haifischbecken zu versuchen, kurzfristig einen Teil der Volumenphasen einzelner Massenmärkte abzuschöpfen, so bedeutet heute Kostenführerschaft, dass ein Unternehmen die Fähigkeit besitzen muss, nicht nur einige wenige Standards, sondern eine hohe Vielfalt zu möglichst geringen Gesamtkosten anbieten zu können.

Dies erfordert jedoch nicht den Fokus auf Standardisierung und Vereinfachung von Tätigkeiten, sondern das Gegenteil: die Befähigung einer Organisation, in einem nur grob vorstrukturierten Prozessumfeld situativ autonom richtig zu handeln und im Systemkontext verantwortliche Entscheidungen zu treffen.

Auch die Strategie der Differenzierung muss sich heute einer grundsätzlich veränderten Realität stellen. Grundvoraussetzung für ihren Erfolg ist die Fähigkeit, einen schwer imitierbaren Zusatznutzen anzubieten, der für den Kunden einen wesentlichen Mehrwert repräsentiert, sodass dieser auch bereit ist, einen höheren Preis zu zahlen.

Während solche Fähigkeiten noch vor nicht allzu langer Zeit durch über Jahre entwickelte spezifische Kompetenzen oder auch durch schützende Patente abgesichert werden konnten, ist in einer Welt, in der Nachahmung kaum noch verhindert oder auch nur verzögert werden kann, eine Differenzierungsstrategie nur noch auf einem Weg realisierbar: durch das Schaffen von einzigartigen Systemkombinationen, die die Kompetenzgrenzen eines einzelnen Unternehmens weit überschreiten. Nur durch den Aufbau von und das erfolgreiche Arbeiten in komplexen Netzwerken – sowohl mit anderen Anbietern als auch mit Kunden – die allen Beteiligten Vorteile bringen, wird es zukünftig möglich sein, auf der Basis von erarbeitetem Vertrauen eine stabile Grundlage für längere Beziehungen zu bilden.

Zuletzt ist auch die bisher oft erfolgreiche Strategie der Fokussierung auf bestimmte Marktnischen Opfer der massiven Veränderungen in unserer Wirtschaftsrealität geworden. Gerade hier hat die Geschwindigkeit, mit der die rasante Technologieentwicklung immer neue Möglichkeiten hervorgebracht hat, in den letzten Jahren immer häufiger dazu geführt, dass gerade etablierte, scheinbar unangreifbare Unternehmen mit dominantem Marktanteil durch komplett neue Lösungen fast über Nacht vom Markt verdrängt wurden.

Nur durch das kontinuierliche Hervorbringen von immer neuen Innovationen ist es heute noch möglich, dauerhaft selbst in spezifischen Marktsegmenten erfolgreich zu sein. Doch hierzu reicht es nicht mehr aus, über eine leistungsfähige Elitetruppe zu verfügen, die einen solchen Prozess vorantreibt. Auch wenn noch die meisten Unternehmen auf dedizierte Forschungs- und Entwicklungsabteilungen vertrauen, zeigt sich immer mehr, dass die Nutzung von kollektivem Wissen, das man in allen Teilen der Organisation, aber auch außerhalb des Unternehmens finden kann, die unumgängliche Voraussetzung für kontinuierliche Innovation geworden ist.

Während wir also bisher von Porters Strategieansätzen erwarten konnten, uns auf festem Terrain zu bewegen, für das wir Marschpläne erstellen konnten, die wir dann konsequent exekutieren ließen, müssen wir uns eingestehen, dass dies heute nicht mehr funktioniert. Stattdessen müssen wir uns daran gewöhnen, dass wir uns auf hohe See hinausbegeben, auf der wir Winden, Strömungen und Wellengang ausgesetzt sind, die wir nicht voraussagen können. Und dabei wissen wir nicht einmal genau, wie weit wir bereits auf dem Weg zu unserem Ziel gekommen sind.

Allerdings kennen wir die neuen, für die Navigation unserer „Unternehmensschiffe" notwendigen Erfolgsfaktoren, wie sie Abb. 1.3 zeigt: bezüglich unserer Produkte und Dienstleistungen eine kontinuierliche Innovationsleistung, für die Organisation eine hohe Effizienz in der Vielfalt sowie in der Außenbeziehung die Fähigkeit, erfolgreich in Netzwerken zu arbeiten.

> Die wichtigsten unternehmerischen Erfolgsfaktoren werden in der Zukunft keine Standardstrategien sein, sondern kontinuierliche Innovationsleistung, organisatorische Effizienz trotz hoher Vielfalt, sowie die Fähigkeit, erfolgreich in Netzwerken zu operieren.

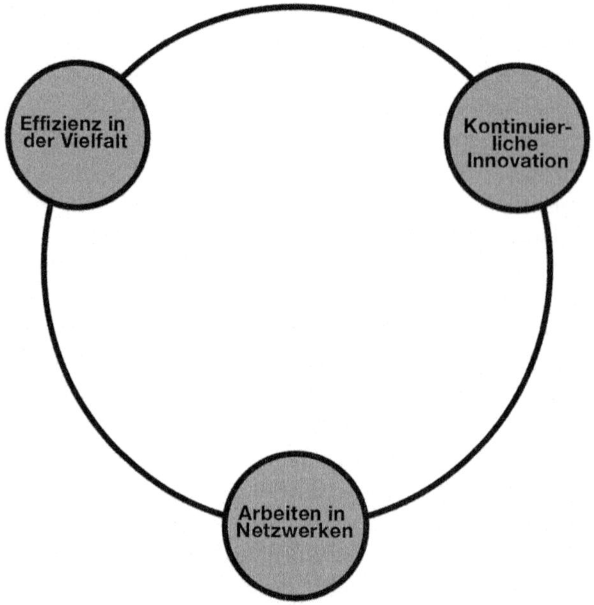

Abb. 1.3 Die drei wichtigsten Erfolgsfaktoren in einer global vernetzten Wirtschaft

Doch welche organisatorischen Fähigkeiten sind hierfür notwendig? Welche Art von Organisationen benötigen wir, um dynamisch sich kontinuierlich ändernde Geschäftsmodelle erfolgreich zu identifizieren, zu entwickeln und umzusetzen?

Müssen wir zunächst separate kleine und agile Organisationseinheiten schaffen, die abgetrennt vom Rest des Unternehmens mit einem entsprechenden Budget ausgestattet auf das Meer der denkbaren Möglichkeiten hinaussegeln, während der Großteil der Mitarbeiter an Land bleiben muss, um es wie bisher immer intensiver zu beackern?

Oder ist es nicht nur erforderlich, sondern auch möglich, dass alle mit an Bord gehen und bereit sind, diese Reise nach besten Kräften zu unterstützen?

Auch für diese Antwort hilft ein Rückblick auf unsere Wirtschaftsgeschichte, die man grundsätzlich in die in Tab. 1.3 aufgeführten vier charakteristischen Epochen einteilen kann.

Bis zu den Überlegungen von Adam Smith beruhte wirtschaftlicher Erfolg in der Regel darauf, die Fähigkeiten der vorhergehenden Generation zu erlernen und weiterzutragen. Hierzu organisierten sich Handwerker und Kaufleute zunehmend in Zünften und Verbänden, um die entsprechende Konsistenz sicherzustellen. Da der Geschäftsfokus dieser weitgehend statischen „Wirtschaft 1.0" auf dem Kopieren von existierenden Kenntnissen lag, blieb abgesehen von einzelnen Erfindern die wesentliche Designmethode für wirtschaftlichen Erfolg die Perfektionierung übernommener Fähigkeiten durch Wiederholung.

Erst mit dem wachsenden gesellschaftlichen Bedürfnis, die allgemeine Versorgungslage der Gesellschaft deutlich zu steigern, änderte sich dies im 19. und 20. Jahrhundert grundlegend. Gefördert durch die zunehmende Industrialisierung stand die lineare Beschleunigung im Fokus dieser „Wirtschaft 2.0". Frederick Winslow Taylor (1856–1915) war einer der herausstechenden Vertreter dieser Zeit,

Tab. 1.3 Die vier wesentlichen Wirtschaftsepochen

	Wirtschaft 1.0	Wirtschaft 2.0	Wirtschaft 3.0	Wirtschaft 4.0
Epoche	Vor Adam Smith	19./20. Jahrhundert	Um 1980	21. Jahrhundert
Charakter	Statisch	Linear	Multi-dimensional	Dynamisch
Wirtschaftsfokus	Kopieren	Beschleunigen	Das Rennen gewinnen	Systemische Führung im Netzwerk
Design-Methode	Wiederholung	Lernkurve	TQM, Lean	Dynamische Anpassungsfähigkeit

in der man durch neue organisatorische Designmethoden wie Arbeitsteilung und Standardisierung die Lernkurve verkürzen wollte, um die Effizienz zu steigern.

Verursacht durch zunehmenden Wettbewerb wurde im letzten Drittel des vorigen Jahrhunderts diese Herausforderung dann schrittweise mehrdimensional. Um in einem sich konstant beschleunigenden Wettlauf dieser „Wirtschaft 3.0“ erfolgreich zu sein, wurde die zeitgleiche Optimierung eine steigende Zahl an Produkt- und Organisationsparameter notwendig. Damit man auch diese Herausforderung bewältigen konnte, entstanden immer neue und komplexere Managementphilosophien wie „Lean“ oder „Total-Quality-Management (TQM)“, unterstützt von technologischen Optimierungsprozessen.

Und mit Beginn des neuen Jahrtausends sind wir jetzt, wie bereits ausführlich erläutert, erneut in eine völlig neue Phase der Wirtschaftsrealität eingetreten. In dieser „Wirtschaft 4.0“ kann Erfolg kaum noch auf bisherigen Leistungen aufbauen, sondern hängt ab von der Fähigkeit, sich dynamisch immer neuen Situationen anpassen zu können.

Tab. 1.4 zeigt in einer Übersicht, wie sich analog auch die grundsätzlichen Anforderungen an das Produkt, die Beziehung zum Kunden und das Design von Organisationen geändert haben. Wenn man diese drei elementaren Faktoren jeder Wirtschaftsorganisation an den vier historischen Hauptepochen der Wirtschaft spiegelt, ergeben sich hieraus notwendigerweise ganz unterschiedliche Anforderungen an die Kompetenzen der Mitarbeiter.

Solange die Lebenszyklen von Produkten mehrere Generationen überdauerten, reichte es zunächst aus, wenn die Mitarbeiter das traditionell vorhandene Wissen und Können von vorangehenden Generationen weitgehend unverändert übernahmen. Erst die Notwendigkeit, die gesellschaftliche Versorgungslage systematisch zu verbessern, sprang dann auch auf die Produktentwicklung über, die sich zunächst in der Regel darauf konzentrierte, ein entscheidendes Produktmerkmal immer weiter zu optimieren. Fahrzeuge wurden schneller, Lokomotiven wurden kräftiger, und Nahrung sollte möglichst schnell sättigen. In der dritten Phase, die durch immer stärkeren Wettbewerb geprägt war, erweiterte sich das Erfordernis einer ständigen Produktverbesserung auf eine Vielzahl oft miteinander konkurrierenden Produkteigenschaften. Fahrzeuge sollten schnell, aber wirtschaftlich fahren – und Nahrung idealerweise sowohl wohlschmeckend als auch gesund sein. Gleichzeitig verkürzten sich die Produktlebenszyklen immer weiter.

Während dieser produktspezifische Optimierungsprozess allerdings bisher noch weitgehend von einzelnen Spezialisten erbracht werden konnte, stößt er heute immer häufiger an Komplexitätsgrenzen. Inzwischen eröffnet erst die Fähigkeit zur Co-Kreation und die Nutzung des Wissens der Masse („Crowd“) dank des umfangreicheren Kreativitätspotenzials die Möglichkeit, auch zukünftig einen Prozess der kontinuierlichen Innovation am Leben zu halten.

Tab. 1.4 Übersicht der charakteristischen Parameter der vier wesentlichen Wirtschaftsepochen

	Wirtschaft 1.0	Wirtschaft 2.0	Wirtschaft 3.0	Wirtschaft 4.0
Epoche	Vor Adam Smith	19./20. Jahrhundert	Um 1980	21. Jahrhundert
Charakter	Statisch	Linear	Multi-dimensional	Dynamisch
Wirtschaftsfokus	Kopieren	Beschleunigen	Das Rennen gewinnen	Systemische Führung im Netzwerk
Design-Methode	Wiederholung	Lernkurve	TQM, Lean	Dynamische Anpassungsfähigkeit
Produkt				
Produktentwicklung	Traditionelles Wissen	Verbesserung einer Schlüsseleigenschaft	Verbesserung einer Vielzahl an Schlüsseleigenschaften	Kontinuierliche Innovation
Produkt-Lebenszyklus	10–30 Jahre	5–15 Jahre	1–5 Jahre	Konstante Veränderung
Mitarbeiterfokus	Kopieren	Verbessern	Erfinden	Co-Kreieren
Kunde				
Kundenbindung	Mangelnde Alternative	Bester in der Klasse	Künstliche Abhängigkeit	Netzwerk-Beziehung
Wettbewerb	Nicht vorhanden	Begrenzte Anzahl von Wettbewerbern	Unbarmherziger Wettbewerb	Dynamisch veränderliche Beziehungen
Mitarbeiterfokus	Verwalten	Verkaufen	Vermarkten	Vernetzen
Organisation				
Organisationsprinzip	Befehlen	Kontrollieren	Interner Wettbewerb	Vertrauen
Grad der Autonomie	0 %	10 %	30 %	$\gg$50 %
Mitarbeiterfokus	Gehorchen	Beschleunigen	Gewinnen	System kontinuierlich optimieren

Eine ähnliche Entwicklung kann man in der Kundenbeziehung beobachten, die ursprünglich mangels alternativer Anbieter lediglich auf die reine Administration des Handelsprozesses beschränkt war. Erst mit steigender Zahl an Konkurrenten wurde ein dedizierter Verkaufsprozess notwendig, der aktiv den Kunden von den Vorteilen des eigenen Produktes zu überzeugen versuchte. Mit steigender Aggressivität des Wettbewerbes sind inzwischen immer mehr Unternehmen zu einer gezielten Marketingstrategie übergegangen. Diese hat nicht nur zum Ziel, die Bedürfnisse für Produkte zunächst erst einmal zu schaffen oder gezielt zu steigern, sondern gleichzeitig sucht sie Wege, eine – tatsächliche oder eingebildete – Abhängigkeit zu erzeugen, um die Kundenloyalität zu verlängern. Technologische Kompatibilität, regelmäßig notwendige Softwareupgrades sowie „Flatrate"-Tarife sind hierfür nur einige Beispiele.

Allerdings zeigt sich immer häufiger, dass die Grenzen zwischen Kunden, Herstellern und Lieferanten inzwischen ebenso verschwimmen wie sich die gewohnten Kräfteverhältnisse zwischen den Marktteilnehmern verschieben. Kunden werden immer häufiger zu „Prosumern", indem sie nicht nur periphere Zusatzdienstleistungen selbst übernehmen, sondern die „Maker"-Bewegung inzwischen beginnt, auch Kernbereiche der Fertigungsindustrie zu dezentralisieren. So werden nicht nur digitale Fotos heute üblicherweise selbst aufgearbeitet, bevor sie in einen voll automatisierten Druckprozess eingespeist werden, sondern es kommen schon erster Schmuck oder Schuhe, aber auch komplexe Metallbauteile mit bisher unrealisierbaren Geometrien aus dem 3-D-Drucker.

Selbst eine Fahrzeugindustrie muss beispielsweise realisieren, dass ihr Antriebsstrang, bisher eines ihrer vitalen Differenzierungsmerkmale und Kernkompetenz eines jeden Herstellers, im Zeitalter der Elektromobilität zu einer externen Abhängigkeit mutiert. Nur durch die Fähigkeit, aktiv konstruktive Netzwerke aufzubauen, in ihnen empathisch zu agieren und ausgewogene Vorteile für alle Beteiligten anzustreben, kann in einer in diesem Maße vernetzten Welt noch nachhaltiger Erfolg sichergestellt werden.

Und auch die Anforderungen an Organisationen haben in jeder Wirtschaftsepoche entsprechend neue Prioritäten erhalten, wie Tab. 1.4 zeigt. Während sie zunächst analog zu militärischen Erfolgsprinzipien auf Befehlsgehorsam aufbauten und keinerlei Handlungsfreiheit ließen, verschob sich mit zunehmender Arbeitsteilung die Managementaufgabe zunächst in Richtung rigider Ergebniskontrolle. Lediglich die individuell erbrachte Leistungsgeschwindigkeit ließ gewisse Freiheitsgrade zu. Erst der immer stärkere Wettbewerbsdruck und die Erkenntnis, dass man durch zu geringe Autonomie auch wichtige Kompetenzen der Mitarbeiter ungenutzt brach liegen lässt, führte zu der Zunahme an individuellem Gestaltungsspielraum. Allerdings ist dieser bis heute in der Regel eingebettet in eine Kultur eines internen Wettbewerbes, so dass ein Großteil des Mitarbeiterfokus auf den eigenen persönlichen Sieg ausgerichtet bleibt.

Und genau hier kollidieren bisherige Organisationskulturen mit den Anforderungen einer neuen „Wirtschaft 4.0“, die Effizienz nur noch durch ein hohes Maß an Autonomie realisieren kann und sich dabei kontinuierlich innerhalb des sich dynamisch verändernden Wirtschaftssystems optimieren muss. Eine solche Kultur erfordert unter anderem ein hohes Maß an Vertrauen, was diametral bisherigen Systemen entgegensteht, die sich auf Kontrolle, Misstrauen und Anweisungen abstützten.

Es hilft also nicht, kleine Eliteeinheiten zu schmieden, die wir zur Erkundung möglicher neuer Siedlungsgebiete vorausschicken, während wir an unseren bewährten Strategien festhalten, bis sie irgendwann zurückkommen und über ihre Erfahrungen berichten können.

Stattdessen muss uns bewusst werden, dass die Erfolgsfaktoren für die Zukunft auch heute schon an allen Fronten komplett neue Organisationskompetenzen erfordern: die Fähigkeit, Innovation kollaborativ zu entwickeln, autonom in komplexen Zusammenhängen zu arbeiten und durch Empathie innerhalb von Netzwerken erfolgreich zu sein.

Und alle drei Faktoren zeichnen sich zusätzlich durch eine Gemeinsamkeit aus, wie dies in Abb. 1.4 dargestellt ist: Sie machen es notwendig, dass jeder Einzelne nicht mehr den ausschließlichen Fokus auf sein Eigeninteresse legt, sondern eine ausgewogene Bezogenheit zur Organisation sowie zum Gesamtsystem benötigt, in das die Organisation eingebettet ist.

Dies gilt zunächst für den Wissensaustausch mit Kollegen oder gar der unternehmerischen Außenwelt, wie uns dies erfolgreiche „Open Source“-Geschäftsmodelle bereits demonstrieren. Denn kontinuierliche Innovation wird im Kontext der heutigen technologischen Komplexität erst durch die Bereitschaft aller Beteiligten möglich, ihr Wissen offen miteinander zu teilen.

Ebenso ist die authentische Identifikation mit den Zielen der gesamten Organisation sowie das Verständnis für das systemische Umfeld notwendige Voraussetzung, um die für das Unternehmen richtigen Entscheidungen treffen zu können, wenn man in einem Umfeld erweiterter Autonomie arbeiten soll. Ansonsten werden lediglich sub-optimale Teillösungen umgesetzt, aber nicht miteinander vernetzte Systeme nachhaltig verändert.

Und auch für die Zusammenarbeit mit Kunden, Partnern und Lieferanten, muss der Fokus auf das Eigeninteresse transzendiert werden, damit ein ausgewo-

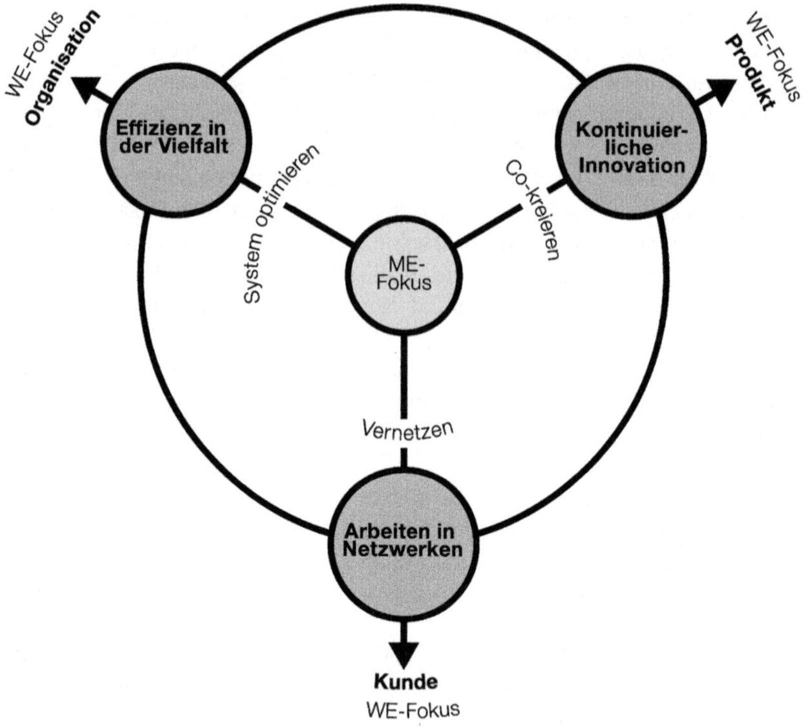

Abb. 1.4 Notwendigkeit einer Verschiebung des Mitarbeiterfokus vom EGO zum kollektiven Interesse in allen drei Erfolgsfaktoren

gener Vorteil für alle Beteiligte im Vordergrund stehen kann. Ansonsten wird man in Märkten, in denen die unternehmerischen Abhängigkeiten inzwischen gegenseitig sind, schnell auf die Ersatzbank verwiesen.

> Zusätzlich zu diesen Fähigkeiten muss der Ich-Fokus als wirtschaftliche Antriebskraft transzendiert und durch Identifikation mit den kollektiven Zielen sowie dem Verständnis für die höheren Systemanforderungen ersetzt werden.

Unsere bisherigen Organisationsformen, die seit Adam Smith gezielt auf individuellem Wettbewerb aufbauen, sind in einer solchen Umgebung zum Scheitern verurteilt, denn ihre inhärenten Machtkämpfe verhindern gerade offenen

Wissensaustausch, motivieren zu verkürzten Silo-Lösungen und führen schnell dazu, wegen mangelnder Fairness aus kollaborativen Netzwerken verstoßen zu werden, sobald die tatsächlichen Motive transparent werden.

Wir werden für unsere Zukunft also beides entwickeln müssen – Führungsqualitäten, die die Bereitschaft beinhalten können, auf das Meer hinauszusegeln, ohne immer genau zu wissen, wie weit das Ziel noch entfernt ist, sowie Organisationen, die bereit sind, sich kollektiv auf diese Reise einzulassen.

Die nächsten beiden Abschnitte werden zeigen, was dies für die individuellen Arbeitsverhältnisse beziehungsweise für die Organisation als Ganzes bedeutet, bevor wir uns im zweiten Kapitel des Buches der Frage widmen, welche Eigenschaften eine Organisation hierfür im Detail besitzen muss.

1.4 Der Psychologische Arbeitsvertrag

> Merowinger: „… Sehen Sie, es gibt nur eine Konstante, eine Universalität. Es ist die einzige echte Wahrheit: Kausalität. Aktion – Reaktion. Ursache und Wirkung."
> Morpheus: „Alles beginnt mit einer Entscheidung."
> Merowinger: „Nein. Falsch! Entscheidung ist eine Illusion, entstanden zwischen denen mit Macht und denen ohne. …"
> (Die Wachowski-Geschwister, im Film „Matrix Reloaded" (2003))

Gesellschaftliche Systeme, die auf Arbeitsleistung gegen Entlohnung aufbauen, existierten schon Jahrtausende vor unserer Zeitrechnung. Gemeinsam war ihnen allen, dass sie ein – je nach Kräfteverhältnis zwischen den beiden Parteien – mehr oder weniger faires Tauschgeschäft repräsentierten, bei dem die eine Partei eine physische oder intellektuelle Leistung erbrachte und hierbei als Gegenleistung einen materiellen Gegenwert erhielt, der wichtige persönliche Bedürfnisse des Leistungserbringers erfüllen konnte.

In einer ursprünglich auf Tauschhandel basierenden Wirtschaft handelte es sich allerdings bei Letzterem in der Regel zunächst um Nahrung, Waren oder Unterkunft, die selten über längere Zeit aufbewahrt werden konnte. Mangels Lagerfähigkeit waren daher Leistungserbringung und die Nutzung der Gegenleistung lange zeitlich eng miteinander verknüpft und die tägliche Arbeit diente in der Hauptsache der Befriedigung des eigenen unmittelbaren Bedarfes.

Erst mit der aufkommenden Geldwirtschaft wurde die Gegenleistung für geleistete Arbeit in Form von Einkommen weitgehend wertstabil lagerfähig und vielfältig nutzbar, sodass ein systematisches „Ansammeln" für eine mögliche spätere Nutzung, z. B. während Krisenzeiten, erstmalig sinnvoll möglich wurde. Während diese zeitliche Speicherfähigkeit zunächst durchaus hilfreich war, um die Versorgung der Basisbedürfnisse in Zeiten hoher wirtschaftlicher Unsicherheit längerfristig sicherzustellen, hat sich in den vergangenen Jahrzehnten aufgrund dieser Verknüpfung eine gesellschaftliche Wahrnehmung von Geld als universeller Schlüssel zu jeglicher Form der Bedürfnisbefriedigung fest in unseren grundsätzlichen Denkmustern verankert.

Wie bereits im Abschn. 1.1 erwähnt, reicht allerdings ein Blick auf die von Abraham Maslow grob strukturierte menschliche Bedürfnishierarchie aus, um sich klar zu machen, dass mit steigendem gesellschaftlichem Wohlstand der Nutzen von finanziellen Mitteln immer wirkungsloser wird, um die tatsächlichen Bedürfnisse nachhaltig zu befriedigen. Dies gilt analog auch für den unmittelbaren Effekt von Einkommen.

Die Befriedigung der menschlichen Basisbedürfnisse war historisch das ursprüngliche Ziel von Einkommen und die zeitlich ausgeweitete Nutzungsfähigkeit in Form von Geld vermag auch durchaus das Bedürfnis nach Sicherheit in einem gewissen Umfang befriedigen. Doch hat Einkommen spätestens auf der nächsten Stufe der sozialen Beziehungen eher den Charakter einer Ersatzdroge, um für mögliche Nebenwirkungen eines hohen Arbeitseinsatzes auf die Qualität und Quantität der Sozialbeziehungen kompensiert zu werden. Und als Maßstab für Wertschätzung ist es extrem ungeeignet, da es insbesondere auf dieser Ebene einem massiven sozialen Vergleich ausgesetzt ist, der kontinuierlich eine exponentielle Steigerung notwendig macht und am Ende nur noch für einige Wenige an der Spitze Platz lässt.

Doch welche Ursachen hat dann das allgegenwärtige und schier unbegrenzte Streben nach Maximierung unseres finanziellen Besitzes, welches als einer der entscheidenden Antriebsmotoren unserer Wirtschaft gilt?

Während wir ganz in der Tradition der Gründer unser Wirtschaftswissenschaften weiterhin stillschweigend unterstellen, dass sich hier die angeblich ausschließlich rationale Entscheidungsfähigkeit unseres Homo Economicus manifestiert, haben Verhaltenswissenschaftler wie der Nobelpreisträger Daniel Kahneman längst nachgewiesen, dass über 99,9 % unserer Entscheidungen keineswegs rational, sondern instinktiv erfolgen (Kahneman 2011). Die Wahl wird in dieser überwältigenden Zahl von Fällen von drei Autopiloten im Reptiliengehirn getroffen, bevor überhaupt unser evolutionär jüngster Gehirnbereich, der Frontallappen, eingeschaltet wird, in dem unsere kognitive Entscheidungsfähigkeit zu Hause ist.

Ohne, dass es uns bewusst ist, ist der überwiegende Teil unseres Verhaltens von unseren erlernten Programmierungen aus früheren Erfahrungen, den emotionalen Signalen aus der auf Warnung spezialisierten Amygdala und aus dem Belohnungssystem im Nucleus Accumbens bestimmt.

Und während unsere etablierten Wirtschaftstheorien uns suggerieren, dass wir auf der Suche nach einem Gleichgewicht eine rationale Abwägung zwischen Aufwand und Nutzen vornehmen, haben wir schlichtweg in den letzten Jahrzehnten eine gesellschaftliche Programmierung verinnerlicht, die uns dazu bringt, Geld unmittelbar mit Belohnung zu assoziieren. Nur aus diesem Grund löst es als sogenannter erlernter „Sekundärerreger" regelmäßig eine Dopamin-Ausschüttung aus, kaum dass es in Aussicht gestellt wird. Während natürlich entwickelte körperliche „Glückssignale" Teil eines Regelkreises sind, in dem ab einer bestimmten Grenze dämpfende Gegenmaßnahmen ausgelöst werden, durch die diese Hormonausschüttung wieder gehemmt wird, ist der Stimulationseffekt durch Geld künstlich erlernt. Und mangels eines analog entwickelten komplementären Erkenntnisprozesses, der beispielsweise das Bewusstsein über die „Nebenwirkungen" ins Spiel bringen würde, kennt er kein natürliches Korrektiv und kann sogar ab einer bestimmten Reizschwelle nachweislich Suchtverhalten auslösen, das keine Obergrenze mehr kennt.

Wie in einem selbstverstärkenden Kreislauf hat somit die Tatsache, dass wir grundsätzlich dem Homo Economicus ein rein rationales Verhalten unterstellen, dazu geführt, dass wir Geld einen uneingeschränkten positiven Wirkmechanismus auf die Befriedigung unserer Bedürfnisse angedichtet haben, der sich im Rahmen eines gesellschaftlichen Lernprozesses inzwischen fest in unserem Belohnungssystem angesiedelt hat.

Während uns Dopamin temporär immer wieder Glücksgefühle vermittelt, sofern der monetäre Impuls stark genug ist, sind wir allerdings zu einem Großteil lediglich Opfer eines künstlichen, von unseren tatsächlichen Bedürfnissen immer stärker entkoppelten Mechanismus. Dieser verlangt mit steigender Intensität nach einer kontinuierlichen Steigerung der Dosis, um uns immer wieder ein vergleichbares Befriedigungsgefühl zu vermitteln.

Auch unsere heutigen Arbeitsverhältnisse sind von dieser Prägung entscheidend beeinflusst. Während ein leistungsabhängiger Lohnanteil schon Teil von frühen Feudalsystemen war, haben wir in der modernen Wirtschaft stillschweigend die unterstellte Logik des Zusammenhangs zwischen Leistung und Belohnung komplett umgekehrt, wie dies Abb. 1.5 veranschaulicht.

Inzwischen ist es zu einer selten umstrittenen Managementauffassung geworden, dass erst die Belohnung den Output determiniert, und finanzielle Bonussysteme dank ihrer unbegrenzten Wirksamkeit der „Passepartout" zu kontinuierlicher Leistungssteigerung sind. Aber nicht jede scheinbare Kausalität kann einfach verallgemeinert werden – insbesondere wenn es sich nicht um physikalische Gesetze, sondern um die Interaktion mit komplexen Wesen wie dem Menschen handelt.

Während wir längst in der unternehmerischen Realität beobachten können, dass die Halbwertszeit der Wirksamkeit von Gehaltserhöhungen immer kürzer

Abb. 1.5 Kausalitätsbeziehung zwischen Arbeitsleistung und Entlohnung laut der klassischen Betriebswirtschaft

wird, nimmt notwendigerweise – mangels unbegrenzter Steigerungsmöglichkeit der finanziellen Mittel – die Zahl derjenigen, die in Organisationen von monetären Belohnungen merkbar profitieren, immer schneller ab. Ein solches Rennen um materielle Vorteile, dessen Antriebswirkung auch noch zunehmend von einem Sozialvergleich abhängt, muss zwangsläufig in eine Spirale münden, bei der am Ende höchstens noch ein paar wenige Gewinner übrig bleiben können.

Weil mit jeder Steigerung das Risiko zunimmt, am Ende leer auszugehen, steigen immer mehr Menschen resigniert aus diesem System aus und verfallen in Passivität. Für andere, für die der mögliche Gewinn groß genug erscheint, mündet es in Arbeitssucht, deren Symptome mit denen der Spielsucht identisch sind. Oder es motiviert zum Überschreiten ethischer Handlungsgrenzen, dessen Ausprägungen sich in ihrer Extremform von „Beschaffungskriminalität" kaum noch unterscheiden.

Doch auch wenn weltweit die Statistiken über rapide abnehmende Mitarbeitermotivation ebenso Bände sprechen wie immer häufigere Fälle, in denen Mitarbeiter unerwünschte „Abkürzungen" zum Erreichen ihrer festgelegten Leistungsziele einschlagen, halten wir dennoch ostentativ an unserer mechanischen mikroökonomischen Weltsicht fest und versuchen weiterhin, unsere Organisationen durch immer komplexere Belohnungssysteme zu höherer Leistung anzutreiben.

> 89 % der Arbeitgeber denken, dass ihre Mitarbeiter das Unternehmen wegen Geld verlassen – aber nur 12 % der Mitarbeiter kündigen tatsächlich aus finanziellen Gründen. (Saratoga Institute)

Dabei sollten uns zwei Dinge klar werden. Zum einen führen bei Menschen die Reaktionen auf jede Form von „Sekundärerregern" ab einer bestimmten Abhängigkeitsschwelle zwangsläufig zu Suchtverhalten, das in einer Zerreißprobe zwischen der Notwendigkeit, die Dosierung kontinuierlich zu steigern, und der begrenzten Verfügbarkeit der Mittel mündet.

Und zum anderen verleitet die Stimulierung unseres Belohnungssystems zwangsläufig zu ich-fokussiertem Verhalten, das zwar unserem bisherigen Wirtschaftsverständnis entspricht, allerdings diametral den im vorherigen Abschnitt ausführlich hergeleiteten organisatorischen Erfolgsfaktoren einer kollektiven Bezogenheit entgegenläuft. Während wir zunehmend Kooperation, Verantwortungsbewusstsein und Empathie benötigen, fördern wir durch rein monetäre Leistungsentlohnung immer rücksichtsloseren Egoismus.

> Finanzielle Entlohnung provoziert zu einem großen Maß eine gesellschaftlich erlernte „Sekundärerregung" unseres unbewussten Belohnungssystems, die ab einer bestimmten Schwelle zu ungebremsten Suchtverhalten führt.

Dabei ist unsere Geldillusion nichts anderes, als was wir täglich vor unserem Fernseher erleben können. Sicherlich hat das exponentiell gewachsene Informationsangebot der Medien viel dazu beigetragen, dass uns heute ein umfangreicher Zugang zu Wissen möglich ist, wie er noch vor Jahrzehnten undenkbar war. Aber in zunehmendem Maße ist der tägliche Fernsehkonsum inzwischen auch zum Ersatz für ganz andere menschliche Bedürfnisse geworden, die sich auf diesem Weg scheinbar einfach zentralisiert substituieren lassen. Wir können inzwischen von zu Hause unsere Solidarität mit dem favorisierten Sportverein zum Ausdruck bringen, Eindrücke aus fremden Ländern sammeln, oder auch nur unseren emotionalen Erlebnisraum durch romantische oder spannende Filme stimulieren – ohne auch nur einmal das Haus verlassen zu müssen.

Erst wenn wir ihn abschalten, merken wir, dass unsere gefühlten Erlebnisse und der Eindruck eines sozialen Austausches nur eine immer weiter perfektionierte Illusion ist. Was uns allerdings nicht unmittelbar bewusst wird, ist, dass sich mit dem Medienkonsum gleichzeitig unsere subjektive Bewertung schleichend verändert. Sowohl unsere emotionalen Reizschwellen als auch unsere persönlichen Maßstäbe für Normalität, durch die Vorauswahl der angebotenen Information (zum Teil gezielt) beeinflusst, verschieben sich mit der Zeit als Resultat eines von der Natur eingebauten Anpassungsprozesses.

Ähnlich haben wir den ursprünglichen Gedanken, im Austausch für die Erbringung von Arbeitsleistung unsere menschlichen Bedürfnisse befriedigen zu können, exklusiv an physische Arbeitsverträge delegiert, die die materielle Kompensation regelt. Während diese Übertragung im Bereich unserer menschlichen Basisbedürfnisse noch völlig schlüssig ist, wird sie mit zunehmendem Einkommensniveau immer lückenhafter. Durch den Übergang von Primär- auf Sekundärbefriedigung durch Geld wird mit steigender Bedürfnishierarchie ein

Mechanismus angestoßen, der lediglich durch kontinuierlich ansteigende substitutive Stimulation dauerhaft darüber hinwegtäuschen kann, dass andere wesentliche menschliche Bedürfnisse unbefriedigt bleiben.

Eine irgendwann mangels unbegrenzter Steigerungsmöglichkeiten zwangsläufig auftauchende Kluft manifestiert sich allerdings nicht im erfassbaren Bereich des physischen Arbeitsverhältnisses, sondern offenbart sich in Bezug auf den „psychologischen" Arbeitsvertrag. Diese selten explizit besprochene Parallelvereinbarung zwischen dem Mitarbeiter und dem Unternehmen umschreibt eine stillschweigende Handelsbeziehung aus gegenseitigen Erwartungen, die die vertraglich dokumentierte Arbeitsbeziehung ergänzt und insbesondere die notwendigen Voraussetzungen für die Befriedigung von impliziten Bedürfnissen beider Seiten enthält.

Beide Verträge sind unmittelbar miteinander verknüpft, sodass Defizite des einen durch jeweils das andere Handelsverhältnis kompensiert werden müssen. Allerdings ist die Rollenverteilung zwischen beiden Seiten gegensätzlich: Im psychologischen Arbeitsverhältnis ist es die Aufgabe des Arbeitgebers, zunächst die erwartete Leistung zu erbringen, bevor eine adäquate Gegenleistung des Mitarbeiters erfolgt.

Wird der Fokus im Arbeitskontext ausschließlich auf monetäre Kompensation der Arbeitsleistung ausgerichtet, während wesentliche Elemente des psychologischen Arbeitsvertrages durch den Arbeitgeber vernachlässigt werden, erhöht sich die Frequenz, mit der eine kurzzeitige Befriedigung durch finanzielle Zuwendungen erfolgen muss. Einkommen wird zu „Schmerzensgeld", mit dem diese Defizite ausgeglichen werden müssen.

Erfolgt dies nicht, so entsteht beim Mitarbeiter notwendigerweise der subjektive Eindruck einer Unausgewogenheit der Handelsbeziehung aus erbrachter Arbeit und erhaltener Kompensation, für die es nur zwei Ausweichstrategien gibt: seine Leistung nach unten anzupassen oder die Beziehung aufzukündigen.

Schaffen wir allerdings stattdessen Arbeitsbeziehungen, die adäquate finanzielle Entlohnung mit den notwendigen Rahmenbedingungen kombiniert, die auch die psychologischen Bedürfnisse der Menschen direkt erfüllen, so wird diese Gefahr einer Überhitzung der Beziehung vermieden. Monetäre Kompensation wird nicht mehr als Lockmittel mit Suchtgefahr missbraucht, um einen rücksichtslosen internen Wettlauf anzuheizen, sondern es wird auf seine Funktion als „Hygienefaktor" reduziert, als dass es bereits Mitte des vorigen Jahrhunderts in der Motivationsforschung identifiziert wurde (Herzberg 1966).

Und erst hierdurch kann der Weg frei gemacht werden, um auch zu dem im vorigen Abschnitt hergeleiteten organisatorischen Verhalten zu motivieren, welches wir in der Zukunft für unseren Unternehmenserfolg benötigen. Doch wie kann man Bedingungen schaffen, die eine Organisation ohne unseren gewohnten monetären Werkzeugkasten kollektiv dazu bewegen, kontinuierlich Innovation kooperativ zu entwickeln, autonom innerhalb komplexer Zusammenhänge verantwortungsvoll zu handeln und durch Empathie nachhaltig in Netzwerken erfolgreich arbeiten zu können?

Diese Frage kann erst auf der Basis eines vollständigen Verständnisses von menschlicher Motivation beantwortet werden. Während wir uns mit unseren bisherigen finanziellen Leistungskonzepten im Arbeitskontext in der Welt der extrinsischen, das heißt durch einen äußeren Reiz herbeigeführten Motivation bewegen, verdeutlicht Abb. 1.6, dass menschliche Motivation ein deutlich breiteres Spektrum umspannt: Von Amotivation über extrinsische bis hin zu intrinsischer Motivation, die in ihrer intensivsten Form dem von Michael Csikszentmihalyi als „Flow" bezeichneten Zustand vollständigen Aufgehens in einer Aufgabe entspricht (Csikszentmihalyi 2004).

Eine klare Trennung zwischen extrinsischen und intrinsischen Motivationsfaktoren ist kaum möglich und jede Arbeitssituation stellt in der Regel eine Mischung aus verschiedenen Elementen dar. Dennoch können einige charakteristische Faktoren identifiziert werden, die extrinsisch motivierte Arbeitsumfelder von intrinsisch motivierten fundamental unterscheiden.

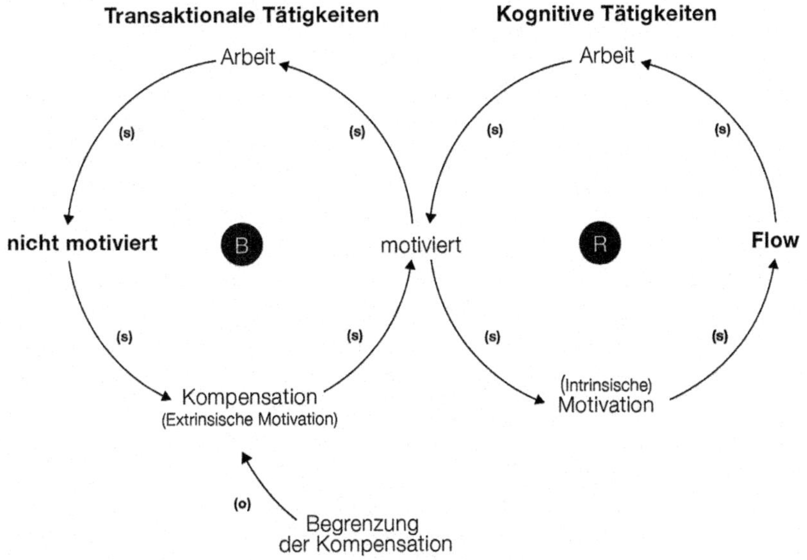

Abb. 1.6 Bandbreite der menschlichen Motivation im Arbeitskontext

Extrinsische Motivation wird mehr oder weniger bewusst durch einen Reiz ausgelöst, der als außerhalb der handelnden Person liegend wahrgenommen wird und in der Regel eine Form der Belohnung darstellt. Sie ist insbesondere im Bereich transaktionaler Tätigkeiten wirksam und führt notwendigerweise dazu, dass die Handlung in einem Umfeld der Kontrolle stattfinden muss, damit ergebnisabhängig die in Aussicht gestellte Gegenleistung auch gewährt werden kann. Im Arbeitsumfeld entspricht dies der allgemein verbreiteten Konstellation, wie sie im Wesentlichen im physischen Arbeitsvertrag festgelegt ist. Inzwischen hat die Motivationsforschung nachgewiesen, dass sich die Wirksamkeit von solchen Leistungssystemen allerdings weitgehend auf transaktionale Tätigkeiten beschränkt, das heißt, Aufgaben, deren Ablauf bereits festgelegt ist und die nur wenig kognitive Leistung erfordern.

Demgegenüber wird eine intrinsisch motivierte Handlung aus einem inneren Antrieb der handelnden Person ausgeübt. Außer eine Selbstbeurteilung existiert hierbei kein Prozess der Kontrolle, weil der Leistungseinsatz bereits natürlicherweise das bestmögliche Ergebnis erbringt, welches aus eigenem Antrieb erreichbar ist. Intrinsische Motivation ist aufgrund des hohen eingebrachten Engagements unabhängig von irgendeiner Kompensation nachweislich eine der wesentlichen Quellen für jede Form der kognitiven und insbesondere kreativen Leistungserbringung. Voraussetzung hierfür ist vornehmlich die Erfüllung der Bedingungen des *psychologischen* Arbeitsvertrages, um zu verhindern, dass ein Kompensationsbedürfnis entsteht, welches durch den physischen Arbeitsvertrag erfüllt werden muss und somit extrinsische Faktoren ins Spiel bringt.

Darüber hinaus wird die Intensität des intrinsischen Motivationsanteils stark von der Höhe der Zielkongruenz zwischen den persönlichen Lebenszielen und der aktuellen Aufgabe bestimmt. Sie entscheidet im Übergangsbereich zwischen beiden Formen, inwieweit die Handlung durch die Aussicht auf eine extrinsische Belohnung reguliert wird, oder diese durch zumindest partielle Identifikation oder tatsächliche Verinnerlichung der Ziele der Organisation als sinnvoll wahrgenommen wird.

Beleuchtet man nun mit dieser Erkenntnis im Einzelnen die drei im Abschn. 1.3 hergeleiteten Fähigkeiten, die in der Wirtschaft zukünftig erfolgsentscheidend sein werden, kann man nachweisen, dass alle drei vital von dem Level der *intrinsischen* Motivation der involvierten Mitarbeiter abhängen – und somit notwendigerweise von jeder intensiveren Form extrinsischer Motivationsumgebungen unterminiert werden.

Interpretiert man zunächst die Innovationsleistung einer Organisation als erfolgreiche Manifestation von Kreativität in Produkten, Prozessen und Handlungen, so hat die auf dieses Thema spezialisierte Harvard-Professorin Teresa Amabile umfangreich gezeigt, dass Kreativleistung in Organisationen von den drei in

Abb. 1.7 dargestellten Faktoren entscheidend bestimmt wird, die sich multiplikativ verstärken: dem Niveau der sachbezogenen Kompetenzen, dem Beherrschen von kreativitätsfördernden Methoden sowie der individuellen Motivation für die Aufgabe (Amabile 1996).

Bisher wird üblicherweise die Fachkompetenz als Erfolgsfaktor in den Vordergrund gestellt, die man durch eine Vielzahl an verfügbaren Kreativitätsmethoden zu fördern versucht. Amabile hat in einer makroskopischen Analyse des Innovationsprozesses jedoch nachgewiesen, dass der entscheidende Faktor für die Kreativleistung die intrinsische Motivation der Beteiligten ist. Durch diesen inneren Antrieb, der unabhängig von externen Belohnungen wirksam wird, wird zum einen die Offenheit gegenüber der ursprünglichen Fragestellung ebenso wie die Qualität des kreativen Inputs, der die möglichen neuen Problemlösungen hervorbringt, stark positiv beeinflusst. Zum anderen wird der Lernwille für neues Wissen sowie die Bereitschaft gefördert, im Falle von Fehlschlägen diesen Prozess erneut wieder aufzunehmen (Amabile 1983).

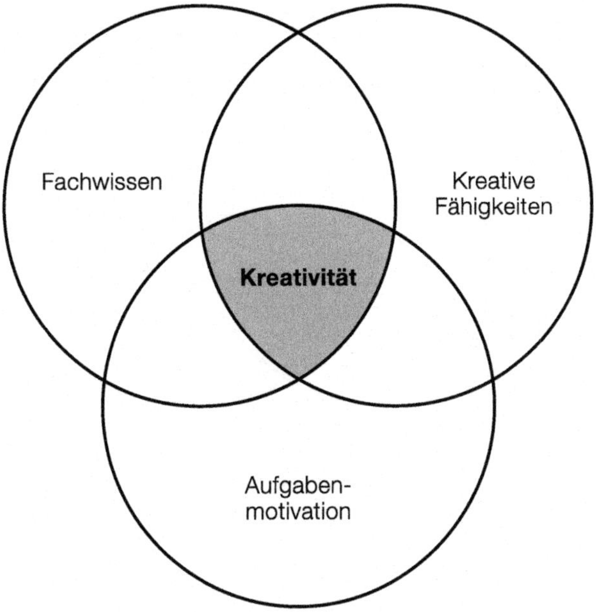

Abb. 1.7 Die drei für Kreativität notwendigen Hauptfaktoren (nach Prof. T. Amabile, Harvard)

Während sich die meisten Unternehmensrankings der angeblich innovativsten Unternehmen heutzutage im Wesentlichen an den Ausgaben für Forschung und Entwicklung orientieren, hat Amabile gezeigt, dass Innovationsleistung von Organisationen nicht nur von den verfügbaren Ressourcen sowie von einer innovationsfördernden Managementkultur abhängt, sondern – wie in Abb. 1.8 dargestellt – insbesondere von der im Unternehmen vorhandenen organisatorischen Motivation.

Ein vergleichbares Muster ergibt sich, wenn man der Frage nachgeht, wodurch verantwortungsvolles Verhalten bei hoher Autonomie gefördert wird. Geht man grundsätzlich davon aus, das jede Form der Handlungsfreiheit eine eigenständige Entscheidung erfordert, unabhängig ob sie zu einer Handlung oder der Unterlassung einer Handlung führt, so ergibt sich die Qualität des Ergebnisses aus den bewussten und unbewussten Entscheidungskriterien des Handelnden, die diesen Prozess steuern.

Ein solches selbst motiviertes Verhalten ist grundsätzliche eine Variante ethischer Entscheidungsprozesse, die stets multifaktoriell beeinflusst sind, allerdings zu einem starken Anteil unbewusst ablaufen. Ihre wesentlichen Einflussfaktoren

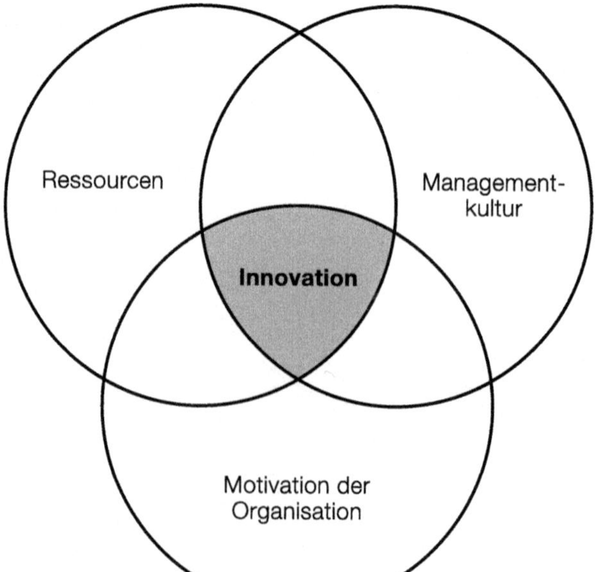

Abb. 1.8 Die drei für Innovation entscheidenden Hauptfaktoren (nach Prof. T. Amabile, Harvard)

sind auf der einen Seite externe Einflüsse wie soziale Normen sowie wahrgenommene Verhaltenskontrolle („Theorie of Planned Behaviour"). In Kombination mit entsprechender Autonomie werden sie andererseits aber in etwa gleichem Umfang durch persönliche Überzeugungen und Grundeinstellungen („Norm Activation Model") beeinflusst (Bamberg und Möser 2007).

Verschiebt sich nun aufgrund der steigenden Komplexität der Schwerpunkt in Organisationen von einem im Detail vorgeschriebenen Arbeitsumfeld aus bekannten Situationen zu immer autonomeren Arbeitsbereichen, die auch zunehmend neue Konstellationen repräsentieren, verlagert sich analog der Schwerpunkt der Entscheidungskriterien weg von externen Einflüssen hin zu inneren Überzeugungen.

Verantwortliches Handeln wird also in zunehmend autonomen Situationen ebenfalls immer stärker von der inneren Handlungsmotivation – der intrinsischen Motivation – determiniert.

Betrachtet man zuletzt die Fähigkeit, in einem Netzwerk unterschiedlicher Partner erfolgreich zu arbeiten, so zeigt sich auch hier sofort, dass es nicht nur einer rationalen Abwägung möglicher Verhaltensalternativen bedarf, um eine möglichst für alle Parteien als positiv wahrgenommene Lösung zu finden. Entscheidend ist die Fähigkeit, kognitiv die Beziehung zu reflektieren und Empathie zu entwickeln, um zunächst möglichst gut die Wahrnehmungswelt der anderen beteiligten Personen nachvollziehen zu können.

Auch in diesem Fall ist offensichtlich, dass ein von den eigenen Interessen losgelöstes, authentisches Interesse an einer Fremdwahrnehmung schon per Definition im Widerspruch zu jeder Form von extrinsischer Motivation stehen muss, da diese explizit auf die Aktivierung des Eigeninteresses ausgelegt ist. Insofern kann man zwangsläufig davon ausgehen, dass auch für das erfolgreiche Agieren in Netzwerken als Grundvoraussetzung eine intrinsische Motivation erforderlich ist.

▶ Nur Organisationen, die von einem hohen Maß an intrinsischer Motivation angetrieben sind, können Fähigkeiten wie Kreativität, Verantwortung und Kollaborationsfähigkeit in dem Maß entwickeln, wie sie zukünftig in der Wirtschaft überlebensnotwendig sind.

Zusammenfassend kann man also zum einen feststellen, dass, wie in Abb. 1.9 dargestellt, *alle drei* Schlüsselfaktoren für Erfolg in einer global vernetzten Welt existentiell von einer Bedingung abhängen: dem Level an intrinsischer Motivation der Handlungsbeteiligten in der Organisation.

Weiterhin ist eine Kultur erforderlich, in der nicht mehr belohnt wird, den Fokus primär auf den eigenen persönlichen Vorteil zu richten. Vielmehr muss zusätzlich eine Identifikation mit dem Wohl der gesamten Organisation entstehen,

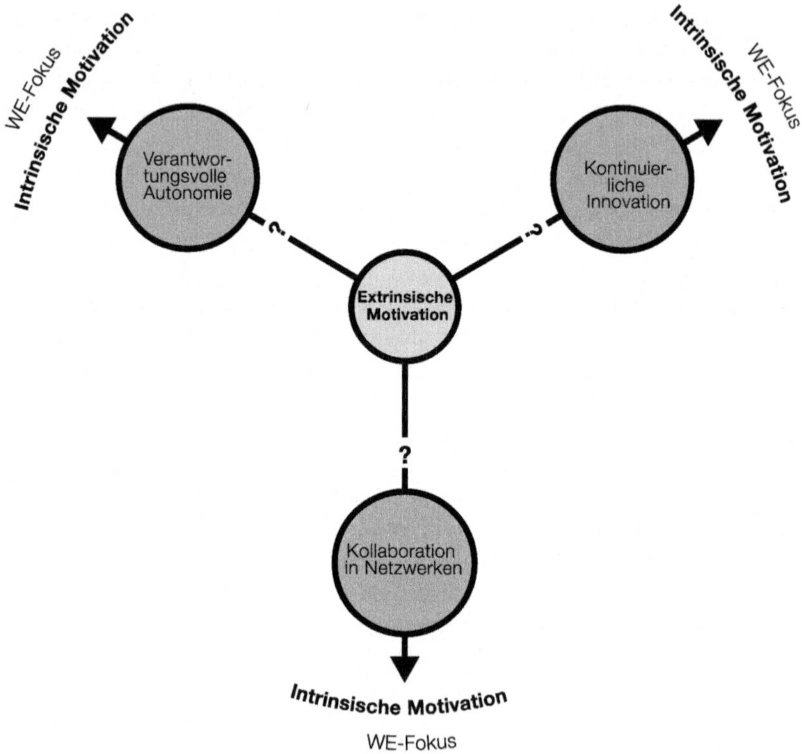

Abb. 1.9 Abhängigkeit der zukünftigen wirtschaftlichen Erfolgsfaktoren von intrinsischer Motivation

bei dem auch die vitalen Interessen des Systems, in das das Unternehmen eingebettet ist, ausgewogen berücksichtigt werden.

Monetäre Leistungsmodelle, wie sie bisher unsere Arbeitswelt dominiert haben, sind für beide Faktoren nicht nur wenig hilfreich, sondern nachweislich stark kontraproduktiv. Während extrinsische Motivationssysteme durch das von ihnen induzierte kontrollierende Umfeld jede intrinsische Motivation verdrängen, unterminieren sie zusätzlich durch ihren Fokus auf die Stimulation des Eigeninteresses jegliche Kooperationskultur.

1.5 Darwin und die Ameisen

> „Superorganismen“ werden Kolonien sozialer Insekten genannt, die sich durch altruistische Zusammenarbeit sowie komplexe Kommunikation und Arbeitsteilung auszeichnen.
>
> (Bert Hölldobler & Edward O. Wilson, „Der Superorganismus“)

Kaum ein Name wird häufiger mit der Erforschung der Grundgesetze der Natur verbunden als Charles Darwin. Und keine seiner Theorien hat auch nur annähernd den Bekanntheitsgrad erlangt, wie seine zu Beginn der zweiten Hälfte des 19. Jahrhunderts veröffentlichten Erkenntnisse über den aus seiner Sicht wichtigsten Mechanismus der Evolution: die natürlichen Selektion. So wird in der Regel Darwinismus gleichgesetzt mit einem unumstößlichen Naturgesetz des Überlebens des Stärkeren.

Ganz in der Tradition, neue und unumstößliche Erkenntnisse der traditionellen Naturwissenschaften in die gerade erst entstehenden Wirtschaftswissenschaften einzubauen, um ihnen zusätzliche Glaubwürdigkeit zu verleihen, ist es insofern auch nicht verwunderlich, wenn dieses Gesetz schnell Einzug in die Formelsammlung der allgemeine Betriebswirtschaft hielt. Da es plausibel den von Adam Smith postulierten Erfolgsfaktor des Eigeninteresses als Haupttriebfeder wirtschaftlicher Tätigkeit ergänzte, wurde das Gesetz des Stärkeren zu einer der tragenden, vielleicht sogar der wichtigsten Säule unserer modernen ökonomischen Wettbewerbskonzepte.

Doch anders als die Naturwissenschaften, die in den folgenden Jahrhunderten die Evolutionsprozesse immer weiter erforscht haben, um die volle Komplexität der Erfolgsrezepte der Natur zu erfassen, hat die Betriebswirtschaft erneut die auf den ersten Blick frappierende Einfachheit des Erklärungsmodells vorgezogen. Unabhängig, ob es um Markterfolg oder organisatorische Leistungsmodelle geht, wird Wettbewerb als primäre Grundlage für erfolgreiche wirtschaftliche Entwicklung uneingeschränkt postuliert.

Dabei wird bereits bei oberflächlicher Betrachtung offensichtlich, dass ohne eine zweite Triebkraft, die zeitgleich immer wieder neue Varianten hervorbringt, Systeme, die ausschließlich auf Selektion aufgebaut sind, schon aus rein logischen Gründen keinerlei Entwicklung hervorbringen können. Da sie keine Verbesserungen erzeugen, sondern lediglich die beste aus den bereits vorhandenen Lösungen favorisieren, müssen sie notwendigerweise zu Stagnation und letztendlich zur inneren Selbstzerstörung führen.

Die Natur hat diese Herausforderung durch eine zweite evolutionäre Fähigkeit, die der Mutation, gelöst. Indem sie ihr eigenes Kopierverfahren so konzipiert hat, dass es aufgrund seiner eingebauten Fehlerhaftigkeit ständig neue Varianten hervorbringt, bildet sie kontinuierlich überhaupt erst eine sich ständig verändernde Basis für immer neue Selektionen.

Dennoch ist es bis heute nur sehr selten in Wirtschaftsorganisationen zu finden, dass auf Augenhöhe mit erbrachten Höchstleistungen auch die Vielzahl der generierten Varianten belohnt wird, die auf dem Weg dorthin zunächst geschaffen, allerdings dann als weniger erfolgreich ausgesondert wurden. Anstatt Fehler als notwendige Schritte auf dem Weg zu neuen, besseren Lösungen anzuerkennen und hierzu zu motivieren, werden diese in der Regel abgestraft. Systematische Vorschriften durch „Fachabteilungen" über die maximal zugelassene experimentelle Bandbreite von Handlungen zur besseren Standardisierung tragen das Ihre dazu bei, damit jede organisatorische Neigung zur Mutation in der Regel bereits im Keim erstickt wird.

Während Darwin bereits die Veränderlichkeit der Arten und die kontinuierliche Evolution der kleinen Schritte als weitere notwendige Elemente identifiziert hat, scheinen diese Prinzipien im Sog der Vereinfachungen unserer Betriebswirtschaft untergegangen zu sein. So hinterfragen wir in den meisten Fällen nicht, wie durch optimierte Bonussysteme für erfolgreiche Zielerreichung irgendeine Form der Kreativität oder Innovation entstehen soll, sondern erwarten, dass auch dafür unsere für transaktionale Wiederholtätigkeiten entwickelten und bewährten Führungsmethoden aus „Karotte und Stock" tauglich sind. Gesunde Fehlerkulturen sind demgegenüber in den meisten Wirtschaftsunternehmen insbesondere bei steigenden Leistungsanforderungen unbekannt oder beschränken sich auf Lippenbekenntnisse.

Ein noch härteres Schicksal hat die Frage ereilt, wie innerhalb von komplexeren Organismen beziehungsweise Systemen nachhaltig erfolgreiche Interaktion entstehen kann. Dass dies in der strukturell sehr einfachen Wirtschaftsrealität kaum eine Rolle spielte, in der Adam Smith seine Theorie aufstellte, nach der die Maximierung des Einzelinteresses jedes wirtschaftlich Beteiligten zu maximalem Wohlstand einer Gesellschaft führt, ist verständlich. Schließlich kannte man nur in geringem Umfang komplexe Arbeitsteilung – und noch weniger global vernetzte komplexe Systeme.

Was damals in seiner Welt für Metzger und Bäcker galt, die zu dieser Zeit nahezu ihre gesamte Lieferkette in eigener Hand hielten und ihrer Tätigkeit weitgehend unbeeinflusst von anderen „Wirtschaftssubjekten" nachgehen konnten, wurde allerdings stillschweigend in eine zunehmend arbeitsteilige Wirtschaft übernommen und gilt noch heute als unverrückbares Mantra der Ökonomie: dass maximaler Ich-Fokus zur bestmöglichen wirtschaftlichen Lösung führt.

Auch hier würde ein Blick in die Evolutionstheorie helfen, dieses Prinzip maximal als suboptimale Teillösung von kaum entwickelten Mikroorganismen zu enttarnen. Denn spätestens bei komplexeren Lebewesen wird diese Form einer rücksichtslosen Zelldominanz als Krebs bezeichnet, der zunächst den Wirtsorganismus schwächt, um dann gemeinsam mit ihm zugrunde zu gehen.

Dennoch haben wir den gegenseitigen Wettlauf um das größte Stück Kuchen bis in die kleinsten Bereiche unserer Wirtschaftsorganisationen getragen und Arbeitsverhältnisse auf physische Arbeitsverträge gebaut, die zu individueller Bestleistung motivieren und auch das dritte wesentliche Erfolgsrezept der Natur, das Prinzip der Kooperation, zwangsläufig verdrängen.

An dieser Stelle drängen sich zwei Fragen auf: Welche Welt würden wir heute erleben, wenn die Natur sich ebenfalls in dieser Weise alleine auf das Grundprinzip der Selektion abgestützt hätte? Und welche Wirtschaft würde entstehen, wenn wir akzeptieren würden, dass erst die Kombination aller drei Evolutionsrezepte den Erfolg komplexer Organismen ermöglicht?

Auf die erste Frage lässt sich sicherlich keine befriedigende wissenschaftliche Antwort geben, wenn allein die Entstehung von Leben vor mehreren Milliarden Jahren vermutlich bereits der chemischen Mutation und der interzellulären Kooperation bedurfte. Allerdings lässt sich mit ein wenig Fantasie jedes erdgeschichtliche Zeitalter leicht für immer „einfrieren", wenn allein schon der kontinuierliche Prozess von Versuch und Irrtum in Form von Varianten plötzlich aufgehört hätte. Die rücksichtslose Fokussierung auf die eigenen Vorteile aller zu diesem Zeitpunkt existierenden Lebewesen hätte dann mit an Sicherheit grenzender Wahrscheinlichkeit dafür gesorgt, dass Sie dieses Buch heute nicht lesen könnten – weil zwischendurch die stärkste überlebende Spezies ihre eigene Lebensgrundlage vernichtet hätte.

Der zweiten Frage kann man sich annähern, wenn wir Wirtschaft als ein vom Menschen entwickeltes, vereinfachtes Systemmodell anerkennen, dessen beeindruckende Eigendynamik bisher einem Satz von einmal festgelegten Denkregeln folgt, die nur deswegen weiterhin so evolutionsresistent erscheinen, weil wir alle an sie glauben und sie als angeblich unveränderbar verinnerlicht haben. Eine solche Sichtweise würde uns die Möglichkeit eröffnen, durch einen Upgrade dieser Regeln dank neuer Einsichten noch erfolgreichere Systeme zu erschaffen.

In gewisser Weise scheint der Mensch es zunächst in der Tat geschafft zu haben, über unseren Intellekt und unsere Fähigkeit der komplexen Kommunikation eine neue Dimension der evolutionären Entwicklung zu kreieren, die in ihrer Geschwindigkeit die zeitraubenden Mutationsprozesse unserer physischen Biosphäre weit übertrifft. Hierzu gehören auch sämtlichen Formen der vom Menschen geschaffenen Sozialstrukturen – und somit kann man auch die Wirtschaft dazu zählen.

Allein unsere Fähigkeit, die Konsequenzen unseres Handelns zumindest bis zu einem gewissen Grad der Komplexität vorab zu durchdenken, erlaubt uns, durch mentale Aussonderung offensichtlicher Fehlentwicklungen „ex ante" die Zahl der wirklich erfolgsversprechenden Optionen deutlich zu senken und die Effizienz des Entwicklungsprozesses gegenüber dem aufwendigen Mutationsprozess der Natur, in dem Varianten nur zufällig entstehen, deutlich zu steigern.

Da die biologische Entwicklung unseres Gehirns allerdings nur sehr bedingt mit der rasanten Komplexitätsentwicklung unserer Systeme Schritt gehalten hat, müssen wir gleichzeitig das Bewusstsein für eine unserer Erblasten der Evolution schärfen: Unser Reptiliengehirn, welches auch heute noch unsere überwiegend instinktiven Denk- und Handlungsmuster bestimmt, gaukelt uns häufig nur eine scheinbare Sicherheit über Zukunftsszenarien vor, die lediglich auf unseren verinnerlichten mentalen Modellen und Heuristiken fußt.

Insofern müsste Mutation in einem an der Natur orientierten Wirtschaftssystem die systematische Schaffung und Validierung von Varianten in zwei Möglichkeitsräumen beinhalten: die konstante Variation der existierenden Lösungen innerhalb von Bereichen, die für eine weitere Verbesserung analytisch vielversprechend erscheinen; sowie immer wieder das bewusste Betreten von radikal neuen Territorien, um die existierenden mentalen Modelle zu hinterfragen. Ersterer würde auf effiziente inkrementelle Innovation fokussieren, während letzterer disruptive Innovation zum Ziel hat.

Während die Auswahl dieser Räume idealerweise aus einem kollektiven Entscheidungsprozess mit möglichst diversifizierter Zusammensetzung entstehen sollte, um eine maximale Zahl an unterschiedlichen Perspektiven sicherzustellen, muss das Gesamtsystem in eine Kultur eingebettet sein, die entsprechende Fehler bewusst als unvermeidbar anerkennt und als Teil des notwendigen Lernprozesses honoriert.

Bezüglich dem zweiten fehlenden evolutionären Element, der Frage der Kooperation, hat die Spieltheorie in den letzten Jahrzehnten hilfreiche Erkenntnisse geliefert, die deutlich über einen moralisch begründeten oder rationalen Altruismus hinausreichen. Während zunächst durch eine Vielzahl an empirischen Experimenten gezeigt werden konnte, dass auch die menschliche Natur durchaus Sozialverhalten weit über rücksichtslosen Egoismus hinaus beinhaltet, konnte inzwischen auch die faktische Überlegenheit von partiell kooperativen Strategien für das Ergebnis nachgewiesen werden.

Verbindet man die Grundannahme eines durchaus am eigenen Vorteil interessierten Individuums mit dieser Erkenntnis, dass im Gegensatz zur verbreiteten betriebswirtschaftlichen These maximaler Wohlstand eben nicht durch maximales Eigeninteresse erreicht wird, sondern noch größerer Wohlstand durch ausgewogene Kooperationsstrategien erreichbar ist, so ergibt sich hieraus ein weiteres Grundprinzip für ein Wirtschaftssystem, welches sämtliche Erfolgsrezepte der Natur zu integrieren versucht.

Der Evolutionsbiologe Martin Nowak hat durch mathematische Simulationen nachgewiesen, dass es zumindest fünf dieser Kooperationsstrategien gibt, die bei Interaktionen über einen längeren Zeitraum für ein Kollektiv, aber damit auch implizit für jeden Einzelnen, deutlich vorteilhafter sind als ein System auf der Basis der Maximierung der Eigeninteressen. Hierzu gehören insbesondere die Strategien einer direkten sowie einer indirekten Gegenseitigkeit, zu der nur der Mensch aufgrund seiner kognitiven Kompetenzen fähig ist (Nowak und Highfield 2011).

Auf der Basis seiner Simulationen hat Nowak gezeigt, dass die für alle Beteiligten eines Systems erfolgreichste Strategie nicht das Prinzip des Misstrauens oder der bedingungslosen Vergeltung ist, sondern dass kollaborative Beziehungen auf der Basis eines moderaten Maßes an Großzügigkeit, Vertrauen und Vergebung über eine längere Zeit zum bestmöglichen Gesamtergebnis führen. Mit einer solchen Strategie führt Großzügigkeit nicht notwendigerweise zu dem höchsten eigenen Vorteil in jeder einzelnen Transaktion, allerdings zu einer Steigerung der Anzahl der Transaktionen in vernetzten Systemen – und somit kumuliert zu einem besseren Ergebnis. Vertrauen ermutigt zu einem ersten kooperativen Schritt in jedem neuen Beziehungsverhältnis. Und in einem begrenzten Umfang gewährte Vergebung führt dazu, dass ein grundsätzlich immer für Störungen anfälliges und somit instabiles kooperierendes System zwischen menschlichen Akteuren nicht bei jeder irrtümlichen Störung dauerhaft zusammenbricht, sondern immer wieder neu etabliert werden kann.

In komplexeren Systemen erweitert sich diese direkte Strategiebeziehung noch auf ein System indirekter Beziehungen, bei denen die Reputation dafür sorgt, dass Gegenseitigkeit auch in verketteten Beziehungsgefügen für einen Erfolg notwendig wird.

Angesichts der Tatsache, dass Wirtschaft inzwischen nicht mehr einzelne, lokal begrenzte Transaktionen betrifft, wie dies zu Anfang unserer Wirtschaftsgeschichte noch überwiegend der Fall war, sondern es sich inzwischen um ein engmaschig vernetztes System handelt, dessen Transaktionsbeziehungen über einen längeren Zeitraum voneinander abhängig sind, ist es offensichtlich, dass ursprünglich für punktuelle Einzelhandlungen erfolgreiche Strategien neu überprüft werden müssen. Darüber hinaus hat das Internet eine globale Wirtschaftsrealität geschaffen, in der, dank fast unbegrenzter Transparenz, neue Systeme möglich geworden sind, die auf indirekter Gegenseitigkeit aufbauen. So gehört öffentliches Feedback inzwischen zu fast jedem Wirtschaftszweig.

Insofern ist auch die Notwendigkeit in der heutigen Wirtschaft unübersehbar, von einer Strategie der Maximierung des Eigeninteresses auch auf nachweisbar erfolgreichere Kooperationsstrategien umzusatteln, wie uns dies die Natur schon immer für komplexere Organismen vorgeführt hat.

▶ Eine Organisation, die nicht nur die Selektion zu ihrem existenziellen Mantra erklärt, sondern auch Mutation und Kooperation als Erfolgsstrategie integriert, ist nachweislich in einer global vernetzten Wirtschaft erfolgreicher.

Aber reicht es aus, unserem so vertrauten Homo Economicus lediglich klar zu machen, dass er noch erfolgreicher sein kann, wenn er sich in seinen Strategien besser auf die Komplexität des Systems Wirtschaft einstellt und beginnt, Mutation zuzulassen und Kooperation anzustreben?

Sicherlich würde allein dies schon zu einer ganz neue Qualität an Ergebnissen führen, insbesondere wenn wir auch zukünftige Generationen auf unseren Radarschirm für indirekte Gegenseitigkeit bringen.

Noch interessanter wird es allerdings, wenn wir in unsere Überlegungen noch das von Bert Hölldobler und Edward Wilson beschriebene Konzept von „Superorganismen" einbeziehen. So bezeichnen sie Tiergattungen (in der Regel Insekten), denen es gelungen ist, ihr gesamtes Sozialsystem als eigenen Organismus zu organisieren (Hölldobler und Wilson 1994). Die laut ihnen hierfür notwendigen Rahmenbedingungen einer intensiven Kommunikation sowie umfangreiche Arbeitsteilung können sicherlich inzwischen in unserer vernetzten Wirtschaft als gegeben angesehen werden.

Wie aber könnte die menschliche Version einer solchen Organisationsform aussehen, die es beispielsweise Ameisen evolutionär ermöglicht hat, mit nur 2 % der Vertreter der Gattung der Insekten auf 50 % der gesamten globalen Biomasse dieser Spezies heranzuwachsen und annähernd das Gewicht der gesamten menschlichen Bevölkerung des Planeten zu erreichen (Kirchner 2001)?

Unterstellt man für einen Augenblick, dass ein solcher menschlicher „Superorganismus" über vergleichbare Grundfähigkeiten wie der Mensch selbst verfügen sollte, so wäre ein denkbares Organisationsprinzip, eben diese Funktionalitäten in einer adäquaten Qualität auch auf organisatorischer Ebene abzubilden.

Ein solcher Organisationsorganismus sollte nicht nur leistungsfähige Bewegungs- und Handlungsfähigkeiten ermöglichen, sondern auch die Fähigkeit haben, durch externe Sinne ebenso wie durch die Fähigkeit der Selbstreflexion, die wesentlichen Faktoren für Entscheidungen erfassen zu können. Er würde durch konstantes Lernen gehirnähnliche Kompetenzen kontinuierlich ausbauen, durch ein zentrales Nervensystem vernetzt sein und müsste von einer kräftigen Herzfunktion versorgt werden. Gesunde Ernährung, ein starkes Immunsystem und ein aktives Gleichgewichtssystem würden seine nachhaltige Funktionsweise sicherstellen.

▶ Transzendiert man in moderne Organisationen den bisher allgegenwärtig induzierten Ich-Fokus, so können sie die Qualität eines „Superorganismus" erreichen, wenn sie die wesentlichen menschlichen Vitalfunktionen organisatorisch imitieren.

Was dies für ein Unternehmen bedeutet, kann man am Beispiel der Gehirnfunktionen nachvollziehen, für das Gerald Hüter drei unterschiedliche evolutionäre Stufen identifiziert (Hüter 2001):

- Das Parasitengehirn, das es sich in einer einmal gefundenen Bionische gemütlich macht und lediglich als rudimentäre Funktion die Aufrechterhaltung der inneren Ordnung am Leben erhalten hat.
- Das Maulwurf-Gehirn, das für seine spezifische Bionische optimiert ist, während alle dort nicht notwendigen Fähigkeiten mit der Zeit nachlassen.
- Der „Komplexitäts-Generalist", der sich dank seiner Fähigkeit, kontinuierlich lernen zu können, konstant an neue und sich dynamisch verändernde Umgebungen anzupassen vermag.

In einem Wirtschaftssystem repräsentiert die erste Variante eine Organisation, die ihren Erfolg dank ihrer Errungenschaften in der Vergangenheit auch zukünftig erwartet und keine Notwendigkeit für eine Weiterentwicklung sieht. Die mittlere Version entspricht einem Unternehmen, das sich analog zu Porter auf eine bestimmte Nische fokussiert hat und dort versucht, seine Kompetenz immer weiter zu optimieren. Demgegenüber erkennt ein Komplexitäts-Generalist an, dass nachhaltiger Erfolg auf hoher Veränderungsfähigkeit basiert und konstantes Lernen hierfür die notwendige Voraussetzung ist.

Analog lassen sich auch die anderen Vitalfunktionen in verschiedenen evolutionären Qualitäten in Organisationen wiedererkennen.

Um die bestmöglichen Voraussetzungen zum Erfolg in unserer inzwischen global vernetzten Wirtschaft zu haben, müsste eine Organisation demnach alle drei Erfolgsrezepte der Natur in ihre operativen Abläufe einbauen, sowie darüber hinaus strukturell die wesentlichen Vitalfunktionen unseres eigenen Organismus auf einem hoch entwickelten evolutionären Level imitieren.

Wie ein solcher Organisationsorganismus aussieht, der gleichzeitig die essenziellen Faktoren für intrinsische Motivation sowie einen kollektiven Fokus integriert, und welche Managementkompetenzen hierfür notwendig sind, wird im folgenden zweiten Kapitel dieses Buches im Detail erläutert.

Literatur

Amabile, Teresa M. 1983. The social psychology of creativity: A component conceptualization. *Journal of Personality and Social Psychology* 45 (2): 357–376.

Amabile, Teresa M. 1996. *Creativity and Innovation in Organizations* (9–396–239). Boston: Harvard Business School.

Bamberg, Sebastian, und Guido Möser. 2007. Twenty years after Hines, Hungerford, and Tomera: A new meta-analysis of psycho-social determinants of pro-environmental behavior. *Journal of Environmental Psychology* 27:14–25.

Beinhocker, Eric D. 2006. *The origin of wealth: Evolution, complexity and the radical remaking of economics*. Boston: Harvard Business School Press.

Csikszentmihalyi, Mihaly. 2004. *Flow im Beruf: Das Geheimnis des Glücks am Arbeitsplatz*. Stuttgart: Klett-Cotta.

Hölldobler, Bert, und Edward O. Wilson. 1994. *Journey of the ants. A story of scientific exploration*. Cambridge: Harvard University Press.

Hüter, Gerald. 2001. *Bedienungsanleitung für ein menschliches Gehirn*. Göttingen: Vandenhoeck & Ruprecht.

Kahneman, Daniel. 2011. *Schnelles Denken, langsames Denken*. München: Siedler.

Kirchner, Walter. 2001. *Die Ameisen: Biologie und Verhalten*. München: Beck.

Nowak, Martin A., und Roger Highfield. 2011. *Supercooperators: Altruism, evolution and why we need each other to succeed*. New York: Free Press.

Porter, Michael E. 1999. *Wettbewerbsstrategie*. Frankfurt: Campus.

Smith, Adam. 1999. *Der Wohlstand der Nationen*, 8. Aufl. München: Deutscher Taschenbuch Verlag (Erstveröffentlichung 1776).

Homo Economicus Reloaded

2

In jedem Marmorblock sehe ich eine Statue so vollkommen, als ob sie vor mir stünde, geformt und perfekt in ihrer Haltung und ihrem Handeln. Ich habe nur die rauen Wände wegzuhauen, die die schöne Erscheinung einzusperren, um sie den anderen Augen so zu offenbaren, wie meine es sehen.

Michelangelo

Zusammenfassung

Um über diejenigen Schlüsselkompetenzen zu verfügen, die für nachhaltigen Erfolg in unserer neuen Wirtschaftsrealität notwendig sind, müssen wir Organisations*organismen* schaffen, die intrinsisch motivieren und gleichzeitig ein Engagement im Sinne des Gesamtsystems fördern. In diesem Kapitel wird ein ganzheitliches Organisationsmodell vorgestellt, welches alle wesentlichen Randbedingungen, die für intrinsische Motivation entscheidend sind, mit einem kollektiven Fokus auf das Gesamtsystem integriert. Auf dieser Grundlage wird gezeigt, welche positiven Konsequenzen eine solche „Bionische Führung" nicht nur für unternehmerische Entscheidungsprozesse, sondern auch für Krisenmanagement, Bilanzierung und Unternehmensbewertung hat. Am Ende wir der Leser nicht nur ein Werkzeug in der Hand halten, mit dessen Hilfe jede Organisation erfolgreich umgestaltet werden kann, sondern auch über ein umfangreiches Verständnis der wesentlichen Mechanismen verfügen, die den Update des Home Economicus charakterisieren.

R. Fox, *Bionische Unternehmensführung*,
DOI 10.1007/978-3-658-13225-5_2

2.1 Motivation Reloaded: Warum streicht er meinen Zaun?

> Tom dachte bei sich, die Welt wäre schließlich doch wohl nicht so buckelig. Er war, ohne es selbst recht zu wissen, hinter ein wichtiges Gesetz menschlicher Tätigkeit gekommen ... Wäre er ein großer und weiser Philosoph gewesen, gleich dem Verfasser dieses Buches, er würde jetzt begriffen haben, dass, was jemand tun 'muss', Arbeit, was man 'freiwillig' tut, dagegen Vergnügen heißt. Er würde ferner verstanden haben, dass künstliche Blumen machen oder in der Tretmühle ziehen, "Arbeit" ist, Kegelschieben aber, oder den Mont Blanc besteigen, "Vergnügen".
>
> (Mark Twain, „Tom Sawyer")

Schon die griechischen Philosophen haben sich intensiv mit der Frage beschäftigt, was den Menschen motiviert beziehungsweise ihn, entsprechend des lateinischen Wortursprungs des Begriffes, zu spezifischem Handeln antreibt.[1] Während sich in der Folge die Moralphilosophie als Gegenbewegung zum rein auf die Lustmaximierung ausgerichteten Hedonismus[2] immer tiefer in Grundsatzfragen für ethische Handlungsprinzipien vertiefte, hielt sich bis zum Beginn des letzten Jahrhunderts die Überzeugung, dass ohne ein selbstbeschränkendes, moralisch beziehungsweise sozial begründetes Korrektiv der Mensch grundsätzlich immer bewusst danach sucht, Lust zu erleben und Schmerz zu vermeiden, und dieses Streben alle seine Handlungsentscheidungen bestimmt.

Daher war es nur folgerichtig, dass Jeremy Bentham (1748–1832) dieses Grundprinzip in Form des Utilitarismus auch in die Gleichgewichtskonzepte der noch jungen Betriebswirtschaft einbrachte und die konzeptionelle Grundlage dafür lieferte, dass klassische Wirtschaftstheorien bis heute bei jeglichen Handlungen des Homo Economicus eine rationale Bewertung bezüglich seines individuellen Nutzens als Entscheidungskriterium unterstellen.

Erst am Anfang des 20. Jahrhunderts begann man zu verstehen, dass neben diesem kognitiven Abwägungsprozess auch instinktiv ablaufende, unbewusste Mechanismen eine wichtige Rolle bei menschlichen Entscheidungen zu spielen scheinen. In den 30er-Jahren folgte die Erkenntnis, dass neben den individuellen Einflussfaktoren auf Handlungsentscheidungen auch soziale Randbedingungen im Umfeld als Referenz eine wesentliche Rolle spielen.

In den hierauf folgenden Jahrzehnten waren es dann insbesondere drei Psychologen, die diese noch sehr abstrakten Konzeptideen zu konkretisieren versuchten und auch für den Arbeitskontext wichtige Erkenntnisse zutage förderten:

---

[1] Aus dem Lateinischen: motivum = Beweggrund, Antrieb.

[2] Aus dem Griechischen: hedone = Vergnügen, sinnliche Begierde, Genuss.

Abraham Harold Maslow (1908–1970), Frederick Herzberg (1923–2000) und Victor Harold Vroom (*1932).

Zunächst war es Abraham Maslow, einer der Gründerväter der Humanistischen Psychologie, der Mitte der 40er-Jahre des letzten Jahrhunderts eine deutlich stärkere Differenzierung bei der Strukturierung individueller Bedürfnisse in die Diskussion einbrachte. Maslow postulierte die Existenz unterschiedlicher Bedürfniskategorien, die hierarchisch aufeinander aufbauen und sequenziell befriedigt werden müssen. Er argumentierte, dass sich erst nach der weitgehenden Erfüllung der hierarchisch „niederen" Bedürfnisse eine Wirkung auf höherer Ebene entfalten könne.

Das Fundament seiner Bedürfnispyramide bilden physiologische Basisbedürfnisse, nach deren Befriedigung die darauf aufbauenden Sicherheitsbedürfnisse erfüllt werden müssen. Hierauf folgen dann in seinem Modell in hierarchischer Reihenfolge die sozialen Bedürfnisse nach Zuneigung und Zugehörigkeit, darauf wiederum das Bedürfnis nach Wertschätzung und zuletzt das aus seiner Sicht hochrangigste Bedürfnis nach Selbstverwirklichung (Maslow 1943).

Mit fortschreitender Befriedigung der „niederen" Bedürfnisse verschiebt sich nach seiner Überzeugung gleichzeitig sukzessive der Schwerpunkt von zunächst überlebensnotwendigen Defizitbedürfnissen, die für ein Gefühl der Zufriedenheit erfüllt werden müssen, auf zusätzlich hinzukommende Wachstumsbedürfnisse. Und erst letztere würden nach seiner Auffassung einen Zugang zu dem Empfinden von Glück ermöglichen.

Ein ähnliches, aber noch konkreteres Bild zweier Klassen von Motivationsfaktoren ergaben die umfangreichen empirischen Studien zur Motivation in der Arbeitswelt von Frederick Herzberg in den 60er-Jahren. Auf der Basis seiner Ergebnisse postulierte er, dass eine additive Zusammenführung von positiven und negativen Motivationseffekten nicht zulässig sei, sondern diese immer separat betrachtet werden müssten, da sie unterschiedliche Wirkmechanismen auslösen. Notwendige Voraussetzung für die Entstehung von Motivation sei zunächst die Abwesenheit von negativen Faktoren, den sogenannten „Demotivatoren". Diese seien jedoch nicht hinreichend für Motivation, sondern es bedarf nach ihrer Befriedigung zusätzlicher positiver Faktoren, die er als „Motivatoren" bezeichnete, um auf einem solchen Fundament auch tatsächlich Motivation entstehen zu lassen (Herzberg 1966).

Herzberg identifizierte für die Arbeitswelt fünf wesentliche Demotivatoren, die er als „Hygienefaktoren" in Unternehmen klassifizierte, da erst ihre adäquate Befriedigung die Voraussetzung für Motivation bilden kann: eine sinnvolle Firmenpolitik und Administration, ein nachvollziehbares Maß an Überwachung, ein faires Gehalt, eine gute Beziehung zum Vorgesetzten, sowie erträgliche faktische

Arbeitsbedingungen. Gleichzeitig ermittelte er fünf entscheidende Motivatoren, von denen neben Erfolg und Anerkennung die Sinnhaftigkeit der eigentlichen Tätigkeit, die hiermit verbundene Verantwortung sowie der persönlicher Fortschritt in der eigenen Entwicklung einen besonders nachhaltigen positiven Effekt haben.

Ungefähr zur gleichen Zeit erweiterte dann der Yale-Professor Victor Vroom diese bis dahin weitgehend individualisierte Betrachtungsweise durch eine Differenzierung von vier relationalen Variablen des Umfeldes, die aus seiner Sicht die individuelle Einstellung zur Arbeit wesentlich beeinflussen. Neben den faktischen Vorteilen (Geld, Status, Einfluss etc.), die ein Individuum in einer Position erhält, hängt die hierdurch induzierte Motivation zusätzlich von der subjektiven Struktur der persönlichen Gewichtung dieser Faktoren, dem Vergleich mit anderen sowie früher gemachte Erfahrungen mit diesen Vorteilen ab (Vroom 1969).

Während man über die inhaltlichen Details jeder dieser drei Erkenntnisschulen trefflich diskutieren kann, sind sie doch in ihren grundsätzlichen Inhalten inzwischen weitgehend unumstritten. Insofern muss für jeden Arbeitskontext plausibel angenommen werden, dass erst nach Sättigung der Grundbedürfnisse und einem gewissen Sicherheitsgefühl tatsächliche Motivation entstehen kann – und umgekehrt: dass ab einem bestimmten Niveau von materieller Befriedigung andere immaterielle Faktoren relevant werden, die einer neuen Qualität an Bedürfnissen adäquat entsprechen müssen. Hierbei spielt allerdings nicht nur die individuelle Situation eine Rolle, sondern auch der Sozialvergleich und die persönliche Prägung.

Alle drei Erkenntnisse ließen allerdings bis heute den Homo Economicus im Arbeitsumfeld weitgehend unbeeindruckt. Der Mitarbeiter-Avatar der meisten Führungsmodelle hat weder die Tatsache integriert, dass monetäre Kompensation einige „höhere" Bedürfnisklassen nur sehr lückenhaft zu erfüllen vermag, noch die Schwerpunkte so gesetzt, dass bei den Arbeitsbedingungen nicht nur *Hygiene*faktoren befriedigt werden, sondern auch *Motivations*faktoren integriert werden, obwohl diese entscheidend dafür sind, um eine Organisation zu aktiver Handlung zu motivieren. Lediglich der Sozialvergleich wird punktuell genutzt – allerdings zumeist, um den gegenseitigen Wettbewerb zu stimulieren. Jedoch wird dabei nicht berücksichtigt, dass der hieraus entstehende Verstärkungseffekt nur für die Gewinner eine positive Wirkung entfaltet – bei der Überzahl der Verlierer tritt der umgekehrte Effekt ein.

Erste Abschätzungen der wirtschaftlichen Effekte von ganzheitlichen, auf die Motivation der Mitarbeiter fokussierten Systeme bei etablierten Unternehmen deuten auf Marktwertsteigerungen um 15.000 US$ bis 45.000 US$ pro Mitarbeiter je Verbesserung der systemischen Intensität sowie der Effektivität und strategischen Konsistenz des HR-Systems um eine Standardabweichung hin (Huselid und Becker 1997).

Ein ähnliches Schicksal hat auch die inzwischen umfassend validierten Erkenntnisse der Selbstbestimmungstheorie ereilt. Die Professoren Edward Deci und Richard Ryan von der Universität Rochester haben seit den 80er-Jahren das scheinbar widersprüchliche Menschenbild eines aktiv entscheidenden und nach Entwicklung strebenden Individuums der Motivationstheorien mit den häufig insbesondere im Arbeitskontext beobachtbaren, eher passiv-reaktiven menschlichen Verhaltensmustern zusammengeführt.

Bezüglich der möglichen Motivationszustände eines Menschen unterscheiden sie grundsätzlich zwischen zwei natürlichen Antriebsvarianten: extrinsischer Motivation sowie intrinsischer Motivation.

Während zunächst externe Stimuli notwendig sind, um ein Verlassen der Passivität hin zu reaktivem Verhalten zu initiieren, kann sich menschliche Motivation aus dieser reinen Reaktivität heraus weiter emanzipieren, wenn das kontextuale Umfeld zusätzlich drei entscheidende menschliche Grundbedürfnisse befriedigen kann. In vielen Experimenten haben sie nachgewiesen, dass abhängig davon, inwieweit ein in uns natürlich verankertes Streben nach den in Abb. 2.1 dargestellten drei Faktoren Kompetenz („Competence“), Bezogenheit („Relatedness“) und Autonomie („Autonomy“) Erfüllung findet, intrinsisch motivierte, aktive Leistung entstehen kann, die sich aus sich selbst heraus antreibt und gleichzeitig persönliches Wohlbefinden auslöst. Bei Letzterem beziehen sie sich sowohl auf ein eher kurzfristiges, überwiegend hedonistisches Wohlergehen oder Glücksgefühl („Subjective Well-Being“) als auch auf ein mittel- und langfristig angestrebtes eudaimonisches „gutes Leben“ („Good Life“) (Ryan und Deci 2002).

Bisher gehen unsere Konzepte über Arbeit grundsätzlich davon aus, dass sich das persönliche Wohlbefinden *umgekehrt* proportional zu zunehmender Leistung entwickelt, so dass es einer entsprechenden (monetären) Kompensation bedarf. Doch bei den Forschungsergebnissen von Deci und Ryan ist besonders bemerkenswert, dass ab einer bestimmten Qualität der Befriedigung dieser drei Faktoren sich diese Beziehung grundsätzlich umkehrt und sowohl Leistung als auch Wohlbefinden sich gegenseitig verstärken können, wie dies in Abb. 2.2 dargestellt ist. An diesem Phasenübergang manifestiert sich demnach offensichtlich eine fundamentale Regeländerung für unsere Arbeitswelt.

Dabei repräsentiert extrinsische Motivation abhängig von dem *subjektiv* wahrgenommenen Autonomiegrad durchaus ein ganzes Spektrum an unterschiedlich starker Integration der externen Regulierungen, was auch die Intensität der heraus entstehenden Kompensationsbedürfnisse beeinflusst. Während offensichtlich fremdbestimmte Handlungen als Reinform externer Motivation gelten und ausschließlich von einem Streben nach Maximierung des materiellen Ertrages angetrieben werden, kann durch Introjektion, Identifikation oder sogar Integration der

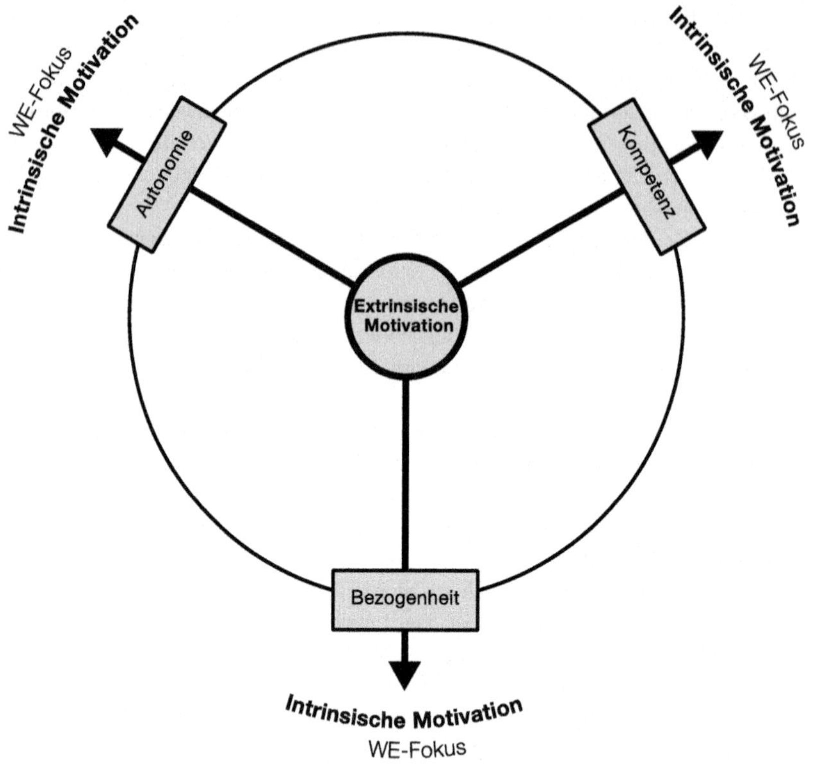

Abb. 2.1 Kernbedürfnisse für intrinsische Motivation lt. Selbstbestimmungstheorie

Fremdsteuerung in die eigenen Lebenszielvorstellungen diese durchaus unterschiedlich intensiv wahrgenommen und dadurch partiell gedämpft werden. Der eigentliche Phasenübergang findet allerdings erst an der Übergangsstelle zur intrinsischen Motivation statt, ab der Handlungsimpulse tatsächlich losgelöst von jeder Außeneinwirkung entstehen.

Die genaue Position dieser Phasengrenze kann individuell variieren, da es sich bei dem empfundenen Autonomiegrad um eine subjektive Wahrnehmung handelt, die durch die (erlernten) persönlichen Neigungen des Individuums moderiert wird, inwieweit die Ursachen für das eigene Handeln dominant extern oder eher als intern einzustufen („Causality Orientation Theory") sind. Jeder Mensch hat demnach eine unterschiedliche Tendenz zu einer autonomen, einer kontrollierten oder einer sachlichen Wahrnehmung. Diese Prägung ist allerdings durch einen

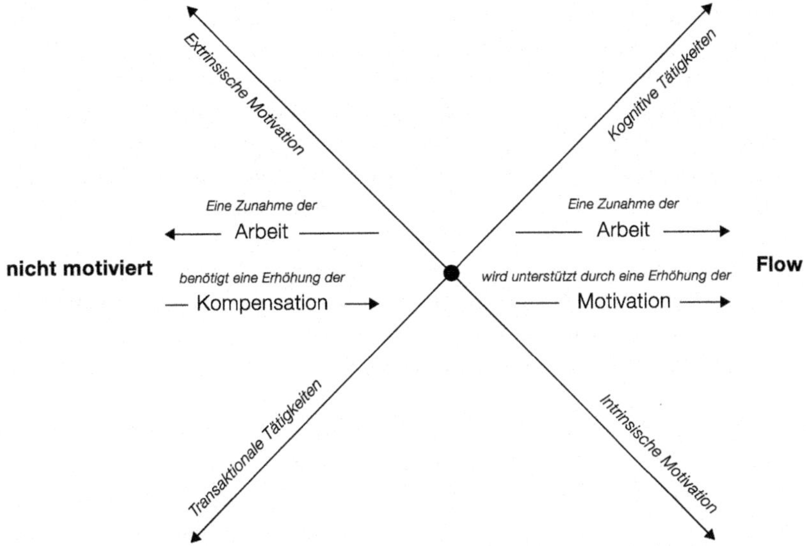

Abb. 2.2 Wirkrichtung von Arbeit bei verschiedenen Motivationszuständen

kognitiven Lernprozess beeinflussbar und liegt somit nur bedingt außerhalb der persönlichen Einflusssphäre.

Die Forschungsergebnisse von Deci und Ryan haben inzwischen demonstriert, dass in Organisationen grundsätzlich die intrinsische Motivation das „Herz von Kreativität, Verantwortung, gesundem Verhalten und nachhaltiger Veränderung bildet" (Deci und Flaste 1995). Ein Arbeitsklima, welches gezielt auf die Befriedigung der drei Grundbedürfnisse Kompetenz, Bezogenheit und Autonomie ausgerichtet ist, fördert dabei nicht nur die intrinsische Motivation, sondern kann zusätzlich die volle Integration noch vorhandener extrinsischer Stimuli unterstützen. Es führt dabei nicht nur zu hoher Leistung insbesondere bei kreativen, intellektuellen und konzeptionellen Aufgaben, Durchhaltevermögen sowie organisatorischem Bürgerverhalten, sondern fördert gleichzeitig auch Arbeitszufriedenheit, positive Arbeitseinstellung sowie eine allgemeine psychische Zufriedenheit (Gagné und Deci 2005) – eine für den Homo Economicus bisher unvorstellbare Kombination von wirtschaftlicher Leistungserbringung mit einem hohen Maß an persönlicher Lebenszufriedenheit.

Demgegenüber birgt durch rein monetäre Anreize initiierte extrinsische Motivation ein hohes Risiko, lediglich für die Dauer der Belohnung zu einem spezifisch vorzugebenden Verhalten zu führen und motiviert gleichzeitig dazu, zu versuchen, die vorgegebenen Ziele mit möglichst wenig Aufwand zu erreichen. Hierbei gewählte mögliche „Abkürzungen" können dabei in unerwünschtem Maße von der eigentlich erhofften Handlung abweichen, insbesondere da komplexere Zielvereinbarungen selten vollständig alle Rahmenbedingungen erfassen können. Die zunehmende Zahl an moralischen Fehlhandlungen und Compliance-Skandalen, die in Unternehmen aufgedeckt werden, sind hierfür ein deutliches Symptom.

▶ Der Übergang von extrinsischer zu intrinsischer Motivation repräsentiert eine Phasengrenze, ab der sich durch Förderung von Autonomie, Bezogenheit und Kompetenz auf allen Kontextebenen Leistung und Wohlbefinden gegenseitig verstärken.

Während die Selbstbestimmungstheorie im Wesentlichen die subjektiven Bedürfnisse von Mitarbeitern betrachtet, hat Robert Vallerand, Professor an der Universität in Montréal, darauf hingewiesen, dass sich die persönliche Befriedigung der Bedürfnisse nach Beziehung, Kompetenz und Autonomie – und damit das Niveau der intrinsischen Motivation – nicht nur aus der persönlich wahrgenommenen individuellen Situation ergeben, wie dies auch bereits Vroom erkannt hatte. Laut seinem Hierarchiemodell der Motivation beeinflussen zusätzlich sowohl der soziale Kontext als auch die allgemeinen globalen Systembedingungen die subjektive Wahrnehmung (Vallerand und Ratelle 2002).

Diese drei Abstraktionsebenen beeinflussen sich gegenseitig, sodass motivatorische Effekte nur im Falle einer Kongruenz der wahrgenommenen Realitäten auf allen drei hierarchischen Ebenen nachhaltig sichergestellt werden können.

Überlagert man nun die bereits im Kap. 1 hergeleitete Tatsache, dass die wichtigsten zukünftig relevanten Fähigkeiten in Unternehmen sämtlich von dem Level der intrinsischen Motivation abhängen, mit diesen umfangreichen psychologischen Forschungsergebnissen, so ergibt sich zwangsläufig, dass zukunftsfähige Organisationen jede Form von dominant extrinsischen Motivationssystemen aus ihrem Werkzeugkasten verbannen müssen. Stattdessen müssen sie den Schwerpunkt auf die adäquate Förderung von Autonomie, Bezogenheit und Kompetenz ihrer Mitarbeiter legen.

Aufgrund der Anforderungen an die Konsistenz des Hierarchiemodells muss dies eingebettet sein in einen unternehmerischen Kontext, der diese drei Faktoren nicht nur auf individuellem Level, sondern gleichzeitig auch in der Beziehung mit dem unmittelbaren Arbeitsteam sowie der gesamten Organisation adäquat priorisiert. Dies hat gleichzeitig den Vorteil, dass hierdurch die Grundlage geschaffen wird, um einen organisatorisch verankerten Ich-Fokus auf eine kollektive Ebene anzuheben, was einer weiteren bereits hergeleiteten notwendigen Bedingung für zukünftigen Erfolg entspricht.

Durch Verschmelzung der dreiteiligen Selbstbestimmungstheorie mit dem dreistufigen Hierarchiemodell der Motivation ergibt sich somit unmittelbar für ein in einer Industrie 4.0 erfolgreiches Organisationsmodell eine Grundstruktur aus neun Feldern, die gleichzeitig intrinsische Motivation fördert und den Bewusstseinsraum von einem reinen Ich-Fokus auf einen Wir-/We-Fokus erweitert (siehe Abb. 2.3).

Ein solcher intrinsisch motivierender Arbeitskontext löst nicht nur die widersprüchliche Polarität zwischen Leistung und Wohlbefinden auf, sondern die hierdurch induzierten Kompetenzen für Innovation, Autonomie und Kooperation in Netzwerken repräsentieren auch organisatorische Kompetenzen, die kaum

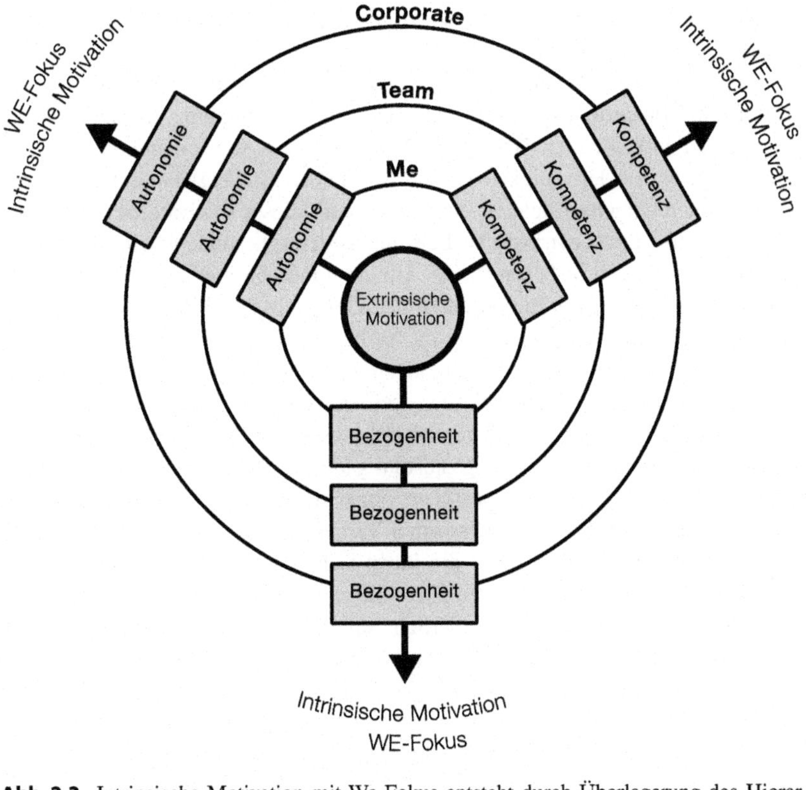

Abb. 2.3 Intrinsische Motivation mit We-Fokus entsteht durch Überlagerung des Hierarchiemodells mit der Selbstbestimmungstheorie

automatisierbar sind. Daher wird jenseits dieser Phasengrenze zugleich auch der zweite, in Abschn. 1.1 identifizierte betriebswirtschaftliche Glaubenssatz, dass „Leistungssteigerungen in der Arbeitswelt nur durch die Erbringung von noch höheren Einzelleistungen erreichbar werden, bei denen die Menschen immer stärker miteinander sowie mit den Möglichkeiten der Automatisierung konkurrieren" ad absurdum geführt.

Inzwischen ist es allgemeiner Stand der Erkenntnis, dass, zumindest bei Aufgaben mit kognitivem Anspruch, extrinsische Handlungsanreize – ganz im Gegensatz zur klassischen Theorie der traditionellen Mikroökonomie – nicht verstärkend, sondern sogar kontraproduktiv auf die (intrinsische) Motivation wirken („Overjustification Hypothesis"). Dies gilt vor allem dann, wenn eine interne Wettbewerbssituation erzeugt wird oder Ziele immer wieder und über eine realistische Erreichbarkeit hinaus gesteigert werden (Dickinson 1989) – beides häufige Phänomene in einer immer mehr von kontinuierlicher Leistungssteigerung abhängigen Unternehmensrealität.

Die Gründe hierfür sind vielschichtig, betreffen aber unter anderem das durch Kontrolle induzierte Gefühl verminderter Selbstbestimmung, mangelnde Würdigung der individuellen Beweggründe sowie das Risiko einer unzureichenden Befriedigung des Gerechtigkeitsgefühls im subjektiven Vergleich mit anderen.

Im Unternehmensumfeld ist die Problematik dieses motivatorischen Verdrängungseffektes durch extrinsische Leistungssysteme besonders kritisch in Bezug auf Innovation, weil insbesondere die Übertragung von implizitem Wissen beeinträchtigt wird und damit die „Qualität und Geschwindigkeit der Innovationstätigkeit" deutlich sinkt (Frey und Osterloh 1997).

Wie schnell die Grenze zur Demotivation bereits durch gängige Führungsinstrumente unbeabsichtigt überschritten werden kann, hat unter anderem Professor Teresa Amabile mit ihren Kollegen nachgewiesen, nämlich durch den Effekt von Fristensetzungen, einer heutzutage absolut gängigen Rahmenbedingung von komplexer Projektarbeit. Ihre empirischen Forschungen haben gezeigt, dass rigide Terminsetzungen keinen nennenswerten Verbesserungseffekt auf die Einzelleistungen haben, aber gleichzeitig die intrinsische Motivation für die eigentliche Aufgabe nachhaltig unterminieren (Amabile et al. 1976).

Folglich ist es nicht nur erforderlich, ein Arbeitsumfeld zu schaffen, das die wesentlichen drei Faktoren Autonomie, Bezogenheit und Kompetenz auf individueller Ebene, in Teams sowie auf gesamtunternehmerischer Ebene authentisch fördert, sondern gleichzeitig muss sich die Führungskultur im Zusammenhang mit Entlohnung und Feedback von bisherigen stark kontrollierenden Methoden verabschieden.

Allerdings wäre es naiv, zu postulieren, dass eine Umstellung von bisherigen Führungskonzepten zu intrinsisch motivierenden Organisationsformen in der unternehmerischen Realität übergangslos erfolgen kann. Selbst wenn man sich für eine an diese Erkenntnisse angepasste neue Herangehensweise entscheidet, wird es zwangsläufig notwendig sein, dass über eine längere Zeitperiode bisherige monetäre Zielvereinbarungssysteme mit neuen Formen der Führung koexistieren müssen.

Um diesen Übergang optimal zu steuern, helfen die Erkenntnisse der Theorie der kognitiven Bewertung („Cognitive Evaluation Theory" [CET]), eine der aus der Selbstbestimmungstheorie entstandenen Untertheorien. Laut ihr entscheiden zwei Faktoren der subjektiven Wahrnehmung darüber, ob intrinsische Motivation im Fall von einer zeitgleichen Präsenz von externen Stimuli gefördert oder aber gar negativ beeinflusst wird (Ryan und Deci 2002).

Zunächst bestimmt der vom Mitarbeiter persönlich wahrgenommene Ort des Ursprungs des eigenen Handlungsanreizes, inwieweit sein Bedürfnis nach Autonomie befriedigt wird. Darüber hinaus entscheidet die wahrgenommene Fremdbewertung der eigenen Fähigkeiten, inwieweit eine Aufgabe sein Bedürfnis nach Kompetenz positiv beeinflusst. Demnach enthält jedes externe Leistungsanreizsystem kontextuelle Elemente mit sowohl kontrollierenden als auch informellen Aspekten, welche zusammen über die Auswirkungen auf die intrinsische Motivation des Mitarbeiters entscheiden und stark durch den Führungskontext und die Formen des Feedbacks beeinflusst werden.

▶ Um intrinsische Motivation nicht zu unterminieren, müssen bisherige Methoden der Führung durch Kontrolle, internen Wettbewerb sowie zunehmend von den tatsächlichen Möglichkeiten entkoppelte Leistungsziele ersetzt werden.

Doch wie lässt sich dieses abstrakte Ziel der Förderung von Autonomie, Bezogenheit und Kompetenz auf allen kontextuellen Ebenen konkret in einer Organisation umsetzen, die bisher in traditioneller Form geführt wurden? Und wie kann man beurteilen, welche Qualität an organisatorischen Randbedingungen bereits erreicht wurde?

Auf der Suche nach systematischen Ansätzen, wie die Motivation von Mitarbeitern in Organisationen gefördert werden kann, trifft man auf eine nahezu unendliche Zahl an guten Ratschlägen und unterschiedlichen Beratungsstrategien. Ihre Ansätze beschränken sich in der Regel allerdings entweder auf die Behebung punktueller „Krankheitssymptome", die in Organisationen bereits offensichtlich geworden sind, oder auf aktuelle ideologische Trends, die spezifische Mitarbeiter-Bedürfnisse in den Mittelpunkt stellen. Die meisten von ihnen bieten dementsprechend weitgehend singuläre Lösungen an, die zwar kleine Budgetmöglichkeiten mit sichtbaren Kommunikationsmaßnahmen verbinden vermögen, aber kaum zu einer grundsätzlichen und nachhaltigen Veränderung der Organisationskultur führen.

Aufgrund dieser schwachen Erfolgsbilanz wuchs daher in jüngster Zeit schrittweise die Erkenntnis, dass im Detail aufeinander abgestimmte Maßnahmensysteme deutlich mehr erreichen als die Summe der Einzeleffekte verschiedener Maßnahmen. Grundsätzlich kann man dabei zwischen zwei Ansätzen unterscheiden: „vertikale" Ansätze, die davon ausgehen, dass für eine optimale Wirksamkeit selektive Personalmaßnahmen spezifisch auf die strategische Ausrichtung des Unternehmens zugeschnitten werden müssen, um diese optimal zu unterstützen, und „konfigurierende" Systematiken, die zusätzlich zu einem solchen „vertikalen Fit" eine „horizontale" Harmonisierung der Maßnahmen untereinander als notwendig erachten und ein spezifisch an die jeweilige Industrie angepasstes HR-System vorschlagen (Delery und Doty 1996).

Allerdings bleiben auch diese umfassenderen Ansätze in der Regel hinter den Erwartungen zurück. Dies ist nicht überraschend, da unser Reptiliengehirn auch bei der Wahrnehmung unserer Arbeitsumgebung einer Vorprogrammierung unterworfen ist, die eine objektive Realitätswahrnehmung verzerrt. Während wir von unserem fiktiven Homo Ecomomicus erwarten, dass er grundsätzlich jede Form der Verbesserung von Arbeitsbedingungen in höhere Leistungsbereitschaft übersetzt, bewertet der reale Mensch unangenehme oder gar bedrohliche Faktoren in seiner Umwelt deutlich höher als positive Veränderungen.

Diese Negativitätsverzerrung („Negativity Bias") hat uns als Instinktreaktion im Dschungel davor geschützt, nicht vom betörenden Duft der Blumen und dem harmonischen Gesang der Vögel abgelenkt zu werden, wenn Gefahr drohte, und fokussierte angesichts der ersten Streifen eines Tigers zwischen den Bäumen umgehend unsere gesamte Aufmerksamkeit auf die Bedrohung. Sie unterminiert auch heute noch viele gut gemeinte Einzelmaßnahmen im Arbeitskontext, wenn wesentliche Hygienefaktoren an anderer Stelle unbefriedigt bleiben. Wird auch nur ein essenzieller Faktor ausgelassen, rückt dieser in das Zentrum der Aufmerksamkeit der Mitarbeiter und verstellt den Blick auf jede sonstige positive Veränderung.

Insofern können nur Organisationsansätze, die zuverlässig *sämtliche* im Arbeitskontext für den Mitarbeiter relevanten Faktoren integrieren, einen nachhaltig positiven Effekt auf Motivation haben.

Im Sinne eines solchen universalistischen Ansatzes versuchte man in den letzten Jahren, durch „Best-Practice"-Sammlungen aus der unternehmerischen Praxis eine Generalisierung zu erreichen. Trotz ihres proklamierten Vollständigkeitsanspruches entstammen diese Zusammenstellungen in der Regel allerdings empirischen Umfragen in unterschiedlichen organisatorischen Kontexten, ohne dass die ihnen zugrunde liegenden Funktionsweisen näher analysiert wurden oder sie auf einer konsistenten Theorie aufzubauen.

Die Rechtfertigung dieser Modelle wird lediglich aus der Zahl der in die Untersuchung einbezogenen Personen hergeleitet. Dabei unterliegen sie allerdings alle dem gleichen Wahrnehmungsfilter, auf den der USC-Professor Richard Easterlin bereits im Zusammenhang mit ähnlichen Umfragen aus den 60er-Jahren hingewiesen hat, in denen er die wesentlichen Faktoren für allgemeines persönliches Glücksempfinden untersuchen wollte. In empirischen Befragungen fanden ganz wesentliche und offensichtliche Rahmenbedingungen für das persönliche Wohlbefinden, wie politische Freiheit, soziale Gerechtigkeit usw., nur mit kaum 5 % Erwähnung. Easterlin führte diese überraschende Tatsache darauf zurück, dass Menschen diejenigen makroskopischen Faktoren, von denen sie subjektiv den Eindruck haben, dass sie unbeeinflussbare, systembedingte Randbedingungen sind, in dieser Form der empirischen Befragung üblicherweise ausschließen (Easterlin 2001).

Im Unternehmenskontext bedeutet dies, dass Mitarbeiter bei Befragungen üblicherweise nur diejenigen Faktoren als relevant für ihre Motivation erwähnen, von denen sie annehmen, dass sie kurzfristig beeinflussbar und nicht inhärenter Bestandteil einer Arbeitssituation per se sind. Diese Annahmen werden sowohl von den persönlichen Erfahrungen als auch von dem allgemeinen sozialen Umfeld stark geprägt und verändern sich dabei kontinuierlich durch Erfahrung. Daher erklärt ein solcher individueller sowie gesellschaftlicher Erkenntnisprozess auch plausibel, warum sich über verhältnismäßig kurze Zeiträume von wenigen Jahrzehnten die Ansprüche an das Arbeitsumfeld ebenso wie die Priorisierung der Bereiche für persönliche Lebenszufriedenheit immer wieder deutlich verschieben (Bryant und Veroff 1982).

Weitere Inkonsistenz entsteht häufig dadurch, dass bei den empfohlenen Maßnahmenbündeln unterschiedliche Abstraktionsebenen miteinander vermischt werden und nicht konsequent zwischen einer allgemeinen Systemarchitektur, adäquaten Führungsqualitäten und spezifischen Einzelmaßnahmen differenziert wird (Becker und Berry 1996).

Dies gilt auch für Konzepte für sogenannte Hochleistungsorganisationen („High Performance Work Systems“ [HWPS]), die mit einem ähnlichen Ansatz, aber einem stärkeren Leistungsfokus, in den letzten Jahren entworfen wurden und einen verstärkenden Effekt auf die Produktivität durch koordinierte Maßnahmenbündel anstreben. Trotz ihres attraktiv klingenden Labels variieren auch diese Systeme deutlich in der Zusammensetzung ihrer Einzelelemente, da sie auf unterschiedlichen und überwiegend selektiven Erklärungsansätzen für ihre Wirksamkeit aufbauen. Sie fokussieren alternierend auf eine Steigerung von Wissen und Können, eine Steigerung der Motivation und der Aufgabenidentifikation (Messersmith et al. 2011) oder eine Intensivierung der funktionsübergreifenden Beziehungen zwischen den Mitarbeitern (Gittell et al. 2010), bleiben jedoch ebenfalls einen Vollständigkeitsnachweis schuldig.

> Drei Viertel der Führungskräfte haben keinen Plan oder Strategie für Mitarbeitermotivation, obwohl 90 % von ihnen sagen, dass Motivation direkte Auswirkungen auf wirtschaftlichen Erfolg hat (ACCOR).

In der Konsequenz muss man also davon ausgehen, dass die Faktoren aus bisher verfügbaren Modellen im besten Fall den Stand eines maximal von den Befragten vorstellbaren kurzfristigen Optimums widerspiegeln, nicht jedoch notwendigerweise einem für nachhaltige menschliche Motivation hinreichenden Vollständigkeitsanspruch genügen und insofern zwangsläufig keine dauerhafte Wirkung erzielen können.

▶ Bisher gibt es kein Organisationsmodell, das durch einen ganzheitlichen Ansatz sicherstellt, dass nicht nur einzelne Motivationsfaktoren aktiviert werden, sondern tatsächlich alle „Hygiene- und Motivationsfaktoren" adäquat befriedigt sind.

Aus diesem Grund gibt es bis heute keine anerkannte „große Theorie des Human-Ressource-Managements" – und der Weg dorthin scheint unter anderem wegen der weiterhin divergierenden Einzelperspektiven unterschiedlichster Forschungsdisziplinen sowie der grundsätzlich beschränkten Aussagekraft empirischer Ansätze zumindest im Kontext der Arbeitswelt noch sehr weit zu sein (Ferris et al. 2004).

Es bedurfte erst eines völlig anderen Kontextes und einer Reise in die Bergwelt des Himalayas, um auf der Suche nach einem Ansatz für ein adäquates Führungsmodell, das die Leistungsfaktoren von Organisationen in einer global vernetzten Wirtschaft optimal fördert, endlich fündig zu werden.

2.2 Organisation 4.0: Das Gross Corporate Happiness®-Modell

2.2.1 Bhutan: Fiktion oder Chance

> Gross National Happiness (GNH) is more important than Gross Domestic Product (GDP).
>
> (Jigme Singye Wangchuck, der 4. Drachenkönig von Bhutan)

Während eines Interviews im ersten Jahr seiner Regentschaft wurde der vierte Drachenkönig von Bhutan 1972 auf das im weltweiten Vergleich geringe Nationaleinkommen seines Landes angesprochen. Daraufhin stellte der gerade einmal 17 Jahre alte Jigme Singye Wangchuck nachdrücklich klar, dass aus seiner Sicht eine Maximierung des „Bruttonationalglückes" seines Landes wichtiger sei, als ein hohes Bruttosozialprodukt.

In den Folgejahren ist aus diesem Grundgedanken in dem Himalaya-Staat ein strukturiertes Regierungsmodell entstanden, welches den Anspruch für sich erhebt, durch einen ausgewogenen Fokus auf sämtliche wesentlichen Bedürfnisse der Menschen eine ganzheitliche Steigerung des Glücks seines Volkes anzustreben.

Es distanziert sich damit explizit von dem bisher weltweit dominierenden, ausschließlich auf materiellen Wohlstand abzielenden volkswirtschaftlichen Streben nach einer kontinuierlichen Steigerung des Bruttosozialproduktes.

Inzwischen wird dieses unter „Brutto-Nationalglück" („Gross National Happiness" beziehungsweise GNH) bekannte Modell in Bhutan nicht nur in Form einer regelmäßig stattfindenden landesweiten Erhebung für die Ermittlung des Entwicklungsfortschritts des Landes herangezogen, sondern die hieraus gewonnenen Ergebnisse bilden zugleich die Basis für die Prioritätensetzung der nationalen Entwicklungsplanung. Zusätzlich wurde auf der Basis seiner 37 Einzelindikatoren ein Bewertungssystem entwickelt, welches in allen wesentlichen Regierungshandlungen des inzwischen zu einer Demokratie umgewandelten Staates zur Entscheidungsfindung herangezogen wird.

Ausgelöst durch die jüngsten Wirtschaftskrisen, die eine ununterbrochene Steigerung bisheriger, rein monetärer staatlicher Erfolgsfaktoren deutlich erschwerten, aber auch durch zunehmende Zweifel an der uneingeschränkten Aussagefähigkeit des Bruttosozialproduktes für tatsächlichen gesellschaftlichen Wohlstand, hat in den letzten Jahren auch in anderen Ländern auf nationalem und pannationalem Level eine intensive Diskussion um die Erweiterung der Perspektive oder gar einen Ersatz des Bruttosozialproduktes als Indikator für gesellschaftlichen Fortschritt begonnen.

So fand im November 2007 auf Einladung der Europäischen Kommission, des Club of Rome, der OECD (Organisation for Economic Co-operation and Development) sowie des WWF (World Wildlife Fund) eine Konferenz unter dem Titel „Beyond GDP" statt, deren wesentliches Ziel es war, durch Erweiterung der primären Orientierungskennzahlen für weltweite Politik, insbesondere in den Bereichen Umwelt und Soziales kurzfristig den bisherigen reinen Wachstumsfokus der Industrienationen durch Aspekte der Nachhaltigkeit zu ergänzen.

Mehrere Europäische Länder beriefen daraufhin hochkarätig besetzte Regierungskommissionen ein, um neue Messmethoden zu konzipieren, an denen sich eine optimal auf menschlichen Wohlstand orientierende Politik ausrichten sollte.

Inspiriert von der bereits seit 40 Jahren konsequent verfolgten Strategie von Bhutan verabschiedeten im Juli 2011 die Vereinten Nationen in ihrer 65. Generalversammlung eine Resolution, in der sie mit Verweis auf ihre eigene Charta und in dem Bewusstsein, dass Glück ein fundamentales menschliches Lebensziel ist, alle ihre Mitgliedsstaaten dazu auffordern, für ihre Länder ebenfalls ergänzende Messgrößen zum Bruttosozialprodukt zu entwickeln, die das Glück und Wohlergehen der Menschen besser erfassen und gleichzeitig Wachstum nachhaltiger gestalten.

In der Tat ist es so, dass Bhutan laut Weltbank bei traditionellen ökonomischen Entwicklungsindikatoren mit ca. 20 % des durchschnittlichen weltweiten (und ca. 5 % des bundesdeutschen) Bruttonationaleinkommens je Einwohner weit abgeschlagen im unteren Viertel der Statistik liegt.

Auch im „Human Development Index“ der Vereinten Nationen, der zusätzlich zum Bruttonationaleinkommen noch die Lebenserwartung sowie die Länge einer formalen Ausbildung berücksichtigt, rangiert das Land weltweit auf deutlich unterdurchschnittlichem Niveau.

Demgegenüber erzielt es allerdings im „Happy Planet Index“, der das Produkt aus dem weltweit von Gallup ermittelten subjektiven Wohlergehen und der von der UN veröffentlichten Lebenserwartung dem vom WWF erfassten, hierfür investierten Ressourcenverbrauch in Form des „ökologischen Fußabdrucks“ des Landes gegenüberstellt, eine Position unter den Top 20.[3]

Diesen Erfolg verdankt das Land allerdings nicht nur einer Selbstbewertung des subjektiven Wohlergehens durch die Bevölkerung im oberen Mittelfeld, wie häufig vermutet wird, ebenso wenig wie der durchschnittlichen Lebenserwartung von etwas über 65 Jahren, sondern insbesondere der Tatsache, dass das Land diese Werte mit einer hohen ökologischer Effizienz erreicht. Als Kernelement des GNH-Konzeptes ist ökologische Nachhaltigkeit inzwischen fest in der Verfassung von Bhutan verankert und obwohl das Land sogar einen deutlichen ökologischen „Überschuss“ erzeugt, werden kontinuierlich neue Maßnahmen eingeleitet, um den nationalen ökologischen „Fußabdruck“ noch weiter zu senken und zum weltweiten Umweltschutz beizutragen.

Zusammengefasst bedeutet dies, dass es in Bhutan gelungen ist, auf einem mangels Rohstoffen und industrieller Entwicklung extrem niedrigen Niveau an

[3] nef, Happy Planet Index 2011.

materiellem Wohlstand und bei konsequent nachhaltigem Wirtschaften seiner Bevölkerung im globalen Vergleich überdurchschnittlich viele Jahre an subjektiv positiv wahrgenommener Lebenszeit zu ermöglichen.

Das Regierungsprogramm des „Gross National Happiness“ kann hierfür sowohl als Ursache als auch als konzeptionelle Klammer gewertet werden, da genau dies von Anfang sein erklärtes Ziel war.

Doch was hat dies mit der komplexen betriebswirtschaftlichen Realität unserer hoch entwickelten Wirtschaftsunternehmen zu tun?

Abstrahiert man die bereits ausführlich erläuterte steigende Anforderungen an Unternehmen in unserer heutigen Wirtschaftswelt und die hieraus sich ergebende Notwendigkeit, ein möglichst hohes Niveau an intrinsischer Motivation bei der Arbeit zu fördern, das im Idealfall zu Flow führt – einem Zustand inneren Glücks bei der Arbeit – und überlagert dies mit dem betriebswirtschaftlichen Primat, mittelfristig nie mehr als die Menge an Ressourcen zu verbrauchen, die man aus eigener Kraft auch wieder erwirtschaften kann, so wird eine frappierende Analogie zu den Prioritäten des Staatsmodells von Bhutan offensichtlich.

Denn in beiden Welten, dem Einzelstaat ebenso wie dem Unternehmen, soll durch den nachhaltigen Einsatz der verfügbaren Ressourcen ein überdurchschnittlich lebenswertes, beziehungsweise motivierendes Umfeld geschaffen werden.

> Mit seinem Fokus auf die Maximierung der menschlichen Zufriedenheit bei gleichzeitiger Einhaltung der Grenzen der Nachhaltigkeit erfüllt das GNH die beiden wesentlichen Kriterien für nachhaltig erfolgreiche Unternehmensführung.

Ignoriert man für einen Augenblick den insbesondere in den Industrieländern stark verwurzelten kulturellen Stereotyp einer weitgehenden Unvereinbarkeit der Arbeitswelt mit einer ausgeprägt positiven Lebenserfahrung, der für den Bereich intrinsischer Motivation bereits im vorherigen Abschn. 2.1 widerlegt wurde, so erscheint es geradezu naheliegend, dass Führungskonzepte, welche in Bezug auf die Schaffung von Wohlbefinden in einem Staat erfolgreich sind, einen vergleichbaren Effekt in einem Unternehmen erzeugen sollten. Hierzu bedarf es lediglich der systematischen Übertragung der dem staatlichen Modell zugrunde liegenden Ansätze in analoge Kriterien für einen Wirtschaftskontext.

Genau dieser Gedanke liegt dem Konzept des „Brutto-Unternehmensglücks“ („Gross Corporate Happiness“ beziehungsweise „GCH“) zugrunde, das in den folgenden Abschnitten im Detail beschrieben wird.

2.2.2 Von GNH zu GCH

> Hermine: "Der Stein verwandelt jedes Metall in pures Gold. Außerdem zeugt er das Elixier des Lebens, das den, der es trinkt unsterblich macht."
> Ron: "Unsterblich!?"
> Hermine: "Das bedeutet, du musst nicht sterben..."
> Ron: "Ich weiß, was es bedeutet!"
> (J. K. Rowling, „Harry Potter und der Stein der Weisen")

Inzwischen gilt es im Management als allgemein anerkannt, dass die Motivation von Mitarbeitern einen positiven wirtschaftlichen Effekt auf die Leistung einer Organisation hat und sie daher eine wichtige Managementaufgabe repräsentiert. Doch obwohl bereits Maslow vor einem halben Jahrhundert darauf hingewiesen hat, dass das Empfinden von Glück („Happiness") ein Symptom für die Erfüllung von höherhierarchischen Bedürfnissen ist, gibt es trotz zunehmender gesellschaftlicher Glücksforschung nur wenige Untersuchungen, die der Frage nach der Wirkung von über reine Zufriedenheit hinausgehenden Emotionen in Bezug auf die Arbeitswelt nachgehen.

Hierzu trägt sicherlich die Tatsache bei, dass das noch vorherrschende Ideal erfolgreichen Managements von Sachlichkeit und Durchsetzungsfähigkeit geprägt ist und jede intensivere Form der Empathie diesem Image diametral entgegenstehen würde. Dies wird spätestens dann offensichtlich, wenn als Reaktion auf einen hohen Grad an Mitarbeiterzufriedenheit Stimmen aus so mancher Konzernzentrale aufkommen, die dies als Zeichen dafür interpretieren, dass in den betreffenden Standorten einfach noch nicht hart genug gearbeitet wird.

Gleichzeitig sind insbesondere westliche Kulturen stark von einer christlichen Tradition geprägt, in deren Schöpfungsgeschichte Arbeit inhärent mit Leiden verbunden wird und daher, da dies die Strafe Gottes für den Sündenfall ist, „paradiesähnliche" Arbeitszustände a priori unvorstellbar scheinen.

Die in den letzten Jahren aufgekommene Diskussion um „Work-Life Balance" (mehr dazu später im Abschn. 3.6), die überspitzt formuliert das Bedürfnis nach einer Ausgewogenheit zwischen Leiden und Genuss umschreibt, ist eine säkularisierte Version dieser kulturellen Prägung und hat die Kluft zwischen beiden Welten noch weiter institutionalisiert. Ein Streben nach Glück bei der Arbeit wirkt daher zunächst sowohl aus Führungssicht als auch der Perspektive der Mitarbeiter wie ein fundamentaler Widerspruch.

Einer der wenigen, der unmissverständlich den Fokus auf Glück am Arbeitsplatz gelegt hat, ist Michaly Csikszentmihalyi. Er hat diese Frage allerdings zunächst gänzlich von einem Leistungsgedanken entkoppelt und sieht die Aufgabe des Unternehmens primär aus humanistischen (und erst sekundär aus wirtschaftlichen) Gründen darin, die maximale Potenzialausschöpfung jedes einzelnen Mitarbeiters anzustreben. Da persönliches Wachstum des Menschen nur in einem Umfeld entstehen kann, in dem gleichzeitig sowohl das Bedürfnis nach Differenzierung (beziehungsweise Individualität) als auch dasjenige nach Integration in eine Gemeinschaft ausgewogen befriedigt wird, müssen aus seiner Sicht auch im Arbeitsumfeld entsprechende Rahmenbedingungen geschaffen werden, damit eine Persönlichkeitsentwicklung zu immer höherer Komplexität entstehen kann (Csikszentmihalyi 2004).

Dies führt im Idealfall zu einem Zustand von „Flow", der sich dann entwickeln kann, wenn die Anforderungen einer ausreichend herausfordernden Aufgabe mit den persönlichen Fähigkeiten ausgewogen in Überdeckung kommen und hieraus eine Glückserfahrung im völligen Aufgehen in der Tätigkeit entsteht. Ein solcher Zustand der „optimalen Erfahrung" („Optimal Experience"), wie es Csikszentmihalyi bezeichnet, kann grundsätzlich bei nahezu jeder Aufgabe im Unternehmen erreicht werden, wenn die für „Flow" notwendigen Kriterien erfüllt werden. Hierzu gehören neben dem adäquaten Anforderungsniveau eine subjektiv wahrgenommene Kongruenz zwischen den persönlichen Zielen und denen der Organisation sowie ein soziales System, das weder zu restriktiv noch zu willkürlich strukturiert ist.

Arbeit ist dann nicht mehr ein vom „Leben" abgetrennter Bereich, sondern wird ebenfalls zu einer „bevorzugten Tätigkeit", die „psychisches Kapital" aufbaut. Sie fördert persönliches Wachstum verbunden mit der aktiven Bereitschaft, immer neue Herausforderungen in der Aufgabe zu suchen (Csikszentmihalyi 1991).

Da Flow einem Zustand höchster intrinsischer Motivation entspricht, wird allerdings nicht nur das persönliche Wachstum unterstützt, sondern es werden gleichzeitig, wie ausführlich im Abschn. 1.3 bereits hergeleitet, genau diejenigen Kompetenzen optimal gefördert, die in unserer neuen Wirtschaftsrealität für Organisationen zukünftig erfolgsentscheidend sind.

Darüber hinaus benötigen Handlungen aus intrinsischer Motivation deutlich weniger kognitive Energie, als für extrinsisch motivierte Tätigkeiten erforderlich ist. So hat der Psychologe und Wirtschafts-Nobelpreisträgers Daniel Kahneman gezeigt, dass zwei unterschiedliche kognitive Systeme das menschliche Denken bestimmen, für die allerdings nur eine begrenzte Menge an Energie zur Verfügung steht. Da jede Form von mentalen Kontrollfunktionen vom analytisch arbeitenden, langsam denkenden „System 2" übernommen werden müssen, entzieht jede Form von Selbstkontrolle, die aufgebracht werden muss, um eine Aufgabe zu erfüllen, einen Teil dieser Energie dem schnell denkenden „System 1", welches unter anderem für Kreativität und Intuition verantwortlich ist (Kahneman 2011).

Da extrinsische Motivation eine solche innere Handlungskontrolle notwendig macht, wird hierdurch den essenziellen kognitiven und kreativen Tätigkeiten Energie entzogen und kann insofern notwendigerweise nur zu einem reduzierten Leistungsniveau führen. Demgegenüber steht in einem Zustand von Flow, in dem das Denksystem von Selbstkontrolle entlastet ist, sämtliche mentale Energie für die Erfüllung der eigentlichen Aufgabe zur Verfügung.

Hieraus lässt sich unmittelbar ableiten, dass in einem Zustand von „Flow", wie auch in jedem in ähnlicher Weise intrinsisch motivierten Handlungskontext, nicht nur spezifisch diejenigen Fähigkeiten verstärkt aktiviert werden, die für Innovationsleistung, autonome Effizienz sowie kollaborierende Netzwerke entscheidende Erfolgsfaktoren sind, sondern wegen der erhöhten Verfügbarkeit kognitiver Energie bereits allgemein eine höherer Inputleistung zu erwarten ist.

Dieser Zustand kann also mit gutem Recht als das höchstmögliche Leistungsniveau in einer „Wirtschaft 4.0" angenommen werden, auf dem sich der Mitarbeiter gleichzeitig auch noch kontinuierlich weiterentwickeln kann.

▶ Ein Zustand von Flow fördert nicht nur persönliches Wachstum und Glück, sondern gleichzeitig als intensivste Form intrinsischer Motivation die zukünftig entscheidenden unternehmerischen Erfolgsfaktoren – bei minimalem kognitiven Energieeinsatz.

Wie bereits im Abschn. 2.2.1 angedeutet, eröffnet gerade die von Csikszentmihalyi nachgewiesene direkte Korrelation von Flow und Glücksempfinden die Chance, auf dieser Basis ein ganzheitliches Organisationsmodell für den Unternehmenskontext jenseits des Phasenüberganges zu globaler Vernetzung zu konzipieren. Denn trotz einer vollkommen gegenteiligen kulturellen Prägung unserer Wirtschaft bedeutet dies, dass die Hauptaufgabe für erfolgreiche Führung – nämlich die Randbedingungen für die bestmögliche Inputleistung der Organisation sicherzustellen – in einer global vernetzten Wirtschaft mit der Schaffung von solchen Bedingungen gleichgesetzt werden kann, die das höchstmögliche Glückserleben des Mitarbeiters im Arbeitskontext ermöglichen.

Genau dies war die Grundüberlegung bei der Konzeption des „Gross *Corporate* Happiness®"-Modells (GCH). Da das GNH-Modell des Staates Bhutan das einzige in der realen Anwendung erprobte Konzept für Rahmenbedingungen für ein ausgewogenes menschliches Glücksempfinden ist, wurden für die Entwicklung des GCH-Modells die wesentlichen philosophischen Konzepte, die den GNH-Einzelindikatoren zugrunde liegen, systematisch in die Unternehmenswelt übertragen, um hierdurch eine analoge Rahmenstruktur zu generieren, die eine vergleichbare Wirkung im Arbeitskontext haben würde.

Und auch wenn es auf den ersten Blick gewagt erscheint, ein Kennzahlensystem, das für einen kleinen, noch völlig am Anfang seiner ökonomischen Entwicklung stehenden Himalaya-Staat (mit starker auf dem Buddhismus basierender spiritueller Tradition) entwickelt wurde, in einen modernen unternehmerischen Kontext zu übertragen, so muss man sich vergegenwärtigen, dass jeder der Faktoren des GNH-Modells originär auf menschlichen Schlüsselbedürfnissen aufbaut (Ura et al. 2012), die sich in ihren Wurzeln nicht von denen eines Mitarbeiters im Arbeitskontext unterscheiden.

Während traditionelle Führungsansätze auf den mechanistischen Modellen aus den Anfängen der Wirtschaftstheorie basieren, in denen der Homo Economicus als berechnendes, nur auf seinen eigenen Vorteil fokussiertes rational abwägendes Wesen angenommen wird, das ständig zwischen persönlichen Grenzkosten und abnehmendem subjektivem Grenznutzen optimiert, und sie daher von einem direkten kausalen Zusammenhang zwischen monetärem Anreiz und erbrachter Leistung ausgehen, baut das GNH-Modell auf einem *ganzheitlichen* Menschenbild auf. Materielle Elemente repräsentieren darin lediglich einen Faktor unter vielen, da erwiesenermaßen noch ganz andere Aspekte essenziell für die Befriedigung der eigentlichen menschlichen Bedürfnisse sind.

Zugleich erhebt es berechtigterweise den Anspruch, nicht nur auf die aktuelle wirtschaftliche Situation des Staates Bhutan zugeschnitten zu sein, sondern aufgrund seiner allgemeinen Prämissen über die menschlichen Bedürfnisse für ein (eudaimonisch) glückliches Leben eine umfassende Gültigkeit zu haben.

Zwar können sicherlich die spezifischen nationalen Indikatoren des GNH-Modells nicht unmittelbar in einem Wirtschaftsumfeld sinnvoll angewendet werden. Allerdings kann man berechtigterweise davon ausgehen, dass die ihnen zugrunde liegende Struktur auch in anderen Lebensbereichen äquivalent relevant ist.

Aus diesen Überlegungen heraus wurde für das „Gross *Corporate* Happiness“-Modell grundsätzlich die neunteilige Basisstruktur des GNH-Konzeptes übernommen, die im Bhutanischen Modell die folgenden Schwerpunkbereiche umfasst:

- adäquater Lebensstandard („Living Standard“),
- unbeeinträchtigte Gesundheit („Health“),
- ganzheitliche Erziehung („Education“),
- gute Regierungsführung („Good Governance“),
- Schutz der Umwelt („Ecology“),
- Bewahrung der nationalen Kultur („Culture“),
- lebhaftes Gemeindeleben („Community Vitality“),

- ausgewogene Zeitnutzung („Time Use"),
- psychisches Wohlbefinden („Psychological Wellbeing").

Wie bereits erwähnt, wird jedes dieser Elemente wiederum durch mehrere Einzelindikatoren charakterisiert. Um eine vergleichbare Präzision auch für das GCH-Modell zu erreichen, wurden daher für die systematische Übertragung des GNH-Modells in den Wirtschaftskontext für jeden dieser 37 Einzelindikatoren die spezifisch ihm zugrunde liegende Philosophie herausdestilliert, hierzu ein analoger konzeptioneller Ansatz für die Wirtschaft identifiziert und in einem dritten Schritt geeignete Kriterien aus dem unternehmerischen Kontext ausgewählt, die ebenfalls eine weitgehend objektivierbare Bewertung des Erfüllungsgrades im Unternehmen ermöglichen. Um ihre Vollständigkeit sicherzustellen, wurde diese Auswahl für jeden der neun Bereiche zusätzlich an den aktuellen Motivationstheorien gespiegelt beziehungsweise mit deren Hilfe plausibilisiert.

Während diese Herleitung in den noch folgenden Abschnitten für jeden Einzelindikator ausführlich erläutert wird, um den Prozess im Detail nachvollziehbar zu machen, verdeutlicht bereits die in Abb. 2.4 schematisch dargestellte Gegenüberstellung der neun Hauptdimensionen des „Gross *Corporate* Happiness"-Modells mit den ursprünglichen Elementen des GNH-Konzeptes diesen Ansatz:

- Das unternehmerische Äquivalent zum Lebensstandard umfasst die materiellen, allerdings auch die immateriellen Faktoren einer *Positiven Anerkennung* („Positive Recognition"), mit der das Unternehmen dem Mitarbeiter seine Arbeitsleistung vergütet. Beide Aspekte zusammen bestimmen die subjektive Bewertung des Mitarbeiters bezüglich der Ausgewogenheit dieser direkten Gegenleistungen sowohl aus dem physischen als auch aus dem psychologischen Arbeitsvertrag.
- Während ein Staat umfänglich für die Gesundheit seiner Einwohner verantwortlich ist, kann das Unternehmen nur den von ihm beeinflussbaren Teil unterstützen. Dies lässt sich am besten durch das Konzept einer *Ganzheitlichen Fürsorge* („Holistic Care") beschreiben, bei der Prävention sowie Unterstützung im Bedürfnisfall ausgewogen sichergestellt werden.
- Da die weitgehend im staatlichen Fokus stehende formale Erziehung mit dem Eintritt in die Arbeitswelt als weitgehend abgeschlossen angenommen werden kann, setzt sich die Weiterentwicklung von Kompetenz im Unternehmen idealerweise innerhalb einer kontinuierlich *Lernenden Organisation* („Learning Organization") fort.
- Die verantwortungsvolle Führung des Staates findet ihr Pendant in einer *Verantwortungsvollen Unternehmensführung* („Responsible Governance"). Diese

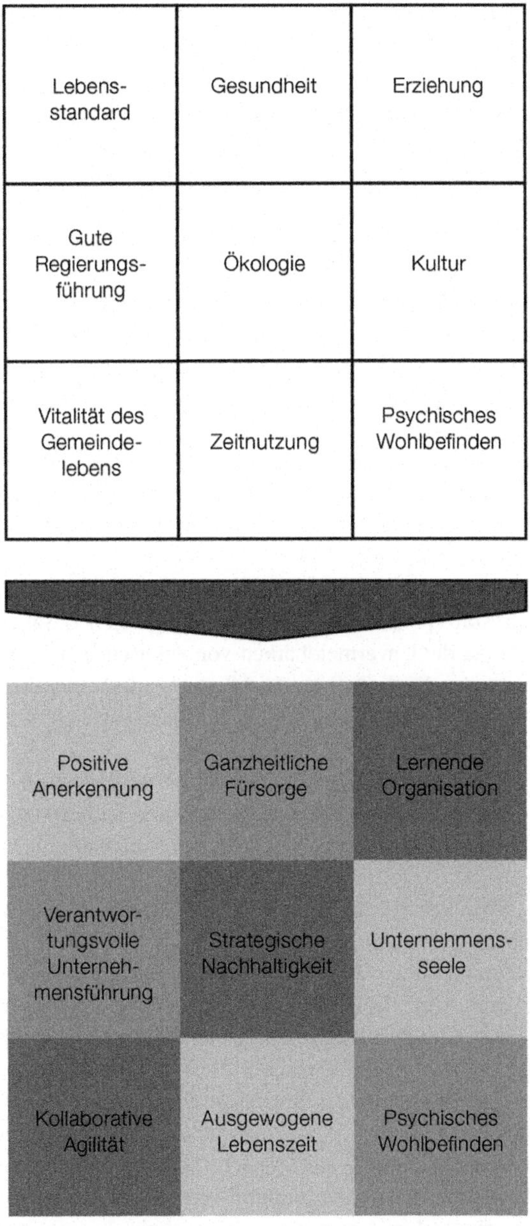

Abb. 2.4 Überleitung der neun Dimensionen des GNH- in das GCH-Modell

stellt allerdings nicht nur die Interessen des Shareholders sicher, sondern umfasst auch die adäquate Verantwortung gegenüber den Mitarbeitern und der Gesellschaft.

- Die Anerkennung der Verantwortung für die Ökologie spiegelt sich in dem Konzept der *Strategischen Nachhaltigkeit* („Strategic Sustainability") wider. Für einen ganzheitlichen Ansatz umfasst sie sowohl die direkte unternehmerische Tätigkeit als auch die induzierte Gesamtverantwortung für den Lebenszyklus der Produkte oder Dienstleistungen, vom Rohstoff bis zu ihrer Entsorgung oder einer Wiederverwertung.
- Die nationale Kultur lässt sich für einen Unternehmenskontext in das Modell einer *Unternehmensseele* („Corporate Soul") übersetzen, die, wie gezeigt werden wird, deutlich über die klassischen Konzepte von Vision, Mission und Werten hinausgeht, um eine wirksame Identifikationsgrundlage bilden zu können.
- Ein lebhaftes Gemeindeleben findet im Unternehmen seine Analogie in *Kollaborativer Agilität* („Collaborative Agility"), in der durch kollektive Unterstützung die Wirksamkeit von Einzelhandlungen auf natürliche Weise von der Organisation verstärkt wird.
- Die tägliche ausgewogene Zeitnutzung findet ihre Entsprechung in Unternehmen in dem Konzept einer *Ausgewogenen Lebenszeit* („Balanced Lifetime"). Während hierbei die Unvermeidbarkeit von zyklischen Belastungsschwankungen in der heutigen Wirtschaft anerkannt wird, soll durch zeitliche Ausgleichsmöglichkeiten der Grundgedanke einer ausgewogenen Lebenszeitnutzung aufrechterhalten werden.
- Das *Psychische Wohlbefinden* („Psychological Wellbeing") hat ebenso wie im Staat auch im Unternehmen einen vergleichbaren Stellenwert, wird allerdings entsprechend dem jeweiligen Kontext unterschiedlich ermittelt.

Obwohl die Wirksamkeit dieses „Gross *Corporate* Happiness"-Modells als Rahmenkonzept zur Schaffung eines intrinsisch motivierenden Arbeitsumfeldes bereits aufgrund seiner Analogie mit dem GNH-Modell hinreichend vermutet werden kann, wird man bei einer Gegenüberstellung mit denjenigen neun Schlüsselelementen, die im Abschn. 2.1 aus der Motivationsforschung hierfür als essenziell hergeleitet wurden, überraschend feststellen, dass seine neun Elemente tatsächlich exakt mit diesen Feldern übereinstimmen.

Spiegelt man es nämlich an den beiden wesentlichen Motivationstheorien für intrinsische Motivation, so zeigt sich zunächst, dass jeweils drei der neun Dimensionen des GCH-Modells auf einer der drei von Vallerand beschriebenen relevanten Abstraktionsebenen für Motivation wirksam sind:

- Die „Unternehmensseele", die „Strategische Nachhaltigkeit" sowie die „Verantwortliche Unternehmensführung" wirken als universelle Systembedingungen des gesamten Unternehmens;
- die „Lernende Organisation", die „Kollaborative Agilität" sowie das „Psychische Wohlbefinden" sind wesentliche Faktoren des kontextuellen Umfeldes;
- und zuletzt sind „Positive Anerkennung" und „Ganzheitliche Fürsorge" zusammen mit der „Ausgewogenen Lebenszeit" entscheidende Determinanten für die Qualität der individuellen Arbeitssituation.

Insofern repräsentiert der GCH-Ansatz eine für das Hierarchiemodell der Motivation optimal ausgewogene Primärstruktur.

Gleichzeitig bezieht sich auf jeder dieser drei Ebenen jeweils eine Dimension auf Kompetenz, eine auf Bezogenheit und eine auf Autonomie, was den drei Grundbedürfnissen für intrinsische Motivation der Selbstbestimmungstheorie von Deci und Ryan entspricht:

- Bezüglich des Bedürfnisses nach Kompetenz bietet die „Unternehmensseele", sofern sie auf einen höheren Zweck ausgerichtet ist, einen universellen, sinnstiftenden Rahmen, die „Lernende Organisation" fördert die postformale Weiterbildung, während die „Positive Anerkennung" für individualisiertes Feedback sorgt.
- Als Bezogenheitsfaktoren reflektiert die „Strategische Nachhaltigkeit" den allgemeinen Bezug zum ökologischen System, in das die Organisation eingebettet ist, die „Kollaborative Agilität" den Bezug zu den Arbeitskollegen, während die „Ganzheitliche Fürsorge" die individuelle Beziehungsebene im Unternehmen entscheidend bestimmt.
- Und zuletzt determiniert „Verantwortungsvolle Unternehmensführung" den Autonomierahmen auf gesamtunternehmerischer Ebene, „Psychisches Wohlbefinden" ist die Voraussetzung für autonomes Verhalten im direkten Beziehungsumfeld und „Ausgewogene Lebenszeit" bestimmt das subjektive Autonomiegefühl.

Insofern repräsentiert der GCH-Ansatz ebenfalls eine für die Selbstbestimmungstheorie optimal ausgewogene Sekundärstruktur.

Somit verkörpert das GCH-Modell nicht nur das Pendant zum GNH-Ansatz im Unternehmenskontext, sondern bildet in entsprechender Anordnung die in Abb. 2.5 dargestellte 3 × 3-Matrix, die ausgewogen das Hierarchiemodell von Vallerand mit der Selbstbestimmungstheorie von Deci und Ryan vereint.

	Gesamt-Unternehmen	Team	Individuum
Kompetenz	Unternehmens-seele	Lernende Organisation	Positive Anerkennung
Beziehung	Strategische Nachhaltigkeit	Kollaborative Agilität	Ganzheitliche Fürsorge
Autonomie	Verantwortungs-volle Unternehmens-führung	Psychisches Wohlbefinden	Ausgewogene Lebenszeit

Abb. 2.5 GCH-Kategorien vs. Hierarchiemodell und Selbstbestimmungstheorie

Hieraus kann man unmittelbar ableiten, dass diese neun Faktoren die gesuchte zukünftige Anforderungsstruktur für Unternehmen repräsentieren, wie sie in Abb. 2.3 hergeleitet wurde. Somit verfügt man mit dem „Gross Corporate Happiness"-Modell über einen ganzheitlichen Organisationsrahmen für ein intrinsisch motivierendes Arbeitsumfeld, wie dies Abb. 2.6 zeigt.

Vergleicht man weiterhin diese Struktur mit dem Ansatz von Csikszentmihalyi, der für optimales persönliches Wachstum ein ausgewogenes Verhältnis zwischen Differenzierung einerseits und der Integration in eine Gemeinschaft andererseits als notwendig postuliert (Csikszentmihalyi 2004), wird die Kongruenz dieser beiden Faktoren mit den beiden Aspekten der Autonomie sowie der Bezogenheit des GCH-Ansatzes leicht ersichtlich. Die Dimensionen der Kompetenz bieten diesem Wachstumsprozess zusätzliche eine Richtung.

Somit unterstützt das GCH-Modell auch optimal eine persönliche Entwicklung hin zu höchster Komplexität im Kontext der jeweiligen Organisationsmission.

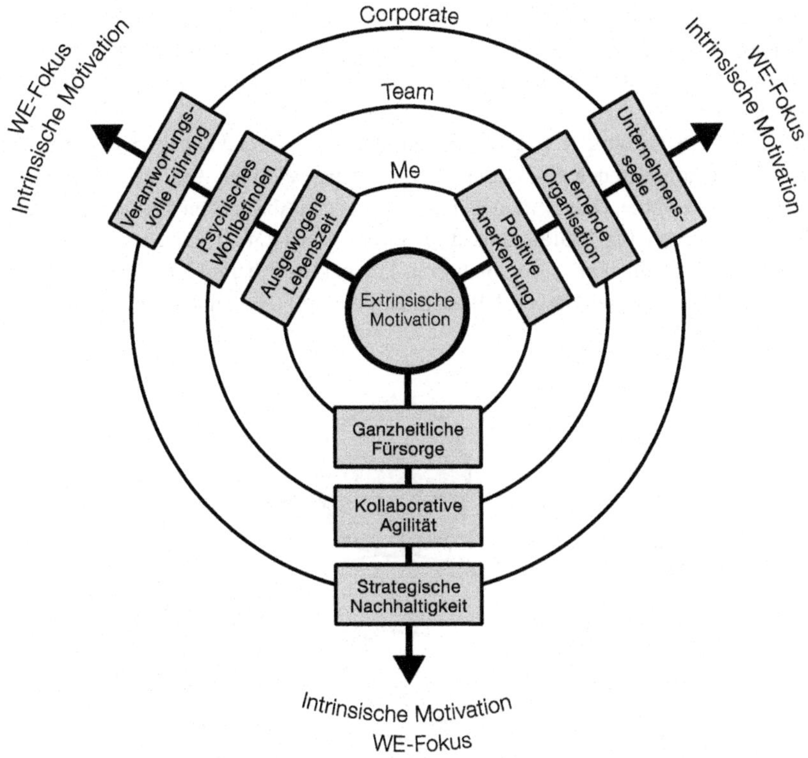

Abb. 2.6 Die neun Dimensionen des GCH-Modells erfüllen exakt die Anforderungsstruktur für zukünftige Organisationen

> Das „Gross Corporate Happiness"-Modell bildet mit seinen neun Elementen optimal die wesentlichen Motivationstheorien für intrinsische Motivation ab und repräsentiert somit ein ganzheitliches Modell für Unternehmensführung in einer „Wirtschaft 4.0".

Aus diesen Gegenüberstellungen wird ersichtlich, dass das GCH-Modell nicht nur aufgrund seiner originären Herleitung aus dem Bhutanischen Modell für die Förderung eines ganzheitlichen Wohlbefindens, sondern auch wegen seiner umfassenden Kompatibilität mit den wesentlichen Motivationstheorien eine ideale Topologie für zukünftige Unternehmensführung bildet. Es ist auf gerichtetes persönliches Wachstum ausgelegt, repräsentiert ausgewogen die Selbstbestimmungstheorie und wirkt gleichzeitig auf allen drei Ebenen der Motivationshierarchie. Dadurch befähigt es Organisationen, die entscheidenden Kompetenzen für die zukünftigen Herausforderungen der Wirtschaft zu entwickeln, wie dies zusammenfassend in Abb. 2.7 dargestellt ist.

Zuletzt zeigt Tab. 2.1, dass die Hauptelemente des GCH-Modells zugleich die zentralen Organfunktionen eines „Super-Organismus" abbilden, wie er im Abschn. 1.5 beschrieben wurde. Dies wird in den entsprechenden Abschnitten noch näher gezeigt.

Auch wenn die Validierung des „Gross Corporate Happiness"-Modells in diesem Abschnitt bereits aus mehreren Perspektiven heraus umfangreich erfolgt ist, so sei der Vollständigkeit halber noch erwähnt, dass auch eine Feldstudie bei

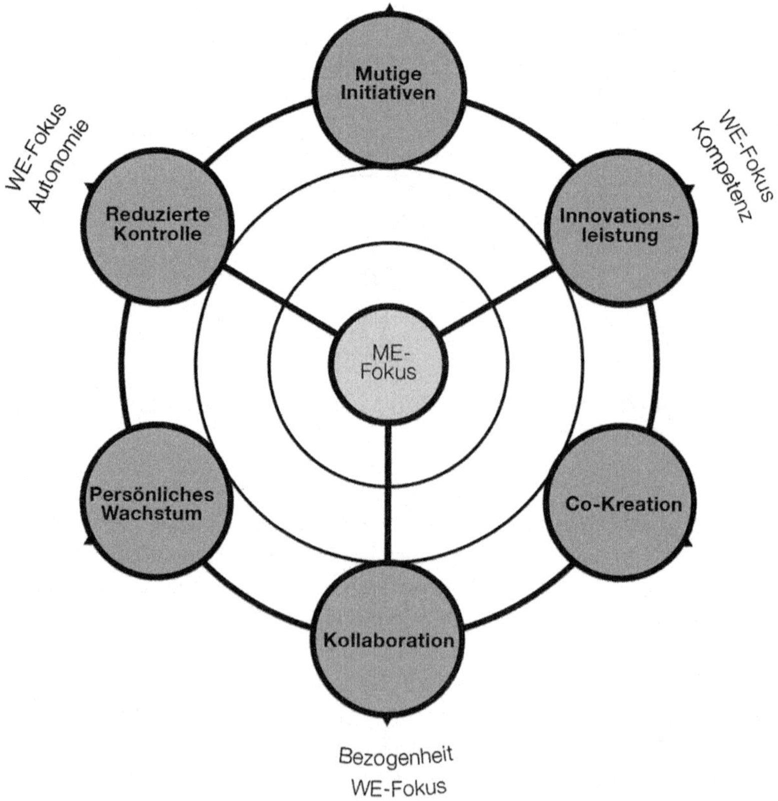

Abb. 2.7 Organisatorischer Leistungsfokus des GCH-Modells

Tab. 2.1 Organische Zentralfunktionen der Hauptelemente des GCH-Modells

GCH-Element	Zentrale Organfunktion im „Superorganismus“	Abschnitt
Unternehmensseele	Bewusstsein	2.2.3.3
Lernende Organisation	Lernende Gehirnfunktion	2.2.3.2
Positive Anerkennung	Ausgewogene Ernährung	2.2.3.1
Strategische Nachhaltigkeit	Externe Sinne	2.2.4.3
Kollaborative Agilität	Zentrales Nervensystem	2.2.4.2
Ganzheitliche Fürsorge	Immunsystem	2.2.4.1
Verantwortungsvolle Unternehmensführung	Bewegungs- und Handlungsfähigkeit	2.2.5.3
Psychisches Wohlbefinden	Herzfunktion	2.2.5.2
Ausgewogene Lebenszeit	Gleichgewichtssystem	2.2.5.1

unterschiedlich großen börsennotierten Unternehmen aus verschiedenen Industrien im Vorfeld dieses Buches durchgeführt wurde, um insbesondere die präzise Wirksamkeit der noch in den folgenden Abschnitten erläuterten Einzelfaktoren auch empirisch nachzuweisen (Fox 2014).

Bei der Gegenüberstellung der analytischen Prognose der intrinsischen Mitarbeitermotivation aus dem GCH-Modell mit den empirisch ermittelten tatsächlichen Werten ergab sich eine eindeutige und nahezu perfekte Korrelation zwischen der Umsetzungsqualität der GCH-Faktoren in der jeweiligen Organisation und der durch eine unabhängige Erhebung ermittelten Mitarbeiterzufriedenheit mit dem Arbeitgeber, wie dies Abb. 2.8 auszugsweise zeigt.

Somit konnte nicht nur aus der theoretischen Forschung, sondern auch in der unternehmerischen Praxis nachgewiesen werden, dass das GCH-Modell alle hinreichenden Elemente enthält, um die optimalen Randbedingungen für Mitarbeitermotivation in Organisationen zur Verfügung zu stellen.

Zudem hat die Untersuchung gezeigt, dass es gleichzeitig ein geeignetes Werkzeug darstellt, um ohne eine aufwendige Einzelbefragung eine weitgehend objektivierte Bewertung des Motivationsniveaus in einer Organisation vorzunehmen. Mithilfe der in Abschn. 4.1 enthaltenen Tabellen ist es möglich, dies auch zumindest qualitativ für eine erste grobe Einschätzung selbst durchführen zu können.

Eine solche Bewertung eröffnet die Möglichkeit, deutlich qualifiziertere betriebswirtschaftliche Entscheidungen im Kontext von Mitarbeiterpotenzial zu treffen. Hierauf wird später noch im Abschn. 2.6 ausführlich eingegangen.

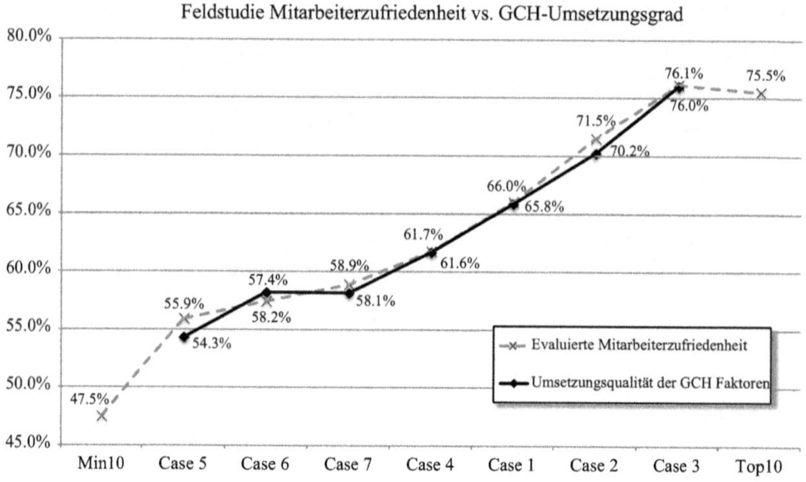

Abb. 2.8 Ergebnis einer empirischen Feldstudie bei Börsenunternehmen bezüglich der Korrelation zwischen GCH-Modell und Mitarbeitermotivation

Um die Grundlagen für eine konkrete und systematische Umsetzung des Modells im Unternehmenskontext zu vermitteln, werden in den folgenden Abschnitten für jedes seiner neun Elemente die ihm zugrunde liegende Philosophie erläutert sowie entsprechende Einzelindikatoren hergeleitet und aus der Motivationsforschung begründet.

Hierbei wird ersichtlich werden, dass durch die weitgehend objektivierbare Bewertung, die bei diesen Faktoren möglich ist, diese die leicht ermittelbaren Akupunkturpunkte für einen individuell auf eine Organisation zugeschnittenen Transformationsprozess repräsentieren, wie er später dann noch im Abschn. 3.4 ausführlich beschrieben wird.

2.2.3 Kompetenz – von EGO zu WE

Individuelle Kompetenz ist die originäre Tauschwährung, die jedem physischen Arbeitsvertrag zugrunde liegt. Während sich allerdings bisherige Arbeitsverhältnisse in der Regel darauf beschränken, bereits vorhandenes Wissen und Können der Mitarbeiters durch monetäre Entlohnung zu kompensieren, wird diese Beziehung im GCH-Modell, wie Abb. 2.9 dargestellt, auf einen kontinuierlichen Entwicklungsprozess auf allen drei Kontextebenen des Arbeitsumfeldes erweitert:

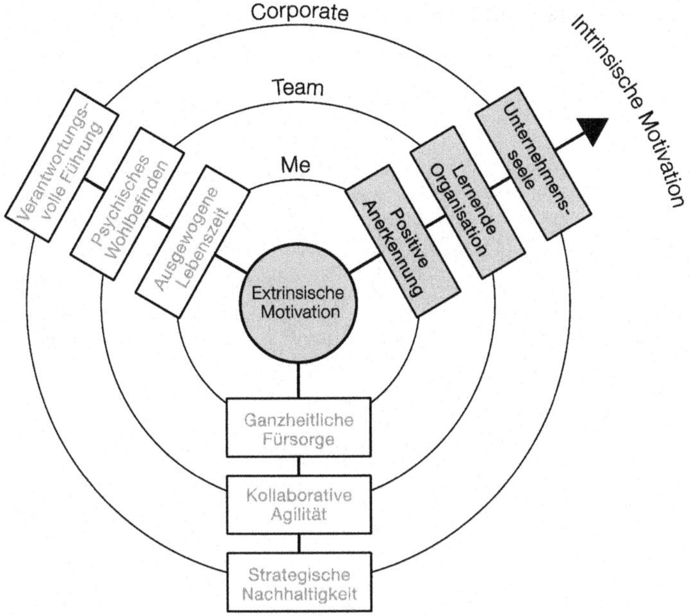

Abb. 2.9 Die drei GCH-Kernelemente für Kompetenz bilden den Raum für Wachstum auf individueller, Team- sowie Unternehmensebene

- Auf individueller Ebene wird das Konzept einer Kompensation von individueller Kompetenz durch rein monetäre Mittel auf eine ganzheitliche Anerkennung erweitert, um eine Ausgewogenheit in der „Ernährung" des Organisationsorganismus sicherzustellen.
- Auf Team-Ebene wird Kompetenz lediglich als Zwischenstadium in einem lebenslangen Lernprozess verstanden, bei dem durch umfangreiche Wissensteilung und eine gesunde Fehlerkultur eine kontinuierliche Weiterentwicklung ermöglicht wird. Hierdurch kann sich die „Gehirnfunktion" der Organisation immer wieder an sich ändernde Randbedingungen anpassen.
- Auf Unternehmensebene manifestiert sich Kompetenz als Teil einer zeitlosen Mission, die, wenn sie sinnstiftend wirkt, eine nachhaltige Identifizierung mit den Zielen der Organisation, ihrer Kultur und ihren Werten ermöglicht. Sie repräsentiert das „Bewusstsein" des Unternehmens.

2.2.3.1 Positive Anerkennung

„Dich würde ich bestimmt mit Vergnügen nehmen", erklärte die Königin. „Zwei Mark die Woche, Marmelade jeden anderen Tag."
Alice musste lachen und sagte: „Ich will doch gar nicht, dass Sie mich in den Dienst nehmen – ich mache mir auch nichts aus Marmelade."
„Es ist sehr gute Marmelade", sagte die Königin.
„Aber heute will ich jedenfalls keine."
„Auch wenn du wolltest, würdest du heute keine bekommen. Die Vorschrift lautet: ‚morgen Marmelade' und ‚gestern Marmelade', aber niemals ‚heute Marmelade'."
„Es muss aber doch manchmal so hinkommen, dass es ‚heute Marmelade' gibt", widersprach Alice.
„Nein, tut es nicht", sagte die Königin. „Es heißt, ‚Marmelade jeden andern Tag'. ‚Heute' ist ja nicht jeder ‚andre' Tag."

(Lewis Carroll, „Alice im Wunderland")

„Lebensstandard" im GNH-Modell (Bhutan)

Der Indikator „Lebensstandard" im „Gross Corporate Happiness"-Modell bewertet die materielle Versorgung der Bürger des Staates und ist der einzige Faktor des GNH-Modells, der einer sonst weltweit üblichen volkswirtschaftlichen Bewertung von Regierungserfolg anhand des Bruttosozialproduktes nahe kommt. Allerdings ist das Staatsziel in Bhutan nicht eine unbegrenzte Maximierung des Volkseinkommens, wie es der Wohlstandsansatz von Adam Smith war.

Anstelle dessen wird explizit bewertet, inwieweit die Bedürfnisse für ein komfortables Leben *ausreichend* erfüllt sind. Für die Bewertung der Einzelbereiche Einkommen, Besitz und Wohnqualität wurde daher eine Sättigungsgrenze festgelegt, die eine vollständige Erfüllung des Kriteriums repräsentiert. Oberhalb von diesem Niveau wird nicht mehr von einem nennenswerten Einfluss auf die Steigerung des Wohlbefindens ausgegangen.

Hierdurch distanziert sich das Konzept nicht nur explizit von einem unbegrenzten Streben nach Einkommenssteigerung, sondern bringt durch einen Maximalwert, der mit dem Faktor 1,5 an das lebensnotwendige Mindesteinkommen gekoppelt ist, gleichzeitig die Notwendigkeit zum Ausdruck, die gesellschaftliche Einkommensspreizung zu limitieren, damit sozialer Vergleich nicht zur Ursache von zunehmender Unzufriedenheit wird.

Ähnliches gilt auch für die beiden anderen Indikatoren materieller Bedürfnisbefriedigung, für die ebenfalls ein Schwellenwert definiert wurde, ab dem eine wesentliche Steigerung der Lebenszufriedenheit nicht mehr erwartet wird.

Dieses Konzept unterscheidet sich fundamental von einer Wirtschaftstheorie, die durch Maximierung von Eigeninteresse darauf abzielt, ohne Berücksichtigung der Verteilung summarisch den höchstmöglichen materiellen Wohlstand erreichen zu wollen. Gleichzeitig verfällt es dabei allerdings nicht in das andere Extrem einer leistungsentkoppelten Gleichmacherei. Es entspricht vielmehr der eudaimonischen Vorstellung eines ausgewogenen „Good Life“ oder nachhaltigen Wohlstandes, den bereits Aristoteles in seiner Nikomachischen Ethik als Idealvorstellung für einen dauerhaften menschlichen Glückszustand beschrieben hat.

Anders als die Kenngröße des Bruttosozialproduktes, welches unabhängig von der Ausgangssituation lediglich die zusätzlich generierte wirtschaftliche Leistung über eine Zeitperiode hinweg repräsentiert, wird durch die Einbindung der Vermögensfaktoren Besitz und Wohnqualität die grundsätzliche materielle Versorgungssituation auch in den Dimensionen Zeit und Raum erfasst.

Der Faktor Besitz, der sich auf Einrichtungsgegenstände, Land und Tiere erstreckt, symbolisiert im kulturellen Kontext einer noch weit verbreiteten Subsistenzwirtschaft unter anderem den Grad an nachhaltiger Sicherung der Versorgung. Da Land und Tiere aufgrund ihres Nutzwertes nicht nur dabei helfen, die Arbeitseffizienz zu steigern, sondern im Notfall auch mögliche Krisenzeiten überbrücken können, geben sie dem aktuellen Lebensstandard eine zeitliche Dimension in die Zukunft.

Die Wohnqualität wiederum reflektiert die wesentlichen Erwartungen an den räumlichen Standard der Lebenssituation und orientiert sich in Bhutan an den drei von den Vereinten Nationen in den Millennium Development Goals definierten Kriterien Bedachung, Sanitäreinrichtungen und individuell verfügbarer Raum.

„Positive Anerkennung“ im GCH-Modell (Wirtschaftskontext)
Es ist offensichtlich, dass keiner der erwähnten Einzelindikatoren unmittelbar als Grundlage für die Festlegung analoger Kriterien in einem Wirtschaftskontext dienen kann. Für eine Übertragung des Elementes „Lebensstandard“ ist es daher notwendig, die ursprünglichen philosophischen Überlegungen nachzuvollziehen, die jedem einzelnen dieser Faktoren zugrunde liegen.

Zunächst sollte es auch das grundsätzliche Ziel jeder finanziellen Kompensation im Unternehmen sein, im Austausch für Arbeitsleistung ein nachhaltiges materielles Wohlergehen der Mitarbeiters zu fördern, ohne ein exzessives Streben nach individueller Entgelt-Maximierung auszulösen.

Dieser Ansatz entspricht nicht nur der bereits im Abschn. 2.1 ausführlich erläuterten menschlichen Bedürfnisstruktur, sondern auch jüngsten empirischen Forschungen, die gezeigt haben, dass ab einer bestimmten Grenze höheres Einkommen nur noch eine sehr begrenzte Wirkung auf die längerfristige persönliche Lebenszufriedenheit hat. Dieser auch nach seinem Entdecker als „Easterlin-Paradoxon“ bezeichnete Effekt wird dadurch verursacht, dass ab einer weitgehenden Befriedigung der menschlichen Primärbedürfnisse mit weiter steigendem Einkommen eine schleichende Verschiebung des Anspruchsniveaus einhergeht, die jeden weiteren Befriedigungseffekt auf Sekundärbedürfnisse immer wieder zunichtemacht (Easterlin 2001).

Trotz dieser Erkenntnis hält sich allerdings bisher in der Arbeitswelt weiterhin der Mythos von Einkommen als primärem Motivationsfaktor für den Avatar des Homo Economicus. Insofern ist es bei der Einführung des GCH-Modells bezüglich des Faktors „Positive Anerkennung“ erforderlich, zunächst die Rolle von Geld als dominierenden Motivationsfaktor kulturell zu entmystifizieren.

Während sich eine Gehaltsstruktur als wichtiger Bestandteil des physischen Arbeitsvertrages für eine bestmögliche Wirksamkeit an der Struktur der menschlichen Bedürfnisstufen orientieren sollte, bedarf es gleichzeitig einer transparenten Kommunikation darüber, dass monetäre Entlohnung für eine motivierende Arbeitsumgebung nur einen relevanten Faktor unter vielen repräsentiert.

Um zusätzlich zu verhindern, dass selbst eine adäquate materielle Kompensation subjektiv durch Sozialvergleich unverhältnismäßig entwertet wird, muss eine solche Struktur allerdings auch die einkommensrelevanten Gerechtigkeitsbedürfnisse befriedigen.

Wie erwähnt, repräsentiert weiterhin der persönliche Besitz im GNH-Modell ein Maß für die zeitliche Nachhaltigkeit der Versorgungssicherheit. Im unternehmerischen Kontext entspricht dies der vom Mitarbeiter empfundenen Sicherheit, auch mittelfristig seinen Arbeitsplatz erhalten zu können.

Diese persönliche Einschätzung wird von zwei separaten Faktoren beeinflusst. Zum einen ergibt sich die generelle Umfeldsicherheit des Arbeitgebers aus der allgemeinen wirtschaftlichen Lage des Unternehmens und seiner wirtschaftlichen Historie. Zum anderen bestimmt die individuelle Interpretation von jeglicher Form des Feedbacks das subjektive Sicherheitsempfinden.

Zuletzt findet die Wohnqualität ihre direkte Analogie in der Qualität der physischen Arbeitsumgebung, was später noch im Detail näher erläutert wird.

Aus der Übertragung des GNH-Konzeptes ergeben sich demnach fünf Einzelindikatoren für das GCH-Modell, die dieses Element in einem Unternehmenskontext ausgewogen repräsentieren:

a) die Existenz eines an der menschlichen Bedürfnisstruktur orientierten, transparenten und für alle Mitarbeiter einheitlich geltenden Gehaltssystems,
b) eine grundsätzlich als gerecht und fair empfundene Gehaltsverteilung innerhalb des Unternehmens,
c) das Vorhandensein einer respektvollen, authentischen und anerkennenden Feedbackkultur,
d) der Grad der sich aus dem ökonomischen Kontext des Unternehmen ergebenden wahrgenommenen Arbeitsplatzsicherheit,
e) die Qualität des Arbeitsumfeldes bezüglich des Gesamteindruckes der Gebäude, der individuellen Arbeitsplatzausstattung und der Sozialbereiche.

Da diese Faktoren aus Sicht des Mitarbeiters als unmittelbares Feedback für seine Arbeitsleistung wahrgenommen werden, wurden sie im GCH-Modell unter dem Begriff „Positive Anerkennung" („Positive Recognition") zusammengefasst.

a) Bedürfnisorientiertes Gehaltssystem

Von allen unternehmensseitigen Maßnahmen ist Entgelt sicherlich die sichtbarste Gegenleistung einer Organisation als Ausgleich für die gelieferte Arbeitsleistung. Während diese Tauschbeziehung in ihren Grundprinzipien auch so im physischen Arbeitsvertrag verankert wird, hat sich allerdings über die Zeit im allgemeinen Managementverständnis diese ursprüngliche kausale Beziehung schleichend umgekehrt. Trotz der nachgewiesenermaßen begrenzten oder sogar teilweise kontraproduktiven Wirkung von extrinsischen Motivationsfaktoren wird verbreitet unterstellt, dass *jede* Form an Leistung erst dank der Entlohnung erbracht wird. Konsequenterweise baut daher die Strukturierung von Gehaltssystemen üblicherweise auf der Idee eines individuellen Leistungsanreizsystems auf.

Distanziert man sich von diesem Fehlverständnis, das schon im Abschn. 2.1 ausführlich widerlegt wurde, so wird offensichtlich, dass Gehaltssysteme dann eine maximale Wirksamkeit auf den individuell erlebten Wohlstand entwickeln können, wenn diejenigen materiellen Entlohnungsbestandteile, die Primärbedürfnisse überschreiten, kontextuell mit den tatsächlichen menschlichen Sekundärbedürfnissen verknüpft werden und somit ihre kontrollierende Wirkung auf das Individuum verlieren.

Daher ist für die Konzeption eines wirksamen Gehaltssystems eine Orientierung an der Bedürfnispyramide von Maslow sinnvoll. Strukturiert man analog zu ihren einzelnen Stufen ein Entgeltsystem, so ergeben sich als ihre Kernelemente

- ein Mindestlohn, der sich an den lokalen Basisbedürfnissen orientiert,
- ein von der Aufgabe abhängige, anspruchsbezogene Differenzierung, die eine Beziehung zwischen Wissen beziehungsweise Können und gesteigerter Sicherheit herstellt und somit kontinuierliches Lernen honoriert,
- ein Teambonus, der das Zugehörigkeitsgefühl zum unmittelbaren Arbeitsumfeld verstärkt,
- sowie ein kollektives Element, das sich an dem Fortschritt der Erreichung der Unternehmensmission orientiert und die eigene Wertschätzung ebenso wie eine Sinnfindung unterstützt.

Durch eine solche Grundstruktur verliert die Botschaft von monetärer Entlohnung ihren ausschließlich individuellen Leistungsfokus und vermittelt eine ausgewogene finanzielle Anerkennung von erfolgreichen kollaborativen Organisationsstrukturen.

Lediglich die Selbstverwirklichung auf der obersten Stufe der Pyramide kann aufgrund ihrer ureigenen, nichtmateriellen Natur grundsätzlich nicht durch monetäre Elemente eine relevante Befriedigung finden.

b) Gehaltsgerechtigkeit

Prinzipiell stellen Entgelt und alle hiermit verknüpften materiellen Vorteile die Gegenleistung für bereits erfolgte Handlungen dar und repräsentieren damit eine retrospektive Tauschbeziehung, die im Idealfall von beiden Seiten als ausgewogen empfunden wird. Wie bei allen Handelstransaktionen ist hierbei allerdings nicht die jeweilige objektive Höhe entscheidend, sondern die subjektive Einschätzung des Tauschwertes und seiner empfundenen Relevanz und Nutzbarkeit für den jeweiligen Empfänger (Adams 1963). Bei dieser Bewertung hat auch der Vergleich mit dem unmittelbaren Umfeld als Referenz einen entscheidenden Einfluss.

Jedes monetäre Gehaltssystem muss daher, um nicht demotivierend zu wirken, von den Mitarbeitern als weitgehend gerecht empfunden werden. Wird dieser „Hygienestandard" nicht erfüllt, so wird ein im Menschen tief verankertes natürliches Gerechtigkeitsbedürfnis nicht befriedigt. Dauert eine solche Situation über einen längeren Zeitraum an, sodass der Mitarbeiter diese Dissonanz nicht mehr kognitiv durch „Reframing“ kompensieren kann, wird er entweder seine Inputleistung anpassen oder versuchen, dieser Situation durch Verlassen des Unternehmens zu entgehen (Bell 2011).

Zusätzlich besteht das Risiko, dass sein natürlicher Wunsch, in einer gerechten Welt leben zu wollen („Justice-Motive-Theorie“), durch diese empfundene Ungerechtigkeit nachhaltig erschüttert wird. Um den Widerspruch aufzulösen, wird der Mitarbeiter daher beginnen, grundsätzlich die Beziehungsprinzipien in der Arbeitswelt entweder als „zufällig“ oder als „ungerecht“ zu interpretieren (Bobocel und Hafer 2007).

In ersterem Fall verlieren für ihn jegliche langfristigen Strategien ihre Sinnhaftigkeit, sodass eine solche Situation verstärkt Kurzfristdenken in der Organisation induziert. Im anderen Fall kann darüber hinaus Selbstjustiz in Form von vorsätzlich unethischem Verhalten im Unternehmen als persönliche Kompensationsstrategie ausgelöst werden.

Daher ist ein Schlüsselfaktor für die Stimmigkeit dieser Tauschbeziehung die vom Mitarbeiter wahrgenommene strukturelle Gerechtigkeit, die sich aus der distributiven, der prozeduralen, der informativen und der Beziehungsgerechtigkeit zusammensetzt (Cloutier et al. 2012).

Aufgrund der Heterogenität der Menschen sowie der Vielzahl an Einflussfaktoren, die in eine solche Betrachtung einfließen müssten, ist zunächst eine objektive Beurteilung von distributiver Einkommensgerechtigkeit nahezu unmöglich, da die Leistungen beider Seiten einer starken individuellen Interpretation unterliegen (Sen 1992). Feldstudien haben jedoch gezeigt, dass relativ empfundener Mangel weniger von absoluten Faktoren verursacht wird, sondern es der Vergleich mit eigenen Erwartungen oder Personen im unmittelbaren sozialen Umfeld ist, der den wesentlichen Einfluss auf die Gehaltszufriedenheit hat („Relative Deprivation Theory“) (Sweeney et al. 1990).

Auch wenn aus diesen Gründen bereits einige Unternehmen mit radikal neuen, selbstverantwortlichen Prozessen für die individuelle Gehaltsfestlegung experimentieren, hat die Glücksforschung um den Baseler Professor Bruno Frey nachgewiesen, dass unabhängig vom Verhandlungsergebnis allein schon das „Recht zur Teilnahme“ einen entscheidenden Motivationsfaktor in partizipativen Prozessen darstellt (Frey 2008).

Daher trägt bereits ein offen geführter Dialog in einer Organisation über die Grundprinzipien einer gerechten Struktur für eine anforderungs- und verantwortungsabhängige Mittelverteilung – in Kombination mit Transparenz und prozeduraler Gerechtigkeit – wesentlich zu einer Verbesserung der distributiven Gerechtigkeitswahrnehmung bei.

Ziel in einem Unternehmen soll es dabei allerdings nicht sein, eine homogene Einkommensverteilung anzustreben. Im Dialog sollte anstelle dessen ein organisatorischer Zielwert für eine Einkommensverteilung gemeinsam vereinbart werden, der in einem als „fair" empfundenen Verhältnis zur Kompetenz- und Verantwortungsspreizung im Unternehmen steht und als Basis für eine generelle Festlegung von aufgabenspezifischen Gehaltsbandbreiten dienen kann. Auf der Basis einer solchen Struktur kann dann eine individuelle Einkommensfestlegung erfolgen.

Um auch den Kriterien der prozeduralen Gerechtigkeit zu genügen, müssen diese allgemein gültigen Regelungen dann vorurteilsfrei und personenunabhängig konsequent umgesetzt werden, während eine hohe Transparenz unter Wahrung der Persönlichkeitsrechte gleichzeitig die informative Gerechtigkeit sicherstellen kann (Leventhal 1980). Dies wirkt zusätzlich präventiv, da die Wahrscheinlichkeit von durch Gerüchte verzerrten Einzelwahrnehmungen minimiert wird, die ansonsten leicht zu den bereits erwähnten Kompensationsreflexen der Mitarbeiter führen können.

Der vierte Schüsselfaktor für organisatorische Gerechtigkeit, die Beziehungsgerechtigkeit, die sich im Wesentlichen aus der wahrgenommenen Behandlung durch die Organisation und insbesondere deren Führung ergibt, wird stark von der Qualität des Feedbacks bestimmt. Aufgrund seiner Komplexität sowie seiner Relevanz für Motivation wird sie durch ein eigenes Kriterium separat erfasst.

c) Positive Feedbackkultur

Während ein Großteil der wissenschaftlichen Literatur eine direkte Korrelation zwischen Feedback – unabhängig von Form und Inhalt – und höherer Leistung postuliert, zeigt eine nähere Analyse der empirischen Quellen, dass ca. zwei Drittel der Untersuchungen Mängel in Bezug auf eine adäquate Kontrollgruppe, die systematische Trennung unterschiedlicher Einflussfaktoren, oder andere Defizite aufweisen, die die Aussagekraft dieser Studien massiv einschränken (Kluger und DeNisi 1996).

Die verbleibenden empirischen Studien vermitteln demgegenüber ein ausgesprochen gemischtes Bild. Bei über einem Drittel der Fälle hat Feedback sogar zu Leistungsreduzierung geführt, was eindeutig zeigt, dass zusätzliche moderierende Faktoren existieren müssen, die den Effekt von Feedback in positiver oder negativer Richtung beeinflussen.

Dies sollte eigentlich auch nicht überraschen, da eine ganze Reihe an Mechanismen die Reaktion beeinflusst, mit der im Falle einer kritischen Rückmeldung der Betroffene versucht, die Lücke zwischen seinen persönlichen Zielen und der von ihm empfangenen Botschaft zu schließen.

Zunächst ist zu berücksichtigen, dass im Arbeitsumfeld die Festlegung potenzieller Ziele auf unterschiedlichen Komplexitätsstufen erfolgen kann. Sie können von direkt messbaren Ergebnissen physischer Tätigkeit bis zu abstrakten Verwirklichungszielen des Mitarbeiters reichen, wobei häufig unterschiedlich hierarchische Ziele zeitgleich nebeneinander existieren.

Zusätzlich wird abhängig vom Inhalt, aber auch der Form des Feedbacks der Fokus der Aufmerksamkeit auf unterschiedliche Zielebenen gelenkt. Je nach Grad der vom Mitarbeiter dort wahrgenommenen Diskrepanz zwischen dem Zielfokus und dem Feedbackinhalt können ganz unterschiedliche Reaktionen ausgelöst werden. Dies kann von einer erhöhten Anstrengung bis zur grundsätzlichen Infragestellung des Maßstabes oder der Kompetenz des Feedbackgebers reichen.

Bestimmend für die Wirkung von Feedback sind demnach – abgesehen von moderierenden persönlichen Wesenszügen – insbesondere die vom Betroffenen aus der Botschaft interpretierten Signale. Diese entscheiden darüber, welche Zielhierarchie in das Zentrum der Aufmerksamkeit gerückt wird, bezüglich der dann die entsprechenden Reaktionsmuster ausgelöst werden.

Negatives Feedback, welches höherhierarchische Ziele anspricht, dämpft dabei nachweislich den stimulierenden Einfluss auf messbare Leistung deutlich stärker als rein handlungsbezogenes Feedback. Eine ähnliche Wirkung tritt auch bei Aufgaben höherer Komplexität auf.

Angesichts der Tatsache, dass in der zunehmenden Wissensgesellschaft sowohl die Komplexität der Aufgabenstellungen als auch das Abstraktionsniveau von Zielfestlegungen deutlich gestiegen ist, muss man daher davon ausgehen, dass negatives Feedback, welches ursprünglich für transaktionale Tätigkeiten handlungsnah eine gewisse leistungsverstärkende Wirkung entfalten konnte, diesen Zweck immer seltener erfüllen kann.

Weiterhin ist die Form von Feedback entscheidend dafür, ob es informativ oder kontrollierend interpretiert wird oder gar eine demotivierende Wirkung provoziert. Nach der bereits im Abschn. 2.1 erwähnten Theorie der kognitiven Bewertung unterstützt positives Feedback intrinsische Motivation, da es die positive Botschaft der Aufgabe verstärkt, die einer intrinsischen Motivation definitionsgemäß zugrunde liegt, ohne die wahrgenommene Ursache der Handlung auf einen extrinsischen Stimulus zu verschieben (Deci und Cascio 1972).

Demgegenüber erreichen Vorgaben von minimalen Leistungsanforderungen, vergleichender Wettbewerb mit Kollegen oder in Aussicht gestellte Belohnungen durch die Verschiebung der subjektiv wahrgenommenen Handlungsursache auf einen äußerlichen Anreiz und die dadurch erzeugte kontrollierende Wirkung den gegenteiligen Effekt. Dies gilt auch für negatives Feedback oder gar die Androhung von Strafe, die aus den gleichen Gründen bei nicht-transaktionalen

Aufgaben eine demotivierende und somit leistungshemmende Wirkung erzeugt (Vallerand und Reid 1988).

Durch bereits in der Vergangenheit gemachte Erfahrungen, in welchem Maße die jeweilige Form der Rückmeldung in einem kontrollierenden Gesamtkontext erlebt wurde, wird die intrinsisch motivierende Wirkung von Feedback zusätzlich kognitiv moderiert.

Neben dem generellen Unternehmensumfeld sind hierbei besonders drei Elemente in der persönlichen Beziehung zwischen Führungskraft und Mitarbeiter dafür entscheidend, ob Feedback informativ oder kontrollierend empfunden wird: das wahrgenommene Maß an Förderung der persönlichen Autonomie, eine nichtkontrollierende positive Botschaft sowie das aktive Anerkennen der Sichtweise des Betroffenen (Deci et al. 1989).

Aus diesen Erkenntnissen kann abgeleitet werden, dass in der heutigen Wirtschaft wesentlich für eine positive Wirkung von Feedback eine grundsätzlich positiv-konstruktive Botschaft, ein die Selbstbestimmung unterstützender Führungsstil sowie eine allgemeine unternehmerische Feedbackkultur ist, die nicht auf Überwachung und gegenseitigem Leistungswettbewerb basiert, sondern kontinuierliche Kompetenzentwicklung und selbstverantwortliche Autonomie zum Ziel hat.

d) Arbeitsplatzsicherheit

Die Relevanz eines gesicherten Arbeitsplatzes für die Lebenszufriedenheit beziehungsweise die negativen Auswirkungen eines Job-Verlustes auf die mentale Gesundheit – über die direkten materiellen Konsequenzen für den Lebensunterhalt hinaus – sind schon seit den 30er-Jahren des letzten Jahrhunderts bekannt (Jahoday 1992).

Insbesondere das Wegfallen der Anbindung an die Realität in Form von Zeitstruktur, Sozialkontakten, der Erfahrung sozialer Sinnhaftigkeit, eigenem Status und Identität sowie generell von regelmäßigen Aktivitäten als unmittelbare Konsequenz von Arbeitslosigkeit hat massive Auswirkungen auf die persönliche Lebensqualität (Jahoday 1981).

Peter Warr hat in Analogie zur Medizin die Gelegenheit für Kontrolle, die Möglichkeit der Nutzung von Fähigkeiten, extern generierte Ziele, Varianz, Klarheit im Umfeld, Verfügbarkeit von Geld, physische Sicherheit, Gelegenheit für zwischenmenschlichen Kontakt und eine wertgeschätzte gesellschaftliche Position mit lebensnotwendigen „Vitaminen" für eine mentale Gesundheit verglichen, die im Falle von Erwerbslosigkeit deutlich unter ihr Mindestniveau fallen und daher zu massiven Mangelerscheinungen führen (Warr 1987).

Fügt man noch eine zeitliche Komponente hinzu und differenziert zwischen der Trennungsphase, der Übergangsphase und einer mögliche Neuintegrationsphase, so kann man die subjektiv empfundenen emotionalen Auswirkungen eines Arbeitsplatzverlustes mit denen einer Scheidung oder eines Trauerfalls vergleichen, in deren Folge durch die massive Einwirkung auf die ursprüngliche Lebensplanung die Legitimität der eigenen Identität erschüttert wird (Ezzy 1993).

In welchem Ausmaß ein sicheres Arbeitsumfeld einen elementaren Stellenwert für die allgemeine Lebenszufriedenheit hat, wird angesichts von Studien deutlich, die gezeigt haben, dass allein die Angst um den Verlust des Arbeitsplatzes einen stärkeren Abfall an Lebensfreude zur Folge hat als eine faktische Reduktion des Familieneinkommens um ein Drittel (Layard 2005).

Im Kontext der letzten globalen Finanzkrise konnte allerdings nachgewiesen werden, dass der entscheidende Faktor für das subjektive Sicherheitsgefühl nicht die allgemeine wirtschaftliche Lage und die persönlichen Chancen auf dem Arbeitsmarkt („Employment Security“) sind, sondern das Niveau der ganz persönlich empfundenen Sicherheit des eigenen Arbeitsplatzes („Job Security“) (Fatimah et al. 2012).

Neben der Einschätzung der individuellen Arbeitssituation fließt in diesen Faktor auch die wirtschaftliche Sicherheit ein, die das Unternehmensumfeld bietet. Diese interpretiert der Mitarbeiter zunächst aus für ihn allgemein zugänglichen Informationen, aber auch aus der wirtschaftlichen Unternehmenshistorie. Entscheidend für diese subjektive Interpretation ist insbesondere, ob und aus welchen Gründen das Unternehmen in der Vergangenheit Krisen erlebt hat und welche Auswirkungen die als Krisenreaktion eingeschlagene Strategie der Unternehmensleitung auf die Arbeitsplätze hatte.

Im Abschn. 2.3 wird hierauf noch näher eingegangen werden.

e) Arbeitsplatzqualität

Die Höhe der finanziellen Mittel sowie der konzeptionelle Aufwand, den ein Unternehmen in Größe, Layout und Ausstattung der Arbeitsumgebung investiert und dabei über gesetzliche Mindeststandards oder ein funktional für die Tätigkeit erforderliches Minimum hinausgeht, ist für den Mitarbeiter ein täglich sichtbares Signal, inwieweit sein persönliches Wohlbefinden vom Unternehmen als wichtig erachtet wird. Dies gilt sowohl für den Gesamteindruck des Firmengeländes und der Sozialbereiche, als auch für die Gestaltung des persönlichen Arbeitsbereiches.

Während der Gesamtcampus aufgrund seiner Symbolwirkung einen nachweislich starken Einfluss auf das prinzipielle Zugehörigkeitsgefühl zur Organisation hat, wird die direkte physische Arbeitsumgebung von den betroffenen Mitarbeitern als Anerkennung ihrer Bereitschaft zu Produktivität interpretiert und somit als ein direkter Ausdruck von Respekt durch die Organisation wahrgenommen (Jaitli und Hua 2013).

Selbst wenn die Möglichkeiten zur Gestaltung der Campusqualität häufig durch die verfügbaren finanziellen Mittel beschränkt werden, lässt sich insbesondere die Gestaltung dieses persönlichen Arbeitsumfeldes auch mit bescheidenen Budgets und unter Einbeziehung der Betroffenen so umgestalten, dass eine entsprechende Wertschätzung zum Ausdruck gebracht werden kann.

▶ „Positive Anerkennung" ersetzt die einseitige Kompensation einer Organisation mit rein materiellem, wettbewerbsfokussiertem „Junkfood" durch eine ausgewogene Kombination aus finanzieller, persönlicher und symbolischer Anerkennung und sorgt somit für eine ausgewogene „Ernährung" des Organisationsorganismus.

Ein Rahmen aus hoher distributiver, prozeduraler, informativer sowie Beziehungsgerechtigkeit gewährleistet dabei, dass das natürliche Bedürfnis nach einer gerechten Welt befriedigt wird, und schafft hierdurch die Basis für langfristig orientiertes, moralisch integres Engagement.

Positives Feedback sowie eine hohe Arbeitsplatzqualität bringen Respekt zum Ausdruck, während ein hoher Grad an Arbeitsplatzsicherheit den Mitarbeitern erlaubt, sich vollständig auf ihre Aufgaben konzentrieren zu können.

2.2.3.2 Die Lernende Organisation

Momo konnte so zuhören, dass dummen Leuten plötzlich sehr gescheite Gedanken kamen. Nicht etwa, weil sie etwas sagte oder fragte, was den anderen auf solche Gedanken brachte – nein, sie saß nur da und hörte einfach zu, mit aller Aufmerksamkeit und aller Anteilnahme.

> Dabei schaute sie den anderen mit ihren großen, dunklen Augen an, und der Betreffende fühlte, wie in ihm plötzlich Gedanken auftauchten, von denen er nie geahnt hatte, dass sie in ihm steckten.
>
> (Michael Ende, „Momo")

„Erziehung" im GNH-Modell (Bhutan)

Dem Element „Education" des GNH-Modells liegt ein Erziehungsideal zugrunde, welches nicht nur eine möglichst umfassende formale Ausbildung anstrebt, sondern explizit eine „ganzheitliche" Erziehung zum Ziel hat. Diese soll die Bürger durch „eine tiefe Verankerung in traditionellem Wissen, gemeinsamen Werten und persönlichen Fähigkeiten" zu „guten Menschen" machen, die befähigt sind, ihr „Potenzial zu erreichen, ihre Identität sowie einen Sinn für ihr Leben zu finden". Gleichzeitig soll es die notwendigen Fähigkeiten vermitteln, „informiert Entscheidungen treffen zu können", wie es im GNH-Handbuch heißt.

Aus diesem Grund wird der diesbezügliche Erfolg der Regierungspolitik an vier Schlüsselindikatoren festgemacht, die diese Teilziele ausgewogen repräsentieren.

Zunächst wird bewertet, inwieweit jeder Einwohner über die Voraussetzungen verfügt, sich durch die Beherrschung zumindest einer Schriftsprache in mündlicher sowie schriftlicher Form Wissen selbstständig anzueignen. Diese Fähigkeit wird als existenzielle Grundlage angesehen, durch die eine Gesellschaft überhaupt flächendeckend zu einem Lernprozess befähigt wird.

Weiterhin gilt grundsätzlich für alle Bürger das Ziel einer mindestens sechsjährigen formalen Ausbildung. Diese Minimaldauer, die laut UNESCO-Statistik oberhalb des weltweiten Durchschnittsniveaus für Bildung liegt, zeugt von dem hohen Stellenwert, der dem Lernprozess beigemessen wird. Lediglich aufgrund der historischen Tatsache, dass ein formales Bildungssystem erst seit wenigen Jahrzehnten in Bhutan existiert, wird bei der älteren Generation auch eine informelle Ausbildung mit angerechnet.

Als dritter Faktor wird das Niveau des Allgemeinwissens herangezogen. Für seine Bewertung wird exemplarisch der Wissensstand in vier für das alltägliche Leben in der Gesellschaft wesentlichen und gleichzeitig sehr unterschiedlichen Lebensbereichen abgefragt. Die Fragen schließen allgemeines Wissen über Schlüsselelemente der Bhutanischen Kultur sowie die Verfassung des Staates ebenso ein wie praktische Kenntnisse für das alltägliche Leben wie beispielsweise das Wissen über die Übertragungswege von AIDS.

Zuletzt wird das persönliche Wertegerüst anhand von fünf ethischen Gewissensfragen ermittelt, für die eine Einschätzung für richtig oder falsch gegeben werden kann.

„Lernende Organisation" im GCH-Modell (Wirtschaftskontext)

Während mit Eintreten in das Wirtschaftsleben die formale Ausbildung als weitgehend abgeschlossen angenommen werden kann, führt die immer rasantere technische, aber auch gesellschaftliche Entwicklung dazu, dass lebenslanges Lernen immer wichtiger wird. Daher ist es für den Unternehmenskontext naheliegend, sich in diesem Element direkt an die Anforderungskriterien für eine lernende Organisation anzulehnen, wie sie von Peter Senge von der MIT Sloan School of Management konzipiert wurden. Bei näherer Betrachtung repräsentieren ihre fünf Einzelkriterien eine geeignete wirtschaftliche Analogie zu diesem Aspekt des GNH-Modells.

Senge postuliert als Voraussetzung für Unternehmenserfolg in einer sich dynamisch verändernden Umwelt das Vorhandensein von fünf Schlüsselfaktoren, die eine lernende Organisation auszeichnen: eine gemeinsame Vision („Shared Vision"), eine starke persönliche Ambition zur eigenen Lebensgestaltung („Personal Mastery"), die kritische Hinterfragung gemeinsamer mentaler Modelle („Mental Models"), eine Kultur des kollaborativen Lernens („Team Learning") sowie die Fähigkeit zu systemischem Denken („Systems Thinking") (Senge 1990).

Auf der Basis dieser fünf Säulen kann ein unternehmerischer Lernprozess von einem Niveau inkrementeller Wissenserhaltung auf die Qualität eines vorausschauenden Lernens angehoben werden. Erst hierdurch wird es einer Organisation möglich, mit den immer schnelleren Veränderungen der Umwelt Schritt zu halten und kontinuierlich die entscheidenden Kompetenzen zu entwickeln, die für die Realisierung einer weitsichtigen unternehmerischen Visionen notwendig sind (Giesecke und McNeil 2004).

Da eine gemeinsame Vision bereits ein integraler Bestandteil des GCH-Elementes der „Unternehmensseele" ist, auf die im folgenden Abschnitt noch näher eingegangen wird, verbleiben vier Kriterien als notwendige Rahmenbedingungen für eine Lernende Organisation:

a) eine offene Lernkultur, die das Lernen im Team durch offene Wissensteilung und gemeinsame Erfahrung fördert,
b) die Fähigkeit, den eigenen Interessensfokus zu transzendieren und organisatorische Handlungen in einem nächsthöheren Systemkontext zu reflektieren,
c) die Förderung des persönlichen Wachstums, gepaart mit einer kollektive Ambition zu Exzellenz,
d) das Bewusstsein über die eigenen mentalen Modelle sowie die Fähigkeit, diese immer wieder kritisch zu hinterfragen.

Wie im Folgenden gezeigt wird, entsprechen diese Faktoren für einen Wirtschaftskontext den vier Prioritäten des Elementes „Erziehung“ des GNH-Modells.

a) Lernen im Team

Versteht man die Beherrschung einer Schriftsprache als Zugangsvoraussetzung zu formalem Lernen, so repräsentiert innerhalb von Organisationen die Fähigkeit zu einem offenen themenbezogenen Dialog und einer anschließenden vorurteilsfreien Diskussion miteinander zur Abwägung der kontroversen Argumente die Eintrittshürde zu kollaborativem Lernen. Erst eine solche gemeinsame organisatorische „Sprache“ macht es möglich, die Grenzen einer rein individuellen Wissensaneignung zu durchbrechen und von- beziehungsweise miteinander zu lernen, wodurch sich der Lernprozess im Unternehmensumfeld optimal fortzusetzen kann.

Allerdings muss in Organisationen, die bisher den gegenseitigen internen Wettbewerb durch Leistungsentlohnungsmodelle stimuliert haben und Wissen als persönliches Kapital zur Verteidigung von Machtstrukturen gilt, eine grundsätzliche Kulturveränderung stattfinden, um eine flächendeckende und aktive Wissensteilung zu ermöglichen.

Zunächst ist die Einsicht notwendig, dass individuelles Wissen in der heutigen Wirtschaftswelt lediglich ein zeitlich befristetes Gut mit immer kürzeren Verfallszeiten geworden ist, das kontinuierlich nicht nur durch formales Lernen, sondern insbesondere durch eigene Erfahrung immer wieder aufgefrischt werden muss. Nur so kann man seinen Wert in einer immer komplexeren Umwelt erhalten, in der die Grenzen zwischen traditionellen Fachgebieten immer mehr verschwimmen.

Intensive neue Lernerfahrungen können allerdings nur in einer Umgebung gemacht werden, in der neue Dinge gewagt und auch kontrolliert Risiken eingegangen werden dürfen. Daher kann sich ein solcher Lernprozess nur in einem Unternehmensumfeld entwickeln, in dem Fehler analog zum bereits im Abschn. 1.5 beschriebenen Mutationsprozess in der Natur als notwendige Investition in die Zukunft anerkannt werden. Als Antriebsmotor für eine organisatorische Evolution muss es daher gestattet sein, immer wieder neue Varianten zu generieren, aus denen dann die besten Lösungen ausgewählt werden können.

Gleichzeitig muss von der Organisation die Tatsache verinnerlicht werden, dass offen miteinander geteiltes Wissen angesichts immer komplexerer Aufgabenstellungen zu deutlich besseren Ergebnissen führt, als es Einzelleistungen von Fachspezialisten können. Solche kollektiven Erfahrungen bauen nicht nur auf einer deutlich kreativeren Grundlage auf, sondern ermöglichen darüber hinaus durch eine hohe Zahl an Beteiligten einen deutlich breiteren Lerneffekt.

Trotz plakativ kommunizierter Willensäußerungen diffundiert diese Erkenntnis faktisch allerdings nur sehr langsam in viele, zumeist historisch von der

Überzeugung des Überlebens des Stärkeren geprägte Wirtschaftsorganisationen. Dies verhindert häufig auch eines der wichtigsten Elemente eines kollaborativen Lernprozesses: die Existenz eines aktiven und offenen Reflexionsprozesses („Lessons Learned Process"), in dem Fehler oder Mängel nicht vertuscht oder geleugnet, sondern bewertungs- und vorwurfsfrei analysiert werden können. Erst durch einen solchen Austausch werden wichtige Einsichten gewonnen, die einen nachhaltigen Lerneffekt für die gesamte Organisation erlauben.

Nur wenn das Bewusstsein für die Vorteilhaftigkeit von Wissensteilung sowie die begrenzte Nutzungsdauer bisheriger Kenntnisse tief in die Organisationskultur integriert ist und auf der horizontalen Beziehungsebene Wissen nicht mehr als entscheidender Machtfaktor interpretiert und dementsprechend individuell geschützt wird, kann eine authentische Kultur der Kollegialität entstehen. Erst dies erlaubt einen offenen Austausch der individuellen Erkenntnisse, durch den der höchste Lerneffekt zum Vorteil aller erreicht werden kann.

Gleichzeitig muss allerdings auch in den vertikalen Hierarchieebenen eine offene Lernbereitschaft vorhanden sein, damit klassische Verteidigungsroutinen zur Absicherung von Führungsrollen vermieden werden, wenn neue Lösungsansätze nicht den hierarchisch adäquaten Positionen entspringen (Senge 1990). In der Konsequenz bedeutet dies, dass die wesentliche Rechtfertigung für Führung in Lernenden Organisationen nicht mehr auf eigenem Wissen basiert, sondern auf der Kompetenz, eine kollaborative Wissenskultur implementieren und moderieren zu können.

b) Denken im System

Dem „Lebenswissen", welches im gesellschaftlichen Kontext das Verständnis der wesentlichen Zusammenhänge außerhalb der direkten persönlichen Lebenszone umfasst und dem Einzelnen ein Leben in der Sozialgesellschaft ermöglicht, entspricht im Unternehmen die Fähigkeit zum Denken in Systemzusammenhängen, in die der eigene Handlungsbereich eingebettet ist.

Immer mehr Aufgaben in Organisationen sind inzwischen komplexe Herausforderungen, die eine Vielzahl an Ursachen haben, ganz unterschiedliche Interessensgruppen betreffen, in ein häufig sich dynamisch veränderndes Netz aus verschiedenen Ursache-Wirkungs-Beziehungen eingebettet sind und strukturelle Fallen enthalten, die bei isolierten Einzelhandlungen zu deutlich sub-optimalen Lösungen führen. Solche „systemischen Herausforderungen" können nicht mehr durch lokale Betrachtung oder lineare Ursache-Wirkungs-Analytik gelöst werden, sondern müssen, um eine nachhaltig erfolgreiche Vorgehensweise zu identifizieren, zunächst im Kontext eines größeren Systems verstanden werden. Dieses spiegelt in der Regel die Zusammenhänge auf der nächsthöheren Abstraktionsebene wider.

Im Einzelnen bedeutet dies nicht nur, dass abteilungsbezogene Einzelhandlungen im größeren Kontext des Gesamtunternehmens systematisch reflektiert und die dortigen Auswirkungen bei jeder Entscheidung adäquat berücksichtigt werden müssen. Ebenso notwendig ist es, dass über die Unternehmensgrenzen hinaus auch alle wesentlichen unternehmerischen Handlungen in einem gesellschaftlichen Gesamtkontext analysiert und bewertet werden.

Insbesondere Veränderungen im Umfeld, seien es beispielsweise Märkte, Kundenbeziehungen oder Produkte, werden durch diese Betrachtungsweise nicht mehr als evolutionäre Kausalketten gesehen, sondern als Regelkreise verstanden, die miteinander vernetzt verstärkende, ausgleichende und verzögernde Effekte haben können.

Ein solches Denken in Systemen fördert nicht nur eine verbesserte Wahrnehmung der größeren Zusammenhänge und Wirkmechanismen außerhalb des eigenen Handlungsspektrums, worauf im Abschn. 3.2 noch näher eingegangen wird, sondern auch die Fähigkeit, immer wieder kritisch die eigenen Erkenntnisse und bisherigen Lösungen zu hinterfragen und somit einen evolutionären Kreativprozess in Gang zu halten.

c) Persönliches Können und Wachstum

Während in Bhutan noch die formale Ausbildung im Fokus der staatlichen Aufgaben steht, kann diese bei Eintritt in das Arbeitsleben in der Regel bereits vorausgesetzt werden. Anstelle dessen muss der Schwerpunkt auf einen hierauf aufbauenden lebenslangen Entwicklungsprozess gelegt werden, der sich nicht nur auf die kontinuierliche Wissenserweiterung, sondern auch auf das persönliche Wachstum bezieht und die bhutanischen Vision einer Identitäts- und Sinnfindung mit integriert.

Einem Unternehmen fällt hierbei die entscheidende Rolle zu, auch im Arbeitsumfeld einen Raum für Persönlichkeitsentwicklung zu bieten, ohne dabei jede individuelle Förderung unmittelbar für Unternehmensziele instrumentalisieren zu wollen.

Wie bereits ausführlich erläutert entsteht intrinsische Motivation verstärkt dann, wenn die persönliche Vision mit der Unternehmensmission in weitgehender Überdeckung ist. Um diesen oft unbewussten Prozess ins Bewusstsein zu bringen und hierdurch zu erreichen, dass die persönliche innere Motivation auch auf die Unternehmensaktivitäten ausstrahlen kann, ist eine regelmäßige und ehrliche Bestandsaufnahme in Form eines Fortschrittsabgleiches mit der persönlichen Vision notwendig.

Zunächst erfordert dies, dass der Mitarbeiter seine eigentlichen Ziele und den tatsächlichen Stand seiner persönlichen Lebensvision konkret spezifiziert hat.

Nur wenn er über eine solche bewusste eigene Vision verfügt, kann sie zur entscheidenden Antriebsfeder für seine Weiterentwicklung werden, die Senge auch als „Personal Mastery" bezeichnet.

Die Voraussetzung, um einen solchen individuellen Erkenntnisprozess im Unternehmen fördern zu können, ist, dass die Existenz einer persönlichen Lebensvision nicht als reine Privatsache von der Arbeitswelt abgegrenzt wird, sondern als elementares Element der Persönlichkeitsentwicklung über alle Lebensbereiche hinweg anerkannt ist.

Insbesondere die direkte Führungskraft nimmt hier eine entscheidende Rolle ein, da sie sowohl im Prozess der Identifikation der Lebensvision als auch bei der Begleitung in der Entwicklung hemmend oder fördernd Einfluss nimmt. Sie entscheidet auch über mögliche aktive Unterstützungsmaßnahmen durch die Organisation, selbst wenn diese unter Umständen nur mittelbar zur Erfüllung der Unternehmensmission beiträgt.

Idealerweise sollte ein solcher Prozess systematisch in ein regelmäßig stattfindendes Mitarbeitergespräch eingebunden werden. Seine Qualität wird darüber hinaus stark durch eine Unternehmensatmosphäre gefördert, in der es grundsätzlich gestattet ist, offen den Status quo infrage zu stellen.

d) Mentale Modelle

So wie die gesellschaftliche Prägung das Wertegerüst des Einzelnen beeinflusst und somit den akzeptablen Handlungsrahmen für die Mitglieder in eben dieser Gesellschaft definiert, begrenzen in jedem Unternehmen vorhandene mentale Modelle den Möglichkeitsbereich für kulturell zulässige Entscheidungsoptionen.

Bei diesen einschränkenden Denkrahmen handelt es sich um weitgehend unbewusste kognitive Vereinfachungsprozesse, die erneut eine Erbschaft unseres überlebensfokussierten Reptiliengehirns sind. Ihre Funktion ist es, selektive Information mit früheren Erfahrungen zu vervollständigen, Erklärungsmodelle für beobachtete Verhaltensweisen und Ereignisse zu bieten und die Kategorisierung von Wissen zu unterstützen, um es im Bedarfsfall leichter verfügbar zu machen (Boos 2007).

Für das Zurechtfinden in einer komplexen Umwelt sind solche mentalen Modelle sehr wichtig, beruhen im Unterschied zu kulturellen Wertetraditionen allerdings nicht auf einem gesellschaftlichen Konsens für richtig und falsch, sondern entstehen weitgehend unkontrolliert aus persönlicher Erfahrung in Kombination mit selektiver Wahrnehmung oder kognitiven Verallgemeinerungen. Sie können sich demnach stark zwischen einzelnen Individuen unterscheiden und haben auch bei kollektivem Konsens in Form einer gewachsenen Unternehmenskultur nicht notwendigerweise einen validierten Realitätsbezug.

Während sie in einem sich zyklisch wiederholenden, stabilen Umfeld ausgesprochen hilfreich waren, bergen sie in einer sich oft auch diskontinuierlich verändernden Wirtschaftswelt inhärente Risiken. Hierzu gehört beispielsweise ein für die spezifische Situation inadäquater Grad der Vereinfachung oder auch grundsätzlich falsche Entscheidungen, wenn diese auf der Basis ungeeigneter Modelle oder Modellassoziationen getroffen werden. Daher erfordert eine Wirtschaft, deren Komplexität konstant zunimmt, dass bisheriges Wissen und die eigene Ordnung immer wieder neu hinterfragt werden, um solche mentalen Fallen frühzeitig zu identifizieren.

Konsequenterweise muss es ein wesentliches Element eines unternehmerischen Lernprozesses sein, diese oft versteckten mentalen Modelle transparent zu machen und regelmäßig infrage zu stellen, um sie immer wieder bewusst in aktuelle Entscheidungsregeln zu integrieren, damit in der Folge richtige Schlussfolgerungen gezogen werden.

Um bestmöglich solche etablierten individuellen Sichtweisen zu transzendieren, ist allerdings eine offene Beratungskultur notwendig, die hierarchiefrei unterschiedliche Meinungen zulässt und den freien Austausch der den Denkmodellen zugrunde liegenden Argumente fördert, ohne dass dies den gegenseitigen Respekt beeinträchtigt.

Ein solcher Abgleich von stillschweigend mitschwingenden strukturellen Denkkonzepten ist nicht nur für strategische Entscheidungsprozesse notwendig, sondern bereits bei jeder Form der Team- oder Projektarbeit in einer Organisation hilfreich, um eine effiziente Zusammenarbeit zu ermöglichen. Ohne ausreichende Transparenz über stillschweigende Grundannahmen kann sowohl individuelles aufgabenbezogenes als auch teambezogenes Wissen leicht zu Missverständnissen in der Zusammenarbeit führen, wenn Informationslücken durch unterschiedliche persönliche Erfahrungen „aufgefüllt" werden und dadurch divergierende Erwartungshaltungen verursachen (Bierhals et al. 2007).

Dabei ist für den Teamerfolg allerdings weniger die Höhe des Überdeckungsgrades der Denkmuster entscheidend, sondern vielmehr die Intensität, mit der man sich mit den unterschiedlichen Modellen gegenseitig vertraut gemacht hat und diese offen diskutiert wurden.

▶ Die Intensität, mit der eine Organisation verinnerlicht hat, dass bestehendes Wissen nur endlich nutzbar ist und Lernen am besten durch offenen Wissensaustausch entsteht, entscheidet darüber, inwieweit sich die „Gehirnfunktionen" des organisatorischen Organismus' kontinuierlich weiterentwickeln.

In einer „Lernende Organisation" ist eine transparente Fehlerkultur fester Bestandteil der Unternehmenskultur und fördert kollektives Lernen, während die Fähigkeit zu systemischem Denken und das regelmäßige Hinterfragen der eigenen Mentalen Modelle die Qualität der Lösungswege immer weiter verbessert.

Indem innerhalb der Organisation darüber hinaus Raum für die Entfaltung der persönlichen Lebensvision geschaffen wird, kann sich das individuelle Bedürfnis nach persönlicher Exzellenz in das Streben nach kollektiver Kompetenz natürlich einfügen.

2.2.3.3 Die Unternehmensseele

Albus Dumbledore: „Vor uns liegen dunkle, schwere Zeiten. Schon bald müssen wir uns entscheiden zwischen dem richtigen Weg und dem Leichten. Vergiss eines nicht: Du bist nicht allein. Du hast hier Freunde."

(J. K. Rowling, „Harry Potter und der Feuerkelch")

„Kultur" im GNH-Modell (Bhutan)

Die Erhaltung der nationalen Kultur ist gerade für einen kleinen Staat wie Bhutan, der von riesigen Nachbarn wie China und Indien umgeben ist, von großer Wichtigkeit. Daher ist diese Aufgabe als Staatsziel auch fest in der Verfassung des Landes verankert. Auch das GNH-Modell enthält einen eigenen Indikator für „Kultur", der ein Maß dafür ist, inwieweit die Souveränität des Landes von seinen Bürgern wahrgenommen wird und für sie eine unverwechselbare Identität repräsentiert.

Da die nationale Kultur zunehmend einem ständigen und kaum kontrollierbaren externen Einfluss unter anderem durch Tourismus, Medien und technischen Fortschritt ausgesetzt ist, soll durch die feste Verankerung der Tradition und der gesellschaftlichen Werte in das tägliche Leben der Bürger zugleich ein Puffer gegen mögliche negative „Nebenwirkungen" der Modernisierung geschaffen werden.

Vier Faktoren sind für das GNH-Modell ausgewählt worden, um die Qualität zu bewerten, mit der die nationale Kultur den Bürgern als Orientierungsanker dient. Sie reflektieren die wesentlichen Einzelaspekte der nationalen Kultur: die Kenntnis der Nationalsprache, das Beherrschen von Techniken des nationalen Kunsthandwerks, die Wertschätzung eines „rechtschaffenen Verhaltens" innerhalb des kulturell verankerten Wertesystems sowie die Häufigkeit der Teilnahme an kulturellen Ereignissen.

„Unternehmensseele" im GCH-Modell (Wirtschaftskontext)
Da der Begriff „Unternehmenskultur" in den letzten Jahrzehnten einer sehr inflationären Verwendung in der Wirtschaftssprache ausgesetzt war, ist es hilfreich, die ursprüngliche Bedeutung von „Kultur" zu rekapitulieren, bevor man dieses Element in einen Wirtschaftskontext überträgt. Etymologisch geht der Begriff auf das lateinische Wort „cultura" zurück, dessen Ursprungsbedeutung den gezielten und gestalterischen Einfluss des Menschen auf die ihn umgebende Natur beschreibt. Nach Immanuel Kant gehören hierzu allerdings nicht nur spezifische Verhaltensmuster, die er der Zivilisation zuordnet, sondern zusätzlich die Idee einer inneren Moralität, wie er es in seiner „Idee zu einer allgemeinen Geschichte in weltbürgerlicher Absicht" beschreibt (Kant 1784). Auf der Basis dieses Verständnisses kann man Kultur unabhängig vom Kontext somit als zielgerichtetes aktives menschliches Handeln innerhalb von Wertvorstellungen definieren.

In einem Unternehmen ist es – ebenso wie im GNH-Modell – eine der wesentlichen Aufgaben einer gemeinsamen Kultur, eine Identifikations- und auch gleichzeitig eine Orientierungsmöglichkeit für die Mitarbeiter zu bieten. Durch sie kann sich die Organisation von anderen Marktteilnehmern differenzieren und wird in der erlebten Realität für den Mitarbeiter idealerweise zu einer einzigartigen „Heimat", durch die der Arbeitsplatz nicht mehr beliebig mit jedem anderen Unternehmen austauschbar wird. Besonders in einer sich zunehmend dynamisch verändernden Arbeitswelt wird sie gewissermaßen zum stabilisierenden Element für Identifikation.

Laut den Bestsellerautoren Jim Collins und Jerry I. Porras, die nachhaltig erfolgreiche Firmen auf ihre zeitlosen Führungsgrundsätze untersucht haben, enthält sie im Wesentlichen einen Kern von unverrückbaren Werten („Core Values") sowie die Beschreibung des höheren Zweckes der unternehmerischen Mission („Core Purpose") (Collins und Porras 1994).

Allerdings werden diese beiden Elemente nicht nur von der Qualität der explizit niedergeschriebenen Unternehmenskultur bestimmt, sondern für den Mitarbeiter hängt ihre Glaubwürdigkeit insbesondere von der im Arbeitsalltag erfahrenen Realität ab, an der er die Authentizität der Motive der Führung misst.

Die Kompatibilität dieser manifestierten Wertekultur mit den persönlichen Präferenzen beeinflusst zusätzlich stark den Grad der Überlagerung zwischen formalen Arbeitskontakten und dem privaten Freundeskreis.

Entsprechend setzen sich die Einzelindikatoren der kulturbezogenen GCH-Kategorie sowohl aus den explizit dokumentierten Elementen der Mission, der Vision und der Werte zusammen, als auch aus Faktoren, die deren tatsächliche Umsetzung im Unternehmensalltag validieren:

a) einer unternehmerischen Mission und Vision, die eine verantwortungsvolle Verbundenheit mit dem nächsthöheren System herstellt, um sinnstiftend wirken zu können,
b) der Konsistenz der insbesondere im Führungskontext genutzten „Unternehmenssprache“ mit dieser Mission,
c) dem explizit dokumentierten Werte- sowie dem tatsächlich gelebten Verhaltenskodex,
d) der Intensität der über die aufgabenbezogenen Kontakte hinaus bestehenden sozialen Aktivitäten mit Kollegen.

Um ihre Zeitlosigkeit als Essenz des unternehmerischen Handelns zum Ausdruck zu bringen, wurde dieses Element mit „Unternehmensseele“ überschrieben.

a) Die Organisation transzendierende Mission und Vision

In der Regel besteht die primäre Herausforderung bei der Beurteilung des Indikators „Unternehmensseele“ zunächst darin, dass Unternehmenskultur häufig lediglich fragmentarisch oder nur in plakativen Schlagworten beschrieben beziehungsweise dokumentiert ist. Daher ist in der Regel zunächst ein definitorischer Schritt notwendig, um ihre charakteristischen Elemente in der jeweiligen Organisation herauszuarbeiten.

Während allerdings Kultur bei jungen Unternehmen oft noch weitgehend experimentell und lückenhaft ist, kann sie bei älteren Unternehmen bereits über einen gewissen Zeitraum externen und unter Umständen unerwünschten Fremdeinflüssen ausgesetzt gewesen sein, die ihr eigentliches Profil verzerrt haben. In beiden Fällen entspricht der aktuelle Status quo nicht der eigentlichen Essenz des unternehmerischen Engagements. Daher sollte es auch Teil eines solchen Prozesses sein, diese Einflüsse aus der aktuell dominierenden Unternehmenskultur herauszufiltern und diese auf einen authentischen zeitlosen Zielzustand neu auszurichten.

Unternehmenskultur im Sinne des GCH-Konzeptes ist somit nicht rein deskriptiv, sondern sie darf, je nach aktuellem Entwicklungszustand, durchaus normative Elemente enthalten, die sich an einer a priori gewünschten oder zeitgleich mit ihr entwickelten Vision und Mission orientieren, um ihre identitätsstiftende Rolle adäquat erfüllen zu können. Die Formulierung einer solchen Vision und Mission ist allerdings kein Akt beliebiger Willkür, sondern sie muss von der gesamten Organisation verstanden, nachvollzogen und mitgetragen werden, um als gemeinsamer Orientierungspunkt zu dienen und einen kollektiven Wunsch nach ihrer Realisierung auslösen zu können, wie es Peter Senge beschreibt.

Bis in die 1980er-Jahre orientierten sich solche Prozesse zur Identifikation einer unternehmerischen Vision im Wesentlichen an der bisherigen Firmengeschichte. Im Wesentlichen sollte dadurch sichergestellt werden, dass – ganz in der Tradition von Porter – eine einmal erfolgreiche Unternehmenskultur bewahrt wird und Veränderungen nur evolutionär auf dieser Erfolgsgeschichte aufbauen. Erst angesichts zunehmend dynamischer Märkte wuchs die Bedeutung derjenigen Elemente, die einen in die Zukunft gerichteten, gewünschten Zielzustand beschreiben. Gerade diese Elemente sind es allerdings, die die notwendigen Veränderungen für eine auch zukünftig erfolgreiche Interaktion mit einer sich ändernden Umwelt initiieren können.

Grundsätzlich kann man vier wesentliche Elemente für die Wirkung einer solchen zukunftsorientierten Vision identifizieren: Ihr „Fokus auf die Zukunft schafft Relevanz, ihre Verankerung in der Beziehung zur Umwelt vermittelt Sinn und Richtung, ihre Verwurzelung in der Intuition des Autors soll Glaubwürdigkeit erzeugen und ihre ethische Dimension ist zentral für ihre Entfaltungskraft“ (James 1994).

Während allerdings visionäre Zukunftsszenarien ebenso wie ihre Interdependenzen mit der Umwelt für die Mitarbeiter plausibel nachvollziehbar gemacht werden können und auch für die Frage nach generellen moralischen Standards in der Regel in Organisationen schnell allgemeiner Konsens gefunden werden kann, bleibt das schwächste dieser vier Schlüsselelemente für die Wirksamkeit einer Vision ihre Legitimation. Diese hängt von der tatsächlichen oder zumindest der wahrgenommenen Persönlichkeit des Autors – in der Regel des CEOs – ab und nährt durch diese Personenabhängigkeit einen häufig durchaus berechtigten omnipräsenten Zweifel, inwieweit die kommunizierte Vision tatsächlich Heilsbotschaft oder lediglich ein manipulatorisches Element von „monarchischer Machtausübung“ ist (James 1994).

Aufbauend auf den umfangreichen Arbeiten von Viktor Frankl, der ein ureigenes menschliches Bedürfnisses nach Sinnhaftigkeit des eigenen Tuns postuliert

(Frankl 2006), kann man jedoch davon ausgehen, dass eine solche Suche nach Sinn grundsätzlich auch in einem zeitlich so dominanten Lebensbereich wie der Arbeit existiert. Auf dieser Basis lässt sich die Legitimationsproblematik einer Unternehmensvision und -mission dahin gehend lösen, dass eine Sinnhaftigkeit der unternehmerischen Aktivitäten durch eine Anbindung an einen „höheren", die Organisationsinteressen transzendierenden sinnstiftenden Zweck hergestellt wird.

Professor Tatjana Schnell von der Universität Innsbruck hat in ihrer Forschung als wesentliche Einflussfaktoren auf die subjektive Bewertung einer solchen Sinnhaftigkeit von Arbeit die eigene Wirksamkeit, eine Kohärenz der Aufgabe mit den eigenen Lebenszielen, die Relevanz der Tätigkeit, ein positives sozio-moralisches Klima und eine das eigene Selbst transzendierende Orientierung identifiziert und nachgewiesen, dass etwa die Hälfte dieses Effektes durch selbsttranszendierende Ziele der Organisation zum Wohle anderer beeinflusst wird (Schnell et al. 2013).

Aus der inzwischen allgegenwärtig ersichtlichen Notwendigkeit, unternehmerisches Handeln im Kontext von gesellschaftlicher und ökologischer Verantwortung zu verstehen, wurde daher als ein notwendiges Kernkriterium im GCH-Modell die Orientierung der unternehmerischen Gesamtvision und -mission an einem „höheren Zweck" gewählt, der sich aus den Bedarfen des nächsthöheren System ableitet, in das das Unternehmen eingebettet ist. Eine solche Ausrichtung transzendiert somit explizit Partikularinteressen von Shareholdern oder einen rein wirtschaftlichen Erfolg des Unternehmens.

Durch eine solche „allozentrische" Verankerung im Dienst des komplexeren Systems, wie es Schnell bezeichnet, erhalten die Mission und Vision eine Legitimation, die deutlich über die ihrer Autoren hinausgeht und sie können dadurch auch das Bedürfnis nach Sinnstiftung für die Mitarbeiter in ihrer Arbeit erfüllen.

b) Authentische Sprache und Verhalten

Es gilt als allgemein anerkannt, dass schriftlich genutzte Sprache zwar primär die „gesellschaftlichen, kulturellen und politischen Realitäten reflektiert", darüber hinaus aber auch diese erst „erschafft" (Poole 2010).

Als implizites Ziel kann Letzteres insbesondere bei offiziellen Unternehmensdokumenten wie beispielsweise der expliziten Formulierung einer Vision unterstellt werden, bei denen die gewählte Sprache auch ein entscheidender Faktor für ihre Wirkkraft ist (James 1994). Bei solchen Dokumenten wird allerdings vom Mitarbeiter stets ein der Publikation vorausgegangener intensiver Reflexionsprozess nicht nur in Bezug auf den Inhalt, sondern auch auf die Semantik stillschweigend unterstellt.

Dies gilt in ähnlicher Weise für die Wahl der Sprache in unternehmerischen Wertekodizes, da diese zwar einerseits das offiziell der Organisation zugrunde liegende Menschenbild widerspiegeln, andererseits aber auch gezielt die Mitarbeiter diesbezüglich zu beeinflussen beabsichtigt, wie beispielsweise eine Analyse der Ethik-Standards der Dax30-Firmen zeigt (Winkler 2012).

Insofern ist die gewählte Sprache im Kontext von Vision und Werten nicht notwendigerweise eine Reflexion der tatsächlichen Kultur, sondern bestenfalls die sprachliche Hülle des bereits im vorhergehenden Abschnitt bezüglich der Vision und Mission hergeleiteten definitorischen Prozesses.

Demgegenüber wird die intern verwendete, meist spontane und daher deutlich weniger präparierte verbale oder schriftliche Kommunikation der Führung vom Mitarbeiter im Unternehmensalltag nicht nur auf der Sachebene aufgenommen und verarbeitet, sondern sowohl bewusst als auch unbewusst kontinuierlich auf Konsistenz mit den proklamierten Werten und Visionen geprüft, da sie als weitgehend authentisch vermutet wird.

Besonders Metaphern, kommunizierter Kontext und kulturelle Schlüsselwörter der Managementsprache werden von den Empfängern über ihren faktischen Inhalt hinaus interpretiert und instinktiv an den explizit dokumentierten Konzepten gespiegelt (Amernic und Craig 2006). Sie haben dadurch einen wesentlichen Einfluss auf die Glaubwürdigkeit der Führung und sind für den Mitarbeiter ein Indiz für die Authentizität der Inhalte von Unternehmensvision und -werten.

Daher ist die interne Unternehmenssprache der Führung ein hilfreicher Indikator dafür, inwieweit die offiziell kommunizierten Elementen der „Unternehmensseele" mit den tatsächlichen Motiven der Führung übereinstimmen. Aus diesem Grund wurde ihre Grundtonalität als weiterer Faktor des GCH-Modells gewählt.

Er lehnt sich im Grundgedanken an den GNH-Faktor der Kenntnis und Nutzung der Nationalsprache an, da auch eine mit der Unternehmensseele konsistente Führungssprache, die durch ihre Vorbildfunktion auch die interne und externe Unternehmenskommunikation beeinflusst, die Tiefe der Verankerung der organisatorischen Kultur bei den Handlungsbeteiligten indiziert.

c) Unternehmenswerte/Verhaltenskodizes

Neben der Mission und Vision sind die Unternehmenswerte der handelnden Personen ein weiteres wesentliches Charaktermerkmal der Unternehmensseele. Hierbei handelt es sich allerdings nicht um oberflächliche beziehungsweise betriebswirtschaftlich motivierte Handlungskosmetik, durch die entweder menschlicher Egoismus in Form von Gier in seinen extremen Ausprägungen dort eingeschränkt werden soll, wo das Gesamtsystem gefährdet wird, oder unternehmerische Handlungsgrenzen zumindest fest etablierte gesellschaftliche Erwartungen widerspiegeln sollen (Natale 1983).

Eine „innere Moralität“ im Sinne von Kant entsteht nur durch eine verbindliche Zusammenführung der häufig als unvereinbar erscheinenden Anforderungen von Wirtschaft und Ethik in einen widerspruchsfreien, von allen Mitarbeitern verinnerlichten und gelebten Handlungsrahmen, der für alle unternehmerischen Entscheidungen Gültigkeit hat.

Um eine solche werteorientierte Basis herleiten zu können, muss man Wirtschaft als Ganzes zunächst als eine gesellschaftliche Institution begreifen, in der jedes Unternehmen ein eigenes soziales Teilsystem repräsentiert – und nicht ausschließlich ein von der Gesellschaft unabhängiges Vehikel zur Maximierung der Vorteile seiner Shareholder. Erst durch dieses Bewusstsein lässt sich die Forderung nach monetärer Maximierung einerseits und werteorientiertem Handeln andererseits zu einer Abwägungsfrage nach den ganzheitlichen Konsequenzen für eine gesamtgesellschaftliche Werthaltigkeit verbinden (Elbing 1967).

Ein solcher Bewertungsmaßstab hat zur logischen Konsequenz, dass eine rein ökonomische Bewertung von Produkten durch einen Markt nur unvollkommen dessen eigentlichen gesellschaftlichen Wert widerspiegelt, da häufig eine analoge Bewertung der Auswirkungen auf Kollektivgüter fehlt. Der emeritierte Professor an der London School of Economics Richard Layard schlägt daher alternativ als gemeinsame „Währung“ vor, das größtmögliche Glück aller Betroffenen („Principle of Greatest Happiness“) als einen solchen Wertmaßstab zu nehmen (Layard 2005).

Unabhängig von der konkreten Realisierung eines solchen Konzeptes kann dieser Grundgedanke einer gesamtgesellschaftlichen Verpflichtung sowie einer Einbeziehung der Konsequenzen des Handelns des Unternehmens auf in der Regel unbewertete gesellschaftliche Allgemeingüter den ultimativen Orientierungspunkt allen Handeln im Unternehmen bilden, um aufkommende Regelkonflikte aufzulösen, opportunistische Adaption von Regeln zu verhindern sowie Bereiche regulieren zu können, für die es noch keine geeigneten Handlungsempfehlungen gibt.

In jedem Fall ist weniger die explizite Festlegung der wesentlichen Einzelaspekte eines Wertesystems entscheidend, sondern vielmehr die Konsequenz, mit der eine solche Wertekultur in Fällen einer Kollision mit den wirtschaftlichen Interessen des Unternehmens aufrechterhalten und dies auch von der obersten Führung vorgelebt wird. Diese bildet das entscheidende Kriterium für die Ernsthaftigkeit, mit der die Wertekultur innerhalb der Organisation gewollt ist (Natale 1983), und wurde aus diesem Grund als Kriterium auch in das GCH-Modell aufgenommen.

d) Sozialkontakte über den Arbeitsbereich hinaus

Die (freiwillige) Teilnahme an kulturellen Ereignissen im GNH-Modell ist ein Indikator für die individuelle Bereitschaft, sich auch außerhalb von formalisierten

Sozialbeziehungen für die eigene Kultur aktiv zu engagieren. Dies entspricht im Unternehmenskontext dem Maß, mit dem sich Kollegialbeziehungen auch jenseits einer entlohnten Zeit in private Bereiche erstrecken. Es gilt sowohl für vom Unternehmen initiierte oder geförderte Aktivitäten als auch für die Intensität, mit der Kontakte unter Kollegen aus eigenem Antrieb bis in die private Freizeitgestaltung hineinreichen.

Sie ist ein Indikator dafür, inwieweit das existierende Sozialgefüge im Unternehmen in seiner Qualität denjenigen Ansprüchen entspricht, die zu außerfamiliären Kontakten auch im privaten Bereich motivieren. Hierbei spielen neben spezifischen Interessensschwerpunkten für gemeinsame Freizeitgestaltung insbesondere die Kompatibilität der gelebten Vertrauens- und Wertekultur eine entscheidende Rolle. Allerdings ist zusätzlich eine positive unternehmerische Grundeinstellung notwendig, solche persönlichen Verbindungen zwischen Arbeitswelt und Privatsphäre zu fördern und nicht tendenziell eher abzulehnen.

Solche über die Arbeitsbeziehung hinausgehenden positiven Sozialkontakte sind dabei nicht nur die Manifestation einer gesunden kollegialen Unternehmenskultur, weshalb dieser Faktor als Indikator ursächlich ausgewählt wurde.

Darüber hinaus formen sie diese Kultur auch und sind selbstverstärkend, da durch ein besseres gegenseitiges Verständnis sowie eine breitere emotionale Basis die Adhäsion unter Kollegen verstärkt und die Basis für Vertrauen aufgebaut wird – unter anderem eine der entscheidenden Voraussetzungen von Wissensteilung (Wu et al. 2009).

> Die „Unternehmensseele" ist der zeitlose Träger der Identität einer Organisation. An ihr orientiert sich die Mission und Vision des Unternehmens. Sie transzendiert die rein organisatorischen Interessen und enthält hierdurch einen sinnstiftenden Charakter.
>
> Sie repräsentiert nicht nur in ihrer expliziten Form, sondern insbesondere in ihrem manifesten Ausdruck eine einzigartige Identifikationsmöglichkeit für alle Mitglieder der Organisation.
>
> Gleichzeitig bildet ihr Wertegerüst einen verbindlichen Orientierungsrahmen für alle handelnden Akteure und schafft die Grundlage für die Entstehung einer aktiv gelebten Sozialstruktur.

2.2.4 Bezogenheit – von EGO zu WE

Bezogenheit ist neben Autonomie die eine von den zwei notwendigen Randbedingungen für persönliches Wachstum. Um allerdings intrinsisch motivierend zu sein, muss sie, wie in Abb. 2.10 dargestellt, konsistent auf allen drei Hauptebenen im Unternehmenskontext wirksam sein, auf denen der Einzelne in Beziehung treten kann:

- Auf individueller Ebene entsteht Bezogenheit, wenn der Einzelne durch ein ausgewogenes Maß an physischer, aber auch mentaler Fürsorge das Gefühl erhält, von einem organisatorischen „Immunsystem" geschützt zu sein.
- Auf der Team-Ebene wirkt kollaborative Agilität auf die Handlung der Organisationsmitglieder stark unterstützend, da es wie ein „Zentrales Nervensystem" den Informationsaustausch sowie die Abstimmungsvorgänge zwischen allen Beteiligten trotz hoher Vielfalt reibungslos ablaufen lässt und die Notwendigkeit für steuernde Eingriffe minimiert.
- Auf Unternehmensebene repräsentiert eine konsequente Nachhaltigkeitsstrategie eine intakte Bezogenheit auch zum nächstgrößeren gesellschaftlichen

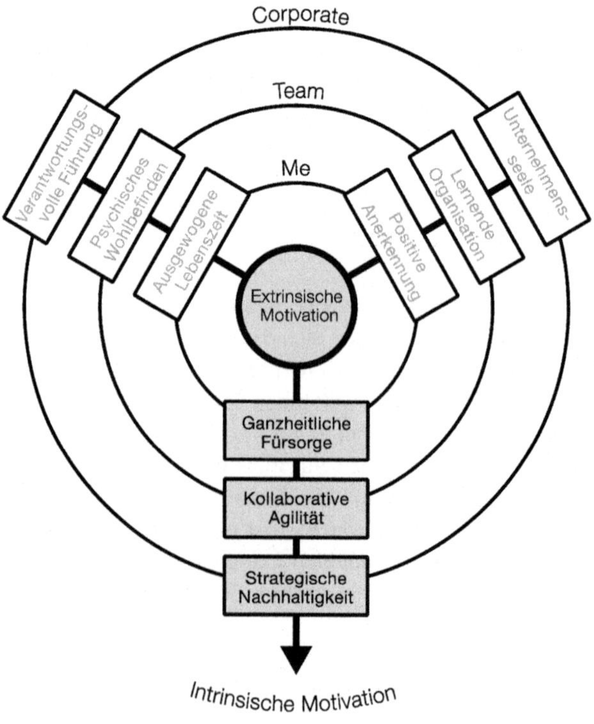

Abb. 2.10 Die drei GCH-Kernelemente für Bezogenheit bilden den Raum für Wachstum auf individueller, Team- sowie Unternehmensebene

beziehungsweise ökologischen System und verleiht ihr einen glaubwürdigen ganzheitlichen Rahmen.

2.2.4.1 Ganzheitliche Fürsorge

… Den ganzen Winter blieben sie beieinander sitzen und lauschten Frederick. Und als Frederick seine letzte Geschichte erzählt hatte, war der Winter schon vorbei. Die Vögel waren zurückgekehrt, die Sonne schien und die Mohnblumen öffneten ihre Knospen. Der Frühling war zurückgekehrt. Und weil Frederick die Sonnenstrahlen, die Lieder und die Geschichten gesammelt hatte, kam der Frühling schneller als jemals zuvor. Zumindest dachten das seine Mäusefreunde.

(Leo Lionni, „Frederick die Maus")

„Gesundheit" im GNH-Modell (Bhutan)

Seit ihrer Gründung 1946 definiert die Weltgesundheitsorganisation WHO in der Präambel zu ihrer Verfassung Gesundheit als einen „Zustand vollständigen physischen, mentalen und sozialen Wohlbefindens, nicht nur die Abwesenheit von Krankheit und Gebrechen".

In Bhutan geht man davon aus, dass neben diesen drei Faktoren zu einem ganzheitlichen Gesundheitszustand zusätzlich noch die emotionale Ausgeglichenheit sowie eine gelebte Spiritualität gehören. Aufgrund ihrer Wichtigkeit werden diese beiden Faktoren allerdings in einem separaten Element, dem „Psychischen Wohlbefinden", evaluiert.

Da auch das soziale Wohlbefinden bereits in der Erfassung des „Lebensstandards" und des „Gemeindelebens" mit beinhaltet ist, beschränkt sich der Analysebereich des spezifischen Faktors „Gesundheit" im GNH-Modell auf die physische und die mentale Gesundheit, die anhand von vier Indikatoren ermittelt wird.

Erfasst werden eine subjektive Selbsteinschätzung des eigenen Gesundheitszustandes, die objektive Anzahl der gesunden Tage in der vorangegangenen Vier-Wochen-Periode, das Vorhandensein möglicher Langfristerkrankungen und die psychische Verfassung mittels eines Zwölf-Punkte-Fragebogens.

Es mag erstaunen, dass selbst in einem Land wie Bhutan, das sich noch ganz am Anfang seiner wirtschaftlichen Entwicklung befindet, psychische Störungen eine solch hohe Relevanz erhalten. Laut WHO sind allerdings insbesondere Länder mit mittlerem und niedrigem Einkommen von einem generellen, weltweit rapiden Anstieg an nichtübertragbaren Krankheiten („Non-Communicable Diseases") betroffen.

Als direkte Konsequenz der globalen wirtschaftlichen Entwicklung, der zunehmenden Verstädterung sowie dem allgemeinen Lifestyle des 21. Jahrhunderts machen diese Staaten inzwischen 80 % der diesbezüglichen weltweiten Todesfälle aus. Unmittelbare Ursachen für zwei Drittel dieser Todesfälle sind dabei laut WHO insbesondere Rauchen, ungesunde Ernährung, fehlende physische Bewegung und Alkoholmissbrauch (WHO 2011).

Neben der Zunahme dieser „Zivilisationskrankheiten" wird weiterhin ein Anstieg des Anteils der neuropsychiatrischen Störungen an den weltweiten chronischen Krankheiten zwischen 1990 und 2020 um geschätzte 50 % vorhergesagt (WHO 2002).

Um dieser Tendenz im Land vorzubeugen, ist neben physischen Präventionsmaßnahmen auch beispielsweise die Praktizierung von Meditation einer der Schwerpunkte für Gesundheitsvorsorge in Bhutan.

„Fürsorge" im GCH-Modell (Wirtschaftskontext)

Im unternehmerischen Kontext ist es zu einer weit verbreiteten Praxis geworden, den Erfolg des eigenen Gesundheitsmanagements an der firmeneigenen Krankenquote zu messen. Da dieser Wert eine einfach zu erhebende Kenngröße ist, die auch industriespezifische oder regionale Vergleiche erlaubt, gehört die Kennzahl laut Controlling-Portal weltweit zu den zehn wichtigsten personalbezogenen Unternehmenskennzahlen.

Allerdings unterliegt der messbare Krankenstand einer ganzen Reihe von Faktoren, die in der Realität eindeutig außerhalb des unternehmerischen Einflussbereiches liegen. Auch beeinflussen die Ehrlichkeit der persönlichen Selbsteinschätzung ebenso wie der im Unternehmen subjektiv empfundene „soziale Druck" die Erfassung insbesondere von psychischen Krankheiten.

Diese Streueffekte verwässern die statistische Aussagekraft der gemeldeten Krankheitstage in einem Maße, dass sie als Orientierungsgröße für die tatsächlichen

Auswirkungen des Unternehmensklimas auf die Mitarbeitergesundheit nur sehr bedingt nutzbar sind.

Trotz der Schwierigkeiten bei der Erfassung von genauen Daten geht man inzwischen übereinstimmend davon aus, dass die Effizienzverluste durch Präsenz am Arbeitsplatz bei eingeschränktem Gesundheitszustand („Presenteeism") in Industrieländern *doppelt* so hoch sind wie die „sichtbaren" Krankheitskosten. Da solche Aufwände, die in keiner Krankenstatistik erfasst werden, in Form von reduzierter Produktivität allerdings ausschließlich vom Arbeitgeber getragen werden müssen, liegen häufig die tatsächlichen, durch Krankheit verursachten Kosten für Unternehmen in der Realität bei einem Mehrfachen der ausgewiesenen Krankenkosten (Skrepnek et al. 2012).

Demgegenüber hat sich in den letzten Jahren auf der Suche nach weiterem Effizienzpotenzial, aber auch aufgrund des gesellschaftlichen Handlungsdruckes, der Bereich, in dem ein Unternehmen Einfluss auf eine gesundheitsbewusste Lebensweise der Mitarbeiter zu nehmen versucht, schrittweise auch auf Aktivitäten außerhalb des Arbeitsbereiches erweitert. Da solche Maßnahmen schnell mit persönlichen Selbstbestimmungsrechten kollidieren, sind selbst aufrichtig gemeinte Versuche der privaten Gesundheitsförderung eine Gratwanderung, bei der allein schon der Verdacht einer „unternehmerischen Sozialkontrolle" („Corporate Social Control") unmittelbar negative Auswirkungen auf das Vertrauen der Betroffenen haben kann und die positive Wirkung erstickt (Holmqvist 2009).

Folgt man dem Grundgedanken der WHO, dass Gesundheit mehr als die Abwesenheit von Krankheit und Gebrechen ist, besteht allerdings für Unternehmen dennoch eine Verantwortung, die deutlich über die gesetzlichen Mindestanforderungen für ein Gesundheits- und Sicherheitswesen hinausgeht. Am ehesten entspricht eine solche Rolle der von dem deutschen Philosophen Martin Heidegger beschriebenen Begrifflichkeit der „Fürsorge". Heidegger unterscheidet hinsichtlich ihrer „positiven Modi" dabei zwischen zwei Ausprägungen, die sich aufgrund ihrer unterschiedlichen Wirkung auf das persönliche Freiheitsempfinden idealerweise die Waage halten sollten: eine „einspringend-beherrschende" sowie eine „vorspringend-befreienden" Fürsorge (Heidegger 1967).

Auch Gesundheitsfürsorge im unternehmerischen Kontext sollte idealerweise diese beiden Varianten ausgewogen erfüllen, indem sie (nach Heidegger „beherrschende") fürsorgliche Interventionen durch Regeln mit adäquaten (nach Heidegger „befreienden") präventiven Angeboten ergänzt und somit die authentische Fürsorge für den Mitarbeiter akzeptabel macht. Durch diese Kombination ist eine positive Wirkung sichergestellt, wobei sich auch die jüngere Forschung einig ist, dass der Fokus – analog zum GNH-Modell – sowohl auf den Bereichen der physischen als auch der psychosozialen Faktoren für mentale Gesundheit liegen sollte (Cancelliere et al. 2011).

In diesem Sinne setzt sich das Element „Ganzheitliche Fürsorge" des GCH-Modells aus vier Kategorien zusammen, wobei der Schwerpunkt bei den physischen Faktoren auf die von der WHO aufgeführten Hauptrisikogebiete gelegt wird:

a) Regeln zur physischen Sicherheit und zur physischen Krankheitsprävention (z. B. Alkohol- oder Rauchverbot, aktives Gesundheitswesen, …),
b) Unternehmerische Angebote für physische Gesundheitsförderung (z. B. Sportförderung, Angebote zur Suchtentwöhnung, gesunde Ernährung, …),
c) Risikoreduzierung eines mentalen Ungleichgewichtes (z. B. verpflichtende Gesundheitsuntersuchungen in stressgefährdeten Funktionen, Krisenunterstützung),
d) Unternehmerische Angebote zur Unterstützung der mentalen Gesundheit (z. B. vertrauliche Ansprechpartner zur Stressprävention, Meditationspraktiken, …).

Angesichts der Tatsache, dass ca. ein Viertel der gesellschaftlichen Gesundheitskosten von leicht veränderbaren Lifestyle-Faktoren abhängen und zusätzlich in einer stark von individuellen Einzelleistungen abhängigen Service- und Wissensindustrie krankheitsbedingte Ausfälle oft kurzfristig nur schwer zu ersetzen sind (Mills 2005), ist nicht nur die positive Wirkung auf die Gesundheit der Mitarbeiter, sondern auch die Wirtschaftlichkeit solcher Maßnahmen offensichtlich. Sie entfalten ihre Wirksamkeit auf die Produktivität dabei nicht nur durch die direkten positiven Auswirkungen auf die Krankheitsfälle, sondern auch indirekt durch die Förderung des allgemeinen Wohlbefindens der Mitarbeiter.

a) und b) Physische Fürsorge

Häufig umfasst die physische Fürsorge in Unternehmen lediglich klassische Einzelmaßnahmen zum direkten Schutz der Mitarbeiter vor negativen gesundheitlichen Folgen aus der Tätigkeit selbst, die sich weitgehend an den gesetzlichen Vorschriften orientieren. Eine seltene Ausnahme hiervon sind Regelungen für den Fall, dass sich Suchterscheinungen unübersehbar manifestieren (Sperry 1991) und ohne ein Eingreifen das Risiko von längerfristigen Ausfällen der Arbeitskraft (oder möglichen Schadensersatzansprüchen) besteht.

Angesichts der WHO-Risikofaktoren muss allerdings die Verantwortung von Unternehmen deutlich weiter gefasst werden. Aufgrund des hohen sozialen Einflusses des Arbeitsumfeldes sollte unternehmerisches Gesundheitsmanagement in einem vertretbaren Rahmen zumindest Programme zur Unterstützung eines gesundheitsfördernden Lebenswandels beinhalten. Hierzu gehören – auch wegen des zunehmenden Anteiles an bewegungsarmen Tätigkeiten bei der Arbeit – insbesondere Angebote zur Bewegungsförderung und Anregungen zur optimierten Ernährung (Quintiliani et al., 2007), aber auch klare Regelungen bezüglich Rauchen und Alkohol.

Entscheidend für die Wirksamkeit solcher Maßnahmen sind allerdings nicht nur die konkreten Regelungen und Angebote, sondern auch die Art und Weise, ob und wie das Gesundheitsmanagement in die allgemeinen Führungshandlungen eingebettet ist. Der Umfang eines idealerweise ganzheitlich aufeinander abgestimmten Gesundheitssystems spiegelt dabei eine innere Wertschätzung der Mitarbeiter durch die Leitung wider. Er reflektiert gleichzeitig aber auch die Einschätzung der Führung, zu welchem Grad sie das physische Wohlbefinden der Mitarbeiter überhaupt als durch das Unternehmen beeinflussbar hält, und bestimmt dadurch zu einem wesentlichen Anteil die Glaubwürdigkeit der Maßnahmen.

Weiterhin haben das persönliche Interesse der obersten Führung an dieser Thematik sowie deren eigene Ziel- und Prioritätensetzung einen entscheidenden Einfluss auf die Wirksamkeit solcher Programme, da sich Mitarbeiter an dieser Vorbildrolle orientieren. Dies ist unter anderem deshalb wichtig, da neben Budget- und Ressourcenmangel immer noch mangelndes Interesse und mangelnde Teilnahme gerade der „Hochrisiko-Mitarbeiter" zu den wesentlichen Hürden für gesundheitsfördernde Maßnahmen am Arbeitsplatz zählen (Skrepnek et al. 2012).

Notwendig für die Akzeptanz solcher Systeme ist, wie bereits in der Einführung erwähnt, dass eingreifende beziehungsweise kontrollierende Maßnahmen mit freiwilligen Angeboten ausgewogen kombiniert werden, um der positiven Intention der Fürsorge die entsprechende Glaubwürdigkeit zu verleihen.

c) und d) Mentale Fürsorge

Physische Erkrankungen schlagen sich dank ihrer zumeist offensichtlichen Symptome noch zu einem hohen Grad sichtbar in der unternehmerischen Krankenquote nieder und lediglich die Verantwortung des Unternehmens auf den individuellen Gesundheitszustand lässt einen breiten Raum für Interpretation. Demgegenüber ist die „Dunkelziffer" derjenigen Mitarbeiter, die trotz *psychischer* Probleme – bei deutlich verminderter Leistung – am Arbeitsplatz präsent sind, um ein Mehrfaches höher.

Die häufigsten mentalen Erkrankungen in der Arbeitswelt sind hierbei Phobien und Depressionen in unterschiedlichen Schattierungen. Gerade diese führen jedoch in den seltensten Fällen zu dokumentierter Abwesenheit (Sanderson und Andrews 2006). Untersuchungen zufolge bleiben allein die Produktivitätsverluste im Fall von akuter Depression, eine der in ihren Auswirkungen teuersten mentalen Zivilisationskrankheiten, zu über 80 % unentdeckt (Stewart et al. 2003). Durch unveränderte Anwesenheit am Arbeitsplatz tragen Unternehmen daher einen Großteil des wirtschaftlichen Gesamtschadens, der sich allein in den USA auf jährlich geschätzte 50 Mrd. US$ aufsummiert (Greenberg et al. 2003).

Zunächst führen dabei mangelnde Bereitschaft zum Selbsteingeständnis sowie die Schwierigkeit einer eindeutigen Diagnose, aber auch weit verbreitete Zweifel an adäquaten Behandlungsstrategien dazu, dass nur ein Bruchteil der Betroffenen sich einer Behandlung unterzieht. Aber auch die oft nicht unbegründete Befürchtung, im Falle eines Bekanntwerdens der Krankheit stigmatisiert zu werden oder gar aufgrund einer negativen Zukunftsprognose den Arbeitsplatz zu verlieren, hat einen starken Einfluss auf dieses Phänomen.

Demgegenüber ist die bedeutende Wirkung der Unternehmenskultur auf die mentale Gesundheit weitgehend unstrittig. Für den Arbeitskontext hat man bereits vor einem halben Jahrhundert einen direkten Zusammenhang zwischen Arbeitszufriedenheit und allgemeiner mentaler Gesundheit („Mental Health") nachgewiesen – und dies unabhängig vom Ausbildungs- oder Hierarchieniveau (Kornhauser 1965). Denn die hierdurch hervorgerufenen Symptome wie emotionale Angst oder Anspannung, eine eingeschränkte Selbstachtung oder die mangelnde Fähigkeit zu Vertrauen beeinträchtigen nicht nur im Arbeitsumfeld die Offenheit für Sozialkontakte, die allgemeine Lebenszufriedenheit und die Robustheit von persönlichen Wertesystemen, sondern sie beeinflussen hierdurch auch alle anderen Lebensbereiche in negativer Weise.

Als eine der Hauptursachen für den Anstieg der Fälle von psychischen Gesundheitsstörungen im Arbeitskontext hat die jüngere Epidemiologie insbesondere eine zunehmende Kluft zwischen hoher Ergebnisanforderung und eingeschränkten Einflussmöglichkeiten identifiziert, die das Risiko von mentaler Erkrankung verdreifacht.

Auch jede Form von organisatorischer Ungerechtigkeit (siehe hierzu auch Abschn. 2.2.3.1) erzeugt einen signifikanten negativen Effekt auf das mentale Gleichgewicht. So verdoppelt eine subjektiv wahrgenommene starke Divergenz zwischen der erbrachten Leistung und der empfangenen Entlohnung dieses Gesundheitsrisiko, was auch die stillschweigenden Erwartungen aus den Vereinbarungen des psychologischen Arbeitsvertrages einschließt (Sanderson und Andrews 2006).

Während sich bisher übliche Empfehlungen zur Prävention in der Regel auf die Änderung von organisatorischen Randbedingungen für diese Risiken konzentrieren (Bilsker 2006), berücksichtigt das GCH-Modell, dass diese Spannungen nicht nur von objektiven Faktoren beeinflusst werden, sondern auch von den subjektiven Wertmaßstäben und persönlichen Interpretationsmustern abhängen. Dies gilt sowohl für das Ausmaß der individuellen Kontrolle auf das Arbeitsergebnis und den empfundenen Leistungsdruck als auch die Bewertung der vom Unternehmen erhaltenen Gegenleistungen sowie das sich hieraus ergebende Gerechtigkeitsempfinden.

Da andere Elemente des GCH-Modells bereits die Optimierung wesentlicher Randbedingungen berücksichtigen (siehe z. B. „Ausgewogene Lebenszeit" beziehungsweise „Positive Anerkennung"), unterstützt der Faktor „Mentale Fürsorge" gezielt die Entwicklung von mentalen Kompetenzen. Das wesentliche Ziel ist es, sowohl Fähigkeit zu entwickeln, um die persönliche Realitätsinterpretation nicht an durch das soziale Umfeld induzierten Maßstäben, sondern an den tatsächlichen persönlichen Bedürfnissen zu orientierten, und gleichzeitig die mentale Stärke auszubauen, um mit möglichen Divergenzen konstruktiv umzugehen.

Hilfreich für eine Objektivierung der Bewertung möglicher Mangelsituationen sind, wie schon in Bhutan praktiziert, unter anderem auch Formen der Meditation und Selbstreflexion, die auch im unternehmerischen Umfeld gefördert werden können (Wright und Cropanzano 2004).

Ein weiterer Schwerpunkt sollte auf die Sensibilisierung der Führungskräfte gelegt werden, um die unbehandelte „Dunkelziffer" zu reduzieren und präventive Angebote sowie Interventionen gezielt zur Verfügung stellen können. Dies umfasst Schulungen zur Identifikation von Symptomen mentaler Gesundheitsprobleme, zum besseren Verständnis der Ursachen und konkrete Handlungsempfehlungen ebenso, wie die Schaffung einer grundsätzlich offenen Kommunikationskultur bezüglich diese Problematik (Cancelliere et al. 2011).

Zur Vervollständigung eines ganzheitlichen Fürsorgeansatzes sollten solche Programme noch durch eine grundsätzliche Bereitschaft des Unternehmens zur Krisenunterstützung in Bereichen der persönlichen Lebenssituation ergänzt werden. Dies lässt sich häufig mit relativ geringem Aufwand realisieren. Eine Ursachenanalyse hat beispielsweise gezeigt, dass lediglich ein Drittel der Fälle von kurzfristiger Abwesenheit vom Arbeitsplatz durch eigene Krankheit verursacht war, jedoch nahezu die Hälfte durch familiäre und andere persönliche Gründe (Mitchell 2004).

Auch hier hat eine gelebte Fürsorgebereitschaft bei persönlichen Notsituationen zusätzlich eine deutlich motivationsfördernde Wirkung, wenn das Unternehmen über seine eigentlichen vertraglichen Verpflichtungen hinausgeht. Neben dem unmittelbaren positiven wirtschaftlichen Effekt kann es dann häufig auch im umgekehrten Fall mit Loyalität der Mitarbeiter rechnen.

▶ Eine Strategie einer Ganzheitlichen Fürsorge repräsentiert das „Immunsystem" einer Organisation. Ihr Ziel ist es, die physische ebenso wie die mentale Gesundheit des Mitarbeiters bestmöglich zu schützen und zu fördern.

Durch eine ausgewogene Mischung aus eingreifenden Regelungen sowie präventiven Angeboten wird verhindert, dass dabei der Eindruck entsteht, dass in persönliche Selbstbestimmungsrechte eingegriffen werden soll.

Von der Erfassung der Krankenquote wird dabei aufgrund ihrer sehr beschränkten Aussagekraft abgesehen.

2.2.4.2 Kollaborative Agilität

Bilbo Beutlin: "Ich kenne die Hälfte von euch nicht halb so gut, wie ich es gern möchte, und ich mag weniger als die Hälfte von euch auch nur halb so gern, wie ihr es verdient."

(J. R. R. Tolkien, „Herr der Ringe")

„Lebhaftes Gemeindeleben" im GNH-Modell (Bhutan)

Im GNH-Konzept wird mit dem Element „Lebhaftes Gemeindeleben" das soziale Kapital des Landes erfasst. Es bewertet grundsätzlich die Qualität der kooperativen Beziehungen sowie der sozialen Netzwerke innerhalb der Gesellschaft und wird mit Hilfe von vier Einzelfaktoren evaluiert, die sowohl den aktiven Beitrag des Einzelnen für die Gemeinschaft quantifizieren als auch den umgekehrt wahrgenommenen positiven Effekt der Gemeinschaft als Qualitätsindikator bewerten.

Im Einzelnen wird zunächst der von jedem Einwohner direkt geleistete soziale Beitrag für die Gemeinschaft ermittelt und es werden dabei sowohl die unentgeltlich geleistete Zeit als auch die finanziell direkt zur Verfügung gestellten

Mittel erfasst. Beides sind freiwillige „Opfer", die der Einzelne bereit ist, ohne explizit vereinbarte Gegenleistung der Allgemeinheit zur Verfügung zu stellen Es ist somit ein geeigneter Indikator für seine individuelle Wertschätzung dieser Gemeinschaft. Der hohe Stellenwert, den solche Handlungen in der Bhutanischen Gesellschaft haben, wird dadurch deutlich, dass ein finanzieller Beitrag von über 10 % des persönlichen Haushaltseinkommens als hinreichend angesehen wird.

Weiterhin wird die individuell wahrgenommene Qualität der Beziehungen innerhalb der Gemeinschaft ermittelt. Dies geschieht durch die subjektive Bewertung des persönlichen „Zugehörigkeitsgefühls" sowie der Stärke des Vertrauens zur unmittelbaren Nachbarschaft.

Zusätzlich wird speziell die Qualität der Beziehung zur eigenen Familie abgefragt, die als wichtigste soziale Keimzelle traditionell eine Sonderrolle im gesellschaftlichen Netzwerk spielt. Da sie insbesondere für Heranwachsende als wesentlicher Orientierungsanker angesehen wird, soll sichergestellt werden, dass sie der Gesellschaft in einer gesunden Form erhalten bleibt.

Zuletzt wird erfasst, zu welchem Grad sich der Einzelne innerhalb der Gemeinschaft ausreichend vor Gewalt und Verbrechen geschützt fühlt.

„Kollaborative Agilität" im GCH-Modell (Wirtschaftskontext)
Für einen Transfer dieses Elementes in die Wirtschaft ist es hilfreich, von der Ursprungsbedeutung des Begriffes eines sozialen Kapitals auszugehen. Funktional handelt es sich um diejenigen Beziehungen zwischen Individuen einer Gemeinschaft, die dem Einzelnen seine intendierten Handlungen erleichtern. Neben Vertrauen als fundamentale Basis gehören hierzu ein strukturelles Netzwerk aus gegenseitigen impliziten Verpflichtungen und Erwartungen, informelle Informationskanäle, aber auch allgemein anerkannte Normen und effektive soziale Sanktionen (Coleman 1988).

Sofern ein solches System relational „geschlossen" ist, das heißt, alle Akteure miteinander in einer Beziehung stehen, werden durch eine solche soziale Struktur Aktivitäten, die sonst ein Einzelner alleine erfüllen müsste, überhaupt erst ermöglicht beziehungsweise merklich erleichtert. Im Unterschied zu physischem Kapital, bei dem die investierende Partei in der Regel direkt von ihrer Investition profitiert, besteht allerdings bei sozialem Kapital die Herausforderung, dass dem investierenden Individuum kein unmittelbarer Gegenwert von der Gemeinschaft zugesichert wird. Soziales Kapital ähnelt daher in seinen charakteristischen Eigenschaften einem „öffentlichen Gut" und entsteht häufig lediglich als weitgehend unbewusstes Nebenprodukt von anderen gesellschaftlichen Aktivitäten.

Eine solche Kultur der gemeinsamen freiwilligen Förderung eines Gemeingutes gezielt in eine klassische Unternehmenswelt zu übertragen, ist gegenüber gesellschaftlichen Systemen deutlich schwerer, da Arbeitsbeziehungen traditionell nicht gleichberechtigt, sondern stark durch Hierarchien geprägt sind, und organisatorische Abhängigkeiten eine massive Hürde für jede Form einer allgemeinen altruistischen Grundhaltung darstellen.

Deutlich entschärft sieht dieses Ungleichgewicht allerdings bei neueren Organisationskonzepten aus, die sich ganz bewusst von einer klassischen Hierarchiestruktur verabschieden. In diesem Sinne hat Frances Hesselbein, Präsident und CEO der Peter F. Drucker Stiftung, eine flache, durch aufgabenbezogene Netzwerke unterschiedlicher Ausdehnung charakterisierte Organisation als notwendige Unternehmensstruktur für das neue Jahrhundert postuliert (Hesselbein 2002). Noch weitergehende Ansätze von hoher Selbstorganisation stellt Frederic Laloux in seiner Studie vor, in der er herausstechende Beispiele von diesbezüglich fortschrittlichen Unternehmen weltweit zusammengetragen hat (Laloux 2014). Erst bei solchen Unternehmensformen werden auch der Aufbau und die freie Entfaltung und Nutzung von sozialem Kapital tatsächlich als integraler Bestandteil des organisatorischen Handelns uneingeschränkt umsetzbar.

Auf eine solche Unternehmensform passt am ehesten die Bezeichnung einer „Corporate Community“. Würde man versuchen, sie als Idealzustand zu beschreiben, entspräche dies einer möglichst heterogenen Gruppe von Individuen, die sich einem gemeinsamen Ziel zugehörig fühlen, sich ihrer Stärke durch Kooperation miteinander bewusst sind und den Erfolg und Schutz dieser Gemeinschaft als wichtiges Gut durch hohen individuellen Einsatz zu fördern bereit sind.

Im Abschn. 3.3 wird später noch ausführlich darauf eingegangen, wie ein solches Modell konkret umgesetzt werden kann.

Obgleich in diesem Kontext das gesellschaftliche Konzept der Familie als kleinste Teileinheit der Organisation kein direktes Äquivalent in einer Unternehmensstruktur hat, findet man den Grundgedanken eines Umfeldes, dass Andersartigkeit innerhalb einer zusammengehörenden Gruppe zulässt und als Referenzsystem zur Ausbildung einer eigenen Identität dienen kann, im Kontext von Inklusion organisatorischer Vielfalt wieder.

In einem solchen Umfeld muss dann auch der Schutz vor gewaltsamer Fremdeinwirkung auf die eigene Gesundheit, Besitz und Sicherheit durch die Abwesenheit von Missbrauch der hierarchischen Strukturen gewährleistet werden.

Aus diesen Überlegungen zu einer idealen Form eines Unternehmensklimas, das die Entfaltung von sozialem Kapital bestmöglich fördert, wurden die Einzelkriterien für dieses Element des GCH-Modells hergeleitet, die sich erneut wie beschrieben an den originären GNH-Indikatoren anlehnen und aufgrund der Kombination aus aktiver Zusammenarbeit und dynamischer Veränderungsdynamik als „Kollaborative Agilität“ zusammengefasst wurden:

a) eine Kultur der Kreativität und Innovation, die durch einen offenen Wissensaustausch intensiv gefördert wird,
b) ein Gemeinschaftsgefühl, das das Unternehmen zu einer „Community“ macht, in der sich die Mitarbeiter selbst eher als „Mitglieder“ wahrnehmen,
c) das Vorhandensein einer hohen Mitarbeitervielfalt in Bezug auf ihren kulturellen Hintergrund, Wissen, Geschlecht etc., das wertgeschätzt und aktiv integriert wird,
d) als Fundament für Vertrauen der Ausschluss von jeder Form von Machtmissbrauch.

a) Wissensaustausch, Kreativität und Innovation

Grundsätzlich repräsentiert gerade das implizite Wissen des Mitarbeiters im unternehmerischen Kontext einer wachsenden Wissensgesellschaft das entscheidende Kapital für Kreativität und Innovation. Es kann allerdings nur dann umfangreich genutzt werden, wenn der Wissensträger die persönliche Bereitschaft hat, es zugunsten der Gemeinschaft zur Verfügung zu stellen, ohne hierfür notwendigerweise direkt eine Gegenleistung zu erwarten. Diese individuelle Bereitschaft (ebenso wie die hierfür von ihm aufgewendete Zeit), sein Wissen zu teilen, ist gewissermaßen ein „Vertrauensvorschuss“ angesichts der kollektiven Vorteile der Organisation.

Ein ideales Unternehmensumfeld, welches die Vorteile der klar strukturierten, „traditionellen“ Formen der Verantwortungsteilung mit denen der freien Kreativitätskultur von weitgehend organisationsfreien Start-up-Unternehmen und charismatischer Einzelführung kombiniert, kann man als „Corporate Community“ bezeichnen, was im Abschn. 3.1 noch näher erläutert wird.

Grundsätzlich lassen sich vier wesentliche Faktoren identifizieren, um eine solche Kultur der Innovation bei gleichzeitig effizienter und skalierbarer Zusammenarbeit zu erzielen: eine geteilte Überzeugung über die Sinnhaftigkeit des gemeinsamen Ziels, eine kollektive Ethik des proaktiven Beitragens, ein skalierbarer Prozess zur Koordination der Zusammenarbeit sowie eine Organisationsstruktur, in der eine solche aktive Zusammenarbeit wertgeschätzt und belohnt wird (Adler et al. 2011).

Der Anker für eine Identifikation mit einem gemeinsamen Ziel ist im GCH-Modell bereits mit dem Einzelkriterium der Vision als essenzielles Element der „Unternehmensseele“ (siehe Abschn. 2.2.3.3) gesetzt. Bei ausreichender Ausstrahlungskraft basiert Kooperation dann nicht mehr auf einem psychologischen Tauschverhältnis unterschiedlicher Interessen, sondern stützt sich auf eine geteilte Leidenschaft für das gleiche Ziel – einer der wichtigsten Treiber, um grundsätzlich zu Zusammenarbeit zu motivieren.

Weiterhin wird der letzte der genannten vier Faktoren, eine grundsätzliche organisatorische Wertschätzung von Kollaboration, bereits durch den Faktor „Anerkennung“ (siehe Abschn. 2.2.3.1) erfasst.

Daher umfasst das Kriterium „Wissensaustausch, Kreativität und Innovation“ die Kombination aus einer flexiblen Prozesswelt mit etablierten innovativen Werkzeugen für Co-Kreativprozesse sowie die Qualität der tatsächlich gelebten aktiven Wissensteilung. Insbesondere letztere ist ein Spiegel der Intensität der Vertrauenskultur aller Mitglieder untereinander. Diese ist Grundvoraussetzung dafür, dass nicht nur das Wissen von direkten Arbeitspartnern, sondern auch das implizite Wissen von kompetenten, sozial allerdings nur lose verbundenen Kollegen zugänglich wird. Gerade diese sind oft die Quelle für den höchsten Wissensnutzen, da insbesondere bei entfernteren Wissensträgern ein breites Spektrum an neuem Wissen vermutet werden kann (Levin und Cross 2004).

Vertrauen schließt allerdings auch bei der Wissensteilung zunächst die Bereitschaft ein, sich in Form des offenen Eingeständnisses von Nichtwissen verletzbar zu zeigen, um sich der Reaktion eines anderen auszuliefern, ohne direkte Kontrolle über dessen Einstellung hierzu zu haben (Mayer und Schoorman 1995). Daher kann eine solche Kultur der kollektiven Kreativität und Innovation erst aus einer Vielzahl an persönlichen Interaktionen über einen längeren Zeitraum entstehen, während dem die gegenseitige Ausgewogenheit eines offenen Umgangs mit Wissen durch entsprechende Erfahrungen unter Beweis gestellt wurde (Thomson et al. 2007).

b) Gemeinschaftsgefühl

Grundsätzlich kann davon ausgegangen werden, dass eine der stärksten Antriebskräfte des Menschen das Bedürfnis nach Zugehörigkeit ist. Dies gilt auch in der Arbeitswelt, die allein aufgrund ihres Anteiles an der verfügbaren Lebenszeit für die meisten Menschen einen elementaren sozialen Kontext repräsentiert, weshalb dieses Kriterium des GNH-Konzeptes direkt in die beiden Faktoren der individuell empfundenen Zugehörigkeit sowie des Vertrauens in die Kollegen übertragen wurde.

Nach Maslow folgt das Zugehörigkeitsbedürfnis in seiner hierarchischen Priorisierung direkt der Befriedigung von physischen Grund- sowie Sicherheitsbedürfnissen und kann somit als Prämisse für die Befriedigung aller „höheren“ Bedürfnisse, wie beispielsweise das nach Anerkennung, angesehen werden. Daher kann man davon ausgehen, dass auch im unternehmerischen Umfeld dieser Faktor eine Grundvoraussetzung für die Wirkung einer ganzen Reihe anderer Motivationsfaktoren darstellt.

Strukturell setzt sich das Zugehörigkeitsgefühl aus einer intensitäts- und einer stabilitätsbestimmenden Komponente zusammen, da sowohl die Häufigkeit von positiven oder zumindest konfliktfreien Interaktionen mit anderen als auch die subjektive Erwartung in eine gewisse Stabilität und Nachhaltigkeit der affektiven und idealerweise reziproken Beziehungen für das Gemeinschaftsgefühl entscheidend sind. Hierdurch unterscheidet es sich von einem generellen Bedürfnis nach rein kurzfristigen sozialen Interaktionen (Baumeister und Leary 1995). Es ist viel stärker von der allgemein herrschenden Umgebungskultur abhängig, da wesentliche Elemente für eine solche Beziehung ein gewisses Maß an gegenseitiger Fürsorge sowie eine Gegenseitigkeit der emotionalen Verbindung sind.

Eine authentische Kultur der Zugehörigkeit kann allerdings nur eingeschränkt auf der Basis einer Aus- oder Abgrenzung des Andersartigen oder durch interne Assimilation entstehen, da ein solches Verhalten einer Gruppe lediglich einen äußeren Schutzrahmen verleiht. Auch entsteht sie nicht singulär um eine charismatische Führungspersönlichkeit herum, da ihr in diesem Fall eine intensive Vernetzung der Mitglieder untereinander fehlt.

Wirklich kraftvoll kann sie sich erst aus der Adhäsion der Beziehungen zwischen Unterschiedlichem entwickeln (McVeigh 2013). Insofern verstärkt Vielfalt, wie sie im folgenden Kriterium näher erläutert wird, ihre Wirkkraft.

c) Mitarbeitervielfalt

Für die Familie als eine durch genetische Zugehörigkeit definierte Sozialgemeinschaft, die gesellschaftlich stabilisierend wirkt und die Entwicklung der Identität in einem geschützten Raum fördert, gibt es im Unternehmenskontext kein direktes Äquivalent. Allerdings bietet im Zeitalter der Globalisierung eine positive Beziehung zu Vielfalt innerhalb der Menschheit als Ganzes eine tragfähige Analogie.

Eine positive Grundhaltung gegenüber den Varianten und Facetten anderer ist inzwischen anerkanntermaßen notwendige Voraussetzung für Erfolg in einer vernetzten Wirtschaft und lässt sich auch auf Unternehmensebene erfahren und entwickeln, wenn dies gezielt gefördert wird. Insofern wurde eine diversifizierte Unternehmensstruktur auf allen Organisationsebenen zusammen mit einer aktiven Inklusion von Vielfalt in die Entscheidungsprozesse zu einem wesentlichen Kriterium des GCH-Konzeptes gewählt.

Besonders innerhalb eines „geschützten" Unternehmensumfeldes kann durch einen direkten persönlichen Austausch mit kulturell ursprünglich Fremdartigem schrittweise eine instinktive Zurückhaltung und Skepsis abgebaut werden (Lowen 2008). In einer immer globaler werdenden Wirtschaftswelt ist ein solches Erlernen von Wertschätzung des Andersartigen als Varianten von etwas grundsätzlich Identischem sowie das positive Besetzen von fremden Handlungskontexten inzwischen erfolgsentscheidend, da es sowohl eine Grundhaltung einer verständnisvollen Auseinandersetzung mit dem Ungewohnten fördert, als auch die Suche nach gemeinsamen Win-Win-Lösungen in gemischten kulturellen Handlungsräumen trainiert.

Gleichzeitig ist offensichtlich, dass unternehmerische Vielfalt unmittelbar die Innovationsfähigkeit unterstützt, da ein breiterer Pool an Wissen, Erfahrungen und Sichtweisen für Kreativprozesse zur Verfügung steht, auch wenn zunächst die Transaktionskosten für Entscheidungsfindung in einem gewissen Umfang ansteigen. In den wenigen Studien, die nicht nur die Vorteile von Vielfalt in der Führung untersuchen, sondern alle Mitarbeiter in die Analyse einbeziehen, konnte zumindest bezüglich Geschlecht und Ausbildung, aber auch schon allein aufgrund des prinzipiellen Vorhandenseins einer gegenüber Vielfalt offenen Unternehmenspolitik eine starke Korrelation mit der Innovationsleistung nachgewiesen werden. Sie hatte hierbei eine ähnliche Relevanz für Erfolg wie der faktische Anteil der Hochausgebildeten im Unternehmen (Østergaard et al. 2011).

d) Ausschluss von Machtmissbrauch

Trotz der umfangreichen Literatur über Führung gibt es nur wenige Studien, die die Ursachen und Wirkung von Machtmissbrauch in Unternehmen untersucht haben. Dies ist umso überraschender, da Macht in traditionellen Organisationsformen ein wesentlicher Faktor zur Zielerreichung und üblicherweise hiermit verbundener materieller Belohnungen ist, sie weiterhin überwiegend durch hierarchische Strukturen verliehen wird und gleichzeitig die Form der Machtausübung selbst durch die Führung in der Regel nur wenig Kontrolle unterworfen ist. Ausreichend Versuchung zu ihrem Missbrauch ist in den meisten Organisationen insofern vorhanden.

Während sich die originäre Rechtfertigung einer hierarchischen Machtposition aus ihrer funktionellen Unterstützungsrolle für die Arbeitsleistung der ihr anvertrauten Mitarbeiter ergibt, hat die Form ihrer Ausübung gleichzeitig eine direkte Auswirkungen auf deren Selbstachtung. Daher unterscheidet man konzeptionell als wesentliche Dimensionen für hierarchischen Machtmissbrauch einerseits einen möglichen negativen Einfluss auf die funktionale Mitarbeiterleistung, andererseits einen durch Respektlosigkeit verursachten negativen Effekt auf dessen Würde (Vredenburgh und Brender 1998).

Aus diesen beiden Dimensionen leiten sich direkt die ethischen Begründungen ab, die jeglichen Machtmissbrauch im Unternehmen verbieten. Einerseits verstößt jede Form der dysfunktionalen Führung gegen den „sozialen Vertrag“, bei dem als Gegenleistung von organisatorischer Machtverleihung diese nur zum Vorteil der Organisation ausgeübt werden darf, da sie sonst nicht nur das Ergebnis für das Unternehmen beeinträchtigt, sondern auch die individuelle Entlohnungsmöglichkeiten negativ beeinflusst. Anderseits widerspricht jede Form der respektlosen Behandlung den fundamentalen Persönlichkeitsrechten des Mitarbeiters, die auch in einem Hierarchieverhältnis unangetastet bleiben müssen.

Insofern ist die Abwesenheit von jeder Form des Machtmissbrauchs ein wesentliches „Hygienekriterium", um eine positive Arbeitsatmosphäre zwischen den Hierarchiebeziehungen im Unternehmen überhaupt zu ermöglichen.

Sie korreliert erfahrungsgemäß stark mit einer konstruktiven Beziehung der Betriebsparteien zueinander, weshalb dieser Aspekt in die Bewertung des Indikators zusätzlich einfließt.

> Kollaborative Agilität entspricht dem „zentralen Nervensystem" eines Organisationsorganismus. Idealerweise sorgt sie für die Integration aller Reize, die Organisation aller Abstimmungsvorgänge sowie die Koordination der organisatorischen „Motorik", ohne dass es einer detaillierten Steuerung bedarf.
>
> Voraussetzungen hierfür sind einerseits ein offener Wissensaustausch, der für eine Kultur der Kreativität und Innovation sorgt, und gleichzeitig auf einer Basis hoher Vielfalt aufbaut.
>
> Andererseits benötigt sie eine innere Gemeinschaftskultur, in der Machtmissbrauch ausgeschlossen ist, und in der sich Mitarbeiter eher als „Mitglieder" fühlen.

2.2.4.3 Strategische Nachhaltigkeit

> “Die Menschen haben diese Wahrheit vergessen”, sagte der Fuchs. “Aber du darfst sie nicht vergessen. Du bist zeitlebens für das verantwortlich, was du dir vertraut gemacht hast. Du bist für deine Rose verantwortlich …”
> “Ich bin für meine Rose verantwortlich …”, wiederholte der kleine Prinz, um es sich zu merken.
>
> (Antoine de Saint-Exupéry, „Der Kleine Prinz“)

„Ökologie“ im GNH-Modell (Bhutan)

Das Ziel des Indikators „Ökologie“ im GNH-Modell ist es, zu überwachen, ob die Natur sowie die ökologische Vielfalt des Landes nachhaltig bewahrt und durch menschlichen Eingriff keine Verschlechterung der Umweltsituation durch Verschmutzung oder Raubbau an der Natur verursacht wird – ein Ziel, das ebenfalls fest in Artikel 5 der Verfassung des Staates verankert ist.

Zur Bewertung dieses Elementes werden vier Schlüsselfaktoren herangezogen, die einerseits die Auswirkungen menschlichen Handelns auf die Umwelt bewerten, andererseits aber auch die Rückwirkung der Natur auf den Menschen sowie dessen – hiermit indirekt verknüpfte – grundsätzliche Grundeinstellung zu ökologischen Themen berücksichtigen.

Zunächst wird die Tendenz der Entwicklung in den wichtigsten von menschlichen Aktivitäten potenziell beeinflussten Ressourcenbereichen Gewässer, Luft, Lärm, Abfallmenge (sowie Entsorgungsmöglichkeiten), Erdrutsche, Erosion sowie Überflutungen bewertet.

Darüber hinaus wird erfasst, welche schädlichen ökologischen Konsequenzen speziell durch die zunehmende Urbanisierung von den Menschen wahrgenommen werden (Verkehr, mangelnde Grünflächen, mangelnde Fußgängerwege sowie Flächenversiegelung) – Auswirkungen eines globalen Megatrends, der inzwischen auch das Land Bhutan erreicht hat.

Demgegenüber wird der Schaden ermittelt, der durch Wild in der Landwirtschaft entstanden ist und gegebenenfalls die Lebensqualität beeinträchtigt oder gar die Bereitschaft für ein grundsätzliches subjektives Verantwortungsbewusstsein für den Schutz der Natur negativ beeinflusst.

„Strategische Nachhaltigkeit“ im GCH-Modell (Wirtschaftskontext)

Für einen unternehmerischen Kontext macht es Sinn, ebenfalls ein analog strukturiertes System von vier Teilkennzahlen zu erstellen, um die Beziehung der Organisation zur ökologischen Außenwelt ganzheitlich zu erfassen.

Die Auswirkungen organisatorischen Handelns auf das umgebende System lassen sich direkt über das Konzept eines unternehmerischen „Ökologischen Fußabdruckes“ erfassen. Bei diesem Ansatz wird anstelle einer Ermittlung der komplexen Konsequenzen, die häufig schwierig exakt zu ermitteln sind, das unternehmerische Handeln in Bezug auf die wesentlichen Umweltaspekte wie Energie-, Rohstoff- und Wasserverbrauch sowie CO_2- und Abfallerzeugung bilanziell erfasst.

Um bei dieser Betrachtung alle von der Organisation verursachten Effekte auf das ökologische Gesamtsystem einzubeziehen, muss hierbei allerdings nicht nur der eigene Produktgestehungsprozess, sondern auch die gesamte „Supply Chain" der Produkte und Dienstleistungen berücksichtigt werden.

Auch für die Thematik der in Bhutan aktuell relevanten Urbanisierung ergibt sich ein analoger Bewertungsmaßstab, wenn man die Perspektive auf sämtliche, in einer globalen Wirtschaft relevanten Megatrends erweitert. Wie bereits im Abschn. 1.1 ausgeführt, ist es für den Wirtschaftskontext in der Tat essenziell, inwieweit die vom Unternehmen angebotenen Produkte oder Dienstleistungen bereits aktiv auf die aktuellen globalen Veränderungen ausgerichtet sind beziehungsweise zur Lösung der mit ihnen verbundenen Risiken beitragen – oder aber diese gar verstärken.

Solche Trends umfassen Herausforderungen, Risiken oder aber neue Möglichkeiten von Entwicklungen lokalen sowie globalen Ausmaßes, die bereits bekannt und in der öffentlichen Wahrnehmung als existenziell wahrgenommen werden. Hierzu gehören beispielsweise die Globalisierung, demografische Veränderungen, massive gesellschaftliche Verschiebungen oder die Verknappung von Rohstoffressourcen.

Ebenfalls lässt sich das Maß des individuell verinnerlichten Verantwortungsgefühls direkt auf die Mitarbeiter einer Organisation übertragen, wobei hier nicht nur ihr Handeln im Unternehmensumfeld, sondern auch die Ausstrahlung eines im Unternehmen geförderten Umweltbewusstseins auf die außerunternehmerischen Aktivitäten einbezogen werden sollte.

Während diese drei Faktoren die Auswirkungen menschlicher Tätigkeit auf die Natur bewerten, repräsentiert der Grundgedanke von Wildschäden als Gefährdung der (überwiegend landwirtschaftlichen) Existenz in Bhutan die umgekehrte Perspektive. Hier wird der Befürchtung Rechnung getragen, dass die Natur auch Auswirkungen auf die persönliche Versorgung und Sicherheit haben kann, was gegebenenfalls die individuelle Bereitschaft, diese zu schützen, negativ beeinflussen kann.

In einem Unternehmensumfeld entspricht dies der Frage, inwieweit wachsende ökologische oder gesellschaftliche Anforderungen mittelfristig die Existenz des bestehenden Geschäftsmodells gefährden könnten. Angesichts einer übereinstimmenden Einschätzung (93 %) von 1000 führenden CEOs, dass Nachhaltigkeit wesentlich für den zukünftigen Erfolg ihres Geschäftes ist, allerdings lediglich ein Drittel der Unternehmen sich auf die Anforderungen auch ausreichend vorbereitet fühlen, wie es die Firma Accenture kürzlich ermittelt hat, ist dies ein direktes Maß für den akuten Handlungsbedarf und damit den Innovationsdruck auf das bestehende Portfolio.

Daher bestimmen ebenfalls vier Einzelkriterien die Qualität des Elementes der „Strategischen Nachhaltigkeit" des GCH-Modells:

a) ein nachhaltiger unternehmerischer „Fußabdruck", der die gesamte Supply Chain einschließt,
b) eine unternehmerische Produktstrategie, welche auf die Lösung von globalen Megatrends und insbesondere deren ökologischen Herausforderungen hinreichend ausgerichtet ist.
c) ein generelles öko-soziales Mitarbeiterbewusstsein, welches durch die Ausstrahlungswirkung der Unternehmenskultur gefördert wird,
d) ein Produktportfolio, dessen Innovationsgeschwindigkeit mit den wachsenden öko-sozialen Anforderungen Schritt halten kann.

a) Unternehmerischer „Fußabdruck"

Das Ziel eines jeden nachhaltigen Handelns muss es grundsätzlich sein, dass der Verbrauch von Ressourcen unterhalb ihrer Regenerationsrate liegt. Auf die Umwelt bezogen bedeutet dies, dass Verbräuche und Emissionen unterhalb desjenigen Schwellenwertes liegen, den die Natur aufnehmen und ohne langfristige Schäden assimilieren kann, und dass wesentliche ökologische Prozesse nicht gestört werden (Dyllick und Hockerts 2002).

Auch wenn das Thema Nachhaltigkeit in diesbezüglich fortschrittlichen Ländern wie Deutschland von den meisten Unternehmen inzwischen als wichtiges oder sogar sehr wichtiges Thema eingestuft wird, hatte noch zur Jahrtausendwende nur ein Bruchteil der Unternehmen hierfür bereits adäquate Kennzahlensysteme eingeführt (Hahn und Scheermesser 2006). Und auch wenn das Konzept eines „Ökologischen Fußabdruckes" inzwischen auf Staatsebene durch die publizierten Berechnungen des „Global Footprint Networks"[4] einen weltweiten Vergleich der Auswirkungen menschlicher Aktivitäten auf ökologische Systeme durch Nationen erlaubt, sind bisherige Versuche, eine analoge Messgröße auch für Unternehmen einzuführen, kaum aus dem Pilotstadium für einzelne Produkte herausgekommen.

Bei einem solchen „unternehmerischen Fußabdruck" handelt es sich um ein Bilanzierungsverfahren, bei dem der Betrachtungsbereich für Kapitalgüter im

[4]www.footprintnetwork.org.

Unternehmensbesitz auf die sogenannten „Commons“ erweitert wird – Besitztümer, die nicht individuell zugeteilt werden können, sondern allgemein der Gesellschaft gehören und daher den gleichen Erhaltungskriterien unterworfen werden sollten.

Eine der größten Schwierigkeiten für eine adäquate Bilanzierung dieser natürlichen Ressourcen besteht allerdings darin, dass sie per Definition nicht aufteilbar sind und daher keine firmenspezifischen Grenzwerte festgelegt werden können. Dies hat bedauerlicherweise bisher dazu geführt, dass sie in einer betriebswirtschaftlichen Betrachtung in der Regel schlichtweg ignoriert werden.

Weil allerdings inzwischen global die Regenerationsrate der Natur durch menschliche Handlungen bereits um mehr als 50 % überschritten ist, haben Professor Ernst Ulrich von Weizsäcker und Professor Friedrich Schmidt-Bleek am Wuppertaler Institut für Klima, Umwelt und Energie bereits vor Jahren unter Berücksichtigung eines kontinuierlichen Bevölkerungswachstums eine Verfünf- oder gar Verzehnfachung der Ressourceneffizienz der menschlichen Produktionsprozesse bis 2050 als notwendig errechnet, um wieder einen nachhaltigen Zustand zu erreichen (Schmidt-Bleek 2008).

Insofern ist es naheliegend, als unternehmensbezogenes Ziel grundsätzlich eine systematische Reduzierung oder gar Vermeidung festzulegen, und sich bei einer Betrachtung auf die Minimierung des Ressourcenverbrauches oder der Umweltverschmutzung zu konzentrieren, anstatt einen final nicht zu klärenden Streit um zulässige Grenzwerte zu führen. Lediglich die ökologische Recyclingbilanz sowie die Menge an selbst erzeugter Energie können positiv in eine solche Bilanzierung einfließen, die bei entsprechender politischer Willensbildung mittelfristig zu einer Art „Umweltausweis“ für Wirtschaftsunternehmen führen und eine industriespezifische Bewertung ermöglichen könnte.

Um den Aufwand in einem vertretbaren Rahmen zu halten, kann man in einem ersten Schritt zunächst die für das jeweilige Geschäftsmodell offensichtlich relevantesten Umweltindikatoren auswählen und den Schwerpunkt eher auf eine ganzheitliche Bilanzierung der gesamten Lieferkette vom Rohstoff bis zum Ende des Produktlebenszyklus legen.

Anstatt anhand von Angaben über die eingeführten Managementsysteme (z. B. ISO14001) die Nachhaltigkeitsstrategie einer Organisation nur allgemein zu umschreiben, sind es erst die spezifischen Verbrauchskennzahlen beispielsweise von Wasser (incl. Recycling/Reuse), Rohstoffen und (fossilen) Energieträgern sowie die Bilanz der Abfall- und Giftstofferzeugung, aus denen sich eine aussagekräftige unternehmerische Bewertung der nachhaltigen Einbettung des Unternehmens in das ökologische Gesamtsystem zusammensetzen lässt.

Hierbei müssen auch die gleichen Maßstäbe an die produktionsvorgelagerten Wertschöpfungsstufen gelegt werden, da häufig ein wesentlicher Anteil der ökologischen Eingriffe in rohstoffnahen Veredelungsprozessen erfolgt, die bei vielen arbeitsteiligen Unternehmensnetzwerken oft bereits weit vorgelagert in der Lieferkette stattfinden. Da in der Regel die Entwicklungsverantwortung inklusive der Materialauswahl jedoch am Ende der Wertschöpfungskette liegt, muss auch dort eine Gesamtbilanzierung erfolgen, um eine kausale Verbindung zwischen den Verursachern und den Auswirkungen herzustellen.

Auch für den Entsorgungsprozess sollten zumindest plausible Annahmen in die Bilanzierung einbezogen werden, um die Auswirkungen der unternehmerischen Handlungen ganzheitlich zu erfassen, da auch dieser in der Regel direkte Umwelteinwirkungen verursacht.

Angesichts der einer solchen Bilanzierung innewohnenden Komplexität geht dies am besten durch eine iterative Annäherung in der Präzision, da für eine hohe Erfassungsgenauigkeit in vielen Sektoren bereits einige hundert Einzelfaktoren einbezogen werden müssten. Für einige gängige Emissionen existieren darüber hinaus bereits erste industriespezifische Übersichten, die den Prozess einer Priorisierung der einzubeziehenden Hauptquellen vereinfachen (Huang et al. 2009).

Dabei darf auch nicht vergessen werden, dass es bei diesem Kriterium weniger um die Präzision der Erfassung, sondern um die Befähigung der Organisation geht, den unternehmenseigenen Innovationsprozess ganzheitlich bewerten zu können, um einen Prozess in Gang zu setzen, durch den der „ökologische Fußabdruck" der angebotenen Produkte und Dienstleistungen kontinuierlich gesenkt wird.

b) Beitrag des Produkt-/Dienstleistungsportfolios zu Megatrends

Während der Mensch historisch schon immer versucht hat, Informationen über die Zukunft zu erhalten, haben neueste Möglichkeiten der umfangreichen Datenanalyse in den letzten Jahrzehnten die bisherigen, traditionellen Formen von Prophezeiungen fast vollständig abgelöst. Die Gefahr dieser modernen Prognosen ist allerdings, dass die Präzision des Datenverarbeitungsprozesses häufig den Eindruck erweckt, dass dies auch für die Zuverlässigkeit der Vorhersagen gilt. Während Megatrend-Prognosen wichtige Aussagen über zukünftig wahrscheinliche Entwicklungen enthalten, basieren sie allerdings lediglich auf der Extrapolation von aktuellen und bereits bekannten Verhaltensmustern und Randbedingungen. Mögliche Veränderungen von Handlungsmechanismen oder neu hinzukommende Systemfaktoren, die erst durch ebendiese Vorhersagen induziert werden, bleiben zumeist unberücksichtigt.

Gerade im ökologischen Themenkomplex sieht man diese Grenzen des Verfahrens sehr deutlich. Während John Naisbitt in seinem Bestseller „Megatrends" noch zu Anfang der 1980er-Jahre ein explosionsartiges wirtschaftliches Wachstum durch im grenzenlosen Überfluss verfügbare natürliche Ressourcen als einen der zehn Megatrends für das Jahr 2000 prognostiziert hatte (Naisbitt und Aburdene 1982), offenbaren sich in den letzten Jahren mit exponentiell ansteigendem Verbrauch immer häufiger die natürlichen Grenzen der irdischen Reserven.

Gleichzeitig haben Studien zum Energieverbrauch in den letzten Jahren gezeigt, dass positive Interventionsstrategien wie beispielsweise die Steigerung der Ressourceneffizienz auch kontraproduktive Verhaltensänderungen provozieren können, die als „Rebound-Effekt" bezeichnet werden. Dieses Phänomen dämpft den erwarteten Vorteil vieler Entwicklungen, wenn der scheinbare Fortschritt das subjektive Gewissen so entlastet, dass eine hemmungslosere Nutzung die prognostizierten Interventionseffekte unterminiert (Binswanger 2001).

Berücksichtigt man jedoch diese Grenzen des Prognoseverfahrens, so können Megatrends dabei unterstützen, Schwerpunktbereiche und Tendenzen zu identifizieren, in denen sich umfangreiche gesellschaftliche Veränderungen ankündigen beziehungsweise grundsätzliche Eingriffe notwendig werden. Da sich durch die steigende Veränderungsgeschwindigkeit vieler globaler Effekte die Prognose-Perioden deutlich verkürzt haben, während sich menschliche Verhaltensänderungen nicht in gleicher Weise beschleunigen, ist die Relevanz dieses Verfahrens innerhalb üblicher Unternehmensplanungsperioden zur Identifikation zunehmender Strategielücken in den letzten Jahren deutlich gewachsen. Hierauf wird im Abschn. 3.2 noch näher eingegangen.

Grundsätzlich kann man zwischen Megatrends als Szenario-unabhängige Veränderungen mit hoher Eintrittswahrscheinlichkeit und potenziell aufkommenden Regelveränderungen („Game Changers") unterscheiden. Der jüngste der alle fünf Jahre neu erscheinenden Berichte des amerikanischen National Intelligence Councils identifiziert beispielsweise die Versorgung mit Wasser, Nahrung und Energie sowie nie dagewesene demografische Veränderungen neben globalen und gesellschaftlichen Machtverschiebungen als die wesentlichen, nahezu unvermeidbaren Kernthemen der Zukunft. Demgegenüber steht Technologie als eine der möglichen regelverändernden Kräfte, die die Herausforderungen eines um 35–50 % höheren Basisversorgungsbedarfs, massiver gesellschaftlicher Alterung sowie Urbanisierung lösen könnten – bei einem gleichzeitig möglicherweise dramatischen Anstieg der ökologischen Auswirkungen menschlichen Handelns.

Insbesondere diese Herausforderungen und Chancen, in denen im Grundsatz ganz unterschiedliche Quellen weitgehend übereinstimmen, wirken auch auf die Arbeitswelt ein und zeigen sich in ihren Auswirkungen nicht nur in der individuell erlebten Arbeitsrealität (Gratton 2011). Aus vorhergehenden Megatrends kann man ableiten, dass sie auch etablierte unternehmerische Geschäftsmodelle in ihrer strategischen Ausrichtung komplett infrage stellen werden (Lubin & Esty 2010), wenn nicht zeitnah aktiv strategisch, systematisch und integriert hierauf reagiert wird (siehe bereits Abschn. 1.2).

Weil diese Anforderungen inzwischen allgegenwärtig sichtbar sind, hat eine klare unternehmerische Ausrichtung auch direkten Einfluss auf die Einschätzung der Mitarbeiter auf den zukünftigen Unternehmenserfolg. Daher stellt der organisatorische Lösungsbeitrag zu diesen Themen einen wesentlichen Indikator des GCH-Modells dar.

c) Ökosoziales Mitarbeiterbewusstsein

Aufgrund der zunehmenden Komplexität der Unternehmensprozesse werden die Möglichkeiten von detaillierten Regelungen für Arbeitsabläufe und Entscheidungsprozesse immer limitierter, da die Vielzahl der möglichen Handlungssituationen nicht mehr vollständig erfasst werden kann. Da allerdings Mitarbeiter insbesondere durch ihr kollektives Zusammenwirken die organisatorische Gesamtleistung wesentlich beeinflussen, wird es umso wichtiger, dass sich Unternehmen auf ein selbstmotiviertes Verhalten im Sinne der Unternehmensstrategie verlassen können.

Dies gilt auch im Bereich des umweltbewussten Verhaltens, bei dem nicht nur der mögliche ökologische Schaden selbst durch zunehmende Komplexität der Technologien ein wachsendes Risiko darstellt, sondern dank der weltweiten Ausbreitung von sozialen Medien auch eine neue Transparenz die Glaubwürdigkeit und Reputation von Unternehmens schnell öffentlich diskreditieren und dadurch die negativen wirtschaftlichen Auswirkungen von punktueller Nachlässigkeit oder Fehlverhalten in Organisationen massiv verstärken kann (Boiral 2009).

Daher ist inzwischen zur Prävention ein ökologisch aufmerksames Verhalten in jeder Organisation unabdingbar, das grundsätzlich zum Bereich der ethischen Entscheidungsprozesse zählt. Weil insbesondere Gewohnheiten einen stark moderierenden Einfluss bei freiwilligem ökologischen Verhalten zwischen Intentionen und Handlungen haben, kommt dem Arbeitsumfeld allein aufgrund des dort verbrachten hohen Lebenszeitanteils eine besondere Verantwortung zu (Lülfs und Hahn 2013).

Darüber hinaus führen mit persönlichen Grundeinstellungen kongruente Ziele im Arbeitsumfeld nicht nur zu einer dauerhaften Verankerung von Verhaltensweisen, sondern auch zu „Spill-over“-Effekten, bei denen Verhalten aus einem Lebensbereich in andere Lebensbereiche übernommen wird, sofern Handlungen als Teil eines ganzheitlichen Wertesystems erkannt werden (Unsworth et al. 2013).

Umso wichtiger ist es, das öko-soziale Mitarbeiterbewusstsein generell zu stärken und ihm auch im unternehmerischen Alltag Raum zu geben, damit es nicht als Teil eines vom Arbeitskontext getrennten Lebensbereiches wahrgenommen wird, sondern zu einem inhärenten Bestandteil einer ganzheitlichen Grundhaltung wird und sich in „organisatorischem Bürgerverhalten“ manifestiert.

Durch einen adäquaten ökologischen Verhaltensfokus kann das Unternehmen gleichzeitig die Aktivierung entsprechender persönlicher Normen unterstützen, die zu den wesentlichen Determinanten von freiwilligem ökologischen Verhalten zählen. Diese sind zwar zu einem gewissen Grad individuell durch die Erziehung vorgeprägt, werden aber kognitiv, emotional sowie durch soziale Faktoren des Umfeldes sowohl modifiziert als auch verstärkt. Insbesondere erhöhtes Problembewusstsein, die Schaffung von Verbindungen zwischen äußeren Handlungen und inneren Werten, Schuldgefühle bei Missachtung sowie vorhandene soziale Normen tragen stark hierzu bei (Bamberg und Möser 2007).

Insofern ist es wesentlich, neben der grundsätzlichen Ausrichtung des Produktportfolios auf Nachhaltigkeit das Thema eines öko-sozial verantwortlichen Handelns auch in den Handlungsalltag der Mitarbeiter einzubinden – idealerweise durch Initiativen und Angebote, die bis in den persönlichen Alltag hineinreichen, um hier eine Zielkongruenz herzustellen.

Öko-soziales Mitarbeiterbewusstsein bildet dann nicht nur die Grundlage für intrinsisch motiviertes Verhalten über den formal vorgeschriebenen Arbeitsinhalt hinaus („Organisatorisches Bürgerverhalten“), durch das auch in nicht regulierten Arbeitssituationen gewünscht konsequente Mitarbeiterentscheidungen initiiert werden, sondern hat auch eine starke Ausstrahlungswirkung auf das Verhalten in privaten Lebensbereichen (Lülfs und Hahn 2013).

d) Gefährdung des Geschäftsmodells durch öko-soziale Trends

Ganz in der Tradition des 1972 vom Club of Rome publizierten Berichtes über die „Grenzen des Wachstums“, der für die Auswirkungen menschlichen Handelns auf die Natur zunächst das existenzielle Bedrohungspotenzial hochrechnete und für verschiedene Szenarien früher oder später einen Kollaps der Biosphäre voraussagte, wird auch heute noch in der Umweltdiskussion als Triebkraft für ökobewusstes Handeln in der Regel die Angst vor den ökologischen Konsequenzen menschlichen Handelns geschürt, da allgemein angenommen wird, dass ein neuer Weg nur über eingeschränkte Handlungsfreiheiten entstehen kann und konsequenterweise äußere Zwänge als notwendig erachtet werden. Gleiches gilt für die Diskussion um die für einen gesellschaftlichen Zusammenhalt bedrohlichen sozialen Verwerfungen.

Allerdings birgt diese apokalyptische Rhetorik nicht nur die Gefahr der Verdrängung, da sich Krisenszenarien oft zunächst in Form einer schleichenden Degradation der individuellen Lebensbedingungen manifestieren und daher über lange Zeit schwer nachweisbar bleiben, obwohl bereits zu einem frühen Stadium die Regenerationsfähigkeit nachhaltig geschädigt wird. Sie kann auch heftige Gegenreaktionen – von massivem Widerstand bis zu endzeitlichen Bereicherungsegoismen – provozieren, da sie häufig primär als persönliche Handlungs- oder Freiheitsbeschränkung oder Entwicklungshindernis für einen verbreiteten gesellschaftlichen Hedonismus verstanden wird.

Darüber hinaus neigt der Mensch grundsätzlich dazu, die langfristigen, gegebenenfalls positiven Konsequenzen von Entscheidungen für die Zukunft gegenüber den unmittelbaren Verzichtsnachteilen in der Gegenwart unterzubewerten. Dies gilt besonders für eine Abwägung zwischen individuellen Vorteilen und negativen Auswirkungen auf das Kollektiv. Bei solchen Entscheidungen treffen in der Regel subjektiv ganz unterschiedliche zeitliche „Diskontierungsfaktoren" aufeinander, sodass die Vermeidung von schwer konkretisierbaren Drohszenarien, sofern diese nicht bereits in Resignation gemündet haben, für eine als fern empfundene Zukunft häufig banalisiert und hinausgezögert wird, da die unmittelbar in Kauf zu nehmenden Nachteile als unverhältnismäßig empfunden werden. In globalen Regulierungsinitiativen, die oft nur über umfangreiche Verhandlung gefunden werden können, werden deshalb besonders Gemeingüter häufig Opfer eines Konsenses (Fishman 2008).

Sowohl die mahnenden Vertreter der „Grenzen des Wachstums"-Theorien als auch die Philosophen, die Angst und Bedrohung als elementaren Bestandteil ethisch motivierter öko-sozialer Verantwortung für die kommenden Generationen sehen, versäumen dabei die Chancen, die ein positiv besetzter Enthusiasmus für die kreativen Gestaltungsmöglichkeiten einer öko-sozial orientierten Gesellschaft und Wirtschaft in sich birgt. Gerade dieses intrinsisch motivierte Engagement ist im Bereich der häufig noch ungeregelten Nachhaltigkeit jedoch ein entscheidender Wirkfaktor (Lambacher 2009).

Um im Unternehmenskontext einschätzen zu können, welches Bedrohungspotenzial durch die stark zunehmenden ökologischen Anforderungen von den Mitarbeitern wahrgenommen wird, ist es daher wesentlich, zu evaluieren, inwieweit das unternehmerische Geschäftsmodell zukünftig als existenziell durch öko-soziale Anforderungen bedroht interpretiert werden könnte. Hierdurch kann unbewusst leicht ein kreatives Engagement für nachhaltiges Verhalten unterminiert werden.

▶ Die Qualität der Strategischen Nachhaltigkeit entspricht der Funktionsfähigkeit des „sensorischen Systems" einer Organisation in Bezug auf seine Außenwelt. In dem Maße, wie die Abhängigkeiten von, aber auch die Verantwortung für das gesellschaftliche sowie das ökologische Gesamtsystem anerkannt wird, in das ein Unternehmen eingebettet ist, erhält Bezogenheit auf kollektiver Ebene einen glaubwürdigen Rahmen.

Hierbei werden nicht nur die Konsequenzen der organisatorischen Handlungen selbst berücksichtigt, sondern auch die Auswirkungen der gesamten Supply Chain für sämtliche von ihr erstellten Produkte und Dienstleistungen.

2.2.5 Autonomie – von EGO zu WE

Autonomie ist neben Bezogenheit die andere notwendige Randbedingung für einen persönlichen Wachstumsprozess. Auch sie muss, um wirksam zu sein, auf allen drei Hauptebenen des unternehmerischen Kontextes konsistent gefördert werden, wie dies in Abb. 2.11 dargestellt ist:

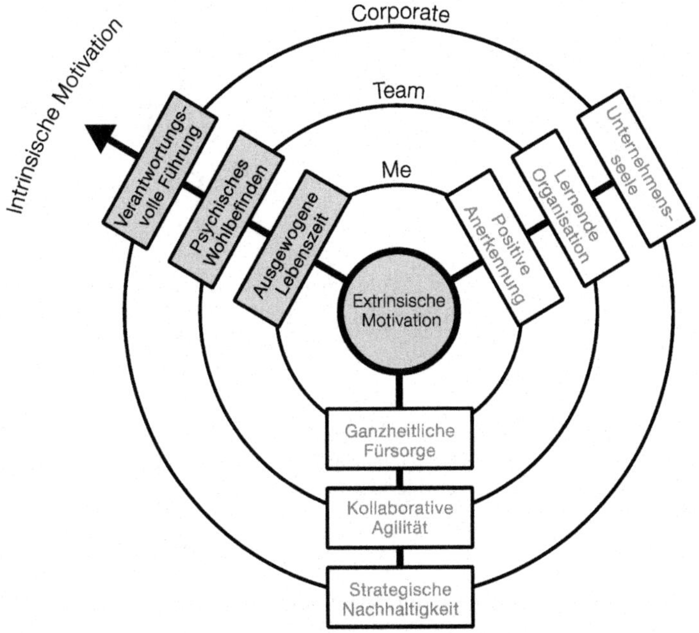

Abb. 2.11 Die drei GCH-Kernelemente für Autonomie bilden den Raum für Wachstum auf individueller, Team- sowie Unternehmensebene

- Autonomie auf individueller Ebene wird durch eine Ausgewogenheit der für Arbeit, Erholung und Freizeit aufgebrachten Lebenszeit erfahrbar. Durch eine Begrenzung der Fremdbestimmtheit verkörpert sie ein funktionierendes „Gleichgewichtsystem" für die persönliche Lebensgestaltung.
- Wie die Frequenz und die Amplitude einer gesunden „Herzfunktion" sind die emotionale Färbung ebenso wie der hiermit einhergehende Grad des aktiven Engagements die beiden wesentlichen Indikatoren für ein intaktes Autonomiegefühl auf Team-Ebene.
- Die Freiheitsgrade, die eine verantwortungsvolle Unternehmensführung strukturell einräumt, sowie die Möglichkeiten der Partizipation bestimmen den Grad der wahrgenommenen Autonomie des organisatorischen „Bewegungsapparates".

2.2.5.1 Ausgewogene Lebenszeit

> Das Zeit-Sparen lässt sich nicht mit irgendeiner anderen Art des Sparens vergleichen. Es ist eine Sache des vollkommenen Vertrauens – auf beiden Seiten! Uns genügt ihre Zusage. Sie ist unwiderruflich. Und wir kümmern uns um ihre Ersparnisse.
>
> (Michel Ende, „Momo")

„Ausgewogene Zeitnutzung" im GNH-Modell (Bhutan)

Während im Leben kontinuierlich unterschiedliche Lebensbereiche um die gleiche, beschränkte Ressource Zeit konkurrieren und ihr pausenlos kurzfristige Priorisierungen abverlangen, erkennt Bhutan an, dass es grundsätzlich für eine positive Lebenserfahrung eines Menschen erforderlich ist, dass für sämtliche Schlüsselbereiche des Lebens ausreichend Zeit zur Verfügung steht. Daher ist eine ausgewogene Nutzung der verfügbaren Lebenszeit ein weiteres Kernkriterium des GNH-Modells.

Als wesentliche Lebensbereiche gelten hierbei primär eine regelmäßige Arbeit, ausreichender Schlaf sowie als drittes die Zeit für die Pflege der sozialen Beziehungen, der Freizeitaktivitäten sowie der persönlichen Hygiene und Ernährung.

Für die Ermittlung des Erfüllungsgrades dieses Indikators misst das GNH-Modell diejenigen beiden Einzelfaktoren, die bei den meisten Menschen den umfangreichsten Anteil an Lebenszeit beanspruchen, nämlich die Zeit, während der sie einer (bezahlten ebenso wie unbezahlten) Arbeit nachgehen, sowie die Dauer des genommenen Schlafes. Das verbleibende Zeitpotenzial steht dann entsprechend für alle anderen Beschäftigungsmöglichkeiten zur Verfügung.

Da es sich bei Arbeit in Bhutan noch um weitgehend traditionelle Beschäftigungsverhältnisse mit hohem transaktionalen Anteil im Bereich der Landwirtschaft, der primären Fertigungsindustrie sowie einigen Dienstleistungen handelt, legt das Modell bezüglich der Arbeitszeit den Fokus auf deren Begrenzung auf ein zumutbares Maximum, bis zu dem gesundheitliche Nachteile ausgeschlossen werden können. Hierzu orientiert man sich an der von der ILO für Fertigungstätigkeiten festgelegten Obergrenze von 48 h pro Woche.

Auch in Bezug auf die Frage des Schlafes geht man in Bhutan als Zielgröße – trotz stark unterschiedlicher Schlafbedürfnisse von Individuen – vereinfachend von einem fixen täglichen Referenzwert aus, nämlich einer allgemein für die Gesundheit eines Erwachsenen notwendigen Schlafdauer von sieben bis acht Stunden pro Tag.

Hieraus ergibt sich in erster Näherung als Idealvorstellung für ein ausgewogenes Leben eine gleichmäßige Verteilung der Lebenszeit auf Arbeitsperioden, Ruhephasen und private Lebens- und Freizeit.

„Ausgewogene Lebenszeit" im GCH-Modell (Wirtschaftskontext)
Auch das GCH-Modell geht davon aus, dass die drei Lebensbereiche Arbeit, Freizeit und Erholung entscheidend für ein erfülltes Leben sind und unterscheidet sich hierbei grundsätzlich von der allgemeinen gesellschaftlichen Tendenz, Arbeit nur als notwendiges Übel zu betrachten, das es zu minimieren gilt.

In Anlehnung an das GNH-Modell konzentriert sich auch das GCH-Modell dabei als Messkriterien auf die beiden Faktoren Arbeitszeit sowie Ruhezeiten. Allerdings entspricht inzwischen in vielen Wirtschaftsunternehmen die am Arbeitsplatz erfasste Präsenzzeit längst nicht mehr der gesamten Arbeitszeit. Die Verschiebung von manueller Arbeit zu Wissenstätigkeit erlaubt es immer häufiger, dank moderner Kommunikationsmöglichkeiten zumindest einige arbeitsbezogene Aufgaben auch außerhalb der Unternehmensgrenzen zu erledigen, was die Erfassung der tatsächlich investierten Arbeitszeit deutlich erschwert.

Hinzu kommt die grundsätzlich begrüßenswerte Tatsache, dass Arbeit deutlich variantenreicher geworden ist. Dadurch, dass viele Tätigkeiten zyklischen Schwankungen unterliegen, hat dies allerdings auch direkte Auswirkungen auf die anfallende Arbeitsmenge. In der Folge sind in immer weniger Wirtschaftssektoren fixe Arbeitszeitregelungen realisierbar, sodass eine täglich oder auch wöchentlich fixierte Arbeitszeit immer seltener möglich ist.

Nichtsdestoweniger verbleibt die Notwendigkeit, dass zumindest über eine längere Periode temporäre Überlasten zu anderen Zeiten ausgeglichen werden sollten, um gesundheitliche Schäden zu vermeiden.

Gleichzeitig hat die wachsende Leistungsorientierung im Arbeitsumfeld dazu geführt, dass Sorgen in Bezug auf die individuelle Zielerfüllung ebenso wie die übernommener Verantwortung, aber auch psychische Faktoren aus dem Arbeitsumfeld auf die Qualität der Ruhephasen einen starken Einfluss nehmen. Dies wird allgemein unter dem Begriff des beruflichen Stresses zusammengefasst, bei dem eine durch äußere Reize verursachte dauerhafte Anspannung entsteht, die ab einem – individuell variierenden – Toleranzniveau auch auf Zeitperioden außerhalb der Arbeitszeit überspringen kann und dann einer effektiven Erholung im Wege steht.

Daher ist im unternehmerischen Kontext nicht nur die Dauer von Ruhephasen relevant, sondern insbesondere das Vorhandensein von Randbedingungen, die eine hohe Qualität dieser Erholungsphasen ermöglichen können.

Aus diesen Gründen setzt sich der GCH-Indikator „Ausgewogene Lebenszeit" zusammen aus:

a) der Begrenzung der maximalen, im Zusammenhang mit Arbeit aufgewendeten Leistungszeit, sowie geeigneten Möglichkeiten, temporäre Überlast in vertretbaren Zeitabständen durch entsprechende Entlastung zu kompensieren,
b) den arbeitsseitigen Voraussetzungen für sorgenfreie Erholungsperioden, die insbesondere von dem durch die spezifische Arbeitssituation induzierten Stress-Level abhängen.

a) Für Arbeit aufgewendete Lebenszeit

Die Verantwortung des Arbeitgebers für eine sinnvolle Begrenzung der Arbeitszeit ist in der sich ausweitenden Wissensindustrie gegenüber einer zuvor weitgehend manuellen Fertigungsindustrie zu einer deutlich komplexeren Herausforderung geworden. Während es auch heute noch bei vielen Verhandlungen von Betriebsparteien in der

Wirtschaft um eine – in der Regel gesetzlich regulierte und leicht überwachbare – Festlegung der Anwesenheit an einem fest definierten Arbeitsplatz geht, verschwimmen dank der modernen Kommunikationsmöglichkeiten längst immer mehr die klaren Grenzen zwischen Freizeit und Arbeitszeit. Im englischsprachigen Raum hat dies bereits zu der Wortschöpfung der „weisure time"[5] geführt – einer schleichenden Diffusion von Arbeitsaufgaben in ursprünglich dedizierte Freizeitperioden.

Hohe „Stand-by"-Anteile verhindern hierbei allerdings eine klare Bewertung, eine höhere Flexibilität bei der Einteilung seiner Arbeit wird vom Mitarbeiter häufig subjektiv durchaus positiv wahrgenommen und darüber hinaus ist ein stillschweigendes Hinnehmen inzwischen zu einer notwendigen Voraussetzung für eine berufliche Karriere geworden ist. Aus diesen Gründen wird diese arbeitsbezogene Zeit in den meisten Fällen vom Unternehmen gerne als Möglichkeit zur Produktivitätsverbesserung gesehen und in der Regel nicht erfasst (Luttenegger 2010).

Ähnliches gilt für die aufgrund zunehmender Urbanisierung immer längeren Transferzeiten von Berufspendlern. Neben den dadurch steigenden Kosten für die Mitarbeiter[6] sowie den Verkehrsbelastungen für die Gesellschaft muss inzwischen ein großer Anteil an Lebenszeit für das Erreichen des Arbeitsplatzes aufgebracht werden. Diese kann – abhängig von den zur Verfügung stehenden Verkehrsmitteln – selten sinnvoll genutzt werden und geht daher zulasten von Privat- und Erholungszeiten. Auch wenn Unternehmen hierfür kaum eine direkte Verantwortung zuzuschreiben ist, so lässt sich die individuelle Belastung zumindest durch organisatorische Maßnahmen wie logistische Unterstützung, aber auch eine Flexibilisierung der Arbeitszeiten und Rahmenbedingungen positiv beeinflussen.

Darüber hinaus sind inzwischen auch die treibenden Faktoren für über den normalen Rahmen hinausgehende Arbeitszeiten deutlich vielschichtiger. Hierzu gehört einerseits ein impliziter sozialer Druck des unternehmerischen Kontextes, der auf einer realen, aber oft auch auf einer vom Mitarbeiter nur hineininterpretierten Leistungserwartung der Vorgesetzten basieren kann, jedoch auch immer häufiger eine populär als „Workaholismus" beschriebene Arbeitssucht. Gerade diese kann durch ein übersteigertes Bedürfnis nach persönlicher Befriedigung und Bestätigung, das instrumentell mit der Arbeit verknüpfter wird, zu übermäßigen

[5]Kombination aus „work" (Arbeit) und „leisure" (Freizeit) – aus „Welcome to the 'Weisure' Lifestyle" CNN, May 11, 2009.

[6]Diese Kosten machen in Städten, wie beispielsweise Kapstadt, bis zu 45 % des Einkommens in den untersten Einkommensschichten aus.

Arbeitsaktivitäten führen und ist eine der wesentlichen Ursachen für Burnout (van Beek et al. 2011).

Insbesondere in dieser Grauzone, in der der Mitarbeiter nicht explizit zu Zusatzleistung aufgefordert wird, sondern diese aus scheinbar freiwilligen Motiven erbringt, wird die Mehrleistung in der Praxis häufig über pauschale Entgeltzuschläge aus der unternehmerischen Verantwortung ausgeschlossen. Mangels expliziter Aufforderung wird stattdessen als Ursache allgemein eine für das Individuum positive Bedürfnisbefriedigung durch die Arbeit unterstellt.

Da deutlich übersteigerte arbeitsbezogene Lebensanteile die Möglichkeiten einer störungsfreien Zeitnutzung für andere Lebensprioritäten einschränken und zusätzlich in Kombination mit mangelndem mentalen Abstand zur Arbeit nur eingeschränkt Erholung erlauben, müssen diese Zeiten jedoch in eine Gesamtbetrachtung für das individuelle Wohlbefinden einfließen, um eine vollständige Bewertung einer ausgewogen genutzten Lebenszeit vornehmen zu können.

Allerdings lassen sich auch die gesundheitlichen Risiken von Mehrarbeit in Verbindung mit der Verschiebung von überwiegend physischer zu vermehrt intellektuelle Tätigkeit immer weniger eindeutig nachweisen, da sich diese deutlich seltener in physischer Form äußern, sondern zunehmend psychischer Art sind und ihnen somit ein komplexes Ursachengefüge zugrunde liegt, welches selten eindeutig dem Arbeitskontext zugeschrieben werden kann (siehe auch Abschn. 2.2.4.1).

In Unternehmen, die über eine authentisch motivierende Arbeitsatmosphäre erfolgreich eine überwiegend positive Arbeitserfahrung erzeugen, welche durchaus auch die Attraktivität von üblichen Freizeitbeschäftigungen überschreiten vermag, kann sogar gezeigt werden, dass das Maß der Ermüdung durch solche Tätigkeiten herabgesenkt wird. Durch diese positive Wirkung auf den verfügbaren Energielevel reduziert sich somit das Risiko von aus Erschöpfung resultierenden gesundheitlichen Schäden (van Hooff et al. 2011).

Da ein Übermaß an Arbeitszeit auf Dauer allerdings durch die Vernachlässigung anderer Lebensbereiche zu indirekten negativen psychischen Konsequenzen für das Wohlergehen der Mitarbeiter führt, entsteht gerade für diese Unternehmen eine neue Qualität der Verantwortung, um eine exzessive Nutzung der Lebenszeit ihrer Mitarbeiter für arbeitsbezogene Aufgaben sinnvoll zu begrenzen.

Insofern ist die aktive Begrenzung der Arbeitszeit auf ein Niveau, auf dem noch adäquate Zeitperioden für andere Lebensprioritäten frei bleiben, nicht nur in Unternehmen relevant, bei denen hohe Arbeitsleistung unternehmensseitig eingefordert wird, sondern ebenso in einem Umfeld hoher intrinsischer Motivation. Dies muss sich jedoch weniger in einer kaum noch realisierbaren akribischen Zeiterfassung manifestieren, als in einer klar kommunizierten und von der Führung vorgelebten Grundhaltung, die alle Mitarbeiter dazu inspiriert, selbstverantwortlich auch ihre anderen Lebensbereiche ausgewogen zu priorisieren.

Dabei erlaubt allerdings ein grundsätzlich als positiv empfundenes Arbeitsumfeld, wie es auch durch das GCH-Modell angestrebt wird, aufgrund der beschriebenen reduzierten gesundheitlichen Risiken deutlich größere Kompensationszeiträume für Ausgleichszeiten, da es in einer solchen Arbeitsumgebung eher vertretbar ist, Ausgewogenheit über längere Perioden herzustellen, als es dies im Falle direkter gesundheitlicher Risiken der Fall ist. Insofern vergrößert ein motivierendes Arbeitsklima den Spielraum der unternehmerischen Flexibilität, darf jedoch nicht zu einer dauerhaften Steigerung der Arbeitszeit missbraucht werden.

b) Unbeeinträchtigte Erholungsphasen

Während jede Arbeitsbelastung physische, aber auch kognitive Energiereserven verbraucht, verfügt der Mensch nur über zwei natürliche Wirkmechanismen, wenn diese Ressourcen zur Neige gehen. Entweder stehen zeitnah ausreichend Erholungsmöglichkeiten zur Verfügung, bei denen die spezifischen, von der Arbeitsaufgabe geforderten Fähigkeiten nicht mehr beansprucht werden und dadurch die entsprechenden Energievorräte wieder aufgefüllt werden können („Effort-Recovery Model"), oder es werden Vermeidungsstrategien aktiviert, um ein weiteres Aufzehren der verbliebenen Energiereserven zu minimieren („Conservation of Ressources Theory") (Sonnentag und Fritz 2007).

Demzufolge obliegt es nicht nur der Fürsorgepflicht des Unternehmens, ausreichende Erholungsphasen für die Mitarbeiter sicherzustellen, sondern es ist auch in seinem eigenen wirtschaftlichen Interesse, um psychomotorische oder kognitive Leistungseinbrüche im Engagement aufgrund von Erschöpfung zu vermeiden.

Neben Freizeitaktivitäten und positiven Sozialkontakten ist hierbei einer der wesentlichen komplementären Faktoren zu einer hohen Arbeitsleistung qualitativ hochwertiger Schlaf. Er ermöglicht nicht nur dem Gehirn das Wiederauffüllen seiner Energiereserven, sondern trägt auch grundsätzlich präventiv zu Gesundheit bei, da chronischer Schlafdefizit inzwischen als Ursache für eine ganze Reihe an gesundheitlichen und lebensverkürzenden Risiken nachgewiesen worden ist (Querstret und Cropley 2012).

Durch die Veränderungen in der Arbeitswelt haben sich jedoch auch die Voraussetzungen für erholsamen Schlaf verändert. Besonders die gesteigerten kognitiven Anforderungen der Arbeitsaufgaben sowie erhöhter Leistungsdruck erschweren es zunehmend, sich mit Ende der regulären Arbeitszeit auch mental von arbeitsbezogenen Themen zu lösen.

Diese fortgesetzte geistige Tätigkeit ist eine wesentliche Ursache für Schlafstörungen (Åkerstedt et al. 2002). Dabei muss allerdings zwischen einer tendenziell eher belastenden, affektiven Nachdenklichkeit und einem fortgeführten, kognitiven Problemlösungsprozess unterschieden werden. Insbesondere Erstere hat einen negativen Einfluss auf erholsamen Schlaf und führt in der Folge zu akuter sowie bei anhaltender Belastung zu chronischer Erschöpfung (Cropley und Zijlstra 2011).

Auch wenn es kaum ausgeschlossen werden kann, dass – abhängig von der spezifischen Rolle und Verantwortung im Unternehmen, der persönlichen Neigung und Erfahrung sowie der individuellen Identifikation mit der Aufgabe – arbeitsbezogene Sorgen den Mitarbeiter immer wieder auch noch außerhalb der betrieblichen Arbeitszeit beschäftigen, vermag eine Kultur der gegenseitigen Hilfsbereitschaft im Unternehmen dem Mitarbeiter zumindest die Belastung auf ein erträgliches Niveau zu senken. Dies sollte selbst für eine von ihm verursachte und auch zu verantwortende Krisensituation gelten, da eine gesunde Fehlerkultur einen kontinuierlichen Fokus auf die Problemlösung und das organisatorische Lernen unterstützt, ohne dabei von Verantwortung grundsätzlich zu entbinden.

Demgegenüber verursacht steigender Druck insbesondere durch eine zunehmende Entkoppelung von zu verantwortenden Zielen mit den tatsächlichen individuellen Möglichkeiten, auf die Arbeitsergebnisse tatsächlich Einfluss zu nehmen, einen sich selbst verstärkenden Kreislauf psychischer Belastung.

Während der Indikator „Ganzheitliche Fürsorge" (Abschn. 2.2.4.1) die Stärkung der mentalen Fähigkeiten im Fokus hat, steht bei der Evaluierung dieses GCH-Indikator im Vordergrund, ob ein ausgewogenes Verhältnis zwischen Zielvorgaben und Einflussmöglichkeiten sichergestellt wird und inwieweit eine ausreichende Unterstützungskultur in Krisensituationen vorhanden ist, um die grundsätzlichen Voraussetzungen für eine ausreichende Menge an Erholung sicherzustellen.

▶ Eine Ausgewogene Lebenszeit repräsentiert das „Gleichgewichtssystem" einer Organisation. Dieses Element zielt darauf ab, das Bedürfnis nach persönlicher Autonomie zu erfüllen, indem es eine grundsätzliche Ausgewogenheit zwischen den wichtigsten Lebensbereichen als notwendig anerkennt und Maßnahmen getroffen werden, um hierfür die bestmöglichen Voraussetzungen zu schaffen.

Im Unterschied zu üblichen gesellschaftlichen Konzepten, die Arbeit häufig als notwendiges Übel betrachten und grundsätzlich eine Minimierung anstreben, wird eine aktive berufliche Tätigkeit allerdings als ein für eine ganzheitlich positive Lebenserfahrung wesentliches Schlüsselelement angesehen.

Die wesentlichen Kriterien sind eine vernünftige Limitierung der tatsächlichen arbeitsbezogenen Leistungszeiten im Zusammenhang mit sinnvolle Kompensationsperioden sowie die Schaffung von Voraussetzungen für ausreichende Erholungsphasen.

2.2.5.2 Psychisches Wohlbefinden

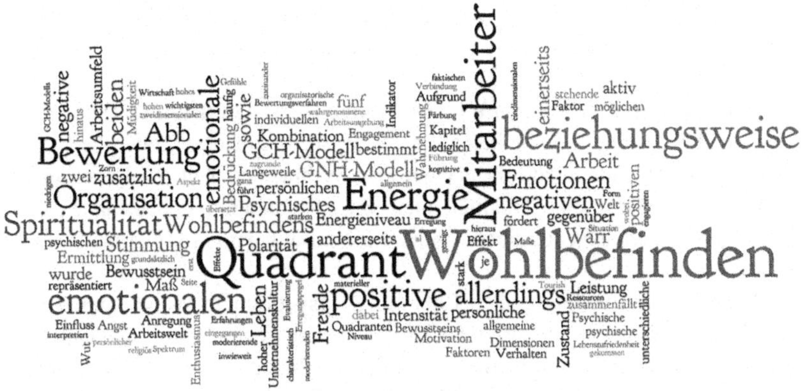

Die meisten von uns sind nur ganz allmählich weitergekommen, von einer Welt in die nächste, die dann anders war. Wir vergaßen sofort, woher wir gekommen waren, und es kümmerte uns nicht, wohin wir gingen. Wir lebten nur für den Augenblick. Es ist kaum vorstellbar, durch wie viele Leben wir hindurch mussten, bis wir verstanden, dass Leben mehr ist als Fressen und Kämpfen und eine Vormachtstellung im Schwarm einzunehmen.

(Richard Bach, „Die Möwe Jonathan")

„Psychische Wohlbefinden" im GNH-Modell (Bhutan)

Unter dem Indikator „Psychisches Wohlbefinden" versteht das GNH-Modell das Maß einer individuellen, von äußerlichen faktischen Randbedingungen weitgehend unabhängigen Lebenszufriedenheit. Diese wird einerseits anhand einer allgemeinen reflektorischen Bewertung in fünf essenziellen Lebensbereichen und andererseits durch die Rekapitulation persönlicher emotionaler Erfahrungen in der nahen Vergangenheit beurteilt.

Da Erinnerungen über Ereignisse allerdings in der Regel je nach ihrer emotionalen Polarität unterschiedliche Ursachenmechanismen, aber auch unterschiedliche Gewichtungen zugrunde liegen, werden bei Letzteren positive und negative Erfahrungen separat ermittelt. Dies geschieht konkret, indem die Häufigkeit von jeweils fünf positiven und fünf negativen spezifischen Emotionen abgefragt wird.

Anders als bei üblichen Konzeptionen des subjektiven Wohlbefindens, die lediglich eine kognitive sowie situativ-emotionale Bewertung umfassen, wurde im GNH-Modell zusätzlich zu diesen klassischen Faktoren noch das Niveau der praktizierten Spiritualität als Einflussfaktor auf diesen Indikator mit aufgenommen. Als Gegenpol zu materieller Bedürfnisbefriedigung kann die Spiritualität eine moderierende Wirkung auf die Bewertung des subjektiv empfundenen Wohlbefindens haben, wenn sie in das Leben integriert wird, weshalb sie in der Bhutanischen Kultur auch als ein für die menschliche Entwicklung essenzielles Element angesehen wird.

„Psychische Wohlbefinden" im GCH-Modell (Wirtschaftskontext)
Da das „Psychische Wohlbefinden" in einem so dominanten Lebensbereich wie der Arbeit nicht nur für die Dauer der dort verbrachten Zeit die Lebensqualität bestimmt, sondern seine Qualität auch auf alle anderen Lebenskontexte ausstrahlt, ist es naheliegend, dieses Element direkt aus dem GNH-Modell zu übernehmen.

Aufgrund der umfangreichen Literatur zu psychischem Wohlbefinden in der Arbeitswelt, zu der besonders Peter Warr, emeritierter Professor der Universität Sheffield, beigetragen hat, bietet es sich darüber hinaus für das GCH-Modell an, diesen Faktor auf Basis etablierter Theorien zu evaluieren.

Denn während gängige Ansätze zur Ermittlung der Mitarbeiterzufriedenheit in der Regel auf einer eindimensionalen Selbstbewertung des Arbeitsklimas durch den Mitarbeiter aufbauen, hat die Forschung gezeigt, dass nicht nur die Intensität und Polarität der emotionalen Färbung für die Ermittlung von kontext-freiem, aber auch kontext-spezifischem psychischen Wohlbefinden relevant ist. Vielmehr sind *zwei* orthogonal zueinander stehende Dimensionen entscheidend: einerseits die allgemein im Zentrum der Aufmerksamkeit stehende emotionale Ausprägung von Bedrückung oder Freude („Pleasure"), aber andererseits auch der Grad der Erregung („Arousal"), der in diesem Zustand entsteht – auch wenn der erste Aspekt die dominantere Dimension repräsentiert (Warr 1990).

Warr hat zur Ermittlung dieser Faktoren fünf geeignete bipolare Begriffspaare identifiziert, die einerseits die Achse „Bedrückung/Freude" und andererseits je zwei positive und negative Winkelhalbierende zur vertikalen Erregungsachse charakterisieren (Warr 1999). Diese zehn Begriffe sind nach übereinstimmender Forschung hinreichend, um in einem Arbeitsumfeld das psychische Wohlbefinden multifaktoriell zu ermitteln (Daniels 2000).

Daher wurde diese Grundstruktur auch dem zweidimensionalen Bewertungsverfahren des GCH-Modells zugrunde gelegt. Um unmittelbar die allgemeine Mitarbeiterempfindung ermitteln zu können, wurde sie allerdings in ein deutlich verfeinertes Raster von zehn möglichen emotionale Färbungsstufen sowie sechs potenziellen energetischen Intensitätslevel übersetzt. Abb. 2.12 zeigt die sich hieraus ergebenden 60 charakteristischen emotionalen Qualitäten, die die Grundlage für die systematische Selbstbewertung des GCH-Modells bilden.

Aufgrund des Zusammentreffens von positivem Wohlbefinden des Mitarbeiters mit einer hohen Bereitschaft zum Engagement ist die Kombination aus einem hohen Energieniveau mit einem positiven allgemeinen Gefühl der Freude (Quadrant (D)) der ideale emotionale Zustand in einem Arbeitsumfeld. Wie bereits im Abschn. 2.1 ausführlich erläutert, entsteht diese positive Korrelation allerdings erst nach Überschreiten der Grenze zur intrinsischen Motivation.

Auf der anderen Seite besteht in einem Umfeld, in dem sich eine negative Wahrnehmung im Hinblick auf den Arbeitskontext mit hoher Energie verbindet (Quadrant (A)), die Gefahr, dass sich die Stimmung der Mitarbeiter nicht nur negativ auf die gesamte Unternehmenskultur auswirkt, sondern dass diese sogar aktiv untergraben wird.

Grundsätzlich folgt damit die qualitative Bewertung von psychische Wohlbefinden einer U-Form in der alphabetischen Reihenfolge vom niedrigsten (A) über (B) und (C) auf den höchsten Quadranten (D), wie in Abb. 2.12 dargestellt.

Aus einer gewichteten Faktorkombination der beiden Dimensionen wurde hieraus zur Auswertung im GCH-Modell die in Abb. 2.13 gezeigte prozentuale Bewertungssystematik für „Psychisches Wohlbefinden“ abgeleitet:

In einer vereinfachten Form kann der Prozess für die Ermittlung des psychischen Wohlbefindens einer Organisation allerdings auch zunächst erfolgen, indem man sich auf das primäre Spektrum negativer versus positive Bewertung konzentriert und zusätzlich lediglich die von Warr identifizierten beiden Schlüsselmerkmale je Quadrant herausgreift, die repräsentativ für die wichtigsten möglichen emotionalen Stufen entlang der U-Form sind (hervorgehobene Felder in Abb. 2.12):

Abb. 2.12 Zweidimensionale Matrix der möglichen emotionalen Zustände bzgl. des „Psychischen Wohlbefindens“

										Energielevel
0%	10%	20%	30%	40%	60%	70%	80%	90%	100%	sehr hoch
8%	**17%** A	25%	33%	42%	58%	67%	75% D	**83%**	92%	hoch
17%	23%	**30%**	37%	43%	57%	63%	**70%**	77%	83%	mittel
25%	30%	35%	**40%**	45%	55%	**60%**	65%	70%	75%	
33%	37% B	40%	43%	**47%**	**53%**	57%	60% C	63%	67%	niedrig
42%	43%	45%	47%	48%	52%	53%	55%	57%	58%	sehr niedrig
Sehr negativ		negativ		neutral		positiv		sehr positiv		

Zufriedenheitslevel

Abb. 2.13 Linearisiertes Bewertungsschema für „Psychisches Wohlbefinden" durch gewichtete Faktorenkombination

a) Bedrückung gegenüber Freude
b) Dominante emotional-energetische Ausprägung
   - Zorn beziehungsweise Angst in Quadrant (A),
   - Langeweile beziehungsweise Müdigkeit in Quadrant (B),
   - Gelassenheit beziehungsweise Behaglichkeit in Quadrant (C),
   - Enthusiasmus beziehungsweise Elan in Quadrant (D),

Auch wenn dieses Bewertungsverfahren auf den ersten Blick erst einmal nur ein Indiz für den aktuellen Stand des psychischen Wohlbefindens der Mitarbeiter zu sein scheint, so repräsentiert insbesondere der Energielevel gleichzeitig einen starken Indikator für das allgemeine Niveau wahrgenommener Selbstbestimmung und Autonomie in der unmittelbaren Arbeitsumgebung. Darauf wird noch ausführlich im Abschn. 3.3 eingegangen.

Unabhängig vom Detaillierungsgrad dieser zweidimensionalen Bewertung wird analog zum GNH-Modell auch im GCH-Modell ein dritter Faktor ergänzt, der im Arbeitsumfeld ebenfalls einen stark moderierenden Effekt auf das persönliche Wohlbefinden hat:

c) die Evaluierung des Niveaus der Spiritualität beziehungsweise des „Bewusstseins" („Conscious Business")

Hierbei handelt es nicht zwangsläufig um eine religiös inspirierte, sondern eher um eine zumindest kontemplative „vertikale" Spiritualität, die sich in einem erweiterten persönlichen Bewusstsein über die Zusammenhänge des Lebens manifestiert.

a) Bedrückung – Freude

Die Polarität von Bedrückung gegenüber Freude bildet die klassische Hauptachse zur Bewertung des psychischen Wohlbefindens bei der Arbeit. Dieser häufig primär mit „Mitarbeiterzufriedenheit“ assoziierte Faktor repräsentiert die „janusköpfigen“ Extreme einer negativen oder positiven Grundstimmung bei der Arbeit, ohne allerdings die Intensität der mit diesen Emotionen jeweils einhergehenden Anregung näher zu betrachten.

Auch die anderen acht im Folgenden beschriebenen Hauptemotionszustände beinhalten anteilig diesen Aspekt, allerdings erfassen sie zusätzlich, mit welcher Intensität die jeweilige positive oder negative emotionale Färbung mit einem erhöhten oder einem erniedrigten Erregungspegel zusammenfällt.

Über diese zusätzliche, kombinierte Evaluierung kann die Qualität der primären emotionalen Bewertung zusätzlich validiert werden, da bei einer rein eindimensionalen Abfrage häufig die aktuelle Situation ein überproportionales Gewicht gegenüber der emotionalen Erinnerung erhält.

b) Quadrant (A): Zorn beziehungsweise Angst

Die Kombination aus negativer Stimmung mit hoher Anspannung in Quadrant (A) ist charakteristisch für die Gefühle von Wut und Angst, wobei Wut die stärkere Form der beiden ausdrückt.

Die Hirnforschung hat inzwischen gezeigt, dass Wut grundsätzlich mit einer starken Aktivierung derjenigen Hirnareale einhergeht, die für eine Tendenz der Annäherung verantwortlich sind und mit einer deutlich geringeren Anregung der für Distanzierung verantwortlichen Zonen zusammenfällt (Harmo-Jones und Allen 1998). Aggressives Verhalten ist daher eines der sichtbarsten Symptome von negativen Emotionen, die nach Kontakt suchen, um intensiv mit anderen zu interagieren.

In unterschiedlichem Maße reflektieren diese beiden Emotionen eine möglicherweise akute Gefährdung der Organisation durch starke Erregung in Verbindung mit einer stark negativen Stimmung, die auch aktiv kontraproduktive Interventionen in das Funktionieren der Organisation zur Folge haben könnte.

Andererseits bietet dieses Stadium ein großes Potenzial für Veränderungsprozesse, auf das noch intensiver im Abschn. 3.4 eingegangen wird.

Quadrant (B): Langeweile beziehungsweise Müdigkeit

Langeweile und Müdigkeit repräsentieren in unterschiedlicher Intensität einen niedrigen Erregungspegel auf der negativen Seite des emotionalen Stimmungsspektrums im Quadranten (B).

Neben den tatsächlichen Energiereserven ist eine der wichtigsten Determinanten, die grundsätzlich das Energieniveau von Mitarbeitern bestimmt, die wahrgenommene persönliche Kontrolle über seine Situation im jeweiligen Lebenskontext. Diese Wahrnehmung korreliert nicht notwendigerweise mit dem faktischen Einfluss einer Person, sondern hängt von seiner subjektiven Bewertung ab, inwieweit er die Welt um ihn herum als durch ihn selbst beeinflussbar *interpretiert* und es sich lohnt, Energie zu investieren.

Durch eine wiederholte Erfahrung der Ohnmacht gegenüber unveränderbaren Randumständen kann eine solche negative Prägung sogar zu erlernter Hilflosigkeit führen. Angesichts seiner wahrgenommenen Unfähigkeit, sich weiter in der Welt zu engagieren, resigniert das Individuum. Dies führt letztendlich zu einer Weigerung, überhaupt noch zu versuchen, selbst aktiv seine Umgebung zu gestalten, und stabilisiert den Mitarbeiter auf diesem passiven Energieniveau.

Im Gegensatz zur Tierwelt ist es beim Menschen allerdings ein kognitiver Lernprozess, der hier die entscheidende Rolle spielt, und durch die subjektive Interpretation gesteuert wird, inwieweit erlebte Situationen verallgemeinert werden sollten. Diese Grundeinstellung wird zwar schon früh im Leben vorprogrammiert, kann sich unter dem Einfluss des sozialen Umfelds aber verändern.

Dies ist wichtig für Führungskräfte, die bei ihren Mitarbeiter Passivität und mangelndes Engagement erleben, da es nicht nur die persönliche Einstellung, sondern gerade die wahrgenommene Unternehmenskultur ist, die auf erlerntes Verhalten der Mitarbeiter einen wesentlichen Einfluss ausübt.

Quadrant (C): Gelassenheit beziehungsweise Behaglichkeit

Die Kombination von positiven Emotionen mit niedrigem Anregungsniveau (Quadrant (C)) ist charakteristisch für Gefühle von Komfort und Entspannung. Aufgrund des damit verbundenen niedrigen Erregungsniveaus führt in diesem Zustand ein positiv wahrgenommenes Wohlbefinden nur in sehr begrenztem Maße auch zu höherer Leistung.

Aber selbst wenn auf den ersten Blick dieser emotionalen Zustand der Ruhe nur einen eingeschränkten Beitrag zu den Arbeitsergebnissen liefert, haben die Mitarbeiter angesichts der Bedeutung der Abwesenheit von negativen Stimmung zumindest einen stabilisierenden Effekt auf die organisatorische Leistung.

In einer solchen Umgebung muss häufig das Bewusstsein für die Sinnhaftigkeit der individuellen Tätigkeit im Kontext der eigenen persönlichen Ziele gefördert werden, um zu einem stärkeren Engagement zu führen.

Quadrant (D): Enthusiasmus beziehungsweise Energie

Begeisterung und Energie stellen das positive Ende des Spektrums im Quadranten (D) dar, in dem positive Stimmung mit hoher Spannung zusammenfällt, wobei Energie die wesentlich stärkere und nachhaltigere Anregung der beiden ist.

Die positive Bedeutung von Begeisterung und Energie in einer Organisation erstreckt sich dabei nicht nur auf die offensichtliche Leistung, die für die Aufgabenerfüllung zur Verfügung steht, sondern auch auf die begleitende emotionale Energie, die die Fähigkeit fördert, Sympathie auszudrücken und Empathie zu entwickeln. Darüber hinaus regt hohe kognitive Energie freie Denkprozesse und geistige Dynamik an und fördert Kreativität (Shirom 2011).

Während die Kombination von Enthusiasmus und Energie vor allem eine Voraussetzung für die aktive Motivation bei der Arbeit ist, kann es darüber hinaus als moderierende Verbindung zwischen organisatorischen, aufgabenbezogenen und persönlichen Ressourcen einerseits und Arbeitshaltung und Verhalten andererseits interpretiert werden. Hierüber bestimmt sich die Effizienz, mit der vorhandene Ressourcen in tatsächliche Leistung der Organisation übersetzt werden.

Allerdings ist das Energieniveau, mit dem sich Mitarbeiter bei der Erfüllung ihrer Aufgaben engagieren, wie bereits erwähnt, nicht ausschließlich das Ergebnis der persönlichen Einschätzung oder abhängig von individuellen Motivatoren. Es wird zusätzlich durch ein hohes empfundenes Maß an persönlicher Kontrolle in der Arbeitsumgebung verstärkt (Armon et al. 2012).

c) Spiritualität und Bewusstsein

Das Konzept von Spiritualität beziehungsweise eines gesteigerten Bewusstseins für tiefer gehende, nicht-materielle Lebenszusammenhänge („Consciousness") in der Arbeitswelt, das in den vergangenen zwei Jahrzehnten in eine breitere akademische Diskussion gekommen ist, birgt ein hohes Maß an Diskussionspotenzial für die angewandte Wirtschaft. Dies liegt einerseits an dem breiten Spektrum der Definitionen, welche von allumfassenden Gesamtkonzepten, die inter- und intrapersonelle Bereiche einschließen, bis zu strikt transpersonalen, stark religiös getriebenen Überzeugungen reichen (Altaf und Atif Awan 2011), und dabei mehr oder weniger an den Grundfesten der bisherigen klaren Säkularisierung der Wirtschaft rütteln.

Andererseits haben Versuche von pekuniären Rechtfertigungsstrategien für solche Ansätze dazu geführt, dass diese Konzepte in den Verdacht gerieten, nicht auf individueller Ebene das innere Konfliktpotenzial zwischen Privat- und Arbeitsleben abbauen zu wollen, sondern durch das Eindringen der Führung in bisher strikt private Domänen des Lebens einem verdeckten Ausbau der Machtverhältnisse der Führung zu dienen, um es für ihre Leistungsinteressen zu missbrauchen (Tourish und Tourish 2010).

Spiritualität im GNH- und konsequenterweise auch im GCH-Modell vermeidet diese Risiken, indem sie sich auf das Zurverfügungstellen von Freiräumen beschränkt, um persönliches Wohlbefinden nicht nur in materieller, sondern auch in geistiger Hinsicht in der Arbeitswelt zu ermöglichen, sowie auf allgemeine Anregungen, sich mit diesen Themen auch im Arbeitsumfeld auseinanderzusetzen. Sie ist dabei von konkreten Inhalten oder spezifischen Weltanschauungen komplett losgelöst und soll lediglich eine persönliche innere Zufriedenheit mit dem eigenen Leben durch ein eigenes Bewusstsein für Bedeutung und Sinnhaftigkeit fördern (Altaf und Atif Awan 2011).

Hierdurch können – ohne dass die Gefahr der Instrumentalisierung für inhaltliche Partikularinteressen besteht – auf der Basis einer allgemein konfliktfreien und dadurch höheren Lebenszufriedenheit positive Effekte auf das Verhältnis der Mitarbeiter zu ihrer Arbeit ganz natürlich entstehen. Dies fördert nicht nur die organisatorische Bindung und die Selbstachtung (Milliman et al. 2001), sondern es hat auch entlastende Effekte auf die psychische Arbeitsbelastung, was den Mitarbeiter in seiner mentalen Gesundheit unterstützt.

▶ „Psychisches Wohlbefinden" bestimmt die Taktfrequenz der Organisation, stellt die gleichmäßige Grundversorgung sämtlicher Organfunktionen sicher und entspricht somit einer gesunden „Herzfunktion" des Organisationsorganismus.

Es wird durch zwei unterschiedliche, orthogonal zueinander stehende Dimensionen charakterisiert, nämlich der emotionalen Interpretation des Arbeitskontextes sowie dem Maß der Energie, mit der der Mitarbeiter sich aktiv einzubringen bereit ist. Diese beiden Faktoren definieren vier mögliche emotionale Hauptzustände in einer Organisation.

Analog zu einem EKG werden für die Beurteilung dieses Faktors die Polarität sowie die Amplitude der Emotionen des Mitarbeiters bewertet.

Ergänzend wird der Grad der Spiritualität beziehungsweise des „Bewusstseins" ermittelt, der einen moderierenden Effekt auf die Wahrnehmung der Arbeitssituation hat.

2.2.5.3 Verantwortungsvolle Unternehmensführung

Obi-Wan Kenobi zu Han Solo: „Wer ist der größere Tor? Der Tor oder der Tor der ihm folgt?“

(George Lucas, Star Wars, Episode IV, „Eine neue Hoffnung“)

„Verantwortliche Staatsführung“ im GNH-Modell (Bhutan)

Für den Begriff einer „guten Staatsführung“ kursieren ähnlich viele Definitionen, wie es politische Überzeugungen gibt. Das GNH-Modell orientiert sich in diesem Punkt an dem Konzept der Weltbank, für die „Governance“ grundsätzlich alle Bereiche der „Ausübung von Autorität, Kontrolle, Management und Macht“ umfasst und „Good Governance“ eine notwendige Voraussetzung für eine „nachhaltige und ausgewogene Entwicklung“ eines Landes ist.

In Bhutan hat man vier elementare Faktoren gewählt, die eine effektive und gleichzeitig effiziente Regierungsführung charakterisieren und deren Leistungsgrad anhand von 21 Einzelfragen ermittelt wird.

Zunächst sind es die fundamentalen Rechte der Bürger, die vom Staat garantiert werden müssen, sich eng an den fundamentalen Menschenrechten orientieren und im Schwerpunkt sieben essenzielle Freiheitsrechte (u. a. zur Versammlung, Meinungsäußerung) umfassen.

Weiterhin wird die allgemeine Regierungsleistung danach bewertet, wie erfolgreich sie in der subjektiven Wahrnehmung ihrer Bürger ausgewogene soziale und ökologische Rahmenbedingen nachhaltig sicherstellt. Dies beinhaltet

Themen wie die Schaffung von Arbeitsplätzen, die Begrenzung von Einkommensextremen, den individuellen Schutz gegen Feuer und Krankheit, die vorhandenen Erziehungsmöglichkeiten sowie den Schutz von Kultur und Natur.

Die grundsätzliche Qualität des von der Regierung und ihrer Verwaltung gelieferten Services wird darüber hinaus noch an der Verfügbarkeit gesellschaftlich wichtiger Systeme in staatlicher Verantwortung gemessen, wie die Versorgung mit Strom und Wasser, die Gesundheitsfürsorge oder die Abfallbeseitigung.

Als Letztes wird dann noch ermittelt, in welchem Maße eine aktive Partizipation der Bürger an politischen Entscheidungsprozessen auch aus deren Sicht möglich ist.

„Verantwortliche Unternehmensführung“ im GCH-Modell (Wirtschaftskontext)

In Analogie zum GNH-Modell wurde für die entsprechende Kategorie des GCH-Modells der Oberbegriff „Verantwortliche Unternehmensführung“ gewählt. Während sich das Konzept von „Corporate Governance“ in der Wirtschaftsliteratur bisher allerdings häufig lediglich auf Standards zum Schutz der Interessen der Shareholder beschränkt, die die unternehmerische Kontrolle ihrer Beteiligungen an von ihnen direktiv weitgehend unabhängige Manager abgegeben haben („Agency Dilemma“) (Bozec et al. 2010), wurden für das GCH-Modell das umfassendere Verständnis des GNH-Modells übernommen und alle vier GNH-Kriterien in den Kontext der Unternehmenswelt übertragen.

Zunächst bieten Rahmenwerke wie beispielsweise die des Global Compact, der Global Reporting Initiative oder die Zertifizierungsstandards als B-Corp für Unternehmen ein äquivalentes Pendant zu den Menschenrechten, da sie sowohl weltweit anerkannte Mindeststandards für unternehmerische Tätigkeit beinhalten, als auch gleichzeitig eine aktive Bereitschaft zur gesellschaftlichen Transparenz einfordern, die für eine harmonische Einbettung des Unternehmens in die Gesellschaft notwendig ist.

Weiterhin ist die subjektiv wahrgenommene Qualität der Führung bezüglich der Sicherstellung eines nachhaltigen, ausgewogenen Unternehmenserfolges eine entscheidende Komponente für das Vertrauen der Mitarbeiter in die Zukunft und kann daher analog aus dem GNH-Modell abgeleitet werden.

Die Qualität der von der Administration gelieferten Prozessleistung ebenso wie deren Effizienz sind im GCH-Model das korrespondierende Element für die Bewertung der „Regierungsleistung“, denn hierbei handelt es sich grundsätzlich auch um von der Gemeinschaft durch „Umlage“ finanzierte Aufgaben.

Zuletzt bildet die gelebte Partizipation bei der Gestaltung der Unternehmenskultur, bei der Entwicklung der internen Prozesse sowie insbesondere bei der Entscheidungsfindung einen entsprechenden Schlüsselindikator für die Qualität der Einbindung aller Mitarbeiter in die Gestaltung der unternehmerischen Zukunft.

Somit kann das Element der „Verantwortlichen Unternehmensführung" im GCH-Modell ebenfalls durch vier Faktoren charakterisiert werden:

a) einen hohen Grad an externer und interner Transparenz und eine „Compliance" mit den Minimalrichtlinien international anerkannter (freiwilliger) Berichtsstandards,
b) tiefes Vertrauen der Mitarbeiter in die Leitung, die sich an dem Rollenmodell einer „dienenden Führung" („Servant Leadership") orientiert,
c) dem Niveau der Serviceleistung der Administration in Kombination mit ihrer wirtschaftlichen Effizienz,
d) die Intensität, mit der die aktive Mitgestaltung durch die Mitarbeiter im Unternehmen zugelassen und gefördert und eine Kultur der Partizipation aktiv gelebt wird.

a) Transparentes Berichtswesen
Seit Anbeginn der Wirtschaftsgeschichte war die Vertraulichkeit von Geschäftsgeheimnissen und internem Wissen gegenüber Außenstehenden der Standard für jegliche Form der Unternehmensführung. Bis heute werden Informationen in der Regel nur auf der Basis gesetzlicher Vorschriften veröffentlicht – oder wenn sie aufgrund ihres positiven Inhaltes dem Marketing dienlich sind. Verborgen hinter vorgeblichen wirtschaftlichen Interessen kommen demgegenüber kritische Information über interne Prozessabläufe, aber auch Fakten über die Auswirkungen unternehmerischer Handlungen erst dann an die Oberfläche, wenn ihre Symptome bereits nicht mehr zu übersehen sind.

Allerdings hat sich die Rolle der Wirtschaft inzwischen grundsätzlich gewandelt. Aufgrund ihrer Größe beeinflussen inzwischen viele Unternehmen die Gesellschaft deutlich über ihre unmittelbare wirtschaftliche Tätigkeit hinaus. Da sie daher einen entscheidenden Einfluss bei der Lösung der inzwischen allgegenwärtigen und in hohem Maße von ihnen selbst mit verursachten ökologischen, aber auch sozialen Herausforderungen haben, wird konsequenterweise der Ruf nach neuen Regelsystemen für Unternehmen immer lauter, die verbindlich ihre gesellschaftliche Verantwortung regeln sollen.

Während es sogar erste Visionen für eine radikale Umstrukturierung der Wirtschaft nach ganz neuen Wertesystemen gibt, die auf Konzepten der moralisch begründeten Selbstbeschränkung basieren und Gewinnteilung zum Wohle der Gesellschaft postulieren[7], setzt dies allerdings eine grundsätzliche Veränderung

[7]Z. B. Corporation2020.org.

der Gesetze der Kapitalmärkte voraus. Angesichts der globalen Dominanz des weltweiten Finanzsystems erscheint dies in absehbarer Zeit – selbst bei ausreichender gesellschaftlicher Rechtfertigung – kaum realistisch.

Daher bleiben von den identifizierten Interventionsmöglichkeiten (Levy 2011) zurzeit lediglich drei übrig, die man als wirkungsvoll einschätzen kann, um kurzfristig einen gesellschaftlich als notwendig erachteten unternehmerischen Wandel des etablierten, bisher rein auf die monetäre Optimierung des eigenen Mikrokosmos fokussierten Wirtschaftssystem zeitnah zu erreichen: direkte staatliche Regulierung, neue monetäre Anreizsysteme mit ökologischen Wirkmechanismen, um beispielsweise den Verbrauch öffentlicher Güter in die unternehmerische Kosten-Nutzen-Rechnung mit all ihren volkswirtschaftlichen Konsequenzen repräsentativ einzubinden, oder breiter öffentlicher Druck.

Allerdings handelt es sich bei den ersten beiden Ansätzen lediglich um geänderte, für ein weiterhin selbstzentriert ausgerichtetes Wirtschaftssystems jedoch zwingende Randbedingungen, denen sich jedes in den betroffenen Märkten handelnde Unternehmen alternativlos beugen muss, sofern es nach oft zeitraubenden Verhandlungen hierfür keine Schlupflöcher mehr gibt. Ein Indikator für ein authentisches und für die Mitarbeiter glaubwürdiges Bekenntnis der Führung zu einer gesellschaftlichen Verantwortung ist dies noch nicht. Lediglich eine zumindest partiell freiwillige Unterwerfung eines Unternehmens unter gesellschaftliche Moral- und Sozialforderungen kann als solches gewertet werden und würde über eine bisher ausschließlich dem Shareholder verpflichtete „Good Governance" hinausgehen.

Hierfür wurden in den letzten Jahren insbesondere durch die zehn universellen Grundprinzipien des von den Vereinten Nationen veröffentlichten „Global Compact",[8] durch die Berichtsstruktur der „Global Reporting Initiative" (GRI),[9] aber auch durch neue, noch umfassendere Zertifizierungen wie das Impact-Assessment als „B-Corp"[10] neue wirtschaftliche Minimalstandards entwickelt, die in ihrem Inhalt weltweite Anerkennung finden, obwohl sie bisher nur freiwilligen Charakter haben.

Gerade in der Selbstverpflichtung und der Transparenz, die für eine Beteiligung an diesen Initiativen entscheidende Voraussetzungen sind, manifestiert sich für den Mitarbeiter die Ernsthaftigkeit seines Arbeitgebers, seiner über die gesetzliche Berichtspflicht hinausgehenden gesellschaftlichen Verantwortung nachzukommen.

---

[8]UNglobalcompact.org.

[9]Globalreporting.org.

[10]BCorporationEurope.eu.

Daher wurde die Beteiligung des Unternehmens an einer dieser (oder einer vergleichbaren) Initiativen als Kenngröße für das GCH-Modell festgelegt.

b) Vertrauen in die Führung

Führung basierte ursprünglich auf einer einmal verliehenen Amtsautorität und die Beziehung zwischen der Führungskraft und dem Mitarbeiter war im Wesentlichen durch die Ausübung von Befehlsmacht einerseits und bedingungslosem Gehorsam andererseits geprägt. Ihr Ziel war lediglich die Sicherstellung einer effizienten transaktionalen Arbeitsteilung. In den letzten Jahrzehnten wuchs jedoch das Bewusstsein für die Relevanz des Führungsstils über den reinen Anweisungsinhalt hinaus, um auch das intellektuelle Potenzial der Mitarbeiter nutzen zu können.

Zunächst ging es hierbei weiterhin um die kurzfristige Leistungssteigerung des Mitarbeiters. Allerdings entstanden inzwischen angesichts eines wachsenden Bewusstseins für die Notwendigkeit von ethischem Verhalten bei der Unternehmensführung neue Konzepte der transformativen Führung („Transformative Leadership"), in deren Fokus neben der Sicherung der langfristigen Stakeholder-Interessen gleichzeitig die bedingungslose Einhaltung hoher ethischer Standards sowie eine adäquater Berücksichtigung der sozialen Auswirkungen des unternehmerischen Handelns steht.

Der wirtschaftliche Erfolg dieser Modelle kann unter anderem darauf zurückgeführt werden, dass auf der Basis einer intakten Vertrauenskultur die Notwendigkeit für umfangreiche Kontrollfunktionen deutlich sinkt und hierdurch die Führung deutlich entlastet werden kann. Außerdem wurde inzwischen erkannt, dass durch die Kombination von Kompetenz, Integrität und Empathie-Fähigkeit ein deutlich höheres Mitarbeiterengagement insbesondere bei kognitiv herausfordernden Tätigkeiten entsteht (Caldwell et al. 2012).

Transformative Führung kombiniert grundsätzlich die Kernelemente einer ganzen Reihe an Führungsstilelementen, von denen charismatische Führung sowie dienende Führung deren prominenteste Vertreter sind (Choudhary et al. 2013). Während sich bisherige transaktionale Führung im Wesentlichen auf den Informationsaustausch über die zu erreichenden Ziele und die hierfür im Gegenzug angebotene Belohnung (oder Bestrafung) beschränkt und sie in der Regel nur eingreift, wenn Zielabweichungen dies als notwendig erscheinen lassen („Management by Objective"), zielt *transformative* Führung darauf ab, das Bewusstsein des Mitarbeiters für die Mission des Unternehmens zu entwickeln und sein Engagement über die eigenen Ziele hinaus zum Wohle der ganzen Organisation zu aktivieren. Charisma, das Eingehen auf die individuellen Bedürfnisse der Mitarbeiter und sowie ihre gleichzeitige intellektuelle Herausforderung führen nachweislich zu einer deutlich erhöhten Bereitschaft, sich für das Unternehmen einzusetzen (Bass 1990). Dies gilt besonders in Zeiten starker Veränderungen und Unsicherheit, in denen transaktionale Führung schnell an ihre Kapazitätsgrenzen kommt.

Führung ist allerdings am wirkungsvollsten, wenn sie nicht selbst fokussierten Zielen dienen soll, sondern mit einer authentisch *dienenden* Führungshaltung verbunden ist. Aus diesem Grund wurde das Modell der „dienenden Führung" („Servant Leadership") als Leitkriterium für den Faktor „Vertrauen in die Führung" ausgewählt.

Bei diesem Führungsstil handelt es sich um ein bereits in den 1970er-Jahren von Robert K. Greenleaf beschriebenes Konzept (Greenleaf 1977), welches als Gegenentwurf zu einer weitgehend auf sein Selbstinteresse fokussierten Managerpersönlichkeit dienen sollte und auf antike und allgemein religiöse Wertvorstellungen zurückgeführt werden kann (Parris und Peachey 2013).

Die Tatsache, dass dieser Führungsstil nicht nur auf trainierbaren Verhaltensweisen, sondern insbesondere einer inneren Grundeinstellung basiert, hat zu unterschiedlichen Definitionsversuchen geführt, die allerdings alle auf dem fundamentalen und primären Willen aufbauen, anderen authentisch zu dienen. Eine solche Vorbildfunktion hat eine besonders verstärkende Wirkung auf organisatorisches Bürgerverhalten, das heißt, auf den essenziellen Leistungsaspekt einer Organisation, der nicht vom Unternehmen eingefordert werden kann, sondern nur auf freiwilliger Basis vom Mitarbeiter geleistet wird (Bambale 2014).

Die starke Korrelation dieses Führungsansatzes insbesondere mit Team-Effektivität und Mitarbeiter-Wohlergehen ergibt sich aus sämtlichen bisherigen Studien. Von den sechs am häufigsten in der bisherigen empirischen Forschung als Faktoren herangezogenen Merkmalen einer dienend geführten Organisation (Parris und Peachey 2013) wurden für diesen GCH-Faktor „Authentizität", „weitsichtige Führung" sowie eine „dienende Grundhaltung" als Kernkriterien ausgewählt, da die verbleibenden drei Kriterien „persönliches Wachstum" (siehe Abschn. 2.2.3.2), „Gemeindebildung" (siehe Abschn. 2.2.4.2) sowie „Partizipation" (siehe dieser Abschnitt später) bereits in anderen GCH-Faktoren reflektiert sind.

Da Vertrauen in Führung nicht primär aus unmittelbaren Führungshandlungen entsteht, sondern neben dem Vorhandensein von grundsätzlicher Kompetenz zunächst ein Vorschuss an glaubwürdig demonstriertem Vertrauen der Führungskraft in die Fähigkeiten des Mitarbeiters gewährt werden muss, um die Basis für eine reziproke Motivation zu vertrauenswürdiger Handlung zu schaffen, bildet dieses Führungsmodell hierfür die notwendige Grundlage (Narayanan 2012).

Seine höchste Form findet dieser Führungsstil allerdings erst dann, wenn sich die Organisation schrittweise dahin entwickeln kann, dass sie sich selbst von der

Abhängigkeit von einer charismatischen Führungspersönlichkeit emanzipiert und allein die Unternehmensseele bereits ausreichend leitende Inspiration gibt. Dies mündet in die Form der „Bionischen Führung" („Soul-driven Leaderships"), bei der die Führungskraft weitgehend in den Hintergrund treten kann, worauf noch im Abschn. 2.4 detaillierter eingegangen wird.

c) Leistung der Verwaltung
Das Bewertungskriterium der Leistung sowie der Schlankheit der Verwaltung ergibt sich aus der direkten Analogie zum Staatsmodell. Auch in einem Unternehmen „verbraucht" die Verwaltung finanzielle Ressourcen, die grundsätzlich analog zu Steuern aus dem Einnahmestrom der vom Unternehmen verkauften Produkte oder Dienstleistungen durch ein umlageähnliches Verfahren abgezweigt werden.

Insofern muss die Administration nicht nur aus wirtschaftlichen Gründen, sondern auch aus ihrer impliziten Verantwortung gegenüber den für die Einnahmen direkt sorgenden und ebenfalls auf Effizienz fokussierten operativen Organisationsbereichen ihre Leistung als Teil eines gegenseitigen „Sozialvertrages" möglichst ressourceneffizient erbringen.

Die Wirkung dieses Faktors wird zusätzlich durch die Tatsache verstärkt, dass die handelnden Akteure der Verwaltung häufig als „Agenten" der Leitung wahrgenommen werden, sodass ihr Umgang mit Ressourcen ebenso wie ihre Integrität von den Mitarbeitern als direkter Spiegel der Unternehmensführung interpretiert werden.

Hierbei gilt es allerdings, ein ausgewogenes Gleichgewicht zwischen der Qualität der zu erbringenden, oft individualisierten Dienstleistung der administrativen Organisationseinheiten und einer möglichst hohen organisatorischen Kosteneffizienz durch Standardisierung der Abläufe zu finden.

d) Partizipation
Ebenso wie in gesellschaftlichen Prozessen hat eine aktive Partizipation von einer erweiterten Zahl an Beteiligten an Entscheidungsprozessen in einer Organisation nicht bloß grundsätzlich positive Auswirkungen auf die faktischen Ergebnisse.

Zwar kann zunächst davon ausgegangen werden, dass sich durch eine gesteigerte Zahl an möglichen Lösungsvarianten sowie ein breiteres Spektrum abzuwägender Argumente auch die Qualität der Ergebnisse verbessert. Allerdings liefert die Einbindung von Betroffenen auch einen wesentlichen Beitrag zum von den Mitarbeitern empfundenen „Prozessnutzen", der in den letzten Jahren als relevanter Einflussfaktor auf die Lebenszufriedenheit identifiziert wurde und bisherige Konzepte eines rein ergebnisfokussierten Nutzendenkens des Menschen erweitert hat.

Diese Wirkung entsteht nicht nur infolge der offensichtlichen Befriedigung von Autonomiebedürfnissen durch direkte Einbindung. Zugleich wird mit der für eine Partizipation häufig notwendigen kollektiven Wissenserweiterung auch das Gefühl für Kompetenz gefördert sowie durch die Einbindung in den Entscheidungsprozess die Beziehungsintensität verstärkt (Weitz-Shapiro und Winters 2008). Somit unterstützt eine systematische Partizipation alle drei Bedürfnisspektren der Selbstbestimmungstheorie bei den Beteiligten.

Wie die Baseler Professoren Bruno Frey und Alois Stutzer auf der Basis von intensiven Studien in der Schweiz im Kantonsvergleich nachgewiesen haben, haben demokratische Mitspracherechte einen sehr starken Einfluss sowohl auf die individuelle als auch auf die gesamtgesellschaftliche Glückswahrnehmung (Frey und Stutzer 2002). Da in der Schweiz allein ca. 60 % der in den letzten 200 Jahren weltweit auf nationaler Ebene durchgeführten Referenden abgehalten wurden, bietet sie ein ideales Feld für Studien zur Wirkung von direkten Demokratieelementen.

Insofern bildet die aktive Einbindung der Mitarbeiter in die Entwicklung und Festlegung wesentlicher Organisationsprozesse, aber auch in strategische Weichenstellungen des Unternehmens einen weiteren Kernfaktor des GCH-Modells.

▶ Die Handlungsfähigkeit des „Bewegungsapparates" eines Organisationsorganismus' wird durch eine „Verantwortliche Unternehmensführung" bestimmt. Die Führung muss dafür Sorge tragen, dass die Organisation eine konsistente Form behält, aber sich trotzdem zielgerichtet agil bewegen kann.

Während eine schlanke und effiziente Administration das tragende Gerüst sämtlicher Aktivitäten ist, so sorgt Transparenz dafür, dass alle notwendigen Informationen über das eigene System, aber auch seine Wirkung auf das nächsthöhere System, jederzeit verfügbar sind, um die richtigen Aktivitäten auszulösen.

Während Vertrauen in die Führung die Grundlage dafür bildet, dass eine gerichtete Bewegung koordiniert und insbesondere reibungslos stattfinden kann, sorgt intensive Einbindung in die Entscheidungen und Prozessfestlegungen dafür, dass alle Ideen und Randbedingungen der unterschiedlichen Bereiche ausgewogen berücksichtigt werden.

2.3 Krisenmanagement Reloaded: Die Effizienzillusion

Tur-Tur: "Wissen Sie, ich bin nämlich gar nicht so groß. Ich bin nur ein Scheinriese. ... Je weiter ich von jemandem entfernt bin, desto größer scheine ich ihm."

(Michael Ende, „Jim Knopf und Lukas")

Zugegeben, es tat gut, in den letzten Jahren immer häufiger auch von Vorständen und Geschäftsführern den Satz zu hören: „Unsere Mitarbeiter sind unser wichtigstes Kapital." Und er entstammt in den meisten Fällen sicherlich auch einer ehrlichen Überzeugung – oder zumindest der diffusen Erkenntnis, dass Mitarbeiter über ihre transaktionale Arbeitsleistung hinaus in unserer heutigen Wirtschaftsrealität einen wesentlichen Einfluss auf den Unternehmenserfolg haben.

Allerdings schwingt bei genauem Hinhören zwischen den Zeilen häufig in dem gleichem Maße, wie diese Aussage einer authentischen Überzeugung entspringt, auch eine gewisse Verzweiflung mit – denn dieses Kapital sucht man vergeblich in jedem Geschäftsbericht.

Während wir täglich unternehmerische Entscheidungen auf der Basis von akribischen betriebswirtschaftlichen Analysen treffen und stets die finanziell optimale Alternative suchen, werden Mitarbeiter bisher ausschließlich als Kostenposition in der Gewinn- und Verlustrechnung erfasst. Als Aktivposten in einer Bilanz, auf Augenhöhe mit allen anderen Kapitalwerten, sind sie nirgendwo zu finden.

Dies ist sicherlich zunächst der Tatsache geschuldet, dass in einer ursprünglich weitgehend transaktionalen Wirtschaft, in der der Schwerpunkt der Tätigkeit von Mitarbeitern auf der Erfüllung von fest vorgegebenen, leicht messbaren Handlungen lag, diese Vereinfachung weitgehend ohne Konsequenzen blieb. Das für die meisten Aufgaben notwendige „Know-how" umfasste in der Regel explizites Wissen und war insbesondere bei arbeitsteiligen Prozessen in relativ kurzer Zeit erlernbar. Besonders in Arbeitsmärkten, in denen die erforderliche Qualifikation in ausreichendem Maße zur Verfügung stand, konnte die „Ressource Mensch" darüber hinaus jederzeit ohne großen wirtschaftlichen Aufwand ersetzt werden, weshalb es noch heute in vielen unternehmerischen Budgetdiskussionen in der Regel lediglich um anonymisierte „FTEs" („Full Time Equivalents") geht.

Allerdings hat die mangelnde Berücksichtigung des Mitarbeiterpotenzials in einer Wirtschaft, in der Agilität, Kreativität und soziale Fähigkeiten immer erfolgsentscheidender werden, massive Konsequenzen. Mit der bereits ausführlich im ersten Kapitel dieses Buches erläuterten zunehmenden Relevanz von intrinsischer Motivation und implizitem Wissen der Mitarbeiter für den Unternehmenserfolg verursacht diese Vereinfachung unserer Betriebswirtschaft ein immer größeres Führungsdilemma. Entweder lassen wir uns auf ihrer Basis weiterhin wissentlich zu fragwürdigen, allerdings finanzmathematisch validierbaren Entscheidungen drängen, oder wir müssen sinnvoll erscheinende Bauchentscheidungen treffen, die aufgrund ihrer mangelnden Substanziierung allerdings kaum reproduzierbar sind und eine Führungskraft jederzeit angreifbar machen.

Angesichts der Tatsache, dass die Gesetzgebung in den meisten Industrieländern darüber hinaus die Führung von kapitalmarktorientierten Gesellschaften sogar dazu explizit verpflichtet, Entscheidungen primär zum Wohle des Shareholders zu treffen und die Beweislast für den Nachweis einer sorgfältigen Entscheidung im Sinne des Unternehmens beim handelnden Vorstand liegt[11], ist nachvollziehbar, dass die Waage in der Regel zugunsten der betriebswirtschaftlich belegbaren Variante ausfällt. Das im Deutschen Corporate Governance Kodex verankerte Prinzip, dass „Vorstand und Aufsichtsrat" dazu verpflichtet sind, „im Einklang mit den Prinzipien der sozialen Marktwirtschaft für den Bestand des Unternehmens und seine nachhaltige Wertschöpfung zu sorgen"[12] mag vordergründig überzeugend klingen, erzwingt aber mangels ganzheitlicher Erfassung der beteiligten Menschen in unserer Kosten- und Leistungsrechnung in der praktischen Anwendung immer häufiger unternehmerische Fehlentscheidungen.

Treten dann ernst zu nehmende wirtschaftliche Krisen ein, erscheint auf diese Weise auch jeder Stellenabbau zwangsläufig eine sinnvolle Maßnahme. Wenn lediglich die mittelfristigen Personalkosteneinsparungen den Einmalkosten gegenübergestellt werden, führt dies notwendigerweise zu „Entlassungsproduktivität", um es mit dem Unwort des Jahres 2005 zu beschreiben.

Das ist allerdings ebenso sinnvoll, als würden wir angesichts der Kosten unserer monatlichen Stromrechnung die Elektrizitätszufuhr für unsere Wohnung drosseln, weil wir den positiven Effekt der Beleuchtung während Zeiten der Dunkelheit nicht finanziell erfassen können und ihn daher bei unserer Entscheidung einfach unberücksichtigt lassen.

Während umfangreicher Mitarbeiterabbau – auf Neudeutsch auch oft gerne als „Restrukturierung" verniedlicht – inzwischen zu unserem wirtschaftlichen Alltag dazuzugehören scheint und wir trotz einer grundsätzlichen Betroffenheit zumindest als Außenstehende in der Regel stillschweigend die wirtschaftliche Notwendigkeit dieser Maßnahmen ebenso nachvollziehbar finden wie uns die hierfür angegebenen Gründe plausibel erscheinen, so soll an dieser Stelle ein kritischer Blick auf die nachhaltige Sinnhaftigkeit solcher Programme erlaubt sein.

---

[11]Siehe u. a. § 93 AktG.

[12]Deutscher Corporate Governance Kodex, Fassung vom 5. Mai 2015.

Dabei soll nicht die Tatsache infrage gestellt werden, dass durch die faktischen Personalkostenreduzierungen tatsächlich Einsparungen möglich werden, die kurzfristig zu einer Verbesserung der wirtschaftlichen Lage beitragen. Die Frage, die allerdings gestellt werden müsste, ist, inwieweit in einer Wirtschaftswelt, die nicht mehr rein auf transaktionale Optimierung bauen kann, zugleich negative Effekte induziert werden, die wir bei vollständiger Erfassung der Auswirkungen vieler dieser Maßnahmen mittelfristig als für den Unternehmenserfolg massiv schädlich enttarnen würden – nicht nur für die „Bottom-Line“, sondern insbesondere auch für die „Top-Line“.

Zunächst scheint es dringend erforderlich, in einer Wirtschaft, in der inzwischen über zwei Drittel der Mitarbeiter als „Wissensarbeiter“ klassifiziert werden können (Ramírez und Nembhard 2004), unser betriebswirtschaftliches Produktivitätsverständnis zu überprüfen, welches sich seit Mitte des letzten Jahrhunderts in unserem Denken fest verankert hat. Ob Taylorismus, „Lean Production“ oder „Lean Administration“, so baute bisher jede Optimierungsphilosophie grundsätzlich auf einer weitgehend linearen Beziehung zwischen Output-Leistung und Personalaufwand auf, die sich lediglich durch die Lernkurve verbessern lässt.

Wie bereits ausführlich erläutert, ist die Leistungsfähigkeit des Mitarbeiters allerdings außerhalb von Tätigkeiten mit überwiegend transaktionalen Handlungsvorgaben ganz entscheidend beeinflusst durch seine intrinsische „Motivation“ – und diese wirkt multiplikativ auf die kognitive Leistung (Vroom und Deci 1970). Wird dieser Faktor durch unternehmensseitige Handlungen beeinflusst, verändert sich daher auch direkt die individuelle Einzelleistung in Bezug auf kognitive Aufgaben.

Und massive negative Auswirkungen hierauf hat nicht erst die Umsetzung, sondern bereits die Ankündigung von „Restrukturierungsmaßnahmen“ in einem Unternehmen. Doch welches sind Nebenwirkungen, die einen entscheidenden Einfluss auf den unternehmerischen Erfolg haben, allerdings bisher unterhalb unseres Controlling-Radars bleiben?

Im Wesentlichen sind es drei Effekte, die eine negative epidemische Kettenreaktion auslösen. Zunächst ist die Ankündigung von Mitarbeiterabbau ein Bruch des psychologischen Arbeitsvertrages, da diesem eine implizite Zusicherung von nachhaltiger Versorgungssicherheit zugrunde liegt, sofern vom Mitarbeiter die vereinbarte Leistung erbracht wird. Insbesondere in den zahlreichen Fällen, in denen zwar für Außenstehende plausible Gründe für einen Stellenabbau ins Feld geführt werden, diese allerdings nicht im Einflussbereich der potentiell betroffenen Mitarbeiter liegen, entsteht notwendigerweise bei *allen* Mitarbeitern der Eindruck, dass ihre Zukunft der Willkür einer Wirtschaftswelt ausgesetzt ist.

Als „beeinflussbare Kosten“ werden sie von der Führung nicht mehr geschützt – und diese übernimmt dabei auch noch selten selbst die Verantwortung. Dies gilt selbst in den nicht seltenen Fällen, in denen strategische Entscheidungen des eigenen Unternehmens oder systematische Fehler der eigenen Industrie als Gründe für diese Maßnahmen angeführt werden – beispielsweise Personalabbau nach Investitionen in Überkapazitäten aufgrund von fehlerhaften Markteinschätzungen oder Entlassungswellen als Folge der Finanzkrise im Bankenbereich.

Wie bereits im Abschn. 1.4 ausführlich erläutert, provoziert dies zunächst zwangsläufig eine negative Leistungskorrektur. Allerdings unterminiert gleichzeitig die Erschütterung des „Hygienebedürfnisses“ nach Sicherheit auch die Relevanz jeglicher „höherer“ Bedürfnisse in der Maslow'schen Hierarchiestruktur und nimmt sämtlichen bisherigen hierauf ausgerichteten motivationsfördernden Maßnahmen schlagartig ihre Wirksamkeit.

Betrachtet man die Auswirkungen einer solchen Ankündigung auf die Hauptelemente des GCH-Modells im Detail, so wird einerseits durch die in der Regel heimliche Vorbereitung die Beurteilung der „Verantwortlichen Unternehmensführung“ (siehe Abschn. 2.2.5.3) wegen mangelnder Transparenz, fehlender Einbindung sowie einbrechendem Vertrauen in die Führung massiv erschüttert. Andererseits wird auch jegliche Form der „Positiven Anerkennung“ (siehe Abschn. 2.2.3.1) durch fehlende Sicherheit, aber auch das grundsätzliche Gerechtigkeitsempfinden durch eine schwer nachvollziehbare individuelle Verantwortlichkeit konterkariert, die nicht mehr zu bisherigem Feedback passt. Darüber hinaus sind solche Maßnahmen schwer mit proklamierten Wertekodizes in Übereinstimmung zu bringen, sodass auch die „Unternehmensseele“ (siehe Abschn. 2.2.3.3) mit einem massiven Glaubwürdigkeitsproblem konfrontiert wird.

Ergebniskritisch ist insbesondere, dass diese motivations- und somit auch effizienzreduzierende Wirkung bei *sämtlichen* Mitarbeitern der Organisation eintritt, selbst wenn in der Ankündigung „nur“ von einem Stellenabbau eines Bruchteiles der Mitarbeiter gesprochen wird, da zu diesem Zeitpunkt die Betroffenen in der Regel noch nicht feststehen und kaum jemand ausschließen kann, zu dieser Gruppe schlussendlich zu gehören.

Dieses Problem wird dadurch verstärkt, dass das empfundene Ausgeliefertsein gegenüber den Maßnahmen bei jedem Mitarbeiter zwangsläufige Handlungsinstinkte auslöst, die auf der Tatsache beruhen, dass die menschliche Spezies entstehungsgeschichtlich nicht nur ein Raubtier, sondern oft auch ein Beutetier war. Anders als bei Tieren, bei denen für jede Spezies jeweils nur eine der beiden Alternativen in ihren Instinkten dominant vorprogrammiert ist, sind wir anthropologisch mit beiden instinktiven Werkzeugkästen ausgestattet, die jeweils situationsbedingt aktiviert werden.

Auch wenn wir uns den Homo Economicus stets gerne als aktiv handelnden Akteur in unseren Organisationen vorstellen, so sind wir in der Realität sowohl mit Fähigkeiten ausgestattet, die uns helfen, Beute zu machen, als auch mit einem Autopiloten, der der Raubtiervermeidung dient.

Diese sind zwar so komplex ausgebildet, dass wir evolutionär darauf vorbereitet sind, dass sowohl die Beute als auch die Bedrohung wiederum auf uns reagieren können, sie sich dementsprechend intentional bewegen kann und wir daher eine extrem schnelle Reaktionsfähigkeit benötigen. Allerdings hat die Tatsache, dass wir weder dem Säbelzahntiger noch dem potenziellen Abendessen in Form eines Feldhasen eine besondere empathische Beziehungsfähigkeit mit uns unterstellen mussten, dazu geführt, dass wir soziale Einflüsse – zumindest außerhalb der eigenen Familie – nicht in unseren instinktiven Reaktionsmustern mitberücksichtigen können.

Anders als unser Raubtierverhalten, dessen maximales Risiko bei einer falschen Reaktion ein knurrender Magen war und das sich daher die Zeit erlaubt, sich kognitiv unterstützen zu lassen, um die bestmögliche Handlungsstrategie zu überlegen, ist unser Beuteverhalten weitgehend automatisiert und auf Reaktionsschnelligkeit ausgelegt. Und was angesichts des Löwen so manchem unserer Vorfahren das Leben gerettet hat, der angesichts der Gefahr keine Zeit hatte, um lange über die beste Handlungsalternative nachzudenken, sondern ohne Verzögerung instinktiv reagieren musste, ist auch heute noch in Form eines dedizierten neuronalen Mechanismus aktiv, in dem die Amygdala eine entscheidende Rolle spielt, dem Speicher für unsere emotionale Reaktionsprogrammierung insbesondere bezüglich Angst, Furcht und Panik.

Werden wir in Stress versetzt, so wird ein vollautomatischer Prozess in Gang gesetzt, der unter anderem zur Ausschüttung von Cortisol führt. Dieses stimuliert allerdings nicht nur die Anregung des Stoffwechsels, sondern dämpft insbesondere stark unsere kognitiven Fähigkeiten, auf unsere eigenen Emotionen Einfluss nehmen zu können.

Die Ankündigung des Abbaus von Arbeitsplätzen führt also notwendigerweise dazu, dass alle potenziell betroffenen Mitarbeiter emotional in ein „Beutebewusstsein" abrutschen, aus dem sie auch eine noch so ausgefeilte Kommunikation nicht herauszubringen vermag, da sie in diesem Zustand weder emotional empfänglich noch analytisch zugänglich sind. Dies gilt selbst für bisher leistungsfähige „Jäger", sodass oft in solchen Phasen in Organisationen eine wahrnehmbare allgemeine Lähmung eintritt.

Gleichzeitig werden zusätzlich die individuellen Schutzinstinkte in Form von ich-fokussiertem Verhalten aktiviert, so dass als nächstes das Niveau der „Lernenden Organisation" (siehe Abschn. 2.2.3.2) ebenso wie die „Kollaborative Agilität" (siehe Abschn. 2.2.4.2) massiv durch einen allgemeinen Zustand des persönlichen Misstrauens und Abschottens in Mitleidenschaft gezogen werden.

Insbesondere im Fall einer länger anhaltenden (oder häufig wiederholten) Bedrohung kann es sogar zu einer nachhaltigen Veränderung der Programmierung in der menschlichen Amygdala führen, die dauerhafte Angstsymptome auslösen kann und das Beutebewusstsein als „Default-Zustand" fest verankert.

Gerade die Tatsache, dass die Ankündigung solcher Restrukturierungsprogramme häufig überraschend kommt, führt darüber hinaus dazu, dass der induzierte Stresslevel in der Organisation die kritische Schwelle überschreitet, bis zu der der Einzelne dies noch emotional verarbeiten kann. Was oft aus juristischen Gründen zunächst insgeheim geplant und ohne emotionale Vorbereitung kommuniziert wird, setzt dann Traumatisierungsmechanismen in Gang, die auch noch nach Abschluss der Maßnahmen in der Organisation nachwirken.

Hierdurch wird das „Psychische Wohlbefinden" (siehe Abschn. 2.2.5.2) nachhaltig beeinträchtigt und führt entlang des U-förmigen Verlaufes entweder direkt zu Passivität beziehungsweise erlernter Hilflosigkeit, oder gar zu destruktivem Verhalten. Gleichzeitig wird über eine längere Zeit eine „Ausgewogene Lebenszeit" (siehe Abschn. 2.2.5.1) durch nachhaltige Beeinträchtigung der Erholungsphasen unterminiert.

Während bei jeder Restrukturierungsmaßnahme die Aufmerksamkeit darauf liegt, die Auswirkungen für die Betroffenen nach Möglichkeit ein wenig abzufedern, wird nach Abschluss von den verbliebenen Mitarbeitern in der Regel erwartet, dass sie mit Erleichterung ihre Aufgaben weiterführen und diese mit der erforderlichen gesteigerten Effizienz erledigen. Doch anders als reine Beutetiere, die ihr „Einfrieren" nach dem Verschwinden der unmittelbar drohenden Gefahr durch natürliche Mechanismen selbst wieder auflösen können, können Menschen diese Form des „Einrastens" unseres emotionalen Musters nicht selbst wieder lösen – und es löst sich auch nicht von alleine über die Zeit (Levine 1998).

Da auch die Führung so schnell wie möglich zu ihrer alten Rolle zurückkehren möchte, um nicht mehr an die eigenen Gewissenskonflikte während des Restrukturierungsprozesses erinnert zu werden, findet in der Regel keinerlei nachträgliche Auseinandersetzung mit dem Thema statt, was einen Auflösungsprozess der Starre fördern würde. Auch Maßnahmen, die einer „Ganzheitlichen Fürsorge" (siehe Abschn. 2.2.4.1) der verbleibenden Mitarbeiter entsprächen, werden in diese Programme in der Regel nicht integriert.

Aus dieser Aufzählung wird offensichtlich, dass klassische Restrukturierungsprogramme zwar in gewissen Grenzen kurzfristig betriebswirtschaftliche Kostenvorteile für sich verbuchen können, auf der anderen Seite allerdings fast sämtliche elementaren Randbedingungen für intrinsische Motivation in der gesamten Organisation nachhaltig massiv negativ beeinflussen. Dass dies direkte und auch langfristige negative Auswirkungen insbesondere auf Erfolgsfaktoren wie Kreativität, die Bereitschaft zur Übernahme von Verantwortung oder Empathie-Fähigkeit haben muss, ist offensichtlich.

> Restrukturierungsprogramme verursachen massive Kollateralschäden durch den Bruch des psychologischen Arbeitsvertrages, das Abdrängen der Mitarbeiter in ein instinktives „Beutebewusstsein" sowie eine nachhaltige Traumatisierung der Organisation.

Während wir diese Konsequenzen in unserem betriebswirtschaftlichen Entscheidungsfindungsprozess vollkommen ausblenden, sind ihre nachteiligen Effekte auf den Unternehmenserfolg allerdings immer häufiger deutlich erkennbar.

So zeigt Abb. 2.14 beispielhaft den Aktienverlauf eines großen Technologieunternehmens gegenüber vergleichbaren Wettbewerbern („Peer Group") in den beiden Kalenderjahren, die der Ankündigung eines 5 %-prozentigen Mitarbeiterabbaus folgten. Ein ähnliches Bild zeigt auch Abb. 2.15, das den Aktienverlauf

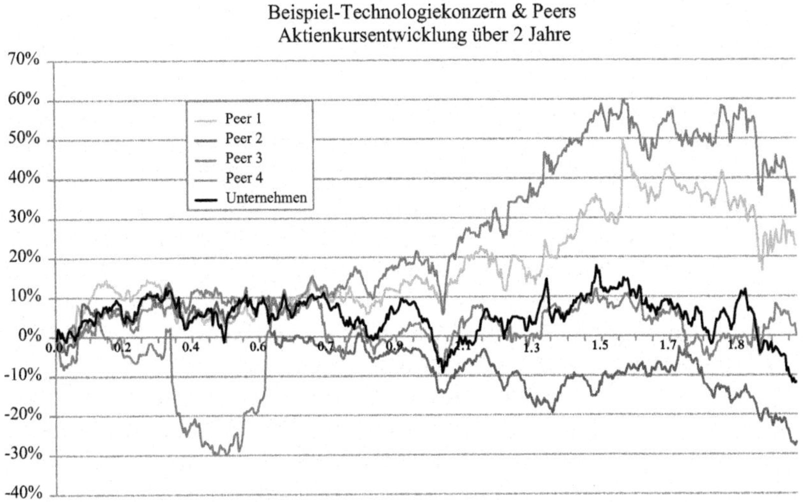

Abb. 2.14 Beispiel der Kursentwicklung eines Technologie-Unternehmens nach Ankündigung eines Mitarbeiterabbaus um 5 % gegenüber vergleichbaren Wettbewerbern

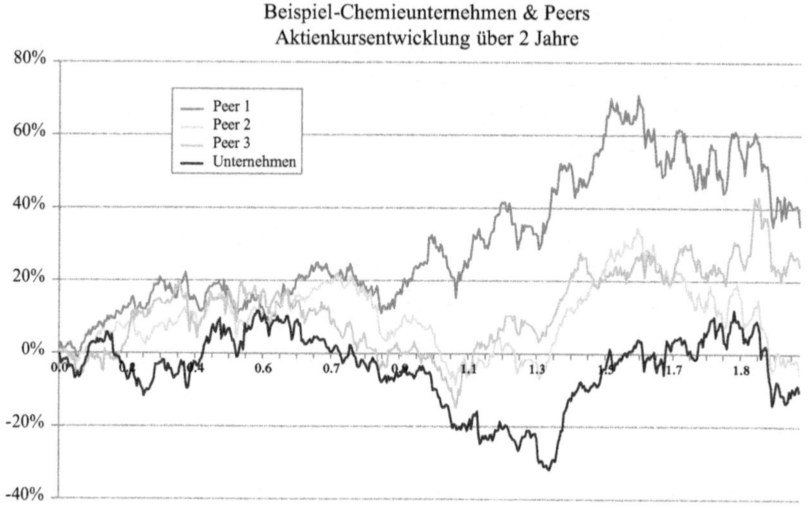

Abb. 2.15 Beispiel der Kursentwicklung eines Chemie-Unternehmens nach Ankündigung eines Mitarbeiterabbaus um 6 % gegenüber vergleichbaren Wettbewerbern

eines Unternehmens der Chemie-Industrie gegenüber seinen Wettbewerbern in den 24 Monaten zeigt, die der Veröffentlichung eines geplanten Personalabbaus um ca. 6 % folgten.

Auch wenn der Kursverlauf sicherlich noch von anderen Faktoren abhing, wurde durch die Wahl des identischen Börsenstandortes, der gleichen Zeitperiode und einer adäquaten Peer-Gruppe hierbei zumindest ein Großteil der industriespezifischen und handelspsychologischen Sondereffekte herausgefiltert.

In beiden Fällen, die repräsentativ für eine Vielzahl ähnlicher Kursverläufe sind, deuten die stagnierenden Kursverläufe darauf hin, dass den Unternehmen im Anschluss an die Ankündigung beziehungsweise Umsetzung von Restrukturierungsprogrammen mittelfristig entscheidende Erfolgsfaktoren zu fehlen scheinen, um in ihren Märkten erfolgreich mithalten zu können.

Insofern ist es nicht nur aus Sicht der Mitarbeiter, sondern auch aus Sicht der Shareholder unbedingt erforderlich, dass die negativen Nebenwirkungen von solchen Initiativen bei der Entscheidungsfindung adäquat mit berücksichtigt werden. Der Abschn. 2.6 wird hierfür einen konkreten Weg aufzeigen.

An dieser Stelle wird der kritische Leser vielleicht einwenden, dass aufgrund von wirtschaftlichen Krisensituationen eine Restrukturierungsmaßnahme in vielen Fällen schlichtweg „alternativlos" sei. Nimmt man eine klassische betriebswirtschaftliche Perspektive ein, bei der wir eine Wirtschaft unterstellen, die ausschließlich aus Mitgliedern der Spezies „Homo Economicus" besteht und diese sich entsprechend regelkonform verhalten, so mag dies aus den zu Anfang dieses Abschnittes beschriebenen Gründen durchaus schlüssig erscheinen – und auch dabei helfen, jegliche unangenehmen Detaildiskussionen zu vermeiden. Auch entsprechen solche Maßnahmen häufig dem etablierten Image einer beherzt eingreifenden Führungskraft und finden traditionell bei den meisten Shareholdern leicht Zustimmung.

Betrachtet man allerdings die Wirtschaftsrealität heute, in der uns täglich völlig unerwartete Marktentwicklungen vorführen, dass in einem komplexes Wirtschaftssystem, in dem Individuen mit menschlichen Charakterzügen miteinander interagieren, unsere lineare Denklogik der Vergangenheitsextrapolation immer seltener Gültigkeit hat, wird offensichtlich, dass „alternativlos", das Unwort des Jahres 2010, in einem solchen Kontext völlig unangemessen ist. Dies wird noch ausführlich im Abschn. 3.2 ausgeführt werden.

Für den Moment reicht ein kurzer Seitenblick beispielsweise auf die erfolgreichen Start-up-Unternehmen, um zu erkennen, dass zukünftiger Markterfolg keineswegs zwangsläufig einer linearen Extrapolation des bestehenden Produktportfolios entsprechen muss, wie dies auch schon im Abschn. 1.2 gezeigt wurde. Allerdings hängt die erfolgreiche Generierung von neuen Produkt- und Servicestrategien inzwischen essenziell von einer kollaborativen Innovationskultur im Unternehmen ab.

Weiterhin stellt sich in jeder Krisensituation die Frage, ob tatsächlich bereits alle Möglichkeiten einer organisatorischen Effizienzsteigerung genutzt wurden. Insbesondere angesichts der Tatsache, dass beim Auftreten von ersten Krisensymptomen in der Regel zunächst interne Kontrollmechanismen in Organisationen systematisch ausgebaut werden, ist häufig einer der größten Hebel für Effizienz die Reduzierung dieser nicht wertschöpfenden Aufarbeitung von Vergangenheitsfakten auf ein tatsächlich notwendiges Niveau, wenn dies von adäquaten kulturellen Veränderungsmaßnahmen begleitet wird. Rechnet man den Zeitaufwand einmal zusammen, den es allein benötigt, um sämtliche regelmäßig stattfindenden internen Projektbesprechungen nicht nur durchzuführen, sondern bereits schon vorzubereiten, und addiert man hierzu den Aufwand für das in der Regel im Umfang kontinuierlich zunehmende Berichtswesen, so kommt man leicht auf zweistellige Prozentsätze an Ressourcennutzung, die mit wachsender Organisationsgröße und jedem zusätzlichen Hierarchielevel exponentiell steigen.

Ein höheres Maß an Autonomie einzuführen, das nur auf einer authentischen Vertrauenskultur aufbauen kann, ist in einer solchen kritischen Phase sicherlich eine Führungsherausforderung, birgt allerdings in vielen etablierten Unternehmen administrative Einsparpotenziale in einer Größenordnung von bis zu 30 %, die man hierdurch kurzfristig als Ressourcen für neue Produkt- oder Serviceinitiativen einsetzen kann.

Zuletzt existiert insbesondere in Unternehmen, die aufgrund von herausfordernden Marktveränderungen bisher auf klassische Strategien der organisatorischen Leistungssteigerung gesetzt haben, auch durch die organisatorische Befähigung zu einem empathischen Arbeiten in Netzwerkstrukturen häufig deutliches Steigerungspotenzial. Wird dieses systematisch in der gesamten Organisation aktiviert, eröffnen sich fast zwangsläufig in heutigen Märkten zusätzliche Geschäftschancen, die einen zuvor nicht vorstellbaren positiven Einfluss auf die unternehmerische „Top-Line" haben können.

Gerade eine wirtschaftliche Krise bietet die Chance, die Notwendigkeit einer solchen kulturellen Veränderung für die Mitarbeiter nachvollziehbar zu machen. Der Versuch, durch Restrukturierung lediglich die Kostenseite anzupassen, löst demgegenüber zwangsläufig eine Negativspirale aus.

> Firmen mit einer motivierten Belegschaft konnten ihr Betriebsergebnis um 19,2 % innerhalb eines Jahres steigern, während diejenigen Firmen mit niedriger Mitarbeitermotivation einen Ergebnisrückgang um 32,7 % während der selben Zeitperiode verzeichnen mussten (Towers Watson ISR Regierungsbericht, 2009).

Gerade Krisensituationen bieten somit in der Regel ein hohes Reservepotenzial für die Aktivierung von co-kreativer Innovation, gesteigerter Autonomie sowie der Aktivierung von Netzwerkstrukturen – den Haupteffekten von intrinsischer Motivation, die gerade in einer „Wirtschaft 4.0" erfolgsentscheidend sind. Allerdings bedarf es für diesen Weg der Bereitschaft, zunächst die Konsequenzen von Restrukturierungsmaßnahmen vollständig gegeneinander abzuwägen, sowie den Mut und einen etwas längeren Atem, anstelle dessen einen organisatorischen Transformationsprozess zu initiieren, wie er noch näher im Abschn. 3.4 in seinen wesentlichen Etappen beschrieben wird.

▶ Gerade in Krisensituationen kann ein systematischer Transformationsprozess, der die Aktivierung von Innovationsleistung, gesteigerter Autonomie und empathischer Netzwerkinteraktion zum Ziel hat, zu unerwarteten wirtschaftlichen Erfolgen führen.

Und dies ist keine reine Theorie, sondern hierbei spreche ich aus meiner eigenen Erfahrung mit mehreren bereits betriebswirtschaftlich als unrettbar verurteilten Unternehmen, die durch diese Herangehensweise in nur wenigen Jahren eine wirtschaftliche Wiederauferstehung auf der Basis deutlich gesteigerter Effizienz erlebten und insbesondere einen massiv verbesserten Markterfolg durch umfangreich gesteigerte Innovationsleistung sowie eine grundlegend veränderte Kultur der Kooperation feiern konnten. Daher deutet vieles darauf hin, dass eine Vielzahl von Restrukturierungsinitiativen nicht nur vermeidbar sind, sondern gerade verhindern, dass das umfangreiche Potenzial einer aufwärtsgerichteten, sich selbst verstärkenden Spirale, die durch einen konstruktiven Transformationsprozess initiiert werden könnte, freigesetzt wird.

Und selbst in den verbleibenden Fällen, in denen tatsächlich auch nach einer objektiven Beurteilung aller Aspekte eine Personalreduzierung unvermeidbar ist, ließen sich die negativen Auswirkungen auf die verbleibende Organisation deutlich dämpfen, wenn der Prozess durch eine größere Authentizität der Beteiligten, stärkere Einbindung der Betroffenen und eine authentische Aufarbeitung der internen unternehmenskulturellen Erschütterungen nach Abschluss der Maßnahmen begleitet würde, als dies generell üblich ist (Noer 1993).

Die detaillierten Ansatzpunkte für eine solche Vorgehensweise ergeben sich direkt aus den bereits zu Anfang dieses Abschnittes ausführlich erläuterten Nebenwirkungen von Restrukturierungsprojekten auf die neun Elemente des GCH-Modells.

2.4 Bionische Führung

> Dirigieren ist wie den Vogel des Lebens in der Hand zu haben. Wenn wir ihn zu fest halten, stirbt er, wenn wir ihn zu locker halten, fliegt er davon.
> (Sir Collin Davis, ehem. Chefdirigent des London Symphonieorchester)

Schließen Sie für einen Augenblick die Augen und stellen Sie sich vor, Sie sitzen in einem Konzertsaal und hören ein Symphonieorchester spielen; oder in einer Kirche, während ein Gospel-Chor singt. Und jetzt stellen Sie sich bitte die Frage, wie der Dirigent wohl führt, damit Sie in den Genuss dieser harmonischen Gesamtleistung kommen, die die Summe der Einzelleistungen weit übertrifft, und bei der Sie höchstens noch durch bewusstes Fokussieren versuchen könnten, ein einzelnes Instrument oder eine spezifische Stimme herauszuhören.

Während jeder einzelne Künstler durch diszipliniertes, individuelles Lernen zunächst seine Kompetenz entwickelt und dann im gemeinsamen, begleiteten Üben mit anderen perfektioniert hat, so ist das Konzert der Zeitpunkt, an dem der Dirigent nur noch durch kleine Gesten sicherstellen kann, dass die Musik einer gemeinsamen Geschwindigkeit, Lautstärke und Richtung folgt. Einen Einfluss auf die einzelnen Künstler hat er nicht mehr. Seine Beziehung zu ihnen muss von einem tiefem Vertrauen geprägt sein, dass jeder Einzelne von ihnen verantwortungsvoll seine Freiheit, sein Instrument einzusetzen, harmonisch in das Gesamtkunstwerk einbringt.

In diesen Augenblicken manifestieren sich die beiden entscheidenden Faktoren, die Führung eines aus vielen Einzelfähigkeiten zusammengesetzten Systems prägen muss, sei es ein Organismus oder ein Kunstwerk, wenn es eine höhere Form der Harmonie erreichen soll: einerseits das gewährte Vertrauen der Führung in jeden Einzelnen, und andererseits die verantwortliche Nutzung dieser Autonomie durch jeden Beteiligten selbst. Beides muss sich an einem vereinbarten Schwellenwert treffen, damit die noch verbleibende notwendige Abstimmung untereinander präzise und effizient möglich wird und dabei das Ergebnis nicht gefährdet wird.

Doch was hindert uns daran, Organisationen genau so zu führen, wie es uns die Symphonieorchester seit über 200 Jahren vorführen?

An konstruktiven Vorschlägen mangelt es sicherlich nicht. Die gesamte menschliche Historie ist geprägt durch eine Geschichte von Führungspersönlichkeiten, die ihre mehr oder weniger großen Spuren in der Gesellschaft hinterlassen haben – mit positiven Folgen, und oft auch mit extrem negativen. Auch was grundsätzlich unter „guter Führung" verstanden wurde, hat sich im Laufe der Zeit immer wieder geändert und die Diskussion darüber hat nie aufgehört. Unzählige Theorien wurden veröffentlicht, in denen die Vor- und Nachteile der einzelnen Führungsstile argumentiert wurden, während immer noch neue Varianten identifiziert werden, die dem jeweiligen Niveau der gesellschaftlichen Reife und dem Bewusstsein der Gesellschaft zu folgen versuchen.

Dennoch stehen uns bis heute einige fest etablierte Management-Paradigmen im Weg, die fundamental einer systematischen Führung auf der Basis von hoher Autonomie und Vertrauen widersprechen. Kurzfristiger Ergebnisdruck, die mangelhafte Anerkennung von Erfahrungswissen wegen fehlender Erfassbarkeit, eingeschränkte Delegation mangels Vertrauen, historische Normen über den Avatar eines „guten Managers" wie eine hohe Durchsetzungsfähigkeit und eine dominant analytische Entscheidungskompetenz ebenso wie das grundsätzlich oft rein kostenorientierte Menschenbild der Manager bezüglich ihrer Mitarbeiter sind die größten Hürden, die wider besseren Wissens Führung daran hindert, den Menschen in Organisationen konsequent in den Vordergrund zu stellen (Pfeffer und Veiga 1999).

Doch können wir uns das in Zukunft noch leisten, wenn – wie im Abschn. 1.2 ausführlich beschrieben – die wirtschaftliche Veränderungsgeschwindigkeit so stark zunimmt, dass es innerhalb einer laufenden Vorstandsperiode oder dem Investitionszyklus eines Kapitalfonds nicht mehr ausreicht, nur das bereits vorhandene Produkt-Portfolio zu optimieren? Was passiert, wenn selbst im Detail durchgeplante Veränderungsprojekte, die von einem rigiden Programmmanagement begleitet in Organisationen konsequent implementiert werden, mit zunehmender Eindringtiefe und steigender Komplexität zügig an Energie verlieren und immer häufiger ergebnislos versickern?

Letztendlich bleibt uns mit Erreichen der Phasengrenze zu einer inzwischen global vernetzten Wirtschaft keine Wahl mehr und wir müssen den grundsätzlichen Schritt wagen, dieses Managementbild ebenso zu hinterfragen wie die Herausforderung, ob wir in all unseren betriebswirtschaftlichen Analysen denn tatsächlich auch alle relevanten Faktoren erfasst haben, die unseren zukünftigen Erfolg bestimmen – oder nur diejenigen, die wir bisher quantifizieren konnten?

Die Tatsache, dass seit fast einem Jahrzehnt der tatsächliche Ertrag aller Venture-Capital-Investitionen keineswegs die häufig angekündigten deutlich zweistelligen Prozentsätze erzielt, sondern ihre Wertsteigerung in Summe bei null (!) lag, wie es Harvard Professor Clayton M. Christensen und sein Kollege Derek von Bever in der Harvard Business Review im Juni 2014 vorrechneten, sollte uns ein eindeutiges Warnsignal sein (Christensen und von Beyer 2014).

Während dieses Buch dabei helfen kann, die wirtschaftliche Notwendigkeit zu verstehen und die notwendigen Detailschritte kennenzulernen, um durch einen Upgrade des Homo Economicus eine neue Qualität der Führungsentscheidungen auch analytisch nachvollziehen zu können und unsere „Kapitalmarkt-Kurzsichtigkeit“ zu überwinden, wie es der Harvard-Professor William Sahlman einmal bezeichnet hat, wird eines allerdings am Ende immer eine persönliche Entscheidung bleiben: das Menschenbild, das man dem eigenen Führungsverständnis zugrunde legt.

Denn anders als bei vielen anderen Führungsthemen gibt es bei der Abwägung zwischen Vertrauen und Kontrolle keinen sanften Übergang. Wie die Neurowissenschaften inzwischen durch funktionale Magnetresonanztomografie nachgewiesen haben, verfügt der Mensch nämlich rein evolutions-biologisch über zwei separate, komplexe kortikale Netzwerke, die diesbezüglich entscheidend unseren Führungsstil beeinflussen, sich jedoch gegenseitig in ihrer Funktionalität unterdrücken.

Auf der einen Seite ist in unserem Gehirn das „aufgabenpositive“ Netzwerk („Task-Positive Network“ [TPN]) für die Lösung von Problemen, Konzentration, logische Entscheidungen sowie die Ausübung von Kontrolle verantwortlich und sorgt dafür, dass Dinge erledigt werden. Dieses neuronale System unterstützt diejenigen Fähigkeiten, die bisher nach unserem klassischen betriebswirtschaftlichen Verständnis in der Wirtschaft erfolgreich sind.

Auf der anderen Seite ist das „Default-Modus“-Netzwerk („Default Mode Network“ [DMN]) essenziell für Selbstwahrnehmung, soziales Erkenntnisvermögen und ethische Entscheidungsfindung, und ist eng verknüpft mit Kreativität sowie der Offenheit gegenüber neuen Ideen. Erst dieses ermöglicht, die Aufmerksamkeit auf die emotionale Beziehung zu sich selbst sowie zu anderen zu richten und diese zu erfassen, und es unterstützt dabei, eine von Sinnhaftigkeit geprägte Vision zu entwickeln (Boyatzis et al. 2014).

Während wir trotz einer grundsätzlichen Disposition zu dem einen oder dem anderen der beiden Netzwerke lernen können, situativ zwischen beiden zu wechseln, ist es aufgrund der antagonistischen Funktionalität beider zueinander allerdings nicht möglich, gleichzeitig analytisch *und* empathisch zu sein. Aufgrund der ureigenen Struktur unserer kognitiven Fähigkeiten sind wir also dazu gezwungen, selbst eine Entscheidung zu treffen, für welches neuronale System wir uns prioritär bei der Führung von Unternehmen und Organisationen entscheiden: Kontrolle oder Vertrauen.

Da Kontrolle bis heute allerdings immer noch als Mantra erfolgreicher Führung angesehen wird (hierzu mehr im Abschn. 3.5), bleibt es trotz aller faktischen Beispiele insofern eine Frage des persönlichen Glaubens, ob man zu dem Risiko bereit ist, seinen Mitarbeitern in entscheidendem Umfang einen Vertrauensvorschuss zu gewähren, während man gleichzeitig nur eingeschränkt die Verantwortung für das Ergebnis abgeben kann. Dies gilt zumindest so lange, bis man zum ersten Mal selbst erlebt hat, wie eine Organisation sich von innen transformiert und welche bisher ungeahnten Fähigkeiten sich entfalten, wenn die Randbedingungen für intrinsische Motivation geschaffen wurden.

▶ Die Entscheidung zwischen Vertrauen und Kontrolle im Führungskontext ist grundsätzlich, da sie auf zwei antagonistischen neuronalen Netzwerken basiert, die verhindern, dass wir gleichzeitig aufgabenorientiert und sozial bezogen sein können.

Da andererseits gerade dieser Faktor entscheidend den Charakter einer Organisation prägt und Führung grundsätzlich die vorherrschende Institution ist, die darüber entscheidet, welche Qualität das Arbeitsumfeld hat, ist es sinnvoll, Führungsqualität in Bezug auf Autonomie und Vertrauen als Referenzskala für den Bewertungsprozess einer Organisation in Bezug auf ihre Motivationsfähigkeit zu wählen. Daher wurden für die primäre Bewertungsskala des „Gross Corporate Happiness"-Modells entsprechende Archetypen analog zu diskreten organisatorischen Entwicklungsstufen spezifiziert.

Betrachtet man zunächst unterschiedliche Führungsmodelle bezüglich dieser beiden Faktoren, so kann man aus dem breiten Spektrum der Konzepte für verschiedene Stufen von Vertrauen und Autonomie bestimmte Schlüsseltypologien identifizieren, die repräsentativ für diskrete Entwicklungsstadien sind und die anhand ihrer spezifischen organisatorischen Charakteristiken leicht identifiziert werden können.

Weil darüber hinaus, wie bereits im Abschn. 2.2.5.3 ausgeführt, eine Kultur des Vertrauens erst entstehen kann, wenn zunächst ein Vertrauensvorschuss vonseiten der Führungskraft gewährt wird, bevor daraus schrittweise eine höhere Qualität der Autonomie erwachsen kann, handelt es sich bei der Entwicklung von vertrauensbasierten Organisationen um einen zweistufigen Prozess, der zwangsläufig zunächst mit einem proaktiven Schritt der Führung in Richtung reduzierter Kontrolle beginnen muss.

Überlagert man diesen dualen Prozess mit den vier in Abschn. 1.3 erwähnten wesentlichen historischen Wirtschaftsepochen, so lassen sich – wie in Tab. 2.2 beispielhaft dargestellt – für jede dieser vier Phasen eine erste Stufe gesteigerten Vertrauens sowie eine zweite Stufe gesteigerter Autonomie identifizieren.

Bei näherer Betrachtung kann jeder dieser acht Entwicklungsstufen aus der Vielzahl an Führungstypologien ein charakteristischer Führungsstil zugeordnet werden. Hierbei zeigt sich, dass bei einem Führungsstil, der zunächst eine Steigerung des Vertrauens erreichen will, überwiegend die Führungskraft selbst der organisatorischen Handlungsorientierung dient, während sich in der folgenden Phase einer hieraus erwachsenden gesteigerten Autonomie systemimmanente

Tab. 2.2 Acht qualitative Entwicklungsstufen von Autonomie und Vertrauen in der Wirtschaftsgeschichte (Prozentangaben sind rein qualitativ)

	Wirtschaft 1.0		Wirtschaft 2.0		Wirtschaft 3.0		Wirtschaft 4.0	
	Vor Adam Smith		19./20. Jahrhundert		Um 1980		21. Jahrhundert	
	Statisch		Linear		Multi-Dimens.		Dynamisch	
Autonomie	0 %	0 %	10 %	10 %	30 %	30 %	60 %	60 %
Vertrauen	0 %	10 %	10 %	20 %	20 %	40 %	40 %	80 %

Handlungsmechanismen entwickeln, die die Relevanz der Führungspersönlichkeit langsam in den Hintergrund treten lassen und diese eher die Rolle eines Moderators übernimmt, wie dies in Tab. 2.3 dargestellt ist.

Auch wenn Führung immer die Notwendigkeit beinhaltet, situativ die jeweilige Führungsreaktion an die aktuellen Erfordernisse anzupassen, so kann durch diese Betrachtungsweise der grundsätzliche Reifeprozess von Organisationen in Form einer evolutionären Entwicklung der charakteristischen Führungskultur dargestellt werden, wie dies Abb. 2.16 zeigt.

Im Einzelnen lassen sich die acht aus diesen Überlegungen heraus für das GCH-Modell ausgewählten Führungstypologien wie folgt charakterisieren:

1. **Egofokussierte Führung („Self-focused Leadership"):** Die auf sich selbst ausgerichtete Führungskraft verkörpert einen fast diktatorischen Führungsstil. Sie ist ausschließlich an ihren eigenen persönlichen Vorteilen interessiert und weitgehend mit sich selbst beschäftigt. Sie erwartet, dass alle Menschen in ihrem Umfeld ihr zur Verfügung stehen und trifft Entscheidungen unberechenbar und impulsiv auf der Grundlage einer typischerweise sehr beschränkten Weltanschauung, die Interessen anderer eher ausklammert als berücksichtigt.

Tab. 2.3 Acht Schlüssel-Archetypen der Führung in der Wirtschaftsgeschichte

	Wirtschaft 1.0		Wirtschaft 2.0		Wirtschaft 3.0		Wirtschaft 4.0	
	Vor Adam Smith		19./20. Jahrhundert		Um 1980		21. Jahrhundert	
	Statisch		Linear		Multi-Dimensional		Dynamisch	
Autonomie	0 %	0 %	10 %	10 %	30 %	30 %	60 %	60 %
Vertrauen	0 %	10 %	10 %	20 %	20 %	40 %	40 %	80 %
Handlungsorientierung	Führungs-Orientierung	System-Orientierung	Führungs-Orientierung	System-Orientierung	Führungs-Orientierung	System-Orientierung	Führungs-Orientierung	System-Orientierung
Führungsstil	Egofokussierte Führung	Anschlussorientierte Führung	Autoritäre Führung	Regulierende Führung	Transaktionale Führung	Partizipative Führung	Transformative Führung	Bionische Führung

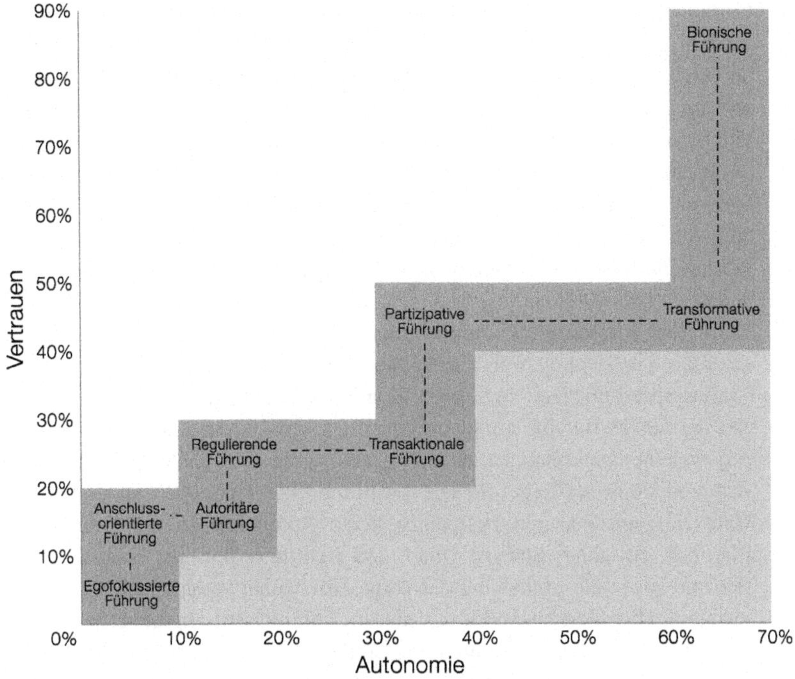

Abb. 2.16 Evolutionärer Prozess der Führungstypologie mit zunehmender Autonomie/Vertrauen

Die Organisation verbringt den größten Teil ihrer Zeit damit, der Führung persönlich (sowie seinem Ego) zu dienen, anstatt die anstehende Arbeit bestmöglich zu erledigen. Während dieser Führungsstil dem individuellen Überlebensinteresse der Führungskraft sehr dienlich ist, ist er kaum für irgendeine komplexere Organisationsform geeignet.

2. **Anschlussorientierte Führung („Kin-focused/Affiliative Leadership"):** Die anschlussorientierte Führung ist dadurch gekennzeichnet, dass sie sich darauf konzentriert, einen inneren geschlossenen Einflussbereich zu erschaffen. Während zwischen den eng miteinander verbundenen Mitgliedern, die wie Familienmitglieder behandelt werden, Loyalität dominiert, fehlt der Ehrgeiz zur Integration mit dem, was sich außerhalb dieses „inneren Zirkels" befindet. Die Führungskraft wird als Patriarch respektiert, der durch die Förderung des

Gefühls der Zugehörigkeit führt und motiviert, und über Aufnahme oder Ausschluss entscheidet. Er wird von seiner Organisation geliebt und/oder gehasst und löst starke Emotionen beziehungsweise Identifikation aus. Rituale, Tradition und ein festgelegter Verhaltenskodex werden hoch bewertet und von einer Generation an die nächste mit der Erwartung weitergegeben, dass sie unverändert fortgesetzt werden. Dies ist auch der Grund, warum sich die Organisation nur langsam an Veränderungen anpassen kann – insbesondere in einer dynamischen und zunehmend komplexen Umgebung. Ihr Erfolg ist oft auf einen begrenzten lokalen Einflussbereich beschränkt, während die Außenwelt als feindlicher Gegner angesehen wird.

3. **Autoritäre Führung („Commanding/Authoritarian Leadership"):** In einer autoritären beziehungsweise autokratischen Organisationskultur handelt die Führungspersönlichkeit aus einer Position der unbegrenzten Macht heraus, von der aus er Befehle erteilt und erwartet, dass bedingungslos die von ihm vorgegebene Anweisungen, Handlungsvorgaben und Ziele befolgt werden. Während sie in der Regel für eine bestimmte Ideologie oder ein strategisches Machtziel einsteht, gibt es nahezu keine Autonomie in der Organisation, allerdings ein hohes Maß an Druck und Kontrolle, um eine hohe Leistungs-Taktzahl sowie die Einhaltung der vorgeschriebenen Verhaltenskodizes sicherzustellen. Das Menschenbild, das diesem Führungsstil zugrunde liegt, ist die Annahme, dass Menschen durch eine starke Hand geführt werden müssen und dass ohne Überwachung und Einschüchterung die Mitarbeiter ihre Freiheit missbrauchen und keine Leistung erbringen würden, was die Organisation in einen sehr unproduktiven Zustand führen würde. Doch obgleich eine solche Führung eine hohe transaktionale Leistung erbringen vermag, fördert diese vor allem auf Angst aufgebaute Unternehmenskultur weder Wissensaustausch noch Innovation oder eigenverantwortliches Handeln.
4. **Regulierende Führung („Administrative/Regulating Leadership"):** Ein administrativer Führungsstil beruht auf der Annahme, dass zuverlässige und schlanke Prozesse zu Qualität und Effizienz führen und diese stark reguliert werden müssen. Jede potenzielle menschliche Varianz soll eliminiert werden, da sie als unvollkommen im Vergleich zur Qualität des bestmöglichen Prozessdesigns gilt. Es gibt eine klar geregelte, hierarchische Organisationsstruktur, die auf jeder Ebene einen definierten Verhaltenskodex vorschreibt und einfordert. Die Mitarbeiter orientieren sich strikt an Regeln und Verfahrensanweisungen, weniger an einer bestimmten Führungskraft, was das mechanistische Konzept widerspiegelt, dass dieser Art von Führung zugrunde liegt.

Die Führung selbst ist fast unsichtbar und lässt sich durch die Untergebenen repräsentieren, die den Willen der Führung ausführen. Ein hohes Maß an Prozessdokumentation sowie Überwachungsfunktionen sind charakteristisch für solche Organisationen, die oft auf die notwendige Produktsicherheit oder eine nächsthöhere Autorität als Rechtfertigung für den hohen Grad an Formalismus verweisen. Während die Arbeitsplatzsicherheit sehr hoch ist, verlangsamen die Zahl der Regeln, Vorschriften und Prozesse insbesondere in einem zunehmend komplexeren Umfeld die Organisation, je weiter man in der Hierarchie nach unten kommt, und der fehlende Raum für Kreativität, Wissensaustausch und Autonomie beschränkt massiv die Innovationsleistung.

5. **Transaktionale Führung („Transactional/Pacesetting Leadership"):** Transaktionale Führungspersönlichkeiten sind stark durch ihre hohen persönlichen Ambitionen für Erfolg getrieben. Sie wollen stets mehr in kürzerer Zeit erledigt bekommen und treiben ihre Organisationen dazu an, mit ihrem eigenen Tempo mithalten zu können. Durch dominant extrinsische Motivations- und Leistungssysteme bringen sie die Regeln des Marktes in ihre Organisation, indem sie Wettbewerb zwischen den Mitarbeitern induzieren und anheizen. Dort, wo es dem Erfolg des Unternehmens dient und die Mitarbeiter ein hohes Maß an Engagement und Einsatz zeigen, wird zunehmend Autonomie gewährt. Identifikation wird dadurch erreicht, dass alle Kräfte darauf ausgerichtet werden, das Rennen gegen die Wettbewerber zu gewinnen. Während diese Art der Führung eine hochdynamische und effiziente Umgebung schafft, die Ideen und Innovation fördern, ist der Leistungsdruck auf jeden Einzelnen extrem hoch und treibt die Organisation an die Grenzen dessen, was sie nachhaltig tragen kann.
6. **Partizipative Führung („Participatory/Coaching Leadership"):** Partizipativ orientierte Führungskräfte kümmern sich intensiv um ihre Mitarbeiter; ihr Wohlergehen und ihre persönliche Entwicklung sind ein wesentlicher Führungsfokus. Sie werden in einem Coaching-ähnlichen Modus geführt, der auf Verantwortungsübernahme und Selbstverantwortung hinzielt. Da die Führung voll und ganz auf die Kompetenz ihrer Mitarbeiter vertraut, ist die Autonomie in den entsprechenden Organisationen sehr hoch. Auch Bezogenheit wird intensiv gefördert, indem viel Zeit in die Gemeinschafts- und Teamentwicklung sowie Co-Kreatives Lernen investiert wird. Der Prozess der Entscheidungsfindung dauert in der Regel sehr lange, da mit einer breiten demokratischen Beteiligung ein gemeinsamer Konsens angestrebt wird, führt aber zu Ergebnissen, die von einer breiten Mehrheit getragen werden. Während der Wohlfühlfaktor der Mitarbeiter sowie ihr Selbstvertrauen sehr hoch

sind, fehlt diesen Organisationen oft Agilität und Dynamik im Markt. Als Kollektiv werden sie leicht selbst-absorbiert und riskieren dadurch zunehmend Effizienzverlust. Die Führung versteht sich eher als „Teil des Ganzen“ und führt wenn überhaupt hinter den Kulissen, was gelegentlich ein Führungsvakuum verursachen kann.

7. **Transformative Führung („Visionary/Transformational Leadership“):** Transformative Leader zeichnen sich durch ihre Integrität sowie ihre gleichzeitig charismatische und fürsorgliche Persönlichkeit aus, die, wenn sie einmal erlebt wurde, nachhaltig in Erinnerung bleibt. Diese Art der Führung hat die Fähigkeit, eine weitsichtige Vision zu schaffen und ist fest einer Gesamtmission verpflichtet, die einen „höheren Zweck“ impliziert und das öffentliche Wohl integriert. Die Führungskraft geht mit gutem Beispiel voran und lebt in der Art und Weise, die sie auch von ihren Mitarbeitern erwartet. Sie fungiert als Rollenmodell, zu dem die Menschen respektvoll aufschauen und an dem sie sich orientieren. Sie vertraut ihren Mitarbeitern, schätzt sie als kompetent ein, wertschätzt ihr Know-how und fördert ihr persönliches Wachstum. Sie bezieht sie über den gesamten Transformationsprozess ein – von der Identifikation der eigentlichen Notwendigkeit von Veränderung über die Schaffung einer inspirierenden Vision bis hin zur Umsetzung der erforderlichen Maßnahmen. Während solche Organisationen eine Unternehmenskultur des Vertrauens, der Innovation und des Selbstvertrauens bieten und kontinuierlich Impulse für positive Veränderung schaffen, fehlt es nicht selten an langfristiger Kontinuität, da der Erfolg stark auf die Persönlichkeit des Leaders ausgerichtet ist, selbst wenn dieser bereits das Unternehmen verlassen hat.
8. **Bionische Führung („Soul-driven Leadership“):** Bionische Führung verbindet die Kompetenzen eines transformativen Führungsstils mit der inneren Haltung und den Eigenschaften eines „dienenden Leaders“ („Servant Leader“), der sich schrittweise durch Integration evolutionärer und anthropozentrischer Elemente in die Organisation selbst überflüssig macht. Während er sich der Unternehmensseele tief verpflichtet fühlt (siehe Abschn. 2.2.3.3), tragen seine Strategien gleichzeitig zu einem gesellschaftlichen Nutzen bei. Seine in einem hohen Maß von ethischen Werten getriebenen Entscheidungen und Handlungen zeugen von einem hohen Maß an Weisheit, Reife und Demut. Die Mitarbeiter fühlen sich gesehen und geschätzt und streben nach Kräften danach, ebenfalls zur gemeinsamen Mission beizutragen. Ultimativ transzendiert eine solche Führungskraft die Notwendigkeit für Leadership (und somit die Bindung an seine Person), indem sie durch die Harmonisierung von Führung mit

Grundprinzipien der belebten Natur optimierte Strukturen und Prozesse entwickelt und hierdurch eine selbstlernende und entscheidungsfähige Organisation schafft. Diese respektiert ihre eigene Unternehmensseele als Leitprinzip für alle Handlungen und Entscheidungen, hat sie vollständig verinnerlicht und kann dadurch unabhängig von Einzelpersonen einen nachhaltigen Wandel kontinuierlich weiterführen.

Wie man unschwer erkennen kann, repräsentieren diese acht GCH-Archetypen die gängigsten der in der Management-Literatur zu findenden Führungsstile und unterscheiden sich gleichzeitig stark voneinander in ihrem expliziten Ausdruck in der Organisation, ihrem primären Fokus und ihrem grundsätzlichen Menschenbild bezüglich ihrer Mitarbeiter sowie ihrem grundsätzlichen Rollen- und Verantwortungsverständnis von Organisationen im breiteren Kontext der Gesellschaft.

Daher wurden sie als evolutionäre Referenzpunkte für sämtliche Bewertungskriterien des GCH-Modells herangezogen. Entsprechend der ausführlichen Herleitung der Anforderungen an Organisationen in einer Welt globaler Vernetzung ist es letztendlich der „Soul-driven Leader", der die Kompetenz und die Fähigkeiten hat, die neuen Herausforderungen als Chance anzunehmen und eine Organisation zu einem nachhaltig motivierten Zustand von Agilität, Kreativität und Leidenschaft zu führen.

> Als Referenzsystem für das GCH-Modell wurden acht Führungs-Archetypen identifiziert, die in den vier Wirtschaftsepochen jeweils eine Organisation mit erhöhter Autonomie gefolgt von einem Zustand mit höherem organisatorischen Vertrauen repräsentieren.

Hieraus ergibt sich das in Tab. 2.4 dargestellte Evaluierungsraster des „Gross Corporate Happiness"-Modells, das die neun GCH-Domains mit ihren 34 Einzelindikatoren über acht mögliche Entwicklungsstufen der Führungskultur erfasst.

Für jedes der 272 Felder lässt sich die typische Ausprägung des jeweiligen Indikators im entsprechenden Führungskontext eindeutig beschreiben und es erlaubt hierdurch, eine weitgehend objektivierbare Evaluation des organisatorischen Entwicklungsstandes bezüglich den entscheidenden Faktoren für intrinsische Motivation vorzunehmen (siehe Abschn. 4.1).

Tab. 2.4 GCH-Evaluierungsraster der neun Domains mit 34 Einzelkriterien und acht möglichen Qualitätslevels

		Führungsstil:	Egofokussierte Führung	Anschluss-orientierte Führung	Autoritäre Führung	Regulierende Führung	Transaktionale Führung	Partizipative Führung	Transformative Führung	Bionische Führung
Domain:	*Indikator*	*Level:*	*1*	*2*	*3*	*4*	*5*	*6*	*7*	*8*
Unternehmens-seele	1.1.1	***Transzendierende Vision/Mission***								
	1.1.2	***Authentische Sprache & Verhalten***								
	1.1.3	***Unternehmenswerte / Verhaltenscodizes***								
	1.1.4	***Freizeitaktivitäten mit Kollegen***								
Lernende Organisation	1.2.1	***Lernen im Team***								
	1.2.2	***Denken im System***								
	1.2.3	***Persönliches Können und Wachstum***								
	1.2.4	***Mentale Modelle***								
Positive Anerkennung	1.3.1	***Bedürfnisorientiertes Gehaltssystem***								
	1.3.2	***Gehaltsgerechtigkeit***								
	1.3.3	***Positive Feedback-Kultur***								
	1.3.4	***Arbeitsplatz-Sicherheit***								
	1.3.5	***Arbeitsplatz-Qualität***								
Strategische Nachhaltigkeit	2.1.1	***Unternehmerischer "Fußabdruck"***								
	2.1.3	***Betrag des Portfolios zu Megatrends***								
	2.1.3	***Öko-Soziales Mitarbeiterbewusstsein***								
	2.1.4	***Öko-Gefährdung des Geschäftsmodelles***								
Kollaborative Agilität	2.2.1	***Wissensaustausch, Kreativität & Innovation***								
	2.2.2	***Gemeinschaftsgefühl***								
	2.2.3	***Mitarbeitervielfalt***								
	2.2.4	***Ausschluss von Machtmissbrauch***								
Ganzheitliche Fürsorge	2.3.1	***Physische Fürsorge (regulierend)***								
	2.3.2	***Physische Fürsorge (anbietend)***								
	2.3.3	***Mentale Fürsorge (regulierend)***								
	2.3.4	***Mentale Fürsorge (anbietend)***								
Verantwortungs-volle Unternehmens-führung	3.1.1	***Transparentes Berichtswesen***								
	3.1.2	***Vertrauen in die Führung***								
	3.1.3	***Leistung der Verwaltung***								
	3.1.4	***Partizipation***								
Psychisches Wohlbefinden	3.2.1	***Bedrückung - Freude (eindimensional)***								
	3.2.2	***U-Form (zweidimensional)***								
	3.2.3	***Spiritualität***								
Ausgewogene Lebenszeit	3.3.1	***Für Arbeit aufgewendete Zeit***								
	3.3.2	***Unbeeinträchtigte Erholungsphasen***								

2.5 Aktienmarkt Reloaded: Die „Sub-Prime-Motivation"-Blase

> Yoda: „Vorsicht du walten lassen musst, wenn in die Zukunft du blickst, Anakin. Die Furcht vor Verlust ein Pfad zur Dunklen Seite ist."
>
> (George Lucas, Star Wars, Episode III, „Die Rache der Sith")

Erinnern Sie sich noch an den Sommer 2007? Innerhalb von wenigen Monaten wurde das gesamte weltweite Finanzsystem an den Rand seiner Überlebensfähigkeit gebracht. Und nur das vermeintlich geringere Übel von öffentlichen Finanzspritzen und Staatsgarantien in Milliardenhöhe für marode Banken hat die Welt davor bewahren können, den wirtschaftlichen Totalzusammenbruch zu erleben, von dem wir im September 2008 bei der Insolvenz der Investment Bank Lehman Brothers einen Vorgeschmack bekamen.

Den hierdurch weltweit tatsächlich entstandenen Schaden abzuschätzen, ist nahezu unmöglich, auch wenn bereits im April 2009 der Internationale Währungsfond diesen auf mindestens vier Billionen US-Dollar beziffert hat (ausgeschrieben 4.000.000.000.000 US$). Allerdings nur, um dies Schätzung wenige Monate später fast zu verdreifachen. Solche Schwankungen liegen weniger daran, dass die Größenordnung der Summen nicht ermittelbar ist, die zum Stopfen der durch ausgefallene Kredite verursachten Löcher bei Banken, aber auch in einer ganzen Reihe von Landes- und Gemeindehaushalten unwiederbringlich verloren gingen.

Schwieriger ist eher die Abschätzung des volkswirtschaftlichen Schadens, der durch das Überspringen der Krise auf die Realwirtschaft entstanden ist. Dieser wird nämlich in der Regel aus der Abweichung des Wachstums in den Krisenjahren gegenüber den durchschnittlichen Wachstumsraten der Vorjahre berechnet. Allerdings wird hierbei ausgeklammert, welcher Anteil der positiven Wirtschaftsentwicklung in den vorangegangenen Boom-Jahren der euphorisierten Scheinwelt der Blasenökonomie zugerechnet werden muss.

Es ist auch weniger die Frage nach der absoluten Höhe des wirtschaftlichen Schadens, den uns Spekulationsblasen seit der Anfangszeit der Börsengeschichte regelmäßig beschert haben. Der eigentliche gesellschaftliche Schaden entsteht aufgrund der Tatsache, dass jedes Platzen einer Blase innerhalb eines sehr kurzen Zeitraumes enorme Auswirkungen auf das Wirtschaftssystem hat, sodass dieses nicht mehr durch systemimmanente Korrekturmechanismen oder direktive Eingriffe gesteuert werden kann. Ein solcher unkontrollierter freier Fall verursacht in der Regel tektonische wirtschaftliche, aber auch gesellschaftliche Verwerfungen, da diejenigen, die die Konsequenzen der induzierten Krise tragen müssen, nicht zwangsläufig die gleichen Personen sind, die zuvor von der Blase profitiert hatten.

So hatte die letzte Finanzkrise nicht nur massive Auswirkungen auf Staatshaushalte, deren Konsequenzen u. a. die Europäische Währungsunion bis heute massiv belasten und letztendlich vom Steuerzahler getragen werden müssen, sondern sie hat beispielsweise innerhalb von wenigen Monaten die lebenslangen Rentenersparnisse vieler amerikanischer Arbeiter zusammenschmelzen lassen, allein dort ca. vier Millionen Menschen um ihr Zuhause gebracht und in vielen Industrieländern weltweit die Arbeitslosigkeit nachhaltig deutlich erhöht.

Doch was war ihre Ursache? Der Bericht der Untersuchungskommission der amerikanischen Regierung zur Finanzkrise macht hierfür eindeutig das Platzen einer enormen Immobilienblase in den USA verantwortlich, die durch einen immer einfacheren Zugang zu Hypothekenkrediten in gigantischem Maßen künstliche Scheinwerte in das weltweite Wirtschaftssystem eingebracht hatte. Diese bestanden aus Milliarden Dollar an „toxischen" Krediten für Kunden mit schwacher Bonität sowie auf diesen aufgebauten, strukturierten Wertpapieren mit nur vorgegaukelter hoher Sicherheit, die sich bei ersten Zweifeln an ihrer Werthaltigkeit schlagartig entwerteten und eine weltweite Kettenreaktion auslösten.

Laut ihrem vernichtenden Urteil war die Krise allerdings vermeidbar. Die Kommission macht für ihr Entstehen nicht nur das Versagen der Überwachungs- und Regulationsgremien des Staates sowie eine unverantwortlich risikobereite Unternehmensführung in den Finanzinstituten verantwortlich, die zusätzlich durch die große Hebelwirkung von fast unbegrenzten Kreditmöglichkeiten massiv verstärkt wurde, sondern insbesondere auch einen branchenweiten systemischen Zusammenbruch von Verantwortung und Ethik bereits bei der Vergabe der einzelnen Hypothekenkredite.

Aber reichen diese Erkenntnisse aus, um wirkungsvolle Maßnahmen einzuleiten, die die nächste Blase verhindern können? Oder ist es nicht vielleicht zu einem großen Teil schlichtweg der Herdentrieb, der wider jede rationale Offensichtlichkeit der natürlichen Grenzen eines jeden Aufschwunges uns immer wieder mitlaufen lässt, um ebenfalls noch ein Stück des Kuchens zu ergattern, und dadurch eine epidemische Ausbreitung erst anfacht? Und der gleichzeitig verhindert, dass jemand frühzeitig einen ersten Schritt macht und aussteigt oder dem Ganzen direktive Grenzen setzt?

Wie bei allen anderen großen Börsenblasen zuvor, angefangen mit der Spekulation auf Tulpenzwiebeln in den 30er-Jahren des 17. Jahrhunderts über die Beteiligungen an Handelsgesellschaften in Frankreich und England, deren Handelsmonopol im 18. Jahrhundert mit exotischen Ländern die Fantasie der Anleger ins Unermessliche trieb, bis zum Börsenboom und -crash in den 1920er-Jahren und der Dotcom-Blase in den 1990ern, haben auch in diesem Fall die bereits im Abschn. 1.4 ausführlich erläuterten Suchteffekte unseres Geldsystems eine ganze

Industrie angeheizt und die Beteiligten scheinbar blind gemacht für die immanenten Grenzen eines jeden Booms – oder sie zumindest durch den Glauben angetrieben, dass nach der Theorie des größeren Narrens es immer noch jemanden geben wird, der bereit ist, einen noch höheren Preis zu zahlen. Anders lässt sich einfach rückblickend nicht erklären, warum unzählige erfahrene Investoren einem Trend gefolgt sind, der ganz offensichtlich bereits konzeptionell auf einem löchrigen Fundament stand und ab einem frühen Zeitpunkt nur noch künstlich angefeuert sein konnte.

In jedem Fall scheinen zumindest eine ganze Reihe an Heuristiken und Wahrnehmungsverzerrungen in allen Phasen des Entscheidungsprozesses den Homo Economicus an demjenigen rationalen Verhalten gehindert zu haben, welches die Kommission als notwendig zum Verhindern der Blase identifiziert hat. Diese instinktiven Programmierungen helfen in der Regel, uns in einer von Information übersättigten Umgebung schnell einen Überblick zu verschaffen, bereits bekannte Muster zu identifizieren und auf dieser Basis schnell eine Entscheidung treffen zu können, die in unserer bisherigen Erfahrungswelt den größten Erfolg verspricht. Aber sie versagen völlig, wenn sich die Randbedingungen grundsätzlich gegenüber dem bisher Gewohnten ändern oder es sich um Ereignisse mit geringer Häufigkeit handelt.

Bereits aufgrund der Seltenheit, mit der Börsenblasen bisher entstanden sind, verschwinden diese bereits wenige Jahre nach einer Krise als Phänomen aus den täglichen Hauptnachrichten und somit weitgehend auch aus unserem akuten Bewusstsein. Während sich die wirtschaftliche Lage langsam wieder beruhigt, dominieren dann nicht nur vermehrt positive Informationen die verfügbaren Nachrichtenlage und beeinflussen unsere Realitätssicht („Availability Heuristic"), sondern es geraten auch vergangene Verluste angesichts neuer Gewinne schnell in Vergessenheit und erhöhen hierdurch nachweislich unsere Risikobereitschaft. In Kombination mit einer von unserem Wunsch nach Erfolg stimulierten selektiven Wahrnehmung und einer in der Euphoriephase eines neuen Aufschwunges positiv eingefärbten medialen Darstellung sind bereits bei der Informationswahrnehmung die wesentlichen mentalen Abkürzungen aktiviert, die ein Herdenverhalten unterstützen.

Wenn wir dann noch in der Informationsverarbeitung instinktiv nur auf bisher bekannte Kausalitäten zurückgreifen („Conservatism Bias") und dabei sowohl unsere eigenen analytische Fähigkeit („Overconfidence Bias") als auch unserer Kontrollfähigkeit überschätzen („Illusion of Control"), auf die der Abschn. 3.2 noch näher eingehen wird, so wird auch die Informationsverarbeitung tendenziell dahin gehend beeinflusst, dass wir in unserem Entscheidungsverhalten auf einen neuen, unseren natürlichen Optimismus bestätigenden („Optimism Bias") Trend aufspringen.

Während wir dann euphorisch Anfangserfolge unseren eigenen Fähigkeiten zurechnen und sich dadurch die Risikobereitschaft der Ersteinsteiger erhöht („Self-Attribution Bias"), werden in der Boom-Phase durch unsere instinktive Reueaversion („Regret Aversion") immer mehr Marktteilnehmer dazu gebracht, dem Trend zu folgen, um nicht am Ende den Zug zu verpassen. Und gerade diese vielen Späteinsteiger bleiben selbst in der überkritischen Phase der Blase aufgrund unserer Verlustaversion („Loss Aversion") noch dabei, selbst wenn bereits alle Anzeichen auf Sturm stehen.

Spiegelt man dies an der Bewertungssystematik von Professor Rolf Daxhammer und Máté Facsar von der ESB Business School, die die menschlichen Heuristiken nach ihrer Risiko- beziehungsweise Renditeschädlichkeit für wirtschaftliche Entscheidungen kategorisiert haben, so sind in der Tat von der Entstehungsphase bis zum Platzen einer Börsenblase sämtliche wesentlichen Handlungsmechanismen unseres Reptiliengehirns, die die Behavioral Finance bisher identifiziert hat, auf „grün" geschaltet (Daxhammer und Facsar 2012).

Insofern springt eine Kommission ein wenig kurz, wenn sie lediglich in der rückwärtigen Betrachtung die Finanzkrise als vermeidbar charakterisiert und ihren Tadel auf die staatlichen Institutionen, die beteiligte Industrie und die handelnden Akteure verteilt. Letztendlich ist es die Tatsache, dass wir in unserem Wirtschaftssystem immer noch dominant ein rationales Verhalten eines Homo Economicus erwarten und daher keine adäquaten Sicherheitssysteme in das weltweite Finanzsystem eingebaut haben, um automatisch unser kollektives, instinktgetriebenes Handeln einbremsen und kontrollieren zu können, die immer wieder solche unkontrollierten Blasen entstehen lässt.

▶ Von der Entstehung bis zum Platzen einer Börsenblase fördern instinktive Verhaltensmuster aller Beteiligten eine Blasenentstehung. Es bedarf eines zusätzlichen, tatsächlich rationalen Sicherheitssystems, um dies zukünftig zu verhindern.

Doch während wir den unübersehbaren Finanzkrisen in der Wirtschaftsgeschichte so viel Aufmerksamkeit widmen, sind die bisher bekannten Spekulationsblasen nur die Spitze eines Eisberges. Unterhalb unserer Wahrnehmungsschwelle schlummert ein deutlich langwelligeres Phänomen, das allerdings bisher nur in sehr begrenztem Umfang zum Vorschein kam. Lediglich in seiner Mikrovariante ist es uns seit den 1960er-Jahren als Produktlebenszyklus bekannt: die Tatsache, dass sämtliche Produkte im Markt in einer Einführungsphase entstehen, dann in eine Wachstumsphase übergehen, um in einer Reifephase den größten Erfolg zu feiern, während mit der Sättigung im Markt der Übergang zu einer Degenerationsphase beginnt, der maximal noch eine längere Nachlaufphase folgt.

Und was bisher nur für einzelne Unternehmen relevant war, die ganz selbstverständlich in ihrer zukünftigen Absatzplanung begannen, immer wieder bestehende Produkte „auszuphasen" und durch Neuanläufe zu ersetzen, hat durch die im Abschn. 1.2 beschriebene Beschleunigung der Technologieentwicklung in den vergangenen Jahren eine ganz neue Risikodimension erreicht. Erstmalig in unserer Wirtschaftsgeschichte werden wir zunehmend mit den Effekten von „Industrielebenszyklen" konfrontiert, die nicht mehr mehreren Wirtschaftsgenerationen ausreichend Zeit geben, sich anzupassen, sondern sich innerhalb nur weniger Jahre global manifestieren.

Was bei einzelnen Produkten in der Vergangenheit nur die Oberfläche des weltweiten Finanzsystems kräuseln konnte und bei diskreten Technologiesprüngen nur vereinzelt langwellige Bewegungen auf der Meeresoberfläche erzeugt hat, durch die lediglich einzelne Unternehmen in Seenot gerieten, kann sich zu einem Börsen-Tsunami auftürmen, wenn man sich unvorbereitet der Küste einer systemischen Phasengrenze nähert.

Und genau hier fehlen weiterhin die notwendigen Frühwarnsysteme und Korrekturreflexe an unseren Aktienmärkten, um frühzeitig zu entschärfen und zu verhindern, dass sich noch viel größere Blasen aufbauen und sich dann in einer bisher unbekannten Größenordnung schlagartig entladen.

Dabei sind die Fakten bereits offensichtlich, wenn man sich beispielsweise das ostentative Festhalten an einer auf fossilen Brennstoffen aufbauenden Industrie vergegenwärtigt. So hat das Potsdam Institut ermittelt, dass die Menschheit bereits in der ersten Dekade des neuen Jahrtausends ein Drittel der CO_2-Menge in die Atmosphäre eingebracht hat, die maximal in der gesamten ersten Hälfte dieses Jahrhunderts ausgestoßen werden dürfte, um die globale Erwärmung auf 2 °C zu begrenzen. Die verbleibende Menge, die wir in den folgenden 40 Jahren noch verbrauchen dürfen, erfordert somit eine durchschnittliche Halbierung des Ausstoßes. Allerdings entspricht sie gleichzeitig einem Anteil von circa 20 % der aktuell bereits bekannten Reserven an Erdgas, Erdöl und Kohle, wie die Carbon Tracker Initiative vorrechnet.

Diese werden jedoch bisher von Regierungen, die etwa drei Viertel dieser Reserven besitzen, sowie von den Energiekonzernen, die sich den Zugriff auf das letzte Viertel gesichert haben, als uneingeschränkt werthaltige Vorräte angesehen. Bereits die von den Top 100 energieerzeugenden Konzernen aktiv bilanzierten Vorräte überschreiten für sich alleine genommen die weltweite CO_2-Budgetgrenze bis zur Jahrhundertmitte um 30 % – während Regierungen uneingeschränkt ihre Budgetplanungen auf diesen Einnahmen errichten.

Spätestens mit der von allen Staaten im Rahmen der UN-Klimakonferenz im Dezember 2015 in Paris unterschriebenen Verpflichtung, deutlich unter der 2 °C-Grenze zu bleiben und in der Zeit zwischen 2045 und 2060 vollständig aus der fossilen Wirtschaft auszusteigen, müsste es eigentlich zu einer sofortigen bilanziellen Abschreibung der in Konzernbilanzen aktivierten Vorräte um eben diese 30 % kommen. Eher sogar um mindestens 80 %, da nicht davon auszugehen ist, dass sämtliche Staaten, die aktuell über Rohstoffreserven verfügen und sogar zusätzlich in ineffiziente und umweltschädliche Technologien wie Fracking oder den Abbau von Ölsand investieren, zeitnah vollständig auf deren Ausbeutung verzichten werden. Dies entspräche allerdings einer Wertvernichtung, die die Abschreibungen der letzten Finanzkrise noch um ein Mehrfaches übertreffen würde – mit allen daraus bekannten Konsequenzen für die Weltwirtschaft.

Während eine solche Maßnahme dem Werthaltigkeitsprinzip der globalen Standards zum Finanzberichtswesen entspräche und jeder Wirtschaftsprüfer eines mittelständischen Betriebes angesichts einer solchermaßen offensichtlich eingeschränkten Absetzbarkeit der Vorratspositionen sofort sein bilanzielles Veto einlegen würde, gibt es allerdings hierzu bisher keine ernst zu nehmenden Planungen – weder von Regulierungsseite noch von der Industrie selbst. Und mangels eines verbindlichen Verteilungsschlüssels ist damit wohl auch in naher Zukunft nicht zu rechnen.

Ähnlich wie mit den Auswirkungen unternehmerischen Handelns auf die Gemeingüter, die nicht eindeutig aufteilbar sind und deren Konsequenzen daher in den üblichen Gewinn- und Verlustrechnungen schlichtweg ignoriert werden, werden uns daher die Bilanzen eines ganzen Industriezweiges noch auf Jahre hinaus Scheinwerte vorgaukeln; bis irgendwann schlagartig die Erkenntnis nicht mehr zu ignorieren ist, dass diesen in Summe kein nutzbarer gesellschaftlicher Wert mehr entgegensteht. Und die Konsequenzen dieses Erwachens werden nicht weniger dramatisch sein, denn so wie Verlustängste ihre eindeutigen Frühwarnsignale lange zu vertuschen versuchen, so wird auch schlagartig die Verlustangst derjenigen, die etwas zu verlieren haben, eine Lawine auslösen, da auch beim Ausstieg niemand mehr der Letzte sein möchte.

Während wir den Kater der letzten Wirtschaftskrise noch nicht ganz ausgeschlafen haben, bläht sich demnach trotz unserer dokumentierten Versäumnisse vor unseren Augen eine noch größere Blase auf – und wieder scheinen wir lieber wegzuschauen und zu versuchen, so lange wie möglich auf der Welle mitzureiten, anstatt zeitnah zu handeln.

Doch es ist nicht nur das Ausmaß der Konsequenzen, mit denen das Platzen einer Blase am Aktienmarkt die Gesellschaft belastet. Es ist insbesondere die Tatsache, dass das kollektive Festhalten an der Illusion, der exponentielle Boom würde diesmal nicht zu einer unvermeidbaren Korrektur führen, uns eine Menge wertvoller Zeit kostet, die wir gut gebrauchen könnten, um frühzeitig notwendige Korrekturmaßnahmen an anderer Stelle einzuleiten.

Denn Boom-Phasen haben unabhängig von ihrer Wellenlänge eine starke Nebenwirkung, die bisher nur wenig in das Rampenlicht gerückt wurde: Dank ihrer positiven finanziellen Effekte auf die Gesamtwirtschaft sind sie von ihrer Entstehung bis zum abrupten Ende der Blase ein willkommenes Mittel, um an anderen Stellen die offensichtliche Notwendigkeit von Veränderung zu kaschieren. Und beim kollektiven Zusammenbruch sind sie eine probate Begründung für jede Form der wirtschaftlichen Negativentwicklungen, unabhängig von deren tatsächlichen Ursachen.

Aber welchen Regeln folgt ein globaler Aktienmarkt, der immer wieder solche Scheinrealitäten erzeugt und sich inzwischen weit weg von dem entwickelt hat, was er eigentlich ursprünglich sein sollte, nämlich eine Plattform, um vorhandenes Kapital mit Unternehmen zusammenzubringen, die dieses für ihre zukünftige Entwicklung benötigen? Wie soll ein Finanzsystem kontrolliert werden, dessen Schulden laut Bericht der US-Untersuchungskommission am Vorabend der letzten Wirtschaftskrise doppelt so hoch waren wie das weltweite Bruttosozialprodukt, in dem die zehn größten Finanzinstitute mehr als die Hälfte der industriellen Vermögenswerte besaßen und über ein Viertel der Gewinne der amerikanischen Wirtschaft erwirtschafteten? Und bei dem selbst die Kommission zu dem Schluss kommt, dass diese Institute nicht nur „zu groß zum Scheitern" („too big to fail"), sondern bereits „zu groß zum Managen" („too big to manage") geworden waren?

Trotz aller menschlichen Instinkte, die inzwischen in beängstigender Weise die Amplituden ebenso wie die Frequenz des weltweiten Börsenhandels massiv in die Höhe getrieben haben, stützt sich selbst ein Hochfrequenzhandel, der weltweit über die Hälfte des Handelsvolumens ausmacht und auf der Fähigkeit beruht, einen Vorteil von wenigen Millisekunden zwischen dem Erhalt einer Information und der Umsetzung in eine Handelstransaktion gegenüber anderen zu haben, auf Algorithmen, die verfügbare Information verarbeiten müssen.

Und diese basieren in ihrem Kern – wie grundsätzlich alle Börsenhandlungen – auf einem von bisher nur zwei alternativen Bewertungsansätzen: einer fundamentalen Wertpapieranalyse oder einer charttechnischen Analyse.

Die Fundamentalanalyse baut auf dem Gedanken auf, dass sich Aktienkurse mittel- und langfristig auf der Basis von bekannten Finanzkennzahlen des Unternehmens entwickeln, da diese klare Hinweise auf den „fairen Wert" des Unternehmens geben. Ein solcher innere Wert entspricht in der Theorie der Summe, die ein allwissender Homo Economicus dem durch die Aktie repräsentierten Unternehmensanteil zubilligen würde.

Während dies in Zeiten, in denen die Zukunft eine annähernd präzise Extrapolation der Vergangenheit war, zumindest für mittel- und langfristige Anlagestrategien eine recht vernünftige Herangehensweise war, ist angesichts der Tatsache, dass die Zukunft nicht mehr extrapoliert werden kann, sondern antizipiert werden muss (siehe Abschn. 1.2), hierfür allerdings eine ganz neue Faktenbasis notwendig als bisherige Kurskennzahlen, die nur die unmittelbare Vergangenheit wiedergeben können und noch dazu im Kurzfristbereich einigen Gestaltungspielraum bieten.

Demgegenüber baut die Chartanalyse, der sich inzwischen dank immer leistungsfähigerer Rechnersysteme die Mehrheit der Anleger verschrieben haben, auf der Annahme auf, dass Kursentwicklungen immer bestimmten statistischen Mustern folgen, in denen sich auch irrationale Verhaltensweisen abbilden und sich allein aus vergangenen Kursdaten zumindest im Kurzfristbereich zuverlässige Prognosen herleiten lassen. Diese Vorhersagen basieren allerdings ausschließlich auf statistischen Daten und empirischen Algorithmen, denen keine wissenschaftlichen Theorien zugrunde liegen.

Im Grundgedanken wurzeln sie auf dem von Louis Bachelier 1900 in seiner Dissertation behaupteten (und inzwischen längst widerlegten) Phänomen, dass Börsenkurse einem statistischen Muster folgen, das einer Gauß-Verteilung nahekommt. Aber auch dieser Analyseansatz wird mit zunehmender Anzahl an „Schwarzen Schwänen", die inzwischen zum Alltag des Homo Economicus gehören und die Hauptursache für massive Börsenausschläge sind, immer unzuverlässiger, da diese sich immer wieder jeder statistischen Erfassung entziehen.

Während beide Herangehensweisen bisher durchaus eine mehr oder weniger erfolgreiche Strategie in stabilen Märkten ermöglichten, sind sie allerdings beide vollkommen ungeeignet, uns zukünftig vor weiteren massiven Beben zu schützen, deren Amplituden angesichts der Bandbreite der Fehlbewertungen eher immer größer zu werden scheinen.

► Insbesondere bei der Annäherung an wirtschaftliche Phasengrenzen kumulieren sich die Effekte langwelliger Megablasen, die nur durch die vollständige Bilanzierung zukünftiger Erfolgsfaktoren frühzeitig entschärft werden können.

Um dies zu verhindern, wäre es notwendig, in Unternehmensbewertungen authentisch diejenigen Kriterien zu integrieren, die nicht nur unsere bisherigen, sondern insbesondere zukünftig offensichtlich relevante Wirtschaftsfaktoren und -risiken repräsentieren und somit als Korrektiv für bisher gewohnte Referenzkennzahlen wirken können. Würde man sie mit näherkommender Phasengrenze schrittweise adäquat gewichten, könnten dadurch nicht nur frühzeitig geänderte Prioritätensetzungen gefördert werden, sondern auch eine deutlich sanftere Landung in einer unausweichlichen neuen Realität möglich werden.

Schlüsselfaktoren sind hierbei zum einen die korrekte Weiterbelastung von gesellschaftlichen oder makroökologischen Konsequenzen, sobald eine Industrie einen Punkt erreicht, an dem sie mehr Entropie als Ordnung erzeugt. Dies gilt heute zumindest für die offensichtlichen ökologischen Konsequenzen industriellen Handelns – und wird zunehmend auch die gesellschaftlichen Auswirkungen mit einschließen müssen. Wie bereits im Abschn. 1.2 gezeigt, sind sie eindeutige Vorboten einer unvermeidlichen diskontinuierlichen Veränderung.

Zum anderen ist die vollständige und korrekte bilanzielle Erfassung sämtlicher unternehmerischer Wirtschaftsgüter in einer Form erforderlich, die sich an ihrer *zukünftigen* Nutzbarkeit orientiert. Während dies für die Anpassung der offensichtlichen Überbewertung der fossilen Rohstoffreserven längst überfällig ist, gilt es umso mehr auch für diejenigen organisatorischen Erfolgsfaktoren, die in der Zukunft industrieübergreifend relevant werden.

Der wirtschaftliche Schaden durch Produktivitätsverlust von aktiv nicht engagierten Mitarbeitern beläuft sich in den US jährlich auf geschätzte 450 bis 550 Mrd. US$ (Gallup).

Wie im ersten Kapitel dieses Buches ausführlich erläutert wurde, hat sich der wirtschaftliche Kontext in den letzten Jahren grundlegend gewandelt. Insbesondere die Globalisierung und die weltweite Vernetzung haben dazu geführt, dass wir uns rasant einem Phasenübergang genähert haben, ab dem nicht mehr Vergangenheitserfolge, sondern insbesondere die durch intrinsische Motivation geförderte organisatorische Befähigung zur kontinuierlichen Innovation, zum autonomen Management von hoher Vielfalt sowie die nachhaltige Arbeit in Netzwerken entscheidend für zukünftigen Erfolg sind.

Dennoch basiert die heutige Börsenbewertung unserer Unternehmen bei beiden Bewertungsansätzen im Wesentlichen auf einer Extrapolation von wirtschaftlichen Vergangenheitsdaten – ohne in irgendeiner Weise die Qualität ihrer Zukunftskompetenz einzubeziehen.

Während wir weiterhin bilanziell die Augen vor einem immer stärkeren Rückgang der Mitarbeitermotivation verschließen, der sich durch zunehmenden Leistungsdruck immer weiter verstärkt, sitzen wir längst auf einer „Sub-Prime-Motivation"-Blase, die mit jeder neuen Runde in der Spirale weiter wächst.

Statistisch sind diese Effekte nicht vorhersehbar. Allerdings kann durch eine systematische Erweiterung unseres Kennzahlensystems, wie dies im Abschn. 3.5 noch ausführlich erläutert wird, ein deutlich realistischeres Bild des „Fair Values" eines Unternehmens identifiziert werden, welches schwerpunktmäßig seine Zukunftsfähigkeit mit berücksichtigt.

Tun wir dies nicht, werden in den kommenden Jahren zunächst immer häufiger scheinbar unverwundbare Erfolgsunternehmen mit tadellos aussehenden Vergangenheitsbilanzen über Nacht ins Trudeln kommen – bevor irgendwann die unternehmerischen Versäumnisse im Bereich der Mitarbeitermotivation offensichtlich werden und sich unsere streng gehütete Illusion, dass durch konstante Erhöhung des Systemdrucks unbegrenzt Leistungssteigerungen möglich sind, schlagartig korrigieren.

2.6 Balance Sheet Reloaded: Der Mensch als Vermögenswert

> "Wie groß ist doch die Welt!", sagten alle Jungen, denn nun hatten sie freilich viel mehr Platz als in dem engen Ei. "Glaubt nicht, dass dies die ganze Welt ist", sagte die Mutter. "Die erstreckt sich noch weit über die andere Seite des Gartens, gerade hinein in des Pfarrers Feld. Aber da bin ich noch nie gewesen!"
> "Ihr seid doch alle beisammen, oder?", fuhr sie fort und stand auf. "Nein, das größte Ei liegt ja noch da. Wie lange soll denn das dauern! Jetzt bin ich es aber bald leid!"
> (Hans Christian Andersen, „Das hässliche Entlein")

Wie bereits ausführlich im Abschn. 2.3 ausgeführt wurde, führt die Tatsache, dass wir in unserer betriebswirtschaftlichen Leistungsrechnung Mitarbeiter ausschließlich mit ihren Kosten erfassen, zu regelmäßigen Fehlsteuerungen bei denjenigen Unternehmensentscheidungen, die direkte oder indirekte Auswirkungen auf die Mitarbeiter haben.

Dies ist im Zusammenhang mit Restrukturierungsmaßnahmen besonders offensichtlich, gilt aber unverändert auch für jede Form der wirtschaftlichen Entscheidungsgrundlagen, die personelle Konsequenzen nach sich ziehen. Diese erscheinen zwangsläufig verzerrt, da zwar ihre Einspareffekte positive (beziehungsweise ihre Kosten negative) Berücksichtigung finden, allerdings ihre negativen (respektive positiven) Konsequenzen auf das „Humankapital" vollkommen ausgeblendet werden. Weil diese „Fähigkeiten und Fertigkeiten sowie das Wissen, das in Personen verkörpert ist", wie es in einer offiziellen EU-Erklärung hieß, in unseren betriebswirtschaftlichen Analysen nicht quantifiziert werden, wird unter anderem jede Investition in die Ausbildung der Mitarbeiter oder gar jede motivationsfördernde Maßnahme in der Regel als fragwürdiges Luxusgut betrachtet, welches in guten Zeiten unter einem tolerierten Schwellenwert gehalten wird und in schwierigen Zeiten als Erstes dem Rotstift zum Opfer fällt.

Doch selbst wenn die Tatsache, dass eine ökonomische Bewertung niemals dem tatsächlichen „Wert“ eines Menschen auch nur annähernd gerecht werden kann und dem Begriff „Humankapital“ deshalb die fragwürdige Ehre als Unwort des Jahres 2004 zuteilwurde, ist seine Abwertung auf null im Wirtschaftskontext sicherlich die deutlich schlechtere Alternative.

Dies gilt noch verstärkt bei der analytischen Bewertung von Unternehmen, wie sie nicht nur Börsenhandlungen zugrunde liegt, die bereits im vorherigen Abschn. 2.5 erläutert wurden. Auch jede Firmenübernahme, die primär auf der Basis einer Bewertung des wirtschaftlichen Zukunftswertes erfolgt, gleicht inzwischen einem „Vabanque“-Spiel, solange der Mitarbeiter nicht adäquat Berücksichtigung während der Due Diligence findet. Auch wenn nachweislich die Bereitschaft, implizites Wissen zu teilen, sich zu engagieren und kooperativ zusammenzuarbeiten, einen entscheidenden Einfluss auf den mittelfristigen Unternehmenserfolg hat, bleibt die Bewertung des in der Organisation innewohnenden Potenzials und die Frage seiner nachhaltigen Verfügbarkeit mangels monetärere Erfassbarkeit unberücksichtigt.

Dieser Effekt führt beispielsweise bei Übernahmen von Beratungsunternehmen, deren wesentlicher Unternehmenswert auf dem impliziten Wissen der Mitarbeiter sowie der Qualität ihrer Kundenbeziehung basiert, zu geradezu grotesken bilanziellen Verzerrungen. Während als Kaufpreis (mangels relevanter bilanzieller Wirtschaftsgüter) in den meisten Fällen ein – oft sogar zweistelliges – Multiple des Jahresgewinns vereinbart wird, darf dieser in der Bilanz des übernehmenden Unternehmens in voller Höhe als „Goodwill“ ausgewiesen werden und simuliert auf diese Weise zwangsläufig und unabhängig vom tatsächlichen Wert des übernommenen Unternehmens eine scheinbar wirtschaftlich sinnvolle Transaktion.

„Weiche“ Faktoren wie die Mitarbeiterfluktuation werden dabei gänzlich ignoriert, obwohl diese die eigentliche Grundlage des zukünftig erwarteten Geschäftserfolges ausmachen. Selbst jährliche Austrittsraten von 25–30 %, die bei einigen Branchen durchaus üblich sind und bei jeder Anlageninvestition als Wertverlust eine äquivalente jährliche Abschreibung des Kaufpreises notwendig machen würden, bleiben vollkommen unberücksichtigt. Laut internationalen Bilanzierungsrichtlinien reicht eine jährliche positive Ergebnisprognose aus, um den Goodwill in voller Höhe dauerhaft als werthaltig zu qualifizieren.

Und der zunehmende Kampf um Talente, der inzwischen viele wirtschaftlich höher entwickelte Länder erreicht hat und den Aufwand für den Ersatz eines Mitarbeiters deutlich erhöht, verstärkt diese Verzerrung durch „Goodwill-Scheinwerte“ noch weiter.

Trotz dieser immer weiter auseinanderdriftenden Schere zwischen betriebswirtschaftlicher Theorie und wirtschaftlicher Realität gibt es bisher allerdings nur wenige Ansätze, dieses grundsätzliche Defizit in unseren unternehmerischen Entscheidungsprozessen zu beheben. Eine Ursache ist sicherlich, dass eine wirtschaftlich repräsentative Bewertung von „Humankapital" eine komplexe Aufgabenstellung ist, da sie unter anderem von einer Reihe industriespezifischen Faktoren abhängt, welche sich in der heutigen globalen Wirtschaft ständig dynamisch verändern. Darüber hinaus erfordert sie eine Evaluierung von „weichen" Faktoren, für die es bisher wenig schlüssige Konzepte gibt.

Statt jedoch angesichts der Brisanz des Themas in eine intensiven Diskussion über Bewertungsverfahren einzusteigen, die zumindest näherungsweise das ökonomische Mitarbeiterpotenzial widerspiegeln und deutlich bessere Entscheidungen ermöglichen könnten, verschließen wir die Augen und tun mangels präziser Verfahren in der unternehmerischen Realität auch heute in der Regel so, als ob unsere bisherige betriebswirtschaftliche Betrachtungsweise noch ausreichend aussagekräftig sei.

Seit den 1960er-Jahren haben lediglich vereinzelte Theorieansätze damit begonnen, zumindest den Bildungsstand als entscheidenden makroskopischen Wirtschaftsfaktor anzuerkennen. Trotz einer zunehmenden internationalen Beachtung und mehrfachen Ehrungen durch das Nobelpreis-Komitee (z. B. Theodore Schulz [1979], Robert Solow [1987], Gary Becker [1992]) ist jedoch selbst dieser Faktor nicht über eine volkswirtschaftliche Gesamtbetrachtung hinausgekommen und mangelt unverändert einer Übertragung in die betriebswirtschaftliche Praxis.

Weniger als die Hälfte der Finanzvorstände scheinen die Wirtschaftlichkeit von Investitionen in „Humankapital" zu verstehen (Accenture).

Dabei lassen sich die notwendigen Elemente, die das Humankapital adäquat betriebswirtschaftlich widerspiegeln könnten, zumindest prinzipiell aus der Analogie zu anderen bilanziellen Kapitalpositionen leicht ableiten. Es setzt sich grundsätzlich zusammen aus

a) dem zukünftigen Gesamtwert, den das Wissen und Können des Mitarbeiters über seine rein transaktionalen Fähigkeiten hinaus für das Unternehmen hat,
b) einem Nutzungsfaktor dieses Wissens für die spezifische Unternehmenssituation, der auch die Bereitschaft des Mitarbeiters zur Wissensteilung und zum Engagement für das Unternehmen sowie seiner Offenheit für Kollaboration beinhaltet und, wie bereits ausführlich gezeigt, dem Niveau seiner intrinsischen Motivation entspricht.

Unterstellt man einmal vereinfachend, dass das durchschnittliche Gehalt *G*, das am Markt für eine bestimmte Aufgabe bezahlt wird, dem Wert der vom Mitarbeiter erwarteten gesamten Leistungserbringung entspricht, so ist es möglich, aufgabenspezifisch den Wertanteil *t* abzuschätzen, der auf transaktionale Tätigkeiten entfällt und direkt einer entsprechenden Wertschöpfung zugerechnet werden kann. Konsequenterweise entspricht der verbleibende Gehaltsanteil $(1-t)$ in erster Näherung einer durchschnittlichen monetären Bewertung des jährlichen Nutzwertes des nicht-transaktionalen Humankapitals.

Analog zu Abschreibungen mehrjährig nutzbarer Wirtschaftsgüter ergibt sich aus der Multiplikation mit den möglichen Nutzungsjahren *z* dieses Wissens und Könnens der entsprechende Kapitalwert. Multipliziert man diesen noch mit der Anzahl der Mitarbeiter *n*, ergibt sich für (a) unter Berücksichtigung der Fluktuationsrate *r* (jährlicher Schwund) direkt ein vereinfachter Referenzwert für das Humankapital über die Dauer seiner in der Organisation nutzbaren Zeit zu Marktpreisen.

Aufgrund der Varianz des transaktionalen Anteils sowie der Gehälter für unterschiedliche Aufgaben *i* empfiehlt es sich dabei, diesen separat für jeden Funktionsbereich zu ermitteln.

Der nutzbare Wert des kognitiven Wissens und Könnens in einer spezifischen Organisation hängt allerdings davon ab, inwieweit der Mitarbeiter tatsächlich motiviert ist, dieses Potenzial auch in das Unternehmen einzubringen, was durch einen entsprechenden Motivationsfaktor M_{intr} berücksichtigt werden kann.

Aufsummiert über alle Funktionsbereiche ergibt sich somit eine Formel zur Berechnung des Humankapitals einer Organisation:

$$\text{HK} = \sum_{i=1}^{f} G(i) * (1 - t(i)) * \text{z(i)} * n(i) * \frac{\left[1 + (1 - r(i))^{z(i)}\right]}{2} * M_{intr}(i)$$

mit

i = Funktionsbereich in der Organisation
f = Anzahl der unterschiedlichen Funktionsbereiche in der Organisation
G (i) = durchschnittliches Marktgehalt der Funktion i
t (i) = prozentualer Anteil der transaktionalen Tätigkeiten der Funktion i
z (i) = Anzahl der Nutzungsjahre des Wissens/Könnens der Funktion i
n (i) = Anzahl der Mitarbeiter des Funktionsbereiches (i)
r (i) = aktuelle jährliche Fluktuationsrate des Funktionsbereiches in Prozent (i)
M_{intr} (i) = Niveau der intrinsischen Motivation in Prozent

Auf der Basis der bereits erfolgten ausführlichen Herleitung der direkten Korrelation zwischen intrinsischer Motivation und der realisierten Qualität der neun hierfür wesentlichen GCH-Faktoren in den vorherigen Abschnitten kann eben dieser

Nutzungsfaktor des Wissens für den spezifischen Unternehmenskontext direkt über das GCH-Modell ermittelt werden, da der GCH-Bewertungsgrad dank der weitgehend objektivierten und nachweislich repräsentativen Faktoren den Erfüllungsgrad der wesentlichen Randbedingungen für intrinsische Motivation und Kollaboration repräsentiert.

> Durch die objektivierbare Messbarkeit der Rahmenbedingungen für zukünftigen Unternehmenserfolg in Form des GCH-Erreichungsgrades wird eine Erfassung des Humankapitals in Unternehmen analog den Regeln für mehrjährige Wirtschaftsgüter möglich.

Somit ergibt sich direkt wegen $M_{intr}(i) = GCH(i)$:

$$HK = \sum\nolimits_{i=1}^{f} G(i) * (1 - t(i)) * z(i) * n(i) * \frac{\left[1 + (1 - r(i))^{z(i)}\right]}{2} * GCH(i)$$

mit

GCH (i) = Erreichungsgrad des Funktionsbereiches i im GCH-Assessment in Prozent

Da der dieser Berechnung zugrunde gelegte nicht-transaktionale Gehaltsanteil nur im Falle eines GCH-Faktors von 100 % (d. h. einem konstanten Zustand von „Flow") in voller Höhe in die Bewertung des Humankapitals einfließt, während eine dem Gehalt entsprechende Leistungserwartung selten einer konstanten Höchstleistung entspricht, ist dieser Wert eine konservative Abschätzung und repräsentiert eher eine untere Wertgrenze des tatsächlich im Unternehmen nutzbaren Humankapitals.

An drei Beispielen aus typischen Unternehmensbereichen soll im Folgenden gezeigt werden, welche Größenordnung diese Werte bei unterschiedlich hohen transaktionalen Anteilen der Tätigkeiten im Vergleich zu den direkt operativ genutzten Fähigkeiten haben.

Beispiel: Bereich Rechnungsprüfung

- G = 50.000 € [13]
- t = 95 % transaktionale Tätigkeiten
- z = 15 Jahre

[13] Entgeltgruppe 4C lt. IGMetall Bayern (Orientierungsbeispiel 44), Tarif für 2015 zzgl. 14 % Leistungszulage; 1,25 Monate Urlaubs- und Weihnachtsgeld; ca. 21 % Lohnnebenkosten.

- n = 12 Mitarbeiter
- r = 5 % Fluktuation
- GCH (i) = 50 %

$$HK(RP) = 50.000\,€ * 5\,\% * 15 * 12 * 73\,\% * 50\,\% = \mathbf{164.620\ €}$$

Stellt man diesen Wert der Jahresleistung für transaktionale Tätigkeiten TL der Abteilung gegenüber, die sich direkt aus dem entsprechenden Gehaltsanteil ergibt, so zeigt sich bei gleichem Wertmaßstab, dass das Humankapital selbst bei weitgehend transaktionaler Tätigkeit ca. 30 % der jährlichen „Transaktionalleistung" entspricht:

$$TL(RP) = 50.000\,€ * 95\,\% * 12 = \mathbf{570.000\ €}$$

Beispiel: Bereich Entwicklung

- G = 69.500 € [14]
- t = 80 % transaktionale Tätigkeiten
- z = 10 Jahre
- n = 12 Mitarbeiter
- r = 8 % Fluktuation
- GCH (i) = 60 %

$$HK(E) = 69.500\,€ * 20\,\% * 10 * 12 * 72\,\% * 60\,\% = \mathbf{717.768\ €}$$

Im Vergleich zur Jahresleistung für transaktionale Tätigkeiten TL entspricht das Humankapital der Abteilung bei erneut gleichem Wertmaßstab in diesem Fall in der Größenordnung der jährlichen „Transaktionalleistung":

$$TL(E) = 69.500\,€ * 80\,\% * 12 = \mathbf{667.200\ €}$$

Beispiel: Bereich Vertrieb/Marketing

- G = 85.000 € [15]
- t = 65 % transaktionale Tätigkeiten

[14] Entgeltgruppe 9 lt. IGMetall Bayern (Orientierungsbeispiel 44), Tarif für 2015 s. zuvor.

[15] Entgeltgruppe 11 lt. IGMetäll Bayern (Orientierungsbeispiel 59), Tarif für 2015 s. zuvor.

- z = 7 Jahre
- n = 12 Mitarbeiter
- r = 15 % Fluktuation
- GCH (i) = 65 %

$$HK(V/M) = 85.000\,€ * 35\,\% * 7 * 12 * 66\,\% * 65\,\% = \mathbf{1.072.540\ €}$$

Der Vergleich mit der Jahresleistung für transaktionale Tätigkeiten TL ergibt in diesem Fall für das Humankapital bei wiederum gleichem Wertmaßstab den eineinhalbfachen Wert der jährlichen „Transaktionalleistung“:

$$TL(V/M) = 85.000\,€ * 65\,\% * 12 = \mathbf{663.000\ €}$$

Unabhängig von der quantitativen Präzision dieses Wertes – und der humanistischen Frage nach dem eigentlichen Besitzer des Kapitals – ergibt sich aus dieser Berechnung zumindest ein besserer Referenzwert für das verfügbare „Humankapital“ in einer Organisation, als die bisherige Bewertung zu Null.

Viel wichtiger ist es allerdings, die inkrementellen Veränderungen des Humankapital abzuschätzen, die durch unternehmerische Entscheidungen verursacht werden, denn sie können eine deutlich wirklichkeitsnähere Grundlage bilden als der bisherige Ansatz, diese Effekte vollständig auszublenden.

Greift man erneut die Analogie mit anderen Kapitalpositionen auf, so ergibt sich entsprechend die jährliche Wertveränderung aus

c) dem Wertverlust dieses Humankapitals HK aufgrund von (c1) Fluktuation sowie (c2) Veralterung des Wissens und Könnens über die Zeit
d) dem Wertzufluss von Wissen durch (d1) „Wertauffrischung“ (Mitarbeiterentwicklung) beziehungsweise (d2) „Bestandserhöhung“ (Neueinstellungen)
e) einer Veränderung des Nutzungsfaktors

Zieht man die Fluktuationsrate des Bereiches heran, so entspricht der jährliche natürliche Wertverlust des Humankapitals (c) in erster Näherung der Summe des durchschnittlichen Basiswertes je Mitarbeiter, multipliziert mit der Anzahl der jährlich ausscheidenden Mitarbeiter (c1), sowie dem jährlichen Anteil der Wissenserosion aufgrund ihrer Nutzungszeit (c2):

$$\Delta\ \mathrm{HK_c(i)} = -HK(i) * r(i) - \frac{HK(i)}{z(i)}$$

Weiterhin ergibt sich der Wertzufluss (d) analog aus dem durchschnittlichen Humankapital der eintretenden Mitarbeiter abzüglich der Rekrutierungs- und insbesondere der Kosten für die Zeit der Einarbeitung in die nicht-transaktionalen Aufgaben (d1), sowie dem anteiligen „Auffrischungsfaktor“ durch Weiterbildung (beziehungsweise Erfahrung), abzüglich der entsprechenden Weiterbildungskosten (d2):

$$\Delta \mathrm{HK_d(i)} = \frac{HK(i)}{n(i)} * m(i) - \left(R(i) + G(i) * (1 - t(i)) * \frac{ta(i)}{12} \right) * m(i) + \frac{HK(i)}{n(i)} * \frac{y(i)}{z(i)} * o(i) - F(i) * o(i)$$

mit

m (i) = Anzahl der hinzugekommenen Mitarbeiter des Funktionsbereiches i
R (i) = Rekrutierungskosten je Mitarbeiter des Funktionsbereiches i
ta (i) = Anlernzeit für nicht-transaktionale Tätigkeiten der Funktion i in Monaten
y (i) = Anzahl der Jahre, um die das Wissen durch Fortbildung aufgefrischt wurde
o (i) = Teilnehmerzahl an der Fortbildung
F (i) = Fortbildungskosten je Teilnehmer

Zuletzt ergibt sich der Wertverlust aus Veränderungen des Nutzungswertes (e) direkt aus einer Veränderung des GCH-Erreichungsgrades, multipliziert mit dem Basiswert des Humankapitals:

$$\Delta\ \mathrm{HK_e}\ (\mathrm{i}) = HK\ (i)\ *\ \Delta\,\mathrm{GCH(i)}$$

Aus der Summe dieser drei Anteile, aufsummiert über alle Abteilungsbereiche einer Organisation, ergibt sich entsprechend daraus die jährliche Wertveränderung des Humankapitals:

$$\Delta\mathrm{HK} = \sum\nolimits_{i=1}^{f} -HK(i) * r(i) - \frac{HK(i)}{z(i)} + \frac{HK(i)}{n(i)} * m(i) - \left(R(i) + G(i) * (1 - t(i)) * \frac{ta(i)}{12} \right) * m(i) + \frac{HK(i)}{n(i)} * \frac{y(i)}{z(i)} * o(i) - F(i) * o(i) - HK(i)\ *\ \Delta\ \mathrm{GCH\ (i)}$$

Auch hier soll im Folgenden anhand der vorherigen typischen organisatorischen Beispiele diese Rechnung einmal nachvollzogen werden, um zu zeigen, welche qualifizierten Aussagen bezüglich personalrelevanten Entscheidungen mit diesem Ansatz möglich werden.

Fortsetzung Beispiel: Bereich Rechnungsprüfung

- m = 1 Mitarbeiter
- R (i) = 2500 €
- ta (i) = 3 Monat
- y (i) = 7,5 Jahre
- o (i) = 6 Teilnehmer
- F (i) = 1500 €

$$\Delta HK = -164.620\,€ * 5\,\% - \frac{164.620€}{15} + \frac{164.620€}{12} * 1 - \left(2.500 + 50.000 * 5\,\% * \frac{3}{12}\right) * 1 + \frac{164.620€}{12} * \frac{7,5}{15} * 6 - 1.500\,€ * 6$$

$$= -8.231\,€ - 10.975\,€ + 13.718\,€ - 3.125\,€ + 41.155\,€ - 9.000\,€ = \mathbf{23.543}\,€$$

Aus dieser Berechnung lässt sich u. a. für den Bereich Rechnungsprüfung im obigen Beispiel unmittelbar ableiten,

- dass die Fluktuation in Kombination mit der Neurekrutierung zwar rein rechnerisch eine leicht positive Bilanz von −8.231 € + 13.718 €−3.125 € = 2.362 € ergibt, allerdings 5.487 € aus einem durchschnittlichen Ressourcenaufbau um 0,4 Mitarbeiter stammen, und insofern diese Veränderung faktisch eine negative Bilanz auf das mitarbeiterspezifische Humankapital hat.
- dass die Fortbildung zu einer Wertsteigerung des Mitarbeiterpotenzials um +41.155 € −9.000 € = 32.155 € (ca. 20 %) führt, während die klassische Betriebswirtschaft nur Kosten in Höhe von − 9000 € erfasst hätte.
- dass Maßnahmen zur Steigerung des GCH Erreichungsgrades von 50 % auf 55 % zu einer Wertsteigerung des Humankapitals um 10 % (16.462 €) führen würden.

Fortsetzung Beispiel: Bereich Entwicklung

- m = 1 Mitarbeiter
- R (i) = 15.000 €
- ta (i) = 9 Monate
- y (i) = 2 Jahre
- o (i) = 3 Teilnehmer
- F (i) = 15.000 €

$$\Delta HK = -717.768\,€ * 8\,\% - \frac{717.768€}{10} + \frac{717.768€}{12} * 1$$
$$- (15.000 + 69.500 * 20\% * \frac{9}{12}) * 1 + \frac{717.768€}{12} * \frac{2}{10} * 3 - 15.000\,€ * 3$$
$$= -\mathit{57.421}\,€ - \mathit{71.777}\,€ + \mathit{59.814}\,€ - \mathit{25.425}\,€ + \mathit{35.888}\,€ - \mathit{45.000}\,€ = \boldsymbol{-103.921}\,€$$

Aus diesen Werten lässt sich für den Bereich Entwicklung im obigen Beispiel u. a. analog erkennen,

- dass die Fluktuation in Kombination mit der Neurekrutierung (trotz eines minimalen Kapazitätsaufbaus) eine negative Bilanz von *−57.421* € + *59.814* € − *25.425* € = − 23.032 € erzeugt, während im klassischen Controlling in der Regel keine Kosten erfasst würden, da die Mitarbeiterkopfzahl unverändert bleibt.
- dass die Fortbildung zu einer leichten Wertverminderung des Mitarbeiterpotenzials um + *35.888* € − *45.000* € = −9.112 € führt, während die klassische Betriebswirtschaft nur Kosten in Höhe von − 45.000 € erfasst hätte.
- dass der Fortbildungsaufwand deutlich zu niedrig ist, da er die Wissensveralterung nicht kompensieren kann, sondern zu einer jährlichen Erosion des Humankapitals um 11 % (beziehungsweise − 80.888 €) führt.
- dass Maßnahmen zur Steigerung des GCH-Erreichungsgrades von 60 auf 65 % und eine daraus anzunehmende resultierende Reduzierung der Fluktuation von 8 % auf 6 % zu einer Wertsteigerung des Humankapitals um 16 % (beziehungsweise 116.315 €) führen würden.

Fortsetzung Beispiel: Bereich Vertrieb/Marketing

- m = 2 Mitarbeiter
- R (i) = 35.000 €
- ta (i) = 18 Monate
- y (i) = 5 Jahre
- o (i) = 2 Teilnehmer
- F (i) = 35.000 €

$$\Delta HK = -1.072.540\,€ * 15\,\% - \frac{1.072.540€}{7} + \frac{1.072.540€}{12} * 2 - (35.000 + 85.000 * 35\,\% * \frac{18}{12}) * 2 + \frac{1.072.540€}{12} * \frac{5}{10} * 2 - 35.000\,€ * 2$$
$$= \mathit{-160.881\,€} - \mathit{153.220\,€} + \mathit{178.757\,€} - \mathit{96.250\,€} + \mathit{127.683\,€} - \mathit{70.000\,€} = \boldsymbol{-173.911}\,€$$

Für den Bereich Vertrieb/Marketing ergibt sich im obigen Beispiel u. a. entsprechend,

- dass die Fluktuation in Kombination mit der Neurekrutierung eine deutlich negative Bilanz von *−160.881 € + 178.757 € − 96.250 €* = −78.374 € verursacht (trotz eines leichten Kapazitätsaufbaus), während im klassischen Controlling in der Regel erneut keinerlei Kosten erfasst würden.
- dass die Fortbildung zu einer Wertsteigerung des Mitarbeiterpotenzials um (*+127.683 € − 70.000 €* = 57.683 €) führt, während die klassische Betriebswirtschaft nur Kosten in Höhe von − 70.000 € erfasst hätte.
- dass der Fortbildungsaufwand dennoch so niedrig ist, dass er die Wissensveralterung nicht kompensieren kann, sondern zu einer jährlichen Humankapitalerosion um 9 % (beziehungsweise − 95.537 €) führt.
- dass Maßnahmen zur Steigerung des GCH Erreichungsgrades von 65 auf 70 % und einer daraus zu erwartenden Halbierung der Fluktuation von 15 % auf 7,5 % zu einer Wertsteigerung des Humankapitals um 29 % (beziehungsweise 308.898 €) führen würde – der Hälfte der jährlichen transaktionalen Leistung des Bereiches.
- … oder dass die unvorbereitete Einführung eines CRM-Systems[16] leicht den wahrgenommenen transaktionalen Aufwand eines Vertriebsmitarbeiters um 5–10 % erhöht und damit ihm nicht nur das Gefühl der Kontrolle vermittelt, sondern auch beispielsweise seine Bewertung der Schlankheit der Verwaltung über einen reduzierten GCH-Faktor merklich das Mitarbeiterpotenzial reduziert.

Diese wenigen Beispiele zeigen, dass sich selbst durch eine vereinfachte Bewertung des Humankapitals analog zu den bilanziellen Bewertungsverfahren sonstiger langfristiger Wirtschaftsgüter die Qualität unternehmerischer Entscheidungen deutlich verbessern lässt. Insbesondere erlaubt dieses Modell, wirtschaftliche

[16]Software zur Verwaltung von Vertriebsaktivitäten.

Alternativen mit Auswirkungen auf die Mitarbeiter gegeneinander mit allen Konsequenzen sinnvoll abzuwägen – und Entscheidungen zu treffen und zu validieren, die unserer heutigen unternehmerischen Realität entsprechen.

Berücksichtigt man weiterhin, dass mit zunehmender Digitalisierung in allen organisatorischen Bereichen von Unternehmen die Anteile an selbstständigen, kreativen und kollaborativen Tätigkeiten rapide zunehmen werden, wird es in Zukunft immer wichtiger, dass dieser Effekt auch in einer solchen „Human-Bilanz" entsprechend widergespiegelt wird.

Gleiches gilt für eine gesamtunternehmerische Betrachtungsweise. Während bei der Entlassung eines leistungsschwächeren Mitarbeiters sowie einer hierauf folgenden Neueinstellung in der Regel betriebswirtschaftlich lediglich die Beendigungskosten erfasst werden, hat dieses Vorgehen, wenn es intern nicht verständlich plausibilisiert wird, in der Regel auch Auswirkungen auf die Moral der Kollegen, was sich unmittelbar in deren GCH-Erreichungsgrad niederschlägt (u. a. wahrgenommene Arbeitsplatzsicherheit, Vertrauen in die Führung, aber auch in der Folge die Bereitschaft zur internen Zusammenarbeit).

Dies gilt noch verstärkt für umfangreichere Unternehmensrestrukturierungen, wie bereits in Abschn. 2.3 erläutert wurde. Während sich Personalabbau zur Verbesserung der wirtschaftlichen Ergebnissituation in der Regel nur auf einzelne Bereiche beziehungsweise einen Bruchteil der Belegschaft beschränkt, wirkt sich eine solche Maßnahme, wie erläutert, immer auch auf das gesamte Unternehmensklima einer Organisation aus.

Ein allein auf solche Maßnahmen folgender nachwirkender Abfall des GCH-Faktors von beispielsweise 60 % auf 50 % vernichtet nahezu 20 % des gesamten vorhandenen Humankapitals, während unser aktuelles betriebswirtschaftliches Berichtswesen uns vorgaukelt, dass nach Amortisation der Abfindungs- und Reorganisationskosten der Effekt auf den Unternehmenserfolg wirtschaftlich positiv ist.

Lediglich durch gezielt auf die traumatisierenden Effekte von Restrukturierung zugeschnittene begleitende Maßnahmen ließe sich dieser Effekt partiell abdämpfen und insbesondere seine zeitliche Wirkung verkürzen. Der Business Case hierfür lässt sich für jede Organisation leicht durch das in diesem Abschnitt vorgestellte Verfahren und die finanztechnisch Bewertung der verschiedenen Szenarien simulieren, indem die entsprechende Reduktion des GCH-Faktors für unterschiedliche Wirkperioden angenommen wird.

▶ Die adäquate Berücksichtigung der Auswirkungen auf die Mitarbeiter in Form des „Humankapitals" würde deutlich bessere Entscheidungen sowohl im Unternehmenskontext als auch bei der Unternehmensbewertung ermöglichen.

Dank der Einbeziehung der Konsequenzen auf die von intrinsischer Motivation abhängigen, mittelfristig entscheidenden Erfolgsfaktoren erlaubt das GCH-Modell einer global vernetzten „Wirtschaft 4.0" erstmalig, die tatsächlichen Auswirkungen ihrer Unternehmensentscheidungen ganzheitlich und realistisch zu erfassen. Eine Entscheidungsfindung wird demnach durch die hier vorgestellte Bewertungsmethodik gegenüber der klassischen Betriebswirtschaft nicht nur qualitativ deutlich verbessert, sondern könnte durch die systematische Abbildung dieser Faktoren in unseren bisher gewohnten finanzmathematischen Analyseinstrumenten auch eine faktisch tragfähige Substanziierung erhalten.

Literatur

Amabile, Teresa M., William DeJong, und Mark R. Leppert. 1976. Effects of externally imposed deadlines on subsequent intrinsic motivation. *Journal of Personality and Social Psychology* 34 (1): 92–98.

Becker, Brian, und Gerhart Berry. 1996. The impact of human ressource management on organizational performance: Progress and prospect. *Academy of Management Journal* 39 (4): 779–801.

Boyatzis, Richard E., Kylie Rochford, und Anthony I. Jack. 2014. Antagonistic neural networks underlying differentiated leadership roles. *Frontiers in Human Neuroscience* 8 (2014): 114.

Bryant, Fred B., und Joseph Veroff. 1982. The structure of psychological weil-being: A sociohistorical analysis. *Journal of Personality and Social Psychology* 43 (4): 653.

Christensen, Clayton M., und Derek von Bever. 2014. The capitalist's dilemma. *Harvard Business Review* 92 (6): 60–68.

Csikszentmihalyi, Mihaly. 1991. *Flow: The psychology of optimal experience*. New York: Harper Perennial ModernClassics, HarperCollins.

Csikszentmihalyi, Mihaly. 2004. *Flow im Beruf: Das Geheimnis des Glücks am Arbeitsplatz*. Stuttgart: Klett-Cotta.

Daxhammer, Rolf J., und Mátė Facsar. 2012. *Behavioral finance*. Stuttgart: UTB.

Deci, Edward L., und Richard Flaste. 1995. *Why we do what we do understanding self-motivation*. London: Penguin Books.

Delery, John E., und D. Harold Doty. 1996. Modes of theorizing in strategic human resource management: Test of universalic, contingency and configurational performance predictions. *Academy of Management Journal* 39 (4): 802–835.

Dickinson, Alyce M. 1989. The detrimental effects of extrinsic reinforcement on "intrinsic motivation". *The Behaviour Analyst* 12 (1): 1.

Easterlin, Richard A. 2001. Income and happiness: Towards a unified theory. *The Economic Journal* 111 (473): 465–484.

Ferris, Gerald R., Angela T. Hall, M. Todd Royle, und Joseph J. Martocchio. 2004. Theoretical development in the field of human ressource management: Issues and challenges for the future. *Organizational Analysis* 12 (3): 231.

Fox, Rüdiger. 2014. *Mitarbeitermotivation im Unternehmen – Begründung und Validierung des „Gross Corporate Happiness"-Ansatzes für die Wirtschaft.* Frankfurt: Europa-Universität Viadrina.

Frankl, Viktor Emil. 2006. *Man's search for Meaning.* Boston: Beacon Press (Erstveröffentlichung 1959).

Frey, Bruno S., und Margit Osterloh. 1997. *Sanktionen oder Seelenmassage? Motivationale Grundlagen der Unternehmensführung.* Zürich: Universität Zürich, Institut für Betriebswirtschaftliche Forschung (in Die Betriebswirtschaft).

Gagné, Marylène, und Edward L. Deci. 2005. Self-determination theory and work motivation. *Journal of Organizational Behavior* 26 (4): 331–362.

Gittell, Jody H., R. Seidner, und J. Wimbush. 2010. A relational model of how high-performance work systems work. *Organization Science* 21 (2): 490–506.

Greenleaf, Robert K. 1977. *Servant leadership – A journey into the nature of legitimate power and greatness.* New York: Paulist Press.

Herzberg, Frederick. 1966. *Work and the nature of man.* New York: World Publishing.

Huselid, Mark A., und Brian E. Becker. 1997. The impact of high performance work systems, implementation and effectiveness, and alignment with shareholder wealth. *Academy of Management Proceedings.*

Kahneman, Daniel. 2011. *Thinking, fast and slow.* New York: Farrar, Straus & Giroux.

Layard, Richard. 2005. *Happiness. Lessons from a new science.* London: Penguin Books.

Levine, Peter A. 1998. *Trauma-Heilung. Das Erwachen des Tigers.* Essen: Synthesis.

Maslow, Abraham A. 1943. A theory of human motivation. *Psychological Review* 50 (4): 370.

Messersmith, Jake G., Pankaj C. Patel, David P. Lepak, und Julian S. Gould-Williams. 2011. Unlocking the black box: Exploring the link between high-performance work systems and performance. *Journal of Applied Psychology* 96 (6): 1105.

Noer, David M. 1993. *Healing the wounds.* San Francisco: Jossey-Bass.

Pfeffer, Jeffrey, und John F. Veiga. 1999. Putting people first for organizational success. *Academy of Management Executive* 13 (2): 37–48.

Ramírez, Yuri W., und David A. Nembhard. 2004. Measuring knowledge worker productivity. A taxonomy. *Journal of Intellectual Capital* 5 (4): 602–628.

Ryan, Richard M., und Edward L. Deci. 2002. *Handbook of self determination research.* Rochester: University of Rochester Press.

Ura, Karma, Sabina Alkire, Tshoki Zangmo, Karma Wangdi. 2012. *A short guide to gross national happiness index.* Bhutan: The Center of Bhutan Studies.

Vallerand, Robert J., und Catherine F. Ratelle. 2002. *Intrinsic and extrinsic motivation: A hierarchical model in handbook of self determination research.* Rochester: University of Rochester Press.

Vroom, Victor H. 1969. Industrial social psychology. In *The handbook of social psychology,* Bd. 5. London : Addison-Wesley.

Vroom, Victor H., & Edward L. Deci. 1970. *Management and Motivation.* Penguin Modern Management Readings. London, United Kingdom.

Literatur speziell zum Abschnitt „Positive Anerkennung“:

Adams, J. Stacy. 1963. Toward an understanding of inequity. *Journal of Abnormal and Social Psychology* 67 (5): 422.

Bell, Reginald L. 2011. Addressing employees' feelings of inequity: Capitalizing on equity theory in modern management. *Supervision* 72 (5): 3–6.

Bobocel, D. Ramona, und Carolyn L. Hafer. 2007. Justice motive theory and the study of justice in work organizations: A conceptual integration. *European Psychologist* 12 (4): 283–289.

Cloutier, Julie, Pascale L. Denis, und Henriette Bilodeau. 2012. Collective bargaining and perceived fairness: Validating the conceptual structure. *Relations Industrielles/Industrial Relations* 67 (3): 398–425.

Deci, Edward L., und Wayne F. Cascio. 1972. Changes in intrinsic motivation as a function of negative feedback and threats. Paper presented at the Eastern Psychological Association Meeting, Boston (April 19, 1972).

Deci, Edward L., James P. Connell, und Richard M. Ryan. 1989. Self-determination in a work organization. *Journal of Applied Psychology* 74 (4): 580.

Easterlin, Richard A. 2001. Income and happiness: Towards a unified theory. *The Economic Journal* 111(473): 465–484 (July 2001).

Ezzy, Douglas. 1993. Unemployment and mental health: A critical review. *Social Science & Medicine* 37 (1): 41–52.

Fatimah, O., D. Noraishah, R. Nasir, und R. Khairuddin. 2012. Employment security as moderator on the effect of job security on worker's job satisfaction and well being. *Asian Social Science* 8 (9): 50 (July 2012).

Frey, Bruno S. 2008. *Happiness – A revolution in economics*. Cambridge: MIT Press.

Jahoda, Marie. 1981. Work, employment and unemployment – Values, theories and approaches in social research. *American Psychologist* 36 (2): 184.

Jahoda, Marie. 1992. Reflections on Marienthal and after. *Journal of Occupational and Organizational Psychology* 65 (4): 355–358.

Jaitli, Ruchika, und Ying Hua. 2013. Measuring sense of belonging among employees working at a corporate campus. *Journal of Corporate Real Estate* 15 (2): 117–135.

Kluger, Avraham N., und Angelo DeNisi. 1996. The effects of feedback interventions on performance: A historical review, a meta-analysis, and a preliminary feedback intervention theory. *Psychological Bulletin* 119 (2): 254–284.

Leventhal, Gerald S. 1980. What should be done with equity theory? New approaches to the study of fairness in social relationships. In *Social exchange: Advances in theory and research*, Hrsg. K. Gergen, M. Greenberg, und R. Willis. New York: Plenum.

Sen, Amartya Kumar. 1992. *Inequality reexamined.* New York: First Harvard University Press, Russel Sage Foundation.

Sweeney, Paul D., Dean B. McFarlin, und Edward J. Inderrieden. 1990. Using relative deprivation theory to explain satisfaction with income and pay level: A multistudy examination. *Academy of Management Journal* 33 (2): 423–436.

Vallerand, Robert J., und Greg Reid. 1988. On the relative effects of positive and negative verbal feedback on males' and females' intrinsic motivation. *Canadian Journal of Behavioral Science/Revue canadienne des sciences du comportement* 20 (3): 239.

Warr, Peter B. 1987. *Work, unemployment, and mental health.* UK: Clarendon Press.

Literatur speziell zum Abschnitt „Die Lernende Organisation“:

Bierhals, R., I. Schuster, P. Kohler, und S. Bedke-Schaub. 2007. Shared mental models – Linking team cognition and performance. *CoDesign* 3 (1): 75–94.
Boos, Margarete. 2007. Optimal sharedness of mental models for effective group performance. *CoDesign* 3 (1): 21–28.
Giesecke, Joan, und Beth McNeil. 2004. Transitioning to the learning organization. *Library Trends* 53 (1): 54.
Senge, Peter M. 1990. *The fifth discipline: The art and practice of the learning organization*. New York: Doubleday.

Literatur speziell zum Abschnitt „Die Unternehmensseele“:

Amernic, Joel H., und Russell J. Craig. 2006. *CEO-speak: The language of corporate leadership*. Canada: McGill-Queen's University Press.
Collins, Jim, und Jerry I. Porras. 1994. *Build to last: Successful habits of visionary companies*. New York: HarperCollins.
Elbing, Alvar O. 1967. The value issue of business: Responsibility of the businessman. *Academy of Management Journal* 13 (1): 79–89.
James, Bernard. 1994. Narrative and organizational control: Corporate visionaries, ethics and power. *The International Journal of Human Resource Management* 5: 4.
Kant, Immanuel. 1784. *Idee zu einer allgemeinen Geschichte in weltbürgerlicher Absicht*. Leipzig: Meiner.
Natale, Samuel M. 1983. Ethics and enterprise. *Journal of Business Ethics* 2 (1): 43–49.
Poole, Brian. 2010. Commitment and criticality: Fairclough's critical discourse analysis evaluated. *International Journal of Applied Linguistics* 20 (2): 137–155.
Schnell, Tatjana, Thomas Höge, und Edith Pollet. 2013. Predicting meaning in work: Theory, data, implications. *The Journal of Positive Psychology* 8 (6): 543–554.
Winkler, Ingo. 2012. Employee identities in corporate codes of ethics: The equal, responsible, subordinating, and self-monitoring employee. *Canadian Journal of Administrative Sciences* 29 (2): 191–202.
Wu, Wei-Li, Chien-Hsin Lin, Bi-Fen Hsu, und Ryh-Song Yeh. 2009. Interpersonal trust and knowledge sharing: Moderating effects of individual altruism and social interaction environment. *Social Behavior and Personality* 37 (1): 83–93.

Literatur speziell zum Abschnitt „Ganzheitliche Fürsorge“:

Bilsker, Dan. 2006. Mental health care and the workplace. *Canadian Journal of Psychiatry* 51 (2): 61 (February 2006).

Cancelliere, Carol, J. David Cassidy, Carlo Ammendolia, und Pierre Côté. 2011. Are workplace health promotion programs effective at improving presenteeism in workers? A systematic review and best evidence synthesis of the literature. *BMC Public Health* 11: 395.

Greenberg, Paul E., Ronald C. Kessler, Howard G. Birnbaum, Stephanie A. Leong, Sarah W. Lowe, Patricia A. Berglund, und Patricia K. Corey-Lisle. 2003. The economic burden of depression in the United States: How did it change between 1990 and 2000? *Journal of Clinical Psychiatry* 64 (12): 1465–1475.

Heidegger, Martin. 1967. *Sein und Zeit*. Tübingen: Niemeyer.

Holmqvist, Mikael. 2009. Corporate social responsibility as corporate social control: The case of work-site health promotion. *Scandinavian Journal of Management* 25 (1): 68–72.

Kornhauser, Arthur W. 1965. *Mental health of the industrial worker: A detroit study*. Maryland: Johns Hopkins University Press.

Mills, Peter R. 2005. The development of a new corporate specific health risk measurement instrument, and its use in investigating the relationship between health and well-being and employee productivity. *Environmental Health: A Global Access Science Source* 4: 1.

Mitchell, Kenneth. 2004. Managing the corporate work-health culture. *Compensation & Benefits Review* 36 (6): 33–39.

Quintiliani, Lisa, Jacob Sattelmair, und Glorian Sorensen. 2007. The workplace as a setting for interventions to improve diet and promote physical activity. WHO, Background paper prepared for the WHO/WEF Joint Event on Preventing Noncommunicable Diseases in the Workplace, Dalian/China, September 2007.

Sanderson, Kristy, und Gavin Andrews. 2006. Common mental disorders in the workforce: Recent findings from descriptive and social epidemiology. *Canadian Journal of Psychiatry* 51 (2): 63–75.

Skrepnek, Grant H., Rick Nevins, und Sean Sullivan. 2012. An assessment of health and work productivity measurement in employer settings. *Pharmaceuticals Policy and Law* 14 (1): 37–49.

Sperry, Len. 1991. Enhancing corporate health, mental health and productivity. *Individual Psychology* 47 (2): 247–254.

Stewart, Walter F., Judith A. Ricci, Elsbeth Chee, Steven R. Hahn, und David Morganstein. 2003. Cost of lost productive work time among US workers with depression. *Journal of the American Medical Association* 289 (23): 3135–3144.

World Health Organization. 2002. *IBLF dialogue with WHO*. London: WHO (28 October 2002).

World Health Organization. 2011. *Global status report on noncommunicable diseases 2010*. New York: WHO.

Wright, Thomas A., und Russell Cropanzano. 2004. The role of psychological well-being in job performance: A fresh look at an age-old quest. *Organizational Dynamics* 33 (4): 338–351.

Literatur speziell zum Abschnitt „Kollaborative Agilität“:

Adler, Paul, Charles Heckscher, und Laurence Prusak. 2011. Building a collaborative enterprise. *Harvard Business Review* 2011 (July–August).

Baumeister, Roy F., und Mark R. Leary. 1995. The need to belong: Desire for interpersonal attachments as a fundamental human motivation. *Psychological Bulletin* 117 (3): 497.

Coleman, James S. 1988. Social capital in the creation of human capital. *American Journal of Sociology* 94:S95–S120 (Supplement: *Organizations and institutions: Sociological and economic approaches to the analysis of social structure*).

Hesselbein, Frances. 2002. *Hesselbein on leadership*. Berlin: Leader to Leader Institute/PF Drucker Foundation Series (Book 82).

Laloux, Frederic. 2014. *Reinventing organizations*. Brussels: Parker.

Levin, Daniel Z., und Rob Cross. 2004. The strength of weak ties you can trust: The mediating role of trust in effective knowledge transfer. *Management Science* 50 (11): 1477–1490.

Lowen, Sharon. 2008. Internalizing the other: A cross cultural understanding in arts and education. In *The Proceedings of the Fourth International Conference on GNH.*

Mayer, Roger C., und F. David Schoorman. 1995. An integrative model of organizational trust. *Academy of Management Review* 20 (3): 709–734.

McVeigh, Ryan. 2013. The question of belonging: Towards an affirmative biopolitics. *Thesis Eleven* 119 (1): 78–90.

Østergaard, Christian R., Bram Timmermans, und Kari Kristinsson. 2011. Does a different view create something new? The effect of employee diversity on innovation. *Research Policy* 40 (3): 500–509.

Thomson, Ann Marie, James L. Perry, und Theodore K. Miller. 2007. Conceptualizing and measuring collaboration. *Journal of Public Administration Research and Theory* 19 (1): 23–56.

Vredenburgh, Donald, und Yael Brender. 1998. The hierarchical abuse of power in work organizations. *Journal of Business Ethics* 17 (12): 1337–1347.

Literatur speziell zu Abschnitt „Strategische Nachhaltigkeit“:

Bamberg, Sebastian, und Guido Möser. 2007. Twenty years after Hines, Hungerford, and Tomera: A new meta-analysis of psycho-social determinants of pro-environmental behavior. *Journal of Environmental Psychology* 27 (1): 14–25.

Binswanger, Mathias. 2001. Technological progress and sustainable development: What about the rebound effect? *Ecological Economics* 36 (1): 119–132.

Boiral, Oliver. 2009. Greening the corporation through organizational citizenship behaviors. *Journal of Business Ethics* 87 (2): 221–236.

Dyllick, Thomas, und Kai Hockerts. 2002. Beyond the business case for corporate sustainability. *Business Strategy and the Environment* 11 (2): 130–141.

Fishman, Mukul Ram. 2008. Institutional challenges to ‚Patience‘ in the collective management of public goods. In *The proceedings of the Fourth International Conference on GNH*, 24–26 Nov 2008.

Gratton, Lynda. 2011. *The shift – The future of work is already here*. London: HarperCollins.

Hahn, Tobias, und Mandy Scheermesser. 2006. Approaches to corporate sustainability among German companies. *Corporate Social Responsibility and Environmental Management* 13 (3): 150–165.

Huang, Y. Anny, Manfred Lenzen, Christopher L. Weber, Joy Murray, und H. Scott Matthews. 2009. The role of input-output analysis for the screening of corporate carbon footprints. *Economic Systems Research* 21 (3): 217–242.

Lambacher, Jason. 2009. Towards responsible freedom: Ecological limits, fear, and joyful restraint. Paper prepared for the Western Political Science Association Conference, Vancouver B.C., University of Washington.

Lubin, David A., und Daniel C. Esty. 2010. The sustainability imperative – Lessons for leaders from previous game-changing megatrends. *Harvard Business Review* 88 (5): 42–50 (May 2010).

Lülfs, Regina, und Ruediger Hahn. 2013. Corporate greening beyond formal programs, initiatives, and systems: A conceptual model for voluntary pro-environmental behavior of employees. *European Management Review* 10 (2): 83–98.

Naisbitt, John, und Patricia Aburdene. 1982. Megatrends 2000: Ten new directions for the 1990's. *The Futurist* (Book review by Edward Cornish, May–June 1990).

Schmidt-Bleek, Friedrich. 2008. Factor 10: The future of stuff. *Sustainability: Science, Practice, & Policy* 4 (1).

Unsworth, Kerrie L., Alina Dmitrieva, und Elisa Adriasola. 2013. Changing behaviour: Increasing the effectiveness of workplace interventions in creating pro-environmental behaviour change. *Journal of Organizational Behavior* 34 (2): 211–229.

Literatur speziell zu Abschnitt „Ausgewogene Lebenszeit":

Åkerstedt, Torbjörn, Peeter Fredlund, Mats Gillberg, und Bjarne Jansson. 2002. Work load and work hours in relation to disturbed sleep and fatigue in a large representative sample. *Journal of Psychosomatic Research* 53 (1): 585–588.

Cropley, Mark, und Fred Zijlstra. 2011. Work and rumination. In *Handbook of stress in the occupations*, Hrsg. J. Langan-Fox und C. L. Cooper, 487–503. Northampton: Elgar.

Luttenegger, Jana M. 2010. Smartphones: Increasing productivity, creating overtime liability. *The Journal of Corporation Law* 36 (1): 259.

Querstret, Dawn, und Mark Cropley. 2012. Exploring the relationship between work-related rumination, sleep quality, and work-related fatigue. *Journal of Occupational Health Psychology* 17 (3): 341. (012).

Sonnentag, Sabine, und Charlotte Fritz. 2007. The recovery experience questionnaire: Development and validation of a measure for assessing recuperation and unwinding from work. *Journal of Occupational Health Psychology* 12 (3): 204.

Van Beek, Ilona, Toon W. Taris, und Wilmar B. Schaufeli. 2011. Workaholic and work engaged employees: Dead ringers or worlds apart? *Journal of Occupational Health Psychology* 16 (4): 468.

Van Hooff, Madelon L. M., Sabine A. E. Geurts, Debby G. J. Beckers, und Michiel A. J. Kompiel. 2011. Daily recovery from work: The role of activities, effort and pleasure. *Work & Stress* 25 (1): 55–74.

Literatur speziell zu Abschnitt „Psychisches Wohlbefinden":

Altaf, Amal, und Mohammad Atif Awan. 2011. Moderating affect of workplace spirituality on the relationship of job overload and job satisfaction. *Journal of Business Ethics* 104 (1): 93–99.

Armon, Galit, Samuel Melamed, und Arie Shirom. 2012. The relationship of the job demands-control-support model with vigor across time: Testing for reciprocality. *Applied Psychology: Health and Well-Being* 4 (3): 276–298.

Daniels, Kevin. 2000. Measures of five aspects of affective well-being at work. *Human Relations* 53 (2): 275–294.

Harmon-Jones, Eddie, und John J. B. Allen. 1998. Anger and frontal brain activity: EEG asymmetry consistent with approach motivation despite negative affective valence. *Journal of Personality and Social Psychology* 74 (5): 1310.

Milliman, John F., Andrew J. Czaplewski, und Jeffery M. Ferguson. 2001. An exploratory empirical assessment of the relationship between spirituality and employee work attitudes. *Academy of Management Proceedings.*

Shirom, Arie. 2011. Vigor as a positive affect at work: Conceptualizing vigor, its relations with related constructs, and its antecedents and consequences. *Review of General Psychology* 15 (1): 50.

Tourish, Dennis, und Naheed Tourish. 2010. Spirituality at work, and its implications for leadership and followership: A post-structuralist perspective. *Leadership* 6 (2): 207–224.

Warr, Peter B. 1990. The measurement of well-being and other aspects of mental health. *Journal of Occupational Psychology* 63 (3): 193–210.

Warr, Peter B. 1999. *Well-being and the workplace in well-being – The foundation of hedonic psychology*. New York: Russell Sage Foundation.

Literatur speziell zu Abschnitt „Verantwortungsvolle Unternehmensführung":

Bambale, Abdu Ja'afaru. 2014. Relationship between servant leadership and organizational citizenship behaviors: Review of literature and future research directions. *Journal of Marketing and Management* 5 (1).

Bass, Bernhard M. 1990. From transactional to transformational leadership: Learning to share the vision. *Organizational Dynamics* 18 (3): 19–31 (Winter 1990).

Bozec, Richard, Mohamed Dia, und Yves Bozec. 2010. Governance–performance relationship: A re-examination using technical efficiency measures. *British Journal of Management* 21 (3): 684–700.

Caldwell, Cam, Rolf D. Dixon, Larry A. Floyd, Joe Chaudoin, Jonathan Post, und Gaynor Cheokas. 2012. Transformative leadership: Achieving unparalleled excellence. *Journal of Business Ethics* 109 (2): 175–187.

Choudhary, Ali Iftikhar, Syed Azeem Akhtar, und Arshad Zaheer. 2013. Impact of transformational and servant leadership on organizational performance: A comparative analysis. *Journal of Business Ethics* 116 (2): 433–440.

Frey, Bruno S., und Alois Stutzer. 2002. *Happiness & economics*. New Jersey: Princeton University Press.

Levy, David L. 2011. Private sector governance for a sustainable economy: A strategic approach. *Review of Policy Research* 28 (5): 487–493.

Narayanan, S. Sathya. 2012. Quid pro quo nature of leadership trust formation – A monadic study from the subordinate's perspective. *International Journal of Business and Management* 7 (21): 113.

Parris, Denise Linda, und Jon Welty Peachey. 2013. A systematic literature review of servant leadership theory in organizational contexts. *Journal of Business Ethics* 113(3): 377–393.

Weitz-Shapiro, Rebecca, und Matthew S. Winters. 2008. *Political participation and quality of life* (No. 638). Washington: Inter-American Development Bank, Research Department.

Der Transformationsprozess 3

Wenn wir die Menschen nur nehmen, wie sie sind, so machen wir sie schlechter. Wenn wir sie behandeln, als wären sie, was sie sein sollten, so bringen wir sie dahin, wohin sie zu bringen sind.

Johann Wolfgang von Goethe, „Wilhelm Meisters Lehrjahre"

Zusammenfassung

Während sich eine rapide zunehmende Zahl an Start-ups in den letzten Jahren als Antithese zu der bisher dominierenden Wirtschaftsmacht etablierter Großunternehmen in Stellung bringt, werden gleichzeitig immer häufiger hierarchische Organisationen mit der Notwendigkeit von „Agilen" Strukturen konfrontiert. Da jedoch beide jeweiligen Pole nicht nur Vorteile, sondern auch ihre Herausforderungen haben, kann letztendlich nur die Kombination der Stärken eine Lösung für die komplexen Herausforderungen der Zukunft bieten. Dieses Kapitel wird im Detail zeigen, wie eine solche Brücke erfolgreich gebaut und wie der organisatorische Transformationsprozess dorthin in seinen fünf wesentlichen Teiletappen gestaltet werden kann – und wie ein entsprechendes ganzheitliches Kennzahlensystem zukünftig aussehen muss. Hierdurch kann der Übergang in eine neue Arbeitswelt geschaffen werden, die erfolgreich eine Verbindung zwischen Arbeit und den Lebensvorstellungen der zukünftigen Generationen herstellen vermag.

R. Fox, *Bionische Unternehmensführung*,
DOI 10.1007/978-3-658-13225-5_3

3.1 Let's go Start-up

> „Aber ich will nicht unter verrückte Leute geh'n", bemerkte Alice.
> „Oh, das kannst du nicht vermeiden", sprach die Katze: „Wir alle hier sind verrückt. Ich bin verrückt. Du bist verrückt."
> „Woher willst du wissen, dass ich verrückt bin?" sprach Alice.
> „Du musst es sein," sprach die Katze, „sonst wärst du nicht hier."
> (Lewis Carroll, „Alice im Wunderland")

Ihr Name klingt wie der magische Schlüssel zu einer anderen Welt: Start-ups. Während noch vor wenigen Jahren besorgte Städte und Industrieverbände mit großem Aufwand Gründerzentren initiierten, um angesichts immer stärkerer Abwanderung von Fertigung in Niedriglohnländern die Gefahr von hoher Arbeitslosigkeit abzuwenden, ist in den letzten Jahren eine globale Bewegung entstanden, die weltweit synonym für Innovation, Dynamik und Agilität steht.

Wie erste Frühlingsblumen nach einem langen Winter sprießen sie in Hinterhofwohnungen, „Shared Workspaces" oder alten Industriegeländen aus dem Boden. Und nicht nur Städte wetteifern um den Status als bester „Brutkasten" für die kreativsten Köpfe, sondern alleine schon die Bezeichnung „Start-up" gilt bei vielen Finanzinvestoren als Eintrittskarte für atemberaubend mutige Kapitalspritzen. Niemand möchte den Einstieg bei dem nächsten „Einhorn" verpassen, wie man inzwischen – ganz im Sinne ihrer Märchenhaftigkeit – erst vor wenigen Jahren gegründete Unternehmen bezeichnet, die inzwischen mit über einer Milliarde US-Dollar bewertet werden. Und auch für viele Einsteiger in das Berufsleben klingt es wie ein Heilsversprechen, wenn man mangels eigener Ideen, zu wenig Kapital oder fehlendem Mut kein eigenes Unternehmen zu gründen wagt und dennoch als Teammitglied den Zutritt zu diesem heiligen Gral durch die Hintertüre erhält.

Aber hat Nicholas Negroponte, Gründer des MIT Media Labs, tatsächlich Recht, wenn er bereits vor über zehn Jahren vorrechnete: „Wird ein Unternehmen groß, braucht man 50 % der Leute, um die anderen 50 % zu managen. Die wiederum müssen die Hälfte ihrer Zeit aufbringen, um sich managen zu lassen. Netto leisten also nur 25 % eines Unternehmens produktive Arbeit. In kleinen Start-ups liegt diese Zahl eher bei 90 %. Die Kleinen werden immer die Innovatoren sein" (Boeing 2005)? Ist es wirklich so, dass bisherige Unternehmenskonzepte ausgedient haben und unsere wirtschaftliche Zukunft nur noch von Start-ups entschieden wird? Ist ein intensives Maß an Kreativität und Engagement in traditionellen Organisationen tatsächlich ebenso wenig möglich wie organisatorische Effizienz, weshalb einige Unternehmen sich inzwischen dazu entschieden haben, durch breite Akquisitionsstrategien in diesem Segment ihren zukünftigen Erfolg zuzukaufen? Oder lassen wir uns blenden durch eine – objektiv betrachtet sehr kleine – Anzahl an märchenhaften Erfolgsgeschichten? Und haben wir tatsächlich schon alles ausprobiert, um unsere etablierten Unternehmen zu reanimieren?

Zumindest sollten wir Letzteres nicht hoffen. Denn wenn man die Zahlen der OECD heranzieht, so repräsentiert die Anzahl der Mitarbeiter in neu gegründeten Unternehmen, trotz aller Euphorie, in den meisten Ländern lediglich einen einstelligen Prozentanteil an der gesamten nationalen Beschäftigung – mit abnehmender Tendenz. Wenn man dann noch bedenkt, dass ein Viertel der Start-ups innerhalb ihres ersten Jahres bereits scheitern und nur etwa die Hälfte die ersten fünf Jahre überleben, in dieser Zeit allerdings mit nur ganz wenigen Ausnahmen sehr viel Kapital in ihre Anlaufphase investieren müssen und selten relevante Einnahmen generieren, wäre es fatal, wenn unsere wirtschaftliche Zukunft ausschließlich in dieser Unternehmensform zu finden wäre, während traditionelle Unternehmen langsam vom Markt verschwinden.

Diese kritischen Bemerkungen sollen keinesfalls bedeuten, dass Start-ups in den letzten Jahren nicht weltweit eine faszinierende Dynamik initiiert haben und uns täglich neue Geschäftsmöglichkeiten vorführen, die noch vor Kurzem unvorstellbar waren. Allerdings haben auch sie, ebenso wie etablierte große Unternehmen, ihre Schwächen und Grenzen und wir müssen uns bewusst machen, dass sie zwar eine ganz entscheidende Rolle für die Zukunft der Wirtschaft spielen, aber keinesfalls ein Allheilmittel sind.

Und erst eine nicht von der aktuellen Euphorie beeinflusste Sichtweise erlaubt, über ganz neue Unternehmensformen nachzudenken, die der Frage nachgehen, wie die Vorteile beider Seiten miteinander kombiniert werden können. Denn nur wenn man beide Unternehmensformen nicht als unüberbrückbare Gegensätze ansieht, zwischen denen man sich entscheiden muss, könnte es gelingen, die DNA von Start-ups mit den finanziellen und ressourcentechnischen Möglichkeiten von etablierten Unternehmen so zu kombinieren, dass beide Unternehmenskonzepte zu „Corp-ups“ verschmelzen würden.

Doch worin liegen die Stärken und Schwächen des Start-up-Modells?

Zunächst ist es wichtig, zu sehen, dass die plötzliche Welle der Start-up-Gründungen dadurch begünstigt wurde, dass mit dem Aufkommen des Internets erstmalig digitale Geschäftsmodelle möglich wurden, die zum einen recht geringe Anfangsinvestitionen erforderten und zum anderen ganz neue Synergiepotenziale erschließen konnten. Ob im Handel Volumen gebündelt werden, Logistik durch den Einsatz freier vorhandener Kapazitäten günstiger wird, in der „Sharing Economy“ schlichtweg Besitz zwischen mehr Nutzern geteilt wird oder in den sozialen Medien ganz neue Formen der Sozialkontakte möglich sind, so ist die Start-up-Szene bis auf wenige Ausnahmen (die man früher wahrscheinlich als Unternehmensgründungen bezeichnet hätte) bisher immer nur außerhalb der Grenze zur physischen Produkterzeugung aktiv gewesen.

Denn die Voraussetzung für ein erfolgreiches Geschäftsmodell von Start-ups ist zunächst die Möglichkeit, ihre Produkte oder Dienstleistungen bereits schon in kleinen Volumina erfolgreich erstellen und vermarkten zu können. Erst in der Folge wird es dann wichtig, dass das Geschäftsmodell später auch nach oben skaliert werden kann. Daher ist eine der Kerntätigkeiten der meisten Start-ups der Aufbau und das Betreiben von Netzwerken, die Kunden ebenso wie Lieferanten auf eine neue Weise miteinander integrieren.

Während sich traditionelle Unternehmen auf die Herstellung von Produkten und Dienstleistungen konzentrieren, optimieren elf der zwölf laut Wall Street Journal wertvollsten, in 2016 mit mindestens zehn Milliarden US-Dollar bewerteten Start-ups den Verteilungsprozess: Uber und Didi Kuaidi vernetzt Menschen, die eine Transportmöglichkeit suchen, mit freien Fahrzeugkapazitäten; AirBnB, WeWork und Meituan-Dianping vermitteln freie Wohn- und Arbeitsmöglichkeiten, Restauranttische und Theaterplätze; Dropbox, Snapchat und Pinterest stellen Plattformen für Datenaustausch zur Verfügung; Palantir bietet komplexe Datenanalyse; und Xiaumi sowie Flipkart haben die Optimierung des Handelsprozesses im Fokus. Lediglich SpaceX sticht aus dieser Reihe heraus, verdankt seinen Erfolg aber eher den umfangreichen Finanzmitteln seines Gründers als einem grundsätzlich neuen Geschäftsmodell.

Auch wenn viele dieser Unternehmen in den letzten Jahren massiv Märkte verändert haben, ist aus dieser Übersicht die gegenseitige Erfolgsabhängigkeit mit den traditionellen Industrien offensichtlich. Denn ohne Fahrzeuge, Gebäude, Waren, Digitalkameras oder sonstige Geräte zur Datengenerierung wäre keines dieser Geschäftsmodelle möglich gewesen. Im Gegenzug erhöhen sie stark die Attraktivität der jeweiligen traditionellen Märkte.

▶ *Start-ups stellen keine Alternative zu bisherigen Unternehmenskonzepten dar, sondern ergänzen diese, indem sie den Verteilungsprozess von Waren und Dienstleistung durch Nutzung der neuen digitalen Möglichkeiten optimieren.*

Eine ähnliche Dynamik zwischen der traditionellen und einer neuen Unternehmenswelt beginnt sich bei der gerade entstehenden „Maker“-Szene aufzubauen. Diese hat dank neuer Möglichkeiten der Einzelfertigung und insbesondere einer inzwischen erschwinglichen 3-D-Drucktechnologie eine effiziente Form gefunden, ohne größere Anfangsinvestitionen in eine Einzel- und Prototypenfertigung einzusteigen. Dies wird zunehmend durch eine wachsende Zahl an öffentlich zugänglichen, bereits mit entsprechenden Anlagen ausgestatteten Fertigungsstätten gefördert. Die Kombination von solchem „Maker Space“ mit einer aus der digitalen Welt übernommenen Open-Source-Kultur, in der Produktionspläne ebenso wie Programme in der „Cloud“ offen geteilt werden, motiviert inzwischen auch im Bereich der Einzelfertigung von Produkten zu einer rapide steigende Zahl an Neugründungen.

Anders als bei Software-basierten Geschäftsmodellen stoßen aber „Maker“ an eine weitere natürliche Grenze, wenn sie ihr Geschäftsmodell skalieren wollen. Sowohl in Bezug auf Kosten als auch auf Produktionszeit sind die Fertigungsstrategien für ihre Prototypen häufig für jede Form der Volumenproduktion immer noch ungeeignet. Hier bieten sich dann nur zwei Alternativen an. Für einige Produkte wäre es mittelfristig tatsächlich eine realistische Option, die Verantwortung für die Produktion direkt an den Endkunden auszulagern. Indem er die Möglichkeit erhält, sich beispielsweise sein Produkt selbst „auszudrucken“, kann er durch die Einsparungen bei Logistik und Handel die Nachteile der höheren Fertigungskosten kompensieren. Auch neue Geometriemöglichkeiten erlauben Produktoptimierungen, die nur im 3-D-Verfahren herstellbar sind.

Doch für viele Innovationen von Hardware wird es aufgrund der komplexen Herstellprozesse und der vielfältigen Rohstoffzusammensetzung wirtschaftlich notwendig sein, auf klassische Möglichkeiten der Serienfertigung zurückzugreifen.

Und genau hier wäre ein idealer Raum für eine gegenseitige Befruchtung zwischen „Makern“ und etablierten Unternehmen, um die Herausforderungen beider Seiten zu lösen. Während die einen ihre innovativen Produktideen einbringen und zukünftig auch ganz neue, baukastenähnliche Geschäftsmodelle für Einzelmodule auf den Markt bringen könnten, würden die anderen dank ihrer Erfahrung im Prozess der Serienreifmachung unterstützen und darüber hinaus freie Produktionskapazitäten zur Verfügung stellen.

Weiter in die Zukunft geblickt repräsentiert die Maker-Bewegung eine potenzielle Plattform für den nächsten Level der Vernetzung der traditionellen Fertigungsindustrie. Mit einem solchen Wirtschaftsansatz könnte man analog zur digitalen Start-up-Erfolgsgeschichte die Fähigkeiten der kreativen Kollaboration mit den etablierten Kompetenzen der Realwirtschaft verbinden. Und es bedarf eigentlich gar nicht so viel Fantasie, um sich beispielsweise eine Automobilindustrie der Zukunft vorzustellen, bei der die Kunden standardisierte Elektromotoren, Batterien, Fahrzeugelektronik und ein Grundchassis aus klassischer Serienfertigung auswählen könnten, um darauf ein eigens für ihre Bedürfnisse zugeschnittenes Fahrzeugäußeres aufzusetzen, das nach ihren Wünschen in einem Maker-Space designt, „gedruckt“ und mit den anderen Komponenten final zusammengebaut wird. Eine solche Symbiose aus beiden Welten wäre ebenso für Nahrungsmittel,

Möbel und viele andere Verbrauchs- und Investitionsgüter unseres Lebens vorstellbar.

Allerdings besteht heute genau hier noch eine scheinbar unüberbrückbare mentale Kluft, die stark von gegenseitiger kultureller Ablehnung geprägt ist. Während auf der einen Seite die Maker-Szene aus einem Selbstverständnis als Gegenbewegung zu den Schattenseiten der Massenproduktion und Großkonzernen hervorgegangen ist, existiert auf der anderen Seite in vielen traditionellen Fertigungsunternehmen immer noch eine gewisse Überheblichkeit, mit der die Einzelfertigung dieser kreativen Neuunternehmer nur mitleidig belächelt wird.

Dabei wäre es naheliegend, die „grenzenverachtende" Kreativität der Maker-Kultur mit den Herstellungserfahrungen und den Investitionsmöglichkeiten großer Konzerne zu verbinden und in einem konstruktiven Dialog die jeweils beste Kombination für neue Produktideen zu finden.

Dies haben auch bereits einige Unternehmen erkannt und begonnen, ihre Fühler nach Kooperationen mit oder gleich Akquisitionen von Start-up-Unternehmen in ihren Geschäftsfeldern auszustrecken. Doch bisherige Versuche scheiterten in der Regel an den fundamentalen kulturellen Differenzen und trugen eher dazu bei, die Phobie der Gründerszene vor den bürokratischen Strukturen von Großunternehmen weiter anzuheizen.

Dies ist auch nicht weiter verwunderlich. Denn die hoch motivierende Gründerkultur eines Start-ups wird gerade durch diejenigen Randbedingungen gespeist, die bereits im Abschn. 2.1 als die drei Kernelemente für intrinsische Motivation erläutert wurden: Ein durch ihre Pioniertätigkeit bedingtes starkes Bewusstsein der eigenen Kompetenz gepaart mit hoher Autonomie aller Beteiligten in einem kaum strukturierten Umfeld und einem hohen Grad an Bezogenheit, der durch kleine Teamgrößen und viel gemeinsam verbrachte Zeit gefördert wird.

Wenn diese Kultur auf traditionelle Unternehmensstrukturen trifft oder gar von ihnen absorbiert werden soll, so ist ihr schnelles Ende vorprogrammiert. Anders sähe es allerdings aus, wenn das Unternehmen bereits auf diesen „Andockprozess" durch eine adäquate eigene intrinsische Motivationskultur vorbereitet ist, die ebenfalls diese primären Charakterzüge trägt. Wie so etwas geschaffen werden kann, wurde bereits in den Abschn. 2.2 sowie 2.4 ausführlich beschrieben.

Ähnlich wie bei der Transplantation von Organen, bei denen der empfangende Organismus mit dem Spenderorgan kompatibel sein muss, um eine Abstoßungsreaktion zu verhindern, lassen sich zwei intrinsisch motivierende Kulturen, bei denen sich noch dazu der Kern ihrer „Unternehmensseele" weitgehend widerspruchsfrei kombinieren lässt, miteinander verbinden, ohne dass das organisatorische „Immunsystem" einer der beiden sein Verteidigungsarsenal aktiviert.

▶ *Die innovative und leidenschaftliche Kultur von Start-ups lässt sich nur dann mit etablierten Unternehmen erfolgreich verbinden, wenn dort eine intrinsisch motivierende Kultur vorhanden ist, die sie „andockfähig" macht.*

Und ein solcher Prozess ist keinesfalls nur für das etablierte Unternehmen vorteilhaft, denn zu den größten Herausforderungen von Start-ups in ihren ersten Jahren gehört der Aufbau einer Kundenbasis, das Optimieren des Geschäftsmodells sowie die Bildung von ausreichenden Cash-Reserven. Faktoren, die im Umfeld eines bereits bestehenden Unternehmens zu den Kernkompetenzen zählen. Gelänge eine erfolgreiche Verbindung beider, würde dies eine massive Entlastung der kreativen Pionierteams von organisatorischen Aufgaben bedeuten, die nicht ihre Kernaufgabe sein sollten.

Weiterhin existieren Schätzungen, dass nahezu drei Viertel der neuen Firmen scheitern, weil sie zu früh und insbesondere zu schnell versuchen, zu wachsen. Dies ist nicht verwunderlich, denn in der Tat müssen in der Wachstumsphase von Start-ups mehrere Hürden überwunden werden, ohne dass die erfolgsentscheidende Qualität der ursprünglichen Kultur verloren geht. So werden eine Vielzahl der Neuunternehmen mit der Tatsache konfrontiert, dass ab einer Größe von etwa 15 bis 25 Mitarbeitern erstmalig eine strukturelle Aufgabenteilung eingeführt werden muss, um die anstehenden Themen bewältigen zu können. Wird dieser Schritt nicht bewusst von flankierenden Maßnahmen begleitet, existiert in der Organisation wenig Verständnis dafür, dass die bisherige unbegrenzte Autonomie eingeschränkt werden soll und gleichzeitig nicht mehr die Kompetenz von allen in sämtlichen Themen gewünscht ist. Da in dieser Phase auch neue Mitarbeiter hinzukommen, denen die gemeinsamen Erlebnisse aus der intensive Phase der Bezogenheit aus den Anfangszeiten fehlen, entstehen gleichzeitig Brüche im inneren Beziehungsgeflecht der Organisation.

Bedauerlicherweise fehlt vielen Start-ups in dieser Phase das Bewusstsein dafür, dass hierdurch ihre drei kulturellen Grundsäulen bereits leicht bleibende Risse bekommen können – oder die Erfahrung, dies durch geeignete Maßnahmen abzufangen.

Mit einer ähnlichen, aber noch größeren Herausforderung werden diese Unternehmen dann erneut konfrontiert, wenn ihr Wachstum sich einer Zahl von etwa 100 Mitarbeitern nähert. Denn ab dieser Größe werden eine formale Strukturierung der Organisation sowie die Reglementierung von Basisprozessen unumgänglich. Darüber hinaus führen der steigende Finanzbedarf sowie die hohen Erwartungen der Geldgeber, die zu diesem Zeitpunkt in der Regel bereits eingestiegen sind, dazu, dass Kennzahlen und Termine in den Vordergrund der Aufmerksamkeit gerückt werden und beginnen, die freie Entfaltung von Kreativität immer mehr einzuschränken.

Wie erfolgskritisch die Begleitung dieser Phasen in Form einer Human-Ressource-Strategie ist, hat ein Vergleich der Überlebenswahrscheinlichkeit von Start-ups zu Beginn ihrer Wachstumsphase zu Tage gefördert. Eine systematische Analyse von über 100 Unternehmen hat gezeigt, dass die Chance für Start-ups, fünf Jahre nach ihrer Erstemissionen (IPO = „Initial Public Offering") noch zu existieren, um ein Viertel höher ist, wenn sie von Anfang an über ein systematisches Konzept zur Mitarbeiterbegleitung verfügen (Welbourne und Andrews 1996).

Bei Start-ups führt ein Fokus auf die Mitarbeiter bereits zu Beginn der unternehmerischen Wachstumsphase zu einer Steigerung der Überlebenswahrscheinlichkeit um fast 25 % (Prof. Theresa Welbourne & Prof. Alice Andrews).

Doch auch wenn der Business Case für solche Maßnahmen eindeutig ist, fehlt vielen Start-ups die Erfahrung für solche Systeme. Hätten sie die Möglichkeit, sich bereits in der Phase ihres organisatorischen Wachstums an ein etabliertes, ebenso intrinsisch motivierendes Human-Ressource-System anzuschließen, könnte dieses Risiko deutlich reduziert werden.

Start-ups haben in den letzten Jahrzehnten unsere bisher bekannte Wirtschaftswelt kräftig aufgemischt und uns einen Geschmack davon gegeben haben, welche kreativen Möglichkeiten und welche Leidenschaft stark intrinsisch motivierte Organisationen zutage fördern können. Dennoch sind sie – für sich alleine genommen – keine Pauschallösung unserer zukünftigen unternehmerischen Herausforderungen. Allerdings deutet ihre Attraktivität darauf hin, dass in diesem Unternehmenstyp für Mitarbeiter ein Thema Erfüllung findet, welches als Defizit bei etablierten Unternehmen inzwischen unübersehbar ist.

Anstatt bisherige Unternehmensmodelle kategorisch abzulehnen oder die Potenziale von Start-ups zu verniedlichen, sollte man geeignete Voraussetzungen schaffen, um eine reibungslose Anbindung beider Welten aneinander zu ermöglichen. Hierdurch eröffnet sich für beide Seiten die Möglichkeit, die Stärken beider Modelle zu kombinieren.

Der Schlüssel in diesem Prozess liegt allerdings in der Hand der etablierten Unternehmen, die sich zunächst endgültig von hierarchischen Kontrollorganisationen verabschieden müssen, damit sie „andockfähig" werden. Wie dies erreicht werden kann, wird in den folgenden Abschnitten im Detail beschrieben.

3.2 Schmetterlinge im Bauch

> Galadriel: „Du bist ein Ringträger, einen Ring der Macht zu tragen, bedeutet, allein zu sein. … Diese Aufgabe ist für dich bestimmt. Und wenn du keinen Weg findest, findet ihn niemand.“
> Frodo: „Dann weiß ich, was ich tun muss. Es ist nur, … ich habe solche Angst davor.“
> Galadriel: „Selbst der Kleinste vermag den Lauf des Schicksals zu verändern.“
> (J. R. R. Tolkien, „Herr der Ringe“)

Es passierte Anfang der 1960er-Jahre und man hatte sich gerade auf die 256 Buchstaben einer gemeinsamen, vereinfachten Sprache ASCII geeinigt, damit Computer zukünftig auch miteinander sprechen könnten. Um wertvolle Rechnerzeit zu sparen, übertrug der US-Meteorologe Edward Lorenz, der sich mit der Entwicklung von Wettervorhersagen beschäftigte, die Zwischenergebnisse einer bereits zuvor durchgeführten Vorberechnung in sein Computersystem am MIT, um von dieser Datenbasis aus weiterzuarbeiten.

Zu seiner Verblüffung wich das Ergebnis allerdings mit zunehmendem Zeitverlauf immer weiter von seinen vorherigen Berechnungen ab. Erst bei näherer Überprüfung fiel ihm auf, dass er bei seiner Eingabe die Werte lediglich mit drei Nachkommastellen eingegeben hatte, obwohl sein Rechner die Berechnungen mit sechs Dezimalstellen durchführte. Diese minimalen Rundungen führten zu eine komplett anderen Entwicklung seiner Prognosen, obwohl sich die beiden Ausgangspunkte der Wetterberechnung nur um 1/10.000 unterschieden – was ungefähr dem Verhältnis des Umfanges der Bodenseeinsel Mainau zum gesamten Erdumfang entspricht.

Inzwischen wissen wir, dass dieses Phänomen nicht nur das Wetter betrifft, sondern in einer Vielzahl von Systemen existiert, die bereits auf scheinbar unbedeutende kleine Störungen mittelfristig massiv reagieren, wodurch sich ihre Entwicklung in der Zukunft grundlegend verändern kann. Was Lorenz am Beispiel des Flügelschlages eines Schmetterlings im brasilianischen Regenwald erklärte, der einen Tornado in Texas auslösen könnte, und diesem Phänomen die Bezeichnung „Schmetterlingseffekt“ einbrachte, ist inzwischen als eine grundsätzliche Charaktereigenschaft aller komplexen, dynamischen Systeme bekannt, die nichtlinearen deterministischen Regel gehorchen.

Was zunächst zauberhaft klingt, hat allerdings eine dramatische Konsequenz: Da es bei solchen vernetzten Systemen kaum möglich ist, sämtliche Einflussfaktoren und gegenseitigen Beziehungen vollständig und im jedem Detail abzubilden, muss man konsequenterweise auch die mittelfristige Prognostizierbarkeit von zukünftigen Ereignissen und Entwicklungen in einem solchen Umfeld grundsätzlich infrage stellen.

Auch unsere Wirtschaft repräsentiert jenseits des Phasenüberganges zu globaler Vernetzung inzwischen unzweifelhaft ein solches komplexes, dynamisches Systemen. Selbst wenn wir für einen Augenblick unsere traditionelle mechanistische Vorstellung des Homo Economicus reanimieren würden und dadurch das Handeln der beteiligten Wirtschaftssubjekte als deterministisch simulieren könnten, hat die Globalisierung dafür gesorgt, dass sämtliche Wirtschaftsereignisse, die noch vor wenigen Jahrzehnten weitgehend von lokal begrenzten Einflüssen abhingen, inzwischen in ein enorm komplexes, dynamisches System eingebettet sind, mit dem sie kontinuierlich interagieren.

Hierzu tragen insbesondere die globalen Netze bei, die nicht nur nahezu unbegrenzte Kommunikation erlauben, sondern auch die Energieversorgung sowie sämtliche weltweiten Logistikprozesse so eng miteinander verwoben haben, dass inzwischen kein Lebensbereich mehr existiert, der nicht durch eine Unzahl an miteinander interagierenden Fremdfaktoren massiv beeinflusst wird.

Die Tatsache, dass in den 50 Jahren seit den Berechnungen von Lorenz die Rechnerleistung exponentiell gesteigert werden konnte und die Anzahl der Dezimalstellen in Berechnungsverfahren keine wirkliche Grenze mehr darstellt, täuscht darüber hinweg, dass der Berechnungsaufwand mit jedem zusätzlichen Einflussfaktor aufgrund der Vielzahl seiner Verknüpfungen ebenfalls exponentiell steigt. Die neuen Auswertungsmöglichkeiten von „Big Data" belegen zwar, dass große Datenmengen inzwischen analysiert werden können, allerdings nur für eindeutig beschreibbare Abhängigkeiten. Und Computer haben zeitgleich gelernt, nicht nur über sprachliche Grundfunktionen miteinander sequenzielle Informationen auszutauschen, sondern kommunizieren nahezu in Echtzeit mit allen Regionen der Erde. Allein die Erfassung sämtlicher relevanter Randbedingungen für eine einzelne Entscheidung in diesem „Internet of Things" ist dadurch völlig unmöglich geworden.

Allerdings widerspricht eine solche Realität grundsätzlich unserem menschlichen Urbedürfnis, die uns umgebende Welt in Form von logischen Regeln zu verstehen, die wir erlernen und in die Zukunft extrapolieren können. Dieser Instinkt ist zu Zeiten evolutionär entstanden, als es für uns überlebensentscheidend war, für wichtige Ereignisse – sei es die Zeit, an der unsere Nahrung zum Wasserloch kam oder die Plätze, an denen Gefahren lauerte – kausale Muster zu erkennen, um uns vorab darauf einstellen zu können. Daher ist dieses tief in unserem Reptiliengehirn verankerte, aber unbewusste Bedürfnis so programmiert, dass wir kontinuierlich aus unserer beobachteten Realität versuchen, Regeln herzuleiten, die ihre Entstehung erklären können.

Das geht sogar so weit, dass wir in der Retrospektive unsere Erinnerung an die Vergangenheit anpassen können, damit sie zu unseren gewohnten Wahrnehmungsregeln passt. Was seit Mitte der 70er-Jahre als Rückschaufehler („Hindsight Bias“) bezeichnet wird, ist die Tatsache, dass wir in Situationen, in denen die Realität nicht zu unseren Überzeugungen passt, unbewusst unser kognitives „Koordinatensystem“ der Erinnerungsspeicherung verschieben, um beides wieder in Überdeckung zu bringen.

Dieses Phänomen kann man beispielsweise wunderbar an der Börse beobachten. Kaum machen Aktienkurse eine größere Bewegung nach unten, tauchen unzählige Experten auf, die uns erklären, von welchen fundmentalen Wirtschaftsdaten dieser Einbruch verursacht wurde. Mal war es angeblich die Verlangsamung des chinesischen Wirtschaftswachstums (ist diese nicht schon seit Langem absehbar?), der Rückgang des Öl- oder anderer Rohstoffpreise (war das nicht bisher immer der Grund für einen Boom?) oder immer noch die Auswirkungen von einzelnen staatlichen Schuldenkrisen (war das nicht längst eingepreist?), die die Aktienkurse haben einbrechen lassen. Gleichzeitig wird die Angst geschürt, dass dies erst die Vorboten einer Negativspirale seien.

So verknüpfen wir große Ereignisse, die eigentlich durch eine komplexe Konstellation von unzähligen kleinen Ereignissen verursacht wurden, mit bereits bekannten makroskopischen Erklärungsmodellen, sodass die Zukunft wieder scheinbar prognostizierbar erscheint. Und schnell finden sich auch Menschen, die dies bereits zuvor vorhergesagt haben und daher umgehend in den Adelsstand der modernen Propheten erhoben werden. Dabei ist es eigentlich angesichts des Spektrums an divergierenden Prognosen für die Zukunft rein statistisch höchst wahrscheinlich, dass es für nahezu jedes große Ereignis jemanden gibt, der dies vorhergesagt hat.

Dies beweist allerdings keinesfalls die Qualität des Prognoseprozesses, sondern ist in der Regel Zufall und erhöht eher die Wahrscheinlichkeit, dass genau dieses Orakel beim nächsten Mal falsch liegt. Denn auch ein Lottogewinn ist noch kein Hinweis darauf, dass der Algorithmus des Gewinners für seine Zahlenkombination auch einen verlässlichen Zugang zu zukünftigen Gewinnen verspricht.

Grundsätzlich ist es eine unumstößliche Tatsache, dass Muster nur dann einen wirklichen Hinweis auf die Zukunft geben, wenn ihnen tatsächlich sich periodisch wiederholende Regeln zugrunde liegen. Dies waren auch die ursprünglichen Randbedingungen, unter denen wir unsere Fähigkeit zur Mustererkennung entwickelt haben, und Jahreszeiten, große Herdenbewegungen oder Wachstumszyklen unser Leben bestimmten. Heute allerdings ist es häufig so, als ob wir auf einer Fahrt entlang einer zerklüfteten Küste aus den Kurvenverläufen der Straße, die hinter uns liegt, vorauszuberechnen versuchen, wie die Kurven vor uns verlaufen werden, und daran unsere zukünftigen Lenkbewegungen orientieren wollten. Rein statistisch werden auf diese Weise einige vielleicht noch der von komplexen Wasserturbulenzen über lange Zeit geformten Küstenlinie eine Weile folgen können – aber nicht viele.

Darüber hinaus legen wir in der Wirtschaft diese Strecken heute auch nicht mehr mit Pferdefuhrwerken oder Kutschen zurück, die nur geringe Geschwindigkeit erreichen und lediglich kurze Distanzen zurücklegen können, sondern sind inzwischen mit hoher Geschwindigkeit und deutlich leistungsfähigeren Fahrzeugen unterwegs. Doch anstatt zu verstehen, dass gerade dann der Fokus auf der Reaktionsschnelligkeit in der jeweils nächsten Kurve liegen muss, haben wir makroskopische Wirtschaftslandkarten entwickelt, die mithilfe ihres großen Maßstabes jede Küstenstraße wie eine sanft geschwungene Linie aussehen lassen.

Instinktiv geben wir uns häufig der Illusion hin, dass wirtschaftliches Verhalten größerer Gruppen des Homo Economicus durch die Annahme eines linearen Durchschnittverhaltens zuverlässig simuliert werden kann. Dadurch glätten wir individuelle Differenzen und glauben dann Scheinmuster zu erkennen, die wir an die betriebswirtschaftliche Sichtweise anpassen, an die wir uns gewöhnt haben. Während wir Aktienkurse, Marktentwicklungen oder Mitarbeiterverhalten als Trends beobachten und daraus unsere Strategien ableiten, sollten allerdings allein schon die extremen Ausprägungen wie Blasen, Modetrends, Herdenverhalten sowie jede Form an sozialem Einfluss ausreichend Beweis dafür sein, dass Entwicklungen im Wirtschaftskontext eine Vielzahl weitgehend nichtlineare Prozesse zugrunde liegen. Und anders als wir dies aufgrund unserer mentalen Modelle annehmen, treten diese deutlich häufiger auf, als es uns die Statistik der Normalverteilung verspricht.

Dies ist auch der Grund, warum wir in der heutigen Wirtschaft immer wieder von plötzlichen und großen Veränderungssprüngen überrascht werden. Solange wir Entscheidungen treffen, indem wir Details zusammenfassen und primär berücksichtigen, wie sich Zusammenhänge „durchschnittlich" verhalten, tun wir so, als ob wir es nur mit laminaren Strömungsverhältnissen zu tun haben, um die Analogie des Auftriebes eines Flugzeuges aus dem „Vorwort" aufzugreifen. In diesem Zustand ist das Strömungsverhalten grundsätzlich vorhersehbar, kleinere Abweichungen werden von der laminaren Hauptströmung mitgerissen und es findet auch wenig Durchmischung statt.

Doch ab einer bestimmten Geschwindigkeit – und unterstützt von der Rauigkeit der Oberfläche – kann sich die Aerodynamik schlagartig ändern und die Strömung Turbulenzen bilden, die zeitlich und räumlich unvorhersehbar werden. Diese bestehen dann allerdings nicht nur aus makroskopischen Verwirbelungen, sondern sind „selbstähnlich“, das heißt, sie setzen sich wiederum aus kleineren Wirbeln gleicher Art zusammen, je detaillierter man sie betrachtet. In einer solchen Wirbelkaskade verwandelt sich ein Großteil der ursprünglich gerichteten Strömungsenergie in Wärme – sie wird sozusagen „verheizt“.

Auch die reale Wirtschaft kennt zwei analoge, grundsätzlich unterschiedliche Zustände. Wenn sich Chartanalytiker an Aktienmärkten bei ihren Prognosen überwiegend an Kennzahlen wie Volatilität sowie der bisherigen Korrelation des Kursverlaufes mit dem Gesamtmarkt orientieren, liegen sie im Gesamttrend oft nicht falsch, solange alle Marktbeteiligten sich dem gleichen Katechismus unterwerfen und mitmachen – und keine besonderen Ereignisse eintreten. Auch vergangene Fundamentaldaten geben in solchen scheinbar ruhigen Wirtschaftsphasen häufig eine repräsentative Idee über eine zukünftige Unternehmensentwicklung, so wie Märkte eine Weile bestehenden Trends folgen und in dieser Phase recht vorhersehbar sind. Die uns von Carl Friedrich Gauß vermachte Normalverteilung erlaubt uns, in diesen Zeiten die Oberfläche der Entwicklung zu glätten und ist ein guter Kompass zur Steuerung.

Allerdings ändert sich dies schlagartig, wenn nichtlineare Ereignisse eintreten. Eine einzige unbedeutende Rauheit der wirtschaftlichen Oberfläche kann enorme Turbulenzen auslösen, die nicht nur an Börsen sichtbar werden, sondern immer häufiger auch ganze Märkte durcheinanderwirbeln und dabei etablierte Suchmaschinenanbieter, dominante Handyhersteller oder scheinbar unerschütterliche Finanzinstitutionen in kurzer Zeit vom Markt fegen.

Mit diesem Phänomen hat sich auch der Mathematiker und Mitbegründer der fraktalen Geometrie, Benoît Mandelbrot intensiv beschäftigt, der auf der Basis seiner Forschung zu den Phänomenen der Rauigkeit sowie der Selbstähnlichkeit in der Natur gezeigt hat, dass Erscheinungen wie der Verlauf einer Küstenlinie keinesfalls so „chaotisch“ sind, wie sie auf den ersten Blick erscheinen, sondern durchaus mathematisch beschrieben werden können. In Bezug auf die Finanzwirtschaft hat er demonstriert, das sich Aktienverläufe inklusive ihrer Phasen von Turbulenzen simulieren lassen, wenn man davon ausgeht, dass Kursentwicklungen zwar Perioden von Beinahe-Trends, aber auch a priori abrupte Änderungen beinhalten (Mandelbrot und Hudson 2004). Dies erklärt auch, warum extreme Marktveränderungen deutlich häufiger vorkommen, als statistisch zu erwarten wäre – und präventive Vorkehrungen regelmäßig nicht ausreichen, um sie einzudämmen.

Solche „Multifraktale“, die zunächst mit ihrer abstrakten mathematischen Komplexität zugleich faszinierend als auch extrem abschreckend wirken, bedeuten schlichtweg eines: dass Märkte ein Gedächtnis haben, in dem Ereignisse lange nachwirken und scheinbare Muster erzeugen, bis plötzlich die Überlagerung vieler kleiner Einzeleffekte eine Diskontinuität verursacht, die alles verändert. Diese Ausschläge können sehr extremer Natur sein und tauchen außerhalb jeder statistischen Vorhersehbarkeit auf, sodass sie langfristig nicht prognostizierbar sind.

Nun wird nicht aus jedem Schmetterlingsflügelschlag ein Tornado. Allerdings sind es nicht die langsamen, prognostizierbaren laminaren Marktdynamiken, sondern gerade die Auswirkungen dieser Turbulenzen, die einen entscheidenden Einfluss auf unsere wirtschaftliche Zukunft haben. Wie bereits im Abschn. 2.5 erläutert, können sie existenzielle Ausmaße annehmen, sowohl für einzelne Unternehmen als auch für die Wirtschaft als Ganzes.

Und diese Ereignisse haben in den letzten Jahren deutlich zugenommen, was angesichts der immer höheren Geschwindigkeit der Wirtschaftsprozesse und ihrer immer komplexeren Vernetzung nicht erstaunen sollte.

Doch wie sollen wir uns auf ein Wirtschaftssystem einstellen, das immer nur temporär Kontinuität vorgaukelt, bevor uns immer häufiger die nächste abrupte Richtungsänderung überrascht?

▶ *Märkte zeigen nur temporär scheinbare Muster, bevor sie sich durch Diskontinuitäten abrupt verändern. Unternehmen müssen sich daher von ihren langfristigen Durchschnittsbetrachtungen der Realität lösen und agile Strukturen ausbilden.*

Zunächst müssen wir uns makroskopisch klar werden, dass unsere bisherige gewohnte Sicht, nach der wir dauerhaft in einer laminaren Strömung mitschwimmen können, solange wir nur schnell genug sind, nicht mehr langfristige Gültigkeit hat. Anders als uns unsere vereinfachte Betriebswirtschaft bisher suggeriert, kann die Rauigkeit des Umfeldes mit zunehmender Geschwindigkeit jederzeit Störungen verursachen, die sehr kurzfristig zu grundsätzlichen Diskontinuitäten in einer Branche, einer Industrie oder einer etablierten Technologie führen können. Dies sind keine Zufallserscheinungen, sondern ganz natürliche Phänomene in einem komplexen dynamischen System.

Die dann eintretenden Veränderungen sind in der Regel zwar prinzipieller Natur, aber nicht zufällig, sondern orientieren sich häufig an tendenziell bereits schon im Umfeld zuvor erkennbaren Querströmungen. Daher ist die bereits im Abschn. 1.2 vorgestellte Disziplin der regelmäßigen Spiegelung des Geschäftsmodells an aktuellen Megatrends und Risiken eine effiziente Systematik, um unsere gewohnheitsmäßige Projektionen einer Zukunft, die sich harmonisch aus der Vergangenheit fortsetzt, immer neu zu hinterfragen. Mit dieser Methode wird kontinuierlich der makroskopischen Kontext der unternehmerischen Tätigkeit an zunächst im Kleinen entstehenden, neuen Entwicklungen gespiegelt, sodass die Chance, auf zukünftige Diskontinuitäten vorbereitet zu sein, massiv steigt.

Allerdings reicht das nicht aus, sondern es ist ebenfalls essenziell, dass Organisationen sowohl die Fähigkeit entwickeln, in konstant leicht turbulenten Gewässern ohne unnötigen Reibungswiderstand operieren zu können, als auch durch eine offene interne Kommunikation zugleich als Frühwarnsystem zu dienen. Da Diskontinuitäten aus vielen kleinen Einzelereignissen entstehen, ist es ein entscheidender Vorteil, wenn bereits im Vorfeld Veränderungen registriert werden und zügig darauf reagiert werden kann.

Anstatt zu versuchen, die Oberfläche unserer Organisationen weiter zu glätten, um sich den gerade aktuellen Mittelwertströmungen der Wirtschaftsmodelle optimal anzupassen, sollten wir vielmehr gezielt Kompetenzen entwickeln, um diese Turbulenzen kontrolliert bereits im Kleinen zu managen, bevor sie sich kollektiv auftürmen. Statt „Schwarmverhalten" brauchen wir die Fähigkeit zu zielgerichteten Mikrobewegungen.

Und während wir im organisatorischen Kontext ein „Haifischbecken" normalerweise eher mit rücksichtslosem Erfolgskampf assoziieren, kann die in freier Natur lebende Variante dieser seit ca. 400 Mio. Jahren erfolgreichen Spezies durchaus für eine Lösungsmöglichkeit Pate stehen, die in der physischen Realität bereits bei Flugzeugen, Schiffen und Rohrleitungen eingesetzt wird. So besitzt die Haut von Haien winzige Längsrippen, die an der Grenzschicht zwischen Tier und Wasserumgebung die Querbewegungen der induzierten Turbulenzen verhindern und dadurch den Strömungswiderstand deutlich reduzieren.

Auf Organisationen übertragen entspricht das der Fähigkeit, sich mit der turbulenten Umgebung zu synchronisieren und sich durch adäquate Autonomie auf kleinste Veränderungen einstellen zu können, ohne die grundsätzliche Richtung aus den Augen zu verlieren.

Organisationen, die auf diese Weise fähig sind, in einer konstant turbulenten Umgebung effizient zu agieren, ohne ihre strategische Grundrichtung zu verlieren, und gleichzeitig intern über eine offene Kommunikationskultur verfügen, die den verlustfreien Austausch von Informationen ermöglicht, bezeichnet man inzwischen als „Agile Unternehmen".

Was allerdings auf den ersten Blick wie ein weiterer neuer Management-Modetrend klingt, auf den man kurzfristig aufspringen kann, erfordert in der Realität eine fundamentale und mehrdimensionale Unternehmenstransformation „von innen", die im folgenden Abschnitt näher erläutert wird.

3.3 Agile Unternehmenskultur

Architekt: „Die erste Matrix, die ich kreiert habe, war natürlich perfekt. Ein absolutes Kunstwerk. Makellos, überragend. Ein Triumph, dem nur sein monumentales Scheitern gleichkam. Die Unvermeidlichkeit ihres Untergangs leuchtet mir als Konsequenz der Unvollkommenheit ein, die jedem Menschen anhaftet. Folglich hab' ich sie neu konstruiert, basierend auf ihrer Vorgeschichte, um die grotesken Eigenarten der menschlichen Natur zu reflektieren."

(Die Wachowski Geschwister, „Matrix")

Mit neuen Trendbegriffen ist es immer wieder eine faszinierende Sache. Hat ein Missstand einmal einen kritischen Level erreicht, tauchen sie über Nacht auf und beschreiben durch eine faszinierende und fast provokative Kreativität einen gesünderen idealen Alternativzustand. Während dieser zunächst oft anfänglich belächelt wird, war eine solche Methode der Dialektik bereits für Hegel „das treibende Moment des Vernünftigen innerhalb des Verstandesdenkens" und Kern des menschlichen Entwicklungsprozesses. Indem zu einer These eine Antithese identifiziert wird und man dann die essenziellen Vorteile beider zu etwas Neuem zusammenführt, kann in einem solchen Prozess das Bewusstseins gegenüber dem ursprünglichen Zustand angehoben und eine überlegenere Synthese identifiziert werden, durch die der ursächliche scheinbare Konflikt aufgehoben wird.

Allerdings fällt es unserer Gesellschaft immer schwerer, die Spannung zwischen den beiden Polaritäten so lange zu halten, bis tatsächlich alle essenziellen Aspekte identifiziert wurden und ausreichend Raum für eine detaillierte Diskussion zur Verfügung gestanden hat, um im Detail eine bessere Synthese zu identifizieren. Das heißt insbesondere, Wege zu finden, wie der Übergang aus dem aktuellen Zustand erreicht werden kann. Unser starkes Bedürfnis, Entwicklungsprozesse immer mehr zu beschleunigen, hat dazu geführt, dass sich der Fokus von der Qualität des dialektischen Diskurses wegbewegt hat, obwohl dieser ursprünglich von der Antike bis ins 18. Jahrhundert den entscheidenden Kern dieses Prozesses zur methodischen Wahrheitsfindung ausmachte und für das Ergebnis von essenzieller Relevanz ist.

Inzwischen steht immer häufiger lediglich die Schnelligkeit im Vordergrund, mit der eine Lösung für das Erreichen des neuen Zustandes gefunden werden kann. Dies gilt besonders im auf Effizienz ausgerichteten Wirtschaftskontext, da sich hier an diesem Wettlauf nicht nur die tatsächlich Betroffenen beteiligen, sondern darüber hinaus auch viele renommierte Beratungsunternehmen, die aus verständlichen Gründen keinesfalls den Eindruck bei ihren Kunden hinterlassen wollen, dass sie für einen neuen Zukunftstrend noch keine leicht implementierbare Patentlösung im Portfolio haben.

Anstatt jedoch ehrlich anzuerkennen, dass jede organisatorische Kulturveränderung nicht nur mangels Erfahrung mit dem angestrebten zukünftigen Zustand, sondern auch aufgrund der extrem unterschiedlichen kulturellen Ausgangssituationen zwangsläufig durch experimentelle Phasen gehen muss, werden immer häufiger bereits vorhandene Konzepte „umgelabled" oder es wird versucht, angeblich effizienten Sofortlösungen durch extensive Präsentationen hohe Glaubwürdigkeit zu verschaffen. Auch wenn es diesen häufig an operativer Realisierungserfahrung für diese neuen Herangehensweisen mangelt, überbieten sich dank solcher „Heilsversprechen" viele derjenigen Unternehmen, die sich dies finanziell leisten können, schnell darin, mithilfe massiver externer Unterstützung zu den ersten zu gehören, die man mit diesem neuen Zeitgeist assoziiert.

Dabei fällt selten auf, dass neue organisatorischen Modelle fast nie extern am Beratungsschreibtisch entstanden sind, sondern in der Regel zuvor von mutigen, unkonventionellen und experimentierfreudigen Führungspersönlichkeiten in der realen Praxis entwickelt wurden. Diese verfügten nicht nur über das Vertrauen ihrer Organisation, sondern auch über umfangreiche Erfahrung darin, wie solche Veränderungen in ihrer operativen Realität auch tatsächlich nachhaltig verankert werden können. Die tiefe Überzeugung dieser Führung von der Notwendigkeit von etwas Neuem und ihre persönliche Bereitschaft zum Risiko helfen dabei, aus ersten Fehlschlägen und Lernerfahrungen neue Erkenntnisse zu ziehen, um sich schrittweise der für das jeweilige Unternehmen besten Lösung anzunähern.

Ein ähnliches Schicksal hat auch der Trend zum „Agilen Unternehmen" in den letzten Jahren erlebt, der ursprünglich aus der inzwischen unübersehbaren (und bereits im Abschn. 1.2 ausführlich beschriebenen) Diskrepanz zwischen der Reaktionsfähigkeit von traditionell strukturierten Organisationen und den Anforderungen eines sich immer schneller verändernden wirtschaftlichen Umfeldes entstanden ist, und daher unter anderem als Grundvoraussetzung für eine Digitalisierung gesehen werden muss.

Während zunächst mit innovativen und radikal neuen Führungsmodellen wie „Holocracy" punktuell begonnen wurde, zu experimentieren, wird inzwischen von renommierten Beratungsunternehmen versprochen, dass allein durch eine partielle Lockerung von Struktur, die Vereinheitlichung von Governance-Mechanismen sowie ein Re-Design der Kernprozesse effiziente Agilität für jedes Unternehmen zügig erreichbar wird.

Doch entgegen aller überzeugend inszenierter Behauptungen ist Agilität noch lange nicht das Gegenteil von Stabilität. Unabhängig davon, ob man beginnt, eine bestehende geregelte Grundstruktur, sei sie hierarchisch oder in Matrixform, radikal oder nur partiell zu lockern, um Raum für Fähigkeiten zu schaffen, die es ermöglichen, sich zukünftig dynamischer an geänderte Umfeldbedingungen anpassen zu können, schafft man hierdurch zunächst einmal lediglich ein Regelungsvakuum gegenüber dem vorherigen Zustand. Sinnvolle Aktivitäten können dort erst dadurch entstehen, dass sie durch einen entsprechenden eigenen Antrieb initiiert werden und gleichzeitig auch eine Richtung nehmen, die der Unternehmensstrategie tatsächlich dient. Ansonsten erzeugt man lediglich eine riskante Instabilität, da man sich in einer weniger geregelten Struktur ohne diese beiden Faktoren weder auf zuverlässiges pro-aktives noch auf zwangsläufig sinnvolles Verhalten verlassen kann.

Um die maximale Wirksamkeit einer Agilen Organisationsform für ein komplexes Umfeld zu entwickeln, ist es darüber hinaus notwendig, in der internen Kultur einen häufig präsenten, primär selbst zentrierten Handlungsfokus der Mitarbeiter zu transzendieren und neue Formen der selbstmotivierten Kooperation zu implementieren. Hierdurch werden nicht nur die spezifischen Kompetenzen der Beteiligten bestmöglich miteinander kombiniert, sondern dies ist auch notwendig, um effiziente Entscheidungsprozesse entwickeln zu können, die unabhängig von traditionellen Hierarchiestrukturen funktionieren.

Erfolgreiche Agilität entsteht somit erst dadurch, dass sich zeitgleich mit den zusätzlich geschaffenen strukturellen Freiheitsgraden eine neue Qualität des Bewusstseins in einer Organisation entwickelt, das dazu motiviert, auf aktive Kollaboration ausgerichtete und verantwortliche Handlungen aus eigenem Antrieb zu entwickeln. Da allerdings bei Agilen Unternehmen die Reaktionsfähigkeit gezielt durch reduzierte Leitungs- und Steuerungsfunktionen gesteigert werden soll, können solche Handlungen definitionsgemäß nicht durch explizite Anweisung oder Anleitung der Führung initiiert werden. Konsequenterweise erfordern sie daher eine Form des Handlungsantriebes aus inneren Motiven, der direkt von den Mitarbeitern ausgeht.

Darüber hinaus können Handlungen in einem Raum mit reduzierten Regelungsvorgaben keinen transaktionalen Erfüllungscharakter haben, sondern erfordern autonome Selbstbestimmtheit, mit der die Mitarbeiter eigenständig ihre Richtung, ihren Inhalt und adäquate Prioritäten festlegen. Wie bereits im Abschn. 1.4 erläutert, wird die Qualität solcher autonomen Handlungen intensiv von den persönlichen Überzeugungen und Grundeinstellungen beeinflusst, die möglichst kongruent mit den Unternehmenszielen sein müssen, um diese bestmöglich zu unterstützen.

Um Agile Organisationsstrukturen zu schaffen, reicht es also nicht aus, strukturelle Lockerungen vorzunehmen, sondern es muss in gleichem Maße auf der Basis einer starken Identifikation mit der Unternehmensmission die intrinsische Motivation sowie die Bereitschaft zur Kollaboration gesteigert werden, damit die Organisation nicht instabil wird. Dies entspricht genau denjenigen organisatorischen Randbedingungen, die bereits ausführlich im Abschn. 2.1 erläutert wurden.

> *Agile Unternehmen entstehen nicht allein durch Lockerung der internen Strukturen, sondern benötigen gleichzeitig gesteigerte intrinsische Motivation, Bereitschaft zur Kollaboration sowie eine autonome Ausrichtung auf ein gemeinsames Ziel.*

Welche pathologischen Systemzustände in dem Übergangsprozess möglich sind, wenn der strukturelle Veränderungsprozess nicht mit dem entsprechend notwendigen kulturellen Veränderungsprozess synchronisiert ist, ist in Abb. 3.1 verdeutlicht.

Einerseits ist es nicht überraschend, dass eine grundsätzlich bereits vorhandene innere Bereitschaft zum Engagement in starren bürokratischen Strukturen ohne adäquate Autonomie einfriert. Die dadurch im System verbleibende interne Spannung erzeugt zunächst eine negative Grundstimmung mit einem hohen Energielevel, bis für viele Mitarbeiter letztendlich nur noch die Alternative bleibt, die Organisation zu verlassen. Daher erkennt man diesen Zustand unter anderem an einer erhöhten Fluktuationsrate.

Werden andererseits allerdings die Strukturen gelockert, ohne dass die notwendigen Veränderungen zur Förderung von intrinsischer Motivation gleichzeitig

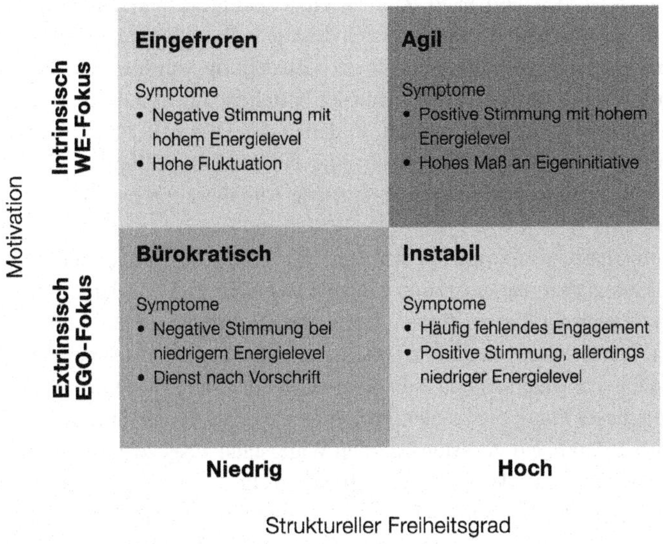

Abb. 3.1 Die beiden Entwicklungsdimensionen für Agile Unternehmensstrukturen

eingeleitet werden, reagieren die Mitarbeiter entweder mit Unverständnis oder es mangelt an ausreichendem Engagement, um das System nachhaltig stabil zu halten.

Wie man unschwer erkennen kann, korrelieren die Symptome dieser vier Zustände dabei stark mit den vier im Abschn. 2.2.5.2 beschriebenen charakteristischen Quadranten für die emotionale Stimmung in der Organisation. Dies ist nicht überraschend, da bei jeder Form von organisatorischen Veränderungsprozessen in der Regel die emotionale Transformation mit der strukturellen Veränderung synchronisiert werden muss. Schafft es eine Organisation nicht, sich strukturell offensichtlich notwendigen Veränderungen anzupassen, entsteht häufig aus einem zunehmend anstrengenderen Kampf gegen interne Widerstände eine negative Grundstimmung, die sich entweder in Ermüdung oder in zunehmend aktivem Widerstand äußert. Erfolgen fortschrittliche organisatorische Änderungen wie beispielsweise aktuell im Rahmen der Digitalisierung, münden diese nur bei einer gleichzeitig stattfindenden entsprechender Kulturveränderung in einen gewünschten aktiven neuen Zustand, während die Organisation ansonsten in zurückhaltende Passivität abdriftet.

Da diese Balance insbesondere in komplexen Strukturen nicht einfach zu halten ist, ist es aus diesem Grund empfehlenswert, solche Veränderungen nicht sofort in der ganzen Organisation umzusetzen, sondern über eine Prototypenphase einzuleiten, damit in der neuen Konstellation erst begleitet Erfahrung gesammelt wird. Diese kann dann in einen kulturellen Transformationsprozess übergeleitet werden, bevor eine flächendeckende Strukturveränderung folgt.

Dies gilt auch grundsätzlich für die Überleitung von hierarchischen in Agile Organisationen. Zunächst sollten aus der bestehenden Organisation einzelne Aufgabenbereiche ausgewählt werden, in denen die Mitarbeiter mit deutlich höherer Autonomie ausgestattet, aber gleichzeitig bei der Entwicklung der Kompetenzen für autonome Entscheidungsprozesse sowie Kollaboration unterstützend begleitet werden.

Leith Sharp, Direktorin an der Harvard School of Public Health beschreibt dies als ein „Emergent Operating Model", wie es in Abb. 3.2 dargestellt ist.

Auch wenn zu diesem frühen Zeitpunkt des Projektes häufig die Versuchung besteht, hierfür Gruppen und Mitarbeiter auszuwählen, die sich bereits in der Vergangenheit im Unternehmen sehr unterstützend gezeigt haben, findet man allerdings in dieser Phase die idealen Prototypenbereiche gerade in den Bereichen, die sich bisher durch den stärksten internen Widerstand ausgezeichnet haben. Ihre kritische Haltung ist in der Regel getrieben von einer „eingefrorenen" Unzufriedenheit mit dem aktuellen Zustand der Organisation, und erhält durch die frühzeitige Einbindung in den Transformationsprozess ein Ventil, die Zukunft positiv selbst mitzugestalten und ihre häufig berechtigen Anregungen einfließen zu lassen.

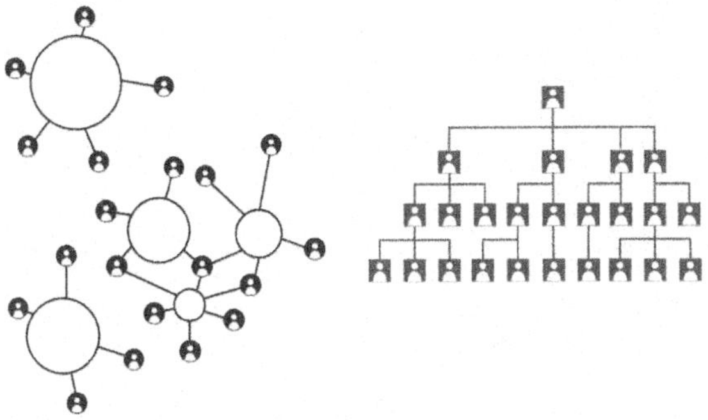

Abb. 3.2 Prototypenorganisation für Agile Organisationen („CBIS Framework" by Leith Sharpe). (Lizensiert unter Creative Commons CC BY-AS 4.0)

Allerdings ist es bereits zu diesem Zeitpunkt essenziell, eine gemeinsame Ausrichtung beider zu diesem Zeitpunkt gleichzeitig existierender Organisationstypologien sicherzustellen, damit keine internen Reibungsverluste entstehen. Wie dies bereits bei „Scrum", einer Frühform Agiler Entwicklungsorganisationen für Software-Entwicklungsprozesse, realisiert wird, bestehen Steuerungs- und Entscheidungsprozesse in einer Agilen Umgebung aus einem auf iterative Verbesserung ausgerichteten, moderierten Dialog, in dem kontinuierlich die Möglichkeiten der umsetzenden Organisation mit den Interessen der Stakeholder abgeglichen werden.

Für ein Unternehmen, welches in einer global vernetzten Wirtschaft erfolgreich sein will, wird ein solcher Stakeholder durch das Gesamtsystem repräsentiert, in das es eingebettet ist. Durch einen vorgelagerten Prozess der Identifikation der gemeinsamen „Unternehmensseele" (siehe Abschn. 2.2.3.3) können diese Interessen so weit explizit gemacht werden, dass über den gesamten Veränderungsprozess hinweg alle Organisationseinheiten einen gemeinsamen Orientierungspunkt für ihre Entscheidungsprozesse haben, wie dies Abb. 3.3 veranschaulicht.

Nach erfolgreicher Realisierung der Prototypen können dann schrittweise weitere Bereiche oder ganze Organisationseinheiten umgestellt werden.

Allerdings ist eine Agile Organisationsstruktur nicht bei allen Aufgaben in Unternehmen sinnvoll. Während die Auswahl der für die anstehenden Aufgaben besser geeigneten Form grundsätzlich eine weitgehend objektivierbare Abwägungsfrage ist, empfiehlt es sich dennoch, in den Entscheidungsprozess hierüber die Organisation stark zu involvieren, um ein ausgewogenes Maß an Wertschätzung für beide Organisationsformen auch für die Zukunft sicherzustellen.

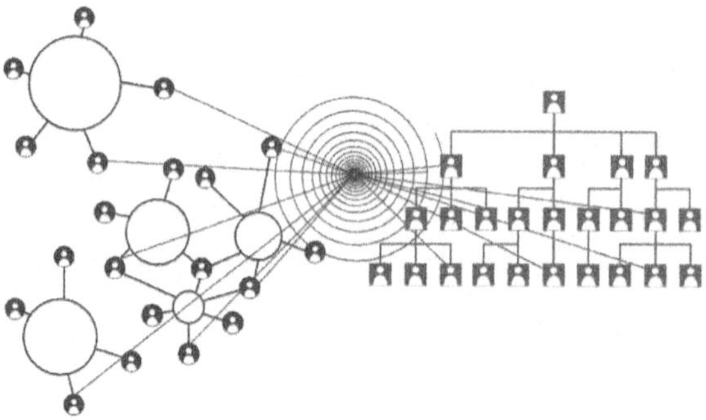

Abb. 3.3 Durch die gemeinsame „Unternehmensseele“ angebundene Prototypenorganisation für Agile Organisationen („CBIS Framework“)

Ansonsten wächst das Risiko, dass eine in organisatorischen Mischformen häufig beobachtbare Zweiklassengesellschaft entsteht, bei der die jeweilige Zugehörigkeit zu der „alten“ oder der „neuen“ Welt als Qualitätsurteil interpretiert wird und der Mangel an gegenseitigem Respekt eine konstruktive interne Zusammenarbeit verhindert.

Wenn dieser Prozess abgeschlossen ist, können die „agilen“ Unternehmensbereiche über klar definierte Schnittstellen mit der verbleibenden hierarchischen Rumpforganisation verbunden werden, wie dies Abb. 3.4 schematisch zeigt.

Um sicherzustellen, dass nicht nur die „agilen“ Unternehmensbereiche schwerpunktmäßig in die kulturelle Veränderung eingebunden werden, sondern alle Mitarbeiter daran beteiligt sind, sollte dabei die gesamte Organisation in einen systematischen Transformationsprozess eingebettet werden. Der folgende Abschn. 3.4 beschreibt im Detail, wie dies systematisch so möglich ist, dass gleichzeitig all Grundvoraussetzungen für ein intrinsisch motivierendes Arbeitsumfeld geschaffen werden.

Funktionsfähige Agile Organisationen zeichnen sich insofern nicht nur durch eine partiell gelockerte Struktur sowie ein stützendes Rahmenwerk aus Regeln und Prozessen aus, sondern integrieren eine Unternehmenskultur, die deutlich höhere Autonomie erlaubt, mit der Förderung von intrinsischer Motivation und Kollaboration auf der Basis einer gemeinsamen Identität.

Was zunächst sehr abstrakt klingt, lässt sich dank der bereits zuvor im zweiten Kapitel dieses Buches ausführlich erläuterten Tatsache, dass die neun Kernelemente des GCH-Modells sowohl für intrinsische Motivation als auch für eine Verschiebung auf einen kollektiven Fokus hinreichende Bedingungen darstellen,

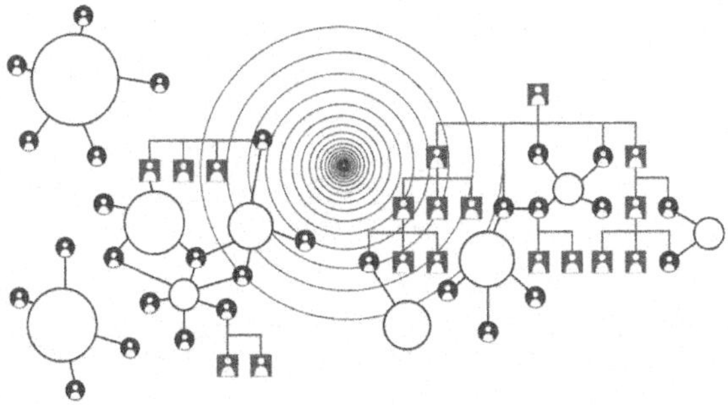

Abb. 3.4 Organisationsdesign einer Agilen Organisation. („CBIS Framework")

gut operationalisieren. Durch systematische Anhebung der Qualität der Einzelfaktoren zumindest auf das Niveau eines transformativen Führungsstils (siehe Abschn. 2.4) kann eine entsprechende Umgebung geschaffen und mit den strukturellen Organisationsveränderungen synchronisiert werden.

3.4 Unternehmenstransformation als Heldenreise

> … dass die Technik uns nicht retten wird. Unsere Computer, unsere Geräte, unsere Maschinen reichen nicht aus. Wir müssen uns auf unsere Intuition verlassen, unser wahres Wesen … die Vernunft soll nicht geleugnet werden. Im Gegenteil, indem er die finsteren Leidenschaften überwindet, symbolisiert der Held unsere Fähigkeit, den irrationalen Wilden in uns zu beherrschen.
>
> (Joseph Campbell, „Die Macht der Mythen")

Während Restrukturierungsstrategien für Unternehmen in der Managementliteratur in den letzten Jahren einen ähnlichen Siegeszug für sich verzeichnen konnten wie wenige Jahre zuvor Bücher über „Lean Production", so gibt es auffällig weniger Literatur über die Gestaltung von Transformationsprozessen in Organisationen, wie dies die Auswertung der aktuellen englischsprachigen Literatur in Abb. 3.5 zeigt.

Einer der Gründe hierfür ist vermutlich, dass sich viele Ansätze eines „Business Reengineerings" durch eine Herangehensweise auszeichnen, die für eine systematische und standardisierte Projektplanung geradezu prädestiniert ist. Zumeist beginnen sie mit einer umfangreichen und detaillierten Datenerhebungs- und Analysephase des Ist-Zustandes. Auf dieser Basis wird dann – oft unter

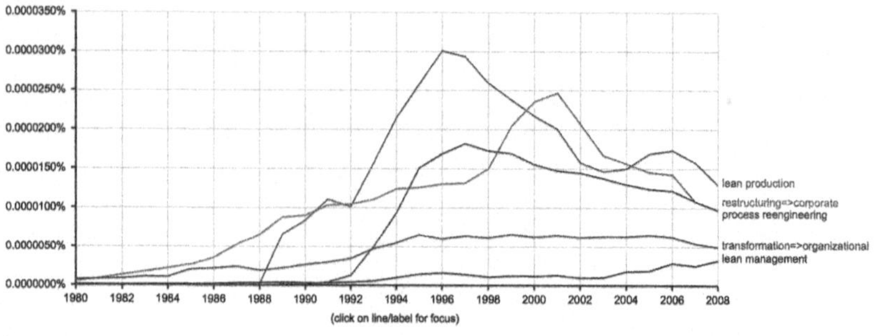

Abb. 3.5 Häufigkeitsvergleich der Begriffe Restrukturierung und Organisationstransformation in Englischer Literatur. (Auswertung mit Google Books Ngram Viewer)

Zuhilfenahme externer Referenzwerte oder zuvor bereits festgelegter Zielvorgaben – ein auf die Einzelprozesse oder Organisationsbereiche heruntergebrochener zukünftiger Zielzustand planerisch festgelegt. Zur Erreichung dieser Zielwerte werden dann entsprechende Maßnahmenplanungen erstellt, die – häufig mit externer Unterstützung – schließlich in der Organisation systematisch ausgerollt werden.

Gegenüber organisatorischen Transformationsprozessen unterscheiden sich solche Restrukturierungsprojekte dabei durch drei Faktoren, die stark mit dem ihnen zugrunde liegenden Menschenbild des Mitarbeiters zusammenhängen.

Zunächst gehen sie von der Annahme aus, dass Organisationen grundsätzlich zu Stagnation neigen und daher jede Art von Veränderung von außen beziehungsweise „von oben" gegen diese „Massenträgheit" erzwungen werden muss. Dies führt dazu, dass die „richtige" zukünftige Strategie und die entsprechenden hierfür notwendigen Maßnahmen zunächst extern konzipiert werden und dann mit entsprechendem Management-Aufwand versucht wird, diese konsequent im Unternehmen umzusetzen.

Da diese Maßnahmenpakete dabei allerdings mangels frühzeitiger Einbindung der Betroffenen in der Organisation selten auf rückhaltloses Verständnis stoßen, müssen solche „von außen" initiierten Change-Projekte häufig einen Großteil ihrer Leitungsenergie darauf verwenden, Widerstände in der Organisation zu überwinden. Dies wird mit steigender Unternehmensgröße immer herausfordernder. Zusätzlich verstärkt wird diese Herausforderung durch die bereits in Abschn. 2.3 beschriebenen demotivierenden Nebenwirkungen, die auch ohne explizit angekündigten Mitarbeiterabbau bei typischen Restrukturierungsprojekten zumindest in abgeschwächter Form wirksam werden. Hierdurch geraten solche Projekte mit zunehmender „Eindringtiefe“ häufig trotz hoher zusätzlicher Steuerungsleistung immer mehr ins Stocken.

Weiterhin stützen sich Restrukturierungen in der Regel auf dem klassischen betriebswirtschaftlichen Menschenbild ab, nach dem Menschen von Natur aus versuchen, Arbeit zu vermeiden. Daher gehen sie davon aus, dass Mitarbeiter nicht nur finanziell motiviert werden müssen, sondern ihre Leistung auch kontinuierlich kontrolliert werden muss. Dies wird besonders während Phasen einer Veränderung unterstellt, sodass bei diesen Projekten zusätzlich ein hoher Sonderaufwand betrieben wird, um durch ein systematisches Kennzahlenberichtswesen den Fortschritt gegenüber dem ursprünglichen Plan zu verfolgen und bei jeder Abweichung frühzeitig eingreifen zu können. Welche negativen Konsequenzen auf die intrinsische Motivation eine solche Kultur der Kontrolle und des Misstrauens hat, wurde bereits ausführlich im Abschn. 2.1 erläutert. Aus diesem Grund wird häufig während Restrukturierungen aus dem ursprünglichen Vorurteil eine selbsterfüllende Prophezeiung.

Zuletzt liegt der Schwerpunkt der Maßnahmen dieser Projekte in der Regel auf der wirtschaftlichen Optimierung des *bestehenden* Portfolios an Produkten und Dienstleistungen, denn nur so kann die ursprüngliche Datenanalyse als Referenzbasis für eine spätere Erfolgsmessung herangezogen und kurzfristig finanzieller Erfolg nachgewiesen werden. Dass dies in einer Wirtschaft nicht besonders nachhaltig ist, in der der mittelfristige Erfolg immer mehr von Produkten abhängt, die „gestern“ noch gar nicht existierten, wurde bereits ausführlich im Abschn. 1.2 gezeigt.

Erfolgt weiterhin, wie häufig, die Kommunikation über ein solches Projekt überraschend für die Mitarbeiter und liegt der Schwerpunkt der Botschaft auf der Neuheit der Herangehensweise sowie der dringenden Notwendigkeit der bereits beschlossenen Maßnahmen, wird Unsicherheit, Angst und häufig eine negative Grundstimmung bereits zum Start in die Organisation induziert.

Wenn die Umsetzungsplanung dann auch noch von unternehmensfremden Teams entworfen wurde und bereits von Anfang an grundsätzlich festgelegt ist, fühlen sich die Mitarbeiter nicht einbezogen, werden verunsichert oder frustriert. Selbst wenn solche Projekte aus einer faktisch nachvollziehbaren Notwendigkeit für Veränderungen initiiert werden, führt eine solche fehlende Anbindung an die organisatorische Vergangenheit sowie der kurzfristig orientierte Projektfokus unvermeidlich dazu, dass mit zunehmendem Projektfortschritt immer mehr Widerstand in der Organisation entsteht, der diese Projekte – trotz hoher Kosten – oft mit wenig nachhaltigen Ergebnissen versickern lässt.

Da darüber hinaus die zunehmende Dynamik des wirtschaftlichen Umfeldes inzwischen immer häufiger Veränderungen erforderlich macht, werden mit diesem

Ansatz die Mitarbeiter einer emotionalen Achterbahn ausgesetzt. Viele resignieren dann und entscheiden sich dafür, sich an dem festzuhalten, was ihnen bisher vertraut war. Sie ziehen sich in „Präsenteismus" („Presenteeism") zurück, indem sie nur noch unengagiert physisch anwesend sind – bis zu dem Punkt, an dem sie sich entscheiden, die Organisation ganz zu verlassen.

Transformationsprojekte haben in diesen drei genannten Punkten einen grundsätzlich anderen Ansatz. Sie sind so konzipiert, dass sie durch frühzeitige und systematische Einbindung aller Betroffenen nicht nur das Verständnis für und die Identifikation mit den – dann in der Regel gemeinsam beschlossenen – Maßnahmen massiv steigern, sondern eine Veränderung „von innen" induzieren, die, wenn sie einmal richtig initiiert worden ist, sich selbst ganz natürlich immer weiter trägt.

Dabei versuchen sie, ein hohes Maß an intrinsischer Motivation während des Transformationsprozesses aufrecht zu erhalten, indem sie gezielt die notwendigen Veränderungen dazu nutzen, neue Möglichkeiten für persönliches Wachstum für alle Beteiligten zu eröffnen. Ziele werden aus diesem Grund auch nicht aus makroskopischen Vorgaben auf die Bereiche und Personen „herunterkaskadiert", sondern im Dialog und unter Berücksichtigung der tatsächlichen Einflussmöglichkeiten beratend vereinbart, ohne die Einzelnen zu überfordern. Erst danach werden sie zu einem ambitionierten Gesamtziel aggregiert.

Zuletzt liegt der Fokus von Transformationsprojekten auch nicht auf der Optimierung des Status quo, sondern zunächst auf der gemeinsamen Identifikation einer visionären Zukunftsvorstellung, die losgelöst von der Vergangenheit als erfolgsentscheidend von allen nachvollzogen werden kann. Auf der Basis einer hieraus ganz natürlich entstehenden kollektiven Selbstverpflichtung, diese Vision gemeinsam zu realisieren, lässt sich daher weitgehend durch Selbstkontrolle sicherstellen, dass die Ziele in bestmöglicher Zeit erreicht werden. Projektbezogene Kennzahlensysteme haben in diesem Zusammenhang lediglich einen weitgehend informativen Steuerungscharakter.

Die Vorteile dieser Herangehensweise sind offensichtlich. Zunächst ist nicht nur der Grad der Kreativität, sondern auch die Akzeptanz eines Veränderungsprozesses inklusive seiner Ziele deutlich höher, wenn durch ein hohes Maß an Einbindung die Details und Prioritäten für die Veränderungen co-kreativ entwickelt und entschieden werden. Daher ist auch die Eindringtiefe einer Transformation in Organisationen deutlich größer als bei extern initiierten Programmen, die typischerweise im Laufe des Projektes mit starkem organisatorischen Widerstand zu kämpfen haben. Weiterhin benötigt eine Transformation „von innen" in der Regel lediglich eine einmalige Startinvestition, um den Initialimpuls zu setzten, und hat die Fähigkeit, bisher ungenutzte Energiereserven in der Organisation zu wecken.

Daher ist die Energiebilanz solcher Projekte in der Regel „exotherm", das heißt, im Laufe des Projektes wird mehr Energie freigesetzt, als investiert werden muss. Zuletzt wird, wenn der Transformationsprozess von der gesamten Organisation getragen wird, die Veränderung integraler Teil ihres „genetischen Codes", was eine solche Veränderung in der Kultur nachhaltig verankert.

Auch die Einführung des GCH-Modells entwickelt ihre größte Wirksamkeit, wenn sie einer solchen Vorgehensweise folgt. Während der grundsätzliche Schwerpunkt in jeder Phase auf der Verbesserung insbesondere derjenigen 34 Faktoren liegt, die bei der Bewertung besonders niedrig abgeschnitten haben, reicht es für eine ganzheitliche Kulturveränderung nicht aus, selektiv Korrekturmaßnahmen einzuführen und davon eine natürlich entstehende Eigendynamik zu erwarten. Stattdessen empfiehlt es sich, diese Änderungen in einen generischen Transformationsprozess einzubetten, in den auch die gesamte Organisation intensiv eingebunden wird, um eine Veränderung „von innen heraus" zu initiieren.

Erst eine solche tiefe Transformation setzt das Potenzial frei, um Organisationen zu formen, die ausreichend Widerstandsfähigkeit entwickeln, um in der neuen globalen Marktdynamik in Netzwerken langfristig zu bestehen, Effizienz auch in komplexer Umgebung dank hoher Autonomie aufrechtzuerhalten sowie maximale Innovationsleistung durch kollektive Wissensnutzung und Kreativität hervorzubringen.

Der Erfolg eines solchen Transformationsprozesses wird von zwei wesentlichen Elementen bestimmt.

Zum einen müssen drei grundsätzliche Paradigmenwechsel von der Führung verinnerlicht werden, um dem Prozess die entsprechende Glaubwürdigkeit in der Organisation zu geben.

Hierzu gehört zunächst, dass das Ziel des Projektes nicht aus einer rein kurzfristigen finanziellen Optimierung des existierenden Portfolios besteht, sondern auch eine mittelfristige Perspektive für die Organisation beinhalten muss, die darauf abzielt, die organisatorische Widerstandsfähigkeit auch längerfristig für die Zukunft zu stärken. Dies hat nicht nur positive Nebeneffekte für langfristig investierende Shareholder, sondern dient insbesondere dazu, den Motiven der Leitung in der Organisation die entsprechende Glaubwürdigkeit zu verleihen, dass der Veränderungsprozess nicht in einem kurzfristigen Gewinnstreben, sondern in einem gemeinsamen Interesse für einen langfristigen Erfolg des Unternehmens verwurzelt ist.

Darüber hinaus kann sich Führung während Transformationsprozessen nicht mehr auf die gewohnte Logik hierarchischer Befehls- und Kontrollorganisationen verlassen, in denen Fortschritt kontrolliert und Engagement gegebenenfalls durch entsprechende Bonussysteme verstärkt werden kann. Anstelle dessen muss sie sich bedingungslos darauf einlassen, Vertrauen in die kreativen Fähigkeiten eines intrinsisch motivierenden Arbeitsumfeldes zu entwickeln, ohne auf die Veränderungen einen direkten steuernden Einfluss nehmen zu können.

Zuletzt wird es auch nicht mehr möglich sein, die obersten Projektziele detailliert herunterzubrechen und ihre Zielerreichung im Detail zu planen und kontinuierlich zu überwachen. Während auch für ein Transformationsprojekt eine Planung und Koordination notwendig ist, dient diese im Wesentlichen dazu, die Konsistenz der Maßnahmen und die Abstimmung der Aktionen untereinander sicherzustellen und einen optimierten Lernprozess zu unterstützen. Die eigentliche Initiierung und Ausführung von Maßnahmen erfolgt jedoch autonom aus der Organisation selbst heraus, um der Entfaltung der inneren Leidenschaft für die Herausforderung den notwendigen kreativen Raum zu lassen. Daher folgt eine Programmplanung dem Reifegrad der Veränderungen, passt sich laufend an und stellt lediglich sicher, dass keine Hindernisse oder nicht abgestimmte Prioritätsänderungen den Fortschritt behindern.

Zum anderen ist es für einen solchen Prozess, der eine tiefe und nachhaltige kulturelle Veränderung initiieren soll, förderlich, wenn er sich nicht an der bestehenden organisatorischen Struktur orientiert, sondern in seiner „Dramaturgie" auch einem organischen Drehbuch folgt. Die Erfahrung hat gezeigt, dass man sich hierfür idealerweise an den einzelnen Phasen der „Heldenreise" orientiert, einer gemeinsamen Grundstruktur, die Joseph Campbell in der Mitte des letzten Jahrhunderts in der Mehrzahl der Mythen und spirituellen Offenbarungen identifiziert hat (Campbell 1949).

▶ *Transformationsprozesse unterscheiden sich grundsätzlich von allen Formen des Business Reengineerings, da sie auf eine Veränderung „von innen" abzielen, die am effizientesten den Phasen der „Heldenreise" folgt.*

Für den Transformationsprozess zur Einführung des „Gross Corporate Happiness"-Modells in Organisationen übersetzt sich dies in fünf Prozessphasen, die in den folgenden Abschnitten noch im Detail erläutert werden:

- **Phase 1 „Finding the Soul" (Identifikation der „Unternehmensseele"):** Der Kern der unternehmerischen Tätigkeit wird durch die Identifikation ihrer einzigartigen Mission, des sich aus dem Engagement ergebenden Menschenbildes und der ethischen Werte der Organisation explizit gemacht. Sie verkörpert auch die Anbindung an den „höheren" gesellschaftlichen Kontext und ist das zeitlose, verbindende Element zwischen der Vergangenheit und der gemeinsam angestrebten Zukunft (siehe auch das Abschn. 2.2.3.3)

- **Phase 2 „Creating a Movement" (Initiierung einer kollektiven Bewegung):** Durch die Verlagerung der Wertschätzung von Wissen und Können von einem individuellen auf einen co-kreativen Schwerpunkt wird das Streben nach Kompetenz von einem Ego-Fokus kollektiv auf einen WE-Fokus verschoben.
- **Phase 3 „Shift from Control to Trust" (Verschiebung von Kontrolle zu Vertrauen):** Durch Förderung von individueller Autonomie und Bezogenheit öffnet sich der organisatorische Raum von reiner Kompetenzentwicklung auch für persönliches Wachstum.
- **Phase 4 „Transforming Companies into Communities" (Transformation des Unternehmens in eine Gemeinschaft):** Durch Anhebung des Bewusstseins für Bezogenheit und Autonomie von einem selbst zentrierten Fokus auf einen kollektiven Fokus kann das individuelle Wachstum zu gesamtorganisatorischen Kompetenzen expandieren.
- **Phase 5 „Focus Energy" (Bündelung der Energie):** Durch Überführung des Transformationsprojektes in einen weitgehend autonomen zyklischen Ablauf werden die einzelnen Phasen der „Heldenreise" in einen kontinuierlichen Evolutionsprozess übergeleitet.

Wie Tab. 3.1 zeigt, beinhaltet jede der Phasen 1 bis 4 dieser „Heldenreise" einen organisatorischen Entwicklungsschwerpunkt in spezifischen Elementen des neunteiligen GCH-Modells, während die fünfte Phase dazu dient, die gemeinsam entwickelten neuen Kulturelemente nachhaltig in den „genetischen Code" der Organisation zu integrieren.

Durch diese Überlagerung von konkreten Veränderungsmaßnahmen in den für intrinsische Motivation essenziellen neun Bereichen des Arbeitskontextes mit einem geleiteten Transformationsprozess wird sichergestellt, dass die kulturelle Veränderung kontrolliert einem dialektischen Prozess folgt und die Organisation von dem bisher „bekannten" Arbeitsumfeld über etwas Neues und „Unbekanntes" wieder zurück zu einer höher entwickelten Qualität des „Bekannten" geführt wird, in der dann allerdings die neuen Erfahrungen vollständig integriert und nachhaltig verankert sind.

Durch einen kontinuierlichen internen Austausch während jeder Phase unterstützt dieser Prozess zugleich ein breites organisatorisches Lernen, sodass synchron mit der Veränderung auch die interne Kompetenz der gesamten Organisation mitwächst.

Tab. 3.1 Übersicht der Phasen eines GCH-Transformationsprozesses als „Heldenreise“

GCH-Phase	Beschreibung	GCH-Hauptelemente	Ziel der Transformation
A. Aufbruch			
1. **„Finding the Soul“** (Identifikation der Unternehmensseele)	Identifikation der einzigartigen Mission, Vision und der Werte der Organisation und Verknüpfung der Vergangenheit mit einer gewünschten, sinnstiftenden Zukunft	***Unternehmensseele*** *(siehe Abschn. 2.2.3.3)*	*Transzendierung des bisherigen Wissens über Wirtschaft und Entdeckung neuer zukünftiger Möglichkeiten*
2. **„Creating a Movement“** (Initiierung einer Bewegung)	Verschiebung der Wertschätzung für Wissen und Können vom individuellen auf einen co-kreativen Level	***Positive Anerkennung*** *(siehe Abschn. 2.2.3.1)*	*Ausbau der Führungskompetenzen*
		Lernende Organisation *(siehe Abschn. 2.2.3.2)*	*Von „Ich weiß“ zu „Wir wollen wissen“*
B. Initiation			
3. **„Shift from Control to Trust“** (Verschiebung von Kontrolle zu Vertrauen)	Erweiterung des organisatorischen Raumes von reiner Kompetenzentwicklung auf persönliches Wachstum	***Ausgewogene Lebenszeit*** *(siehe Abschn. 2.2.5.1)*	*Autonomie durch Ausgewogenheit der Lebensbereiche*
		Ganzheitliche Fürsorge *(siehe Abschn. 2.2.4.1)*	*Bezogenheit durch unternehmerische Fürsorge*

(Fortsetzung)

Tab. 3.1 (Fortsetzung)

GCH-Phase	Beschreibung	GCH-Hauptelemente	Ziel der Transformation
4. **„Transforming Companies into Communities“** (Transformation des Unternehmens in eine Gemeinschaft)	Anhebung des Bewusstseins für Bezogenheit und Autonomie von ICH- auf WE-Fokus	***Psychisches Wohlbefinden*** *(siehe Abschn. 2.2.5.2)*	*Wachsendes Engagement mit verbesserten Arbeitsbedingungen*
		Verantwortliche Unternehmensführung *(siehe Abschn. 2.2.5.3)*	*Vertiefung des Vertrauens in eine authentische Führung*
		Kollaborative Agilität *(siehe Abschn. 2.2.4.2)*	*Ausbau des sozialen Kapitals durch Zusammenwachsen aller*
		Strategische Nachhaltigkeit *(siehe Abschn. 2.2.4.3)*	*Harmonisierung von Unternehmenserfolg mit öko-sozialer Nachhaltigkeit*
C. Rückkehr			
5. **„Focus Energy“** (Fokussierung der Energie)	Konsolidierung der einzelnen Teile der „Transformationsreise“ zu einem kontinuierlichen Evolutionsprozess	***Vollständige GCH-Implementierung***	*Vollständige Verinnerlichung des Transformationsprozesses in die organisatorische Realität und Entwicklung*

3.4.1 Phase 1: Finding the Soul

Das Ziel dieser Initiationsphase des Transformationsprozesses ist die explizite Herausarbeitung der „Unternehmensseele", damit diese für die Organisation eine Quelle der Identifikation und Orientierung werden und als zeitlose Referenz für die Zukunftsentwicklung dienen kann.

Eine solche „Unternehmensseele" (siehe Abschn. 2.2.3.3 für Details) verleiht einer ansonsten formalen Organisationsstruktur ein aktives Eigenleben. Während die meisten Unternehmen sich ihrer nicht bewusst sind und sich daher auf ihre unmittelbaren strategischen Ziele und auf strukturelle Organisationselemente abstützen, kann die „Seele" eines Unternehmens zur eigentlichen Antriebskraft für die Organisation werden, wenn sie einmal klar identifiziert worden ist. Ihre zeitlosen „anatomischen" Elemente sind ein über die organisatorischen Interessen hinausgehender höherer Sinn, ein gemeinsamer motivatorischer Antrieb und geteilte Wertvorstellungen. Aus diesen drei Elementen können dann die notwendigen Kernkompetenzen und entsprechende Handlungsstrategien abgeleitet werden, die sich dynamisch der jeweiligen unternehmerischen Situation anpassen.

Im Gegensatz zu klassischen Vision-Statements, die in der Regel den Schwerpunkt auf die zukünftige Neuausrichtung legen, führt der Prozess der Identifikation der Unternehmensseele nicht nur zu einer Anbindung an das nächstkomplexere System, sondern schafft gleichzeitig eine Verbindung zwischen der historischen Vergangenheit der Organisation, ihrem aktuellen, teilweise noch ungenutzten Potenzial und einer auf die Zukunft ausgerichteten Sinnhaftigkeit, die rein unternehmensbezogene Interessen transzendiert.

Hierdurch wird eine ansonsten häufig als disruptiv empfundene neue Unternehmensstrategie in einen kontinuierlichen Evolutionsprozess eingebettet, der die emotionalen „Zentrifugalkräfte", denen Organisationen bei Veränderungsprojekten häufig ausgesetzt sind, auf ein erträgliches Niveau reduziert.

Unterstützt durch eine natürlich emergierende Selbstverpflichtung zu einem gemeinsamen Wertesystem verändert sich gleichzeitig die organisatorische Mentalität von einem problemfokussierten, fremdgesteuerten passiven Hinnehmen von Veränderungen zu einer Identifikation mit einem Transformationsprozess, der aktiv mitgestaltet werden kann, vergangenen Erfolgen Respekt zollt und auch eine zukünftige, herausfordernde Vision erreichbar erscheinen lässt.

Während das detaillierte Design dieser ersten Phase von der Größe der Organisation abhängt, sollte sie fünf elementare Schritte enthalten, in die idealerweise alle oder zumindest eine repräsentative Mehrheit der Mitarbeiter eingebunden werden.

Zunächst ist es notwendig, ein kollektives Bewusstsein für die Dynamik der externen wirtschaftlichen Rahmenbedingungen und die daraus folgende Notwendigkeit von Veränderung zu schaffen. Dies wird am ehesten dadurch erreicht, dass die aktuelle Unternehmenssituation transparent offengelegt und ein Dialog initiiert wird, der erlaubt, diesen Status quo im Kontext der globalen Megatrends gemeinsam zu reflektieren. Die Herausforderung ist hierbei, durch authentische Offenheit ein gemeinsames Verständnis zu entwickeln, ohne unnötige Angst vor der Zukunft zu schüren. Das im Abschn. 1.2 vorgestellte Analyseverfahren für die Robustheit des aktuellen Geschäftsmodells ist ein mögliches Element in diesem Schritt.

Aus diesem Kontext heraus kann eine kollektive Vereinbarung über den zeitlosen Sinn und Zweck der Organisation entwickelt werden. Während die grundsätzliche Frage nach dem „Warum?" („Why?") eines Unternehmens bisher häufig von der Führung alleine entschieden wird und dabei primär die Interessen der Shareholders im Fokus stehen, ist es für eine nachhaltig inspirierende Mission essenziell, dass sie gemeinsam erarbeitet wird und im Kontext der aktuellen Gesellschaft für alle nicht nur nachvollziehbar, sondern auch sinnstiftend ist. Nur hierdurch entsteht in der Organisation Raum für das von Viktor Frankl beschriebene ureigene menschliche Bedürfnis nach Sinn – über das Eigeninteresse hinaus – und jeder Mitarbeiter erhält die Möglichkeit, seinen persönlichen Beitrag zu dieser gemeinsamen Unternehmung in seiner täglichen Arbeit wiederzufinden.

Damit sich das natürliche Streben nach kontinuierlichem Kompetenzwachstum innerhalb der Organisation entfaltet, ist es allerdings gleichzeitig notwendig, durch die Wertschätzung bisheriger Leistungen und Fähigkeiten die Anbindung des Einzelnen an die zukünftige Entwicklung aufrechtzuerhalten. Daher muss die gemeinsame Vergangenheit als essenzielles Fundament für eine Transformation anerkannt werden, um zu einer natürlichen Weiterentwicklung in die Zukunft zu motivieren.

Nach Abschluss dieses ersten Erkenntnisprozesses lassen sich die charakteristischen Werte der Organisation aus der Retrospektive von historischen Erfolgen, herausragenden Initiativen und beispielhaftem Verhalten in der Vergangenheit auf dem Weg zu dieser Mission herausdestillieren. Während sie grundsätzlich die Einzigartigkeit des Unternehmens widerspiegeln sollten, können sie in begrenztem Umfang auch durch normative Werte ergänzt werden, sofern diese nicht mit bereits bestehenden organisatorischen Werten in Konflikt stehen und darüber hinaus eine kollektive Zustimmung finden.

Abschließend sollten auf dieser Basis repräsentative Verhaltensweisen, Grundeinstellungen und Kommunikationsregeln abgeleitet und gemeinsam vereinbart werden, damit diese die Identität der Organisation verstärken, indem sie die

Grundlage für jegliches unternehmerische Kommunikationsverhalten – intern, sowie extern – bilden.

Grundsätzlich ist es entscheidend, dass dieser Prozess zu einer expliziten Definition der fünf Elemente der Unternehmensseele führt, die einzigartig, präzise und konsistent ist, um der gesamten Organisation eine Identifikation mit ihnen zu ermöglichen. Hierzu gehören der höhere Daseinszweck des Unternehmens, der gemeinsame Handlungsantrieb der Organisation, ihre ethischen Werte, die wesentlichen hierfür erforderlichen Kapazitäten sowie die primären Handlungsstrategien. Während die ersten drei Elemente zeitlos sind, repräsentieren die letzten beiden ihre dynamische Anbindung an die aktuelle Realität.

Der Daseinszweck der Organisation ist eine Aufgabe, die die eigenen organisatorischen Interessen transzendiert und die unternehmerische Tätigkeit mit einer „höheren" Bestimmung verknüpft. Durch die Einbindung in das nächsthöhere Komplexitätssystem wird die organisatorische Mission mit den gesellschaftlichen Bedürfnissen harmonisiert und ökologische Belange können ebenfalls widerspruchsfrei integriert werden. Nur aus einer solchen Verbindung heraus kann sich Motivation zu sinnstiftenden Handlungen authentisch entwickeln.

Der hieraus entstehende persönliche Antrieb setzt zusätzliche organisatorische Energiereserven frei, da alle Organisationsmitglieder ihre Arbeit nicht mehr nur als unvermeidliche Notwendigkeit zur Erwirtschaftung ihrer eigenen Lebensgrundlage verstehen, sondern ihre Tätigkeit gleichzeitig einen gesellschaftlichen Sinn erfüllt, für den sie bereit sind, sich auch mit persönlicher Leidenschaft einzusetzen. Gerade dieser Antrieb ist eine der wichtigsten Quellen für Teamarbeit und bestimmt darüber hinaus das Menschenbild, auf dem die Organisation aufbauen kann.

Die organisatorischen Werte sind die tragenden Säulen der Gemeinschaft und zugleich – explizit oder implizit – das Fundament für alle ihre Handlungen, Grundeinstellungen und Entscheidungen. Durch ein tiefes und authentisches Verständnis für die gemeinsamen Grundwerte wird den zwischenmenschlichen Beziehungen auf allen organisatorischen Ebenen ein verlässlicher Rahmen gegeben. Gleichzeitig prägen sie den Charakter der Organisation und bestimmen ihren internen Zusammenhalt, indem sie Menschen miteinander durch etwas verbinden, was für sie eine essenzielle Wichtigkeit im sozialen Kontakt darstellt.

Kapazitäten sind die Kompetenzen und Fähigkeiten, Einstellungen, Verhaltensweisen, Einsichten und Wissen, die notwendig sind, um die abstrakte Mission der Unternehmensseele in Realität umzuwandeln. Sie können sich bestmöglich entwickeln, wenn die Organisation Randbedingungen schafft, um einen gerichteten kontinuierlichen Entwicklungsprozess zu initiieren, der die Mitarbeiter befähigt, die Werte und die Mission des Unternehmens systematisch in wirtschaftliche

Handlungen, Produkte und Dienstleistungen zu übertragen. Dieser Prozess ist dynamisch, da mit zunehmender Erfahrung und veränderten Umfeldbedingungen immer tiefere Einsichten aus der aktuellen Realität über die notwendigen Fähigkeiten für eine zukünftig noch erfolgreichere Umsetzung der Mission möglich werden. Alte Kapazitäten müssen dann gegebenenfalls verworfen und neue identifiziert werden.

Zuletzt sind Handlungsstrategien diejenigen Produkte und Dienstleistungen, die sich aus der Mission, dem Antrieb und den Werten ergeben. Nur durch Handlungen erhält die „Unternehmensseele" eine Wirkung, deren Wertschätzung durch eine global vernetzte Welt in dem Maße steigt, wie sie mit ihr synchronisiert ist. Diese Produkte und Dienstleistungen sind einem ständigen Wandel unterworfen, entweder als qualitative Verbesserung des Bisherigen oder als komplett neue Lösung zu dem bisher Bekannten.

Eine Unternehmensseele ist somit ein gemeinsames konzeptionelles Verständnis darüber, was alle Mitglieder der Gemeinschaft miteinander teilen, und bildet den zeitlosen Boden, von dem aus jeder Einzelne, jedes Team sowie die gesamte Organisation diejenigen Kapazitäten mit hoher Autonomie entwickeln kann, die ihre Mission in eine Realität überführt.

Abhängig von der Größe und Komplexität der Organisation kann diese erste Phase der Unternehmenstransformation nach ihrem Abschluss in kreative Workshops übergeleitet werden, um in den unterschiedlichen Unternehmensbereichen den noch weitgehend abstrakten Inhalt der Unternehmensseele in noch spezifischere Maßnahmen und Befähigungen zu übersetzen. Hierbei ist allerdings weniger die Anzahl der Initiativen als ihre Kontinuität über die Zeit entscheidend.

Gleichzeitig kann auf dieser Grundlage die Entwicklung neuer strategischer Geschäftsfelder aufbauen, wie dies für die Unternehmensplanung im Detail im Abschn. 1.2 bereits beschrieben wurde.

3.4.2 Phase 2: Creating a Movement

Während Arbeit traditionell eine Handelsbeziehung zwischen einem Individuum und einer Organisation repräsentiert, bei der individuelle Kompetenz gegen monetäre Entlohnung eingetauscht wird, erfordert Innovation in komplexen Systemen ein breites Spektrum an Wissen und Fähigkeiten, das idealerweise kollektiven Kreativitätsprozessen entspringt.

Diese zweite Phase des Transformationsprozesses zielt daher primär darauf ab, die organisatorische Wertschätzung für Kompetenz von einem individuellen auf das Niveau eines kollektiven Wissensverständnisses anzuheben, damit auf dieser Grundlage eine aktive Kultur der Co-Kreativität entstehen kann.

Eine solche Verlagerung wird durch drei Schlüsselelemente ermöglicht, die jeweils auf der entsprechenden organisatorischen Abstraktionsebene wirksam werden müssen.

Zunächst muss auf Team-Ebene eine Veränderung der Grundhaltung initiiert werden, damit sich ein Verständnis für die Überlegenheit von kollektivem Lernen gegenüber individueller Wissensaneignung entwickeln kann. Weiterhin muss auf institutioneller Ebene ein sicherer Rahmen in Form einer Gemeinschaftskultur geschaffen werden, der eine offene Wissensteilung unterstützt. Diese beiden Prozesse müssen zusätzlich durch eine Ausweitung der Feedbackkultur von einem rein monetären Kompensationssystems zu einem ganzheitlichen System der Anerkennung unterstützt werden.

Die notwendigen Veränderungen in dieser Phase betreffen insofern im Wesentlichen die GCH-Faktoren der „Lernenden Organisation“ (siehe Abschn. 2.2.3.2 für Details) sowie der „Positiven Anerkennung“ (siehe auch Abschn. 2.2.3.1 für weitere Details).

Während der Wert von individuellem Wissen bisher als elementares persönliches Kapital angesehen wurde, erodiert dieses in einer dynamischen Wissensindustrie immer schneller, wenn es nicht immer wieder durch aktives Lernen weiterentwickelt wird. Außerhalb von transaktionalen Tätigkeiten ist ein solcher Lernprozess allerdings kaum standardisierbar, sondern entsteht insbesondere durch geteilte Erfahrung und Reflexion idealerweise in einem kollektiven Kontext. Die Anerkennung dieser Realität durch die Mitarbeiter sowie die Existenz eines sicheren Raumes, innerhalb dem sich ein solcher Lernprozess entfalten kann, sind daher die Basis, damit der individuelle Kompetenzfokus in einen co-kreativen Prozess übergehen kann – eine der wesentlichen Voraussetzungen für eine effektive Innovationsleistung.

Richtet sich ein solches kollektives Streben nach Kompetenzentwicklung an der Unternehmensseele aus, die bereits während der ersten Phase identifiziert wurde, ist gleichzeitig sichergestellt, dass sich ein solcher dynamischer Lernprozess ebenso wie die sich dabei entfaltende Kreativität nicht willkürlich entwickeln, sondern auf einen gemeinsamen strategischen Fokus ausgerichtet bleiben. Indem der persönliche Beitrag im Kontext eines höheren Sinnes gesehen werden kann, mit dem sich jeder Mitarbeiter identifiziert, während er mit der Gesamtmission der Unternehmung verwurzelt bleibt, entfaltet sich eine solche Kompetenzentwicklung ganz natürlich aus einem inneren Bedürfnis heraus.

Einer der wirkungsvollsten Wege, um ein solches Kontinuum der co-kreativen Innovation in der Praxis systematisch aufzubauen, ist die Initiierung einer in Häufigkeit und Umfang allmählich immer weiter wachsenden Kaskade von Innovationsinitiativen. Während ihr Fokusbereich, ihre Komplexität sowie ihre Teilnehmer variieren können, sollte sie sich in ihrer Struktur auch in traditionellen Unternehmen an die bisher hauptsächlich aus der digitalen Szene bekannten „Hackathons“ anlehnen, da hierbei die kollektive Kreativität sowie eine hohe Autonomie in Verbindung mit einer zügigen Umsetzung im Vordergrund stehen.

In ihrer unternehmerischen Variante werden in einem moderierten Prozess von mehreren crossfunktionalen Teams innerhalb von ein bis zwei Tagen konzentriert mögliche innovative Lösungskonzepte für zuvor festgelegte „Challenge-Statements“ konzipiert, die entscheidende Veränderungen an neuralgischen Punkten des Gesamtsystems oder in spezifischen Bereichen initiieren können. Wesentlich für Kreativität ist dabei die Vielfalt innerhalb der Teams, die auch Lieferanten oder Repräsentanten von Kunden einschließen oder sogar offen für öffentliche Teilnehmer sein können.

Ein Gremium aus Führungskräften, Experten und Stakeholdern des jeweiligen Bereiches trifft dann unmittelbar eine Entscheidung darüber, welche Ideen weiterverfolgt werden sollen. Dies beinhaltet automatisch die Genehmigung für das Team, über einen zuvor festgelegten Zeitraum einer Inkubationsphase an der Validierung seiner Idee weiterzuarbeiten, während die Teammitglieder von allen anderen Aufgaben im Unternehmen freigestellt werden.

Nach Abschluss des Inkubationsprozesses wird das finale Konzept der Unternehmensleitung präsentiert, um eine Genehmigung für die notwendigen Investitionen zu erhalten. Um die Wichtigkeit sowie die Systematik dieses Prozesses zum Ausdruck zu bringen, sollten solche Termine, die Präsentationen aus unterschiedlichen Challenge-Statements beinhalten können, regelmäßig zu fixen Zeitpunkten stattfinden.

Sobald eine positive Investitionsentscheidung getroffen ist, leitet das Team die Umsetzung des Konzeptes und sichert die vollständige Übergabe in die verantwortliche Organisation ab. Dabei wird es idealerweise durch ein leitendes Mitglied des Gremiums als Sponsor unterstützt.

Jeder Bewertungsprozess sollte allerdings nicht nur die wirtschaftliche Beurteilung der Lösung in den Vordergrund stellen, sondern gleichzeitig durch eine Kultur der Anerkennung und des Lobes die Teamleistungen und ihre innovative und kollaborative Suche nach Lösungen honorieren.

Um eine solche Form der offenen Wissensteilung in einem kollektiven Raum zu ermöglichen, ist eine grundsätzliche Verschiebung des Konzeptes von persönlicher Kompetenz notwendig. Denn sie basiert auf dem Prinzip, ein bisher erfolgsentscheidendes individuelles Kapital – Wissen – mit der Organisation offen zu teilen, ohne dafür unmittelbar etwas zurück zu erhalten. Anders als dies bisher in

Arbeitsbeziehungen üblich ist, kann eine „Kapitalrückzahlung“, wenn überhaupt, erst zu einem deutlich späteren Zeitpunkt von der Gemeinschaft erwartet werden.

Für eine solch fundamentale Veränderung in der Beziehung muss das Unternehmen einen sicheren Raum repräsentieren, damit die Mitarbeiter einem solchen Prozess der Kooperation und Co-Kreation vertrauen können. Daher müssen die Innovationsprojekte durch flankierende Maßnahmen innerhalb der gesamten Organisation begleitet werden, die die wesentlichen Faktoren der GCH-Elemente „Lernende Organisation“ sowie „Positive Anerkennung“ kollektiv auf ein adäquates Niveau anheben.

Dies beinhaltet unter anderem

- eine Überprüfung und möglicherweise Überarbeitung des Gehaltssystems bezüglich seiner Struktur sowie der wahrgenommenen Gerechtigkeit,
- wo erforderlich zusätzliche Vereinbarungen zur Erhöhung der Sicherheit des Arbeitsplatzes, aber auch Maßnahmen zur Verbesserung des Arbeitsplatzlayouts,
- eine offene und positive Feedbackkultur, die auch die Identifikation und Verfolgung der persönlichen Ziele mit beinhaltet,
- die Ausweitung von internen Lernmöglichkeiten durch kollektive Problemlösung in funktionsübergreifenden Teams,
- Trainings zur Verbesserung des Verständnisses von größeren Systemzusammenhängen,
- eine regelmäßige Infragestellung der organisatorischen, oft versteckten mentalen Modelle.

Ist die Unternehmensseele vollständig internalisiert (Phase 1) und die Wertschätzung für Kompetenz in der gesamten Organisation auf diese Weise auf eine kollektive Ebene angehoben worden (Phase 2), kann sich eine ursprünglich rein individuelle Aufgabenmotivation schrittweise in ein kollektive Bewegung transformieren, in der sich dann co-kreative Innovation unternehmensweit entfaltet.

3.4.3 Phase 3: Shift from Control to Trust

Während ein solches kollektives „Movement“ die Innovationsleistung der Organisation bereits deutlich steigert, ist das Verständnis für den individuellen sowie den kollektiven Beitrag zum organisatorischen Erfolg bisher noch weitgehend auf die Entwicklung von fachlichen Kompetenzen beschränkt. In der nun folgenden dritten Phase des Transformationsprozesses wird die Arbeitsumgebung zu einem

Raum nicht nur für aufgabenspezifische Kompetenzentwicklung, sondern auch für individuelle persönliche Weiterentwicklung erweitert.

Da die psychologische Forschung gezeigt hat, dass persönliches Wachstum in einer wechselnden Pendelbewegung zwischen den beiden scheinbar konkurrierenden Faktoren Autonomie und Bezogenheit entsteht, konzentriert sich diese Phase darauf, Prototypen für organisatorische Effizienz und erfolgreiche Interaktion in Netzwerken zu initiieren, bei denen die Mitarbeiter mit einer deutlich gesteigerten Entscheidungsfreiheit ausgestattet werden und in denen gleichzeitig der Schwerpunkt der Unterstützung durch die Leitung auf die Förderung der Entwicklung von sozialem Kapital gelegt wird.

Die Voraussetzung für diese Veränderung ist zunächst das Ersetzen einer auf Kontrolle basierenden Führungskultur durch eine Kultur des Vertrauens. Wie bereits ausführlich im Abschn. 2.4 erläutert, kann nur auf dieser Basis gesteigerte Autonomie vom Mitarbeiter positiv angenommen werden, die sich dann in verantwortlichen Initiativen manifestiert. Was jedoch vordergründig leicht umsetzbar klingt, repräsentiert eine große Herausforderung für die meisten traditionellen Führungsstrukturen.

Denn Vertrauen in hierarchischen Beziehungen entsteht nur, wenn die höhere Autorität diesen Prozess zunächst initiiert, indem sie einen *uneingeschränkten* Vertrauenskredit ihren Mitarbeitern gewährt. Eine solche proaktive Veränderung in der Beziehung zueinander benötigt hoch entwickelte Führungsqualitäten von der Leitung in Bezug auf ihre unternehmerische Urteilsfähigkeit, da in diesem Prozess in der Regel die unternehmerische Verantwortung nicht in gleichem Ausmaß wie Autonomie delegiert werden kann. Daher sollte diese Phase auch in Form von pilotartigen Prototypen konzipiert werden, die es erlauben, eine solche grundsätzlich veränderte neue Unternehmenskultur zunächst in einer kontrollierten Umgebung zu entwickeln, bevor sie flächendeckend ausgerollt wird.

Hierfür identifiziert man zunächst Organisationseinheiten für spezifische Aufgaben oder Funktionen, die von einer traditionellen Linienorganisation in den Status weitgehend autonomer Zellen „umgeschaltet“ werden. Auf der Basis eines zuvor gemeinsam festgelegten Satzes an Schlüsselkennzahlen wird dann weitgehende Entscheidungsautonomie gewährt und gleichzeitig jede Form der Management-Begleitung auf ein monatliches Review des Fortschrittes reduziert.

Entscheidend für diese Pilotprojekte ist eine ausgewogene Priorisierung zwischen dem Fokus auf die Verbesserung der Unternehmensleistung und den Bedürfnissen für den Aufbau einer gesunden Teamkultur zwischen den Mitarbeitern. Daher sollte jede Besprechung auch einen offenen Austausch darüber enthalten, was gelernt wurde, und Raum für eine Diskussion darüber anbieten, welche zusätzliche Unterstützung hilfreich sein könnte.

Nach und nach kann die Zahl dieser Projekte innerhalb der gesamten Organisation vervielfacht und organisatorisch mit einer verbleibenden, deutlich abgespeckten hierarchischen Grundstruktur an Unterstützungsfunktionen in ihrem Kern verbunden werden, sodass sich ihr kultureller Einfluss ausbreiten kann. Dieser Prozessschritt ähnelt dem Übergang, wie er bereits im vorherigen Abschn. 3.3 über eine „Agile Unternehmenskultur" beschrieben wurde.

Bei der Einführung dieser Projekte wird es die größte Herausforderung für die Führung sein, auf die Entfaltung der positiven Effekte zu vertrauen, ohne in den Prozess einzugreifen. Während diese Veränderung unmittelbar freie Managementkapazitäten durch die Reduzierung des Kontrollaufwandes schafft und mehr Raum gibt, um sich auf eine strategische Führungsrolle zu konzentrieren, ist es schwierig, im Vorhinein den Umfang und Zeitpunkt der Effizienzsteigerung und des sichtbaren Erfolges genau vorherzusagen. Auch wird es ungewohnt sein, sich mit jedem Versuch der Zuweisung von Erfolg zu Einzelleistungen zurückzuhalten, wenn man bisher eine kausale Logik zwischen individueller Handlungsursache und den wirtschaftlichen Effekten gewohnt ist.

Allerdings würde jede Management-Intervention sofort den virtuellen Treuhandvertrag mit dem Team aufkündigen und die Entwicklung des persönlichen Wachstums innerhalb des neuen autonomen Raumes untergraben. Nur durch eine ausgewogene Kombination von Autonomie und Verbundenheit in einem gesicherten Raum kann sich das persönliche Wachstum frei entwickeln und einen kontinuierlichen Prozess innerhalb der Organisation initiieren, in dem Verantwortung durch Delegation nicht aufoktroyiert werden *muss,* sondern dies in Anerkenntnis der eigenen Fähigkeiten und einer Kultur der gegenseitigen Unterstützung aktiv von den Mitarbeitern angestrebt wird. Mit zunehmender Anzahl der Projekte und steigendem persönlichen Engagement kann so flächendeckend eine aktive Agile Unternehmerkultur in der Organisation entstehen.

Um die Pilotprojekte in den ganzheitlichen kulturellen Transformationsprozess einzubetten, sollte diese dritte Phase schwerpunktmäßig in eine generelle Verbesserung der Schlüsselfaktoren für die beiden GCH-Elemente „Ganzheitliche Fürsorge" (siehe Abschn. 2.2.4.1 für weiterführende Informationen) sowie „Ausgewogene Lebenszeit" (siehe auch Abschn. 2.2.5.1 für weitere Details) für die gesamte Organisation eingebettet werden.

Dies umfasst zum einen ein nachhaltig konzipiertes Programm, um alle Aspekte der körperlichen Gesundheit, allerdings auch der mentalen Ausgeglichenheit systematisch zu unterstützen und zusätzlich ausreichend Raum für den persönlichen Ausdruck von Spiritualität zu gewähren.

Zum anderen gehört hierzu eine verantwortungsvolle Gestaltung der Arbeitszeitmodelle und der sonstigen Randbedingungen, um Arbeit und Familie beziehungsweise das soziale Leben in Balance zu bringen und Erholungszeiten vor arbeitsbedingten Störungen beziehungsweise unverhältnismäßiger Belastung durch Arbeitsthemen zu schützen.

Durch die zunehmende Autonomie im Rahmen der gemeinsamen Mission führen diese Prototypen vor allem bei der Bearbeitung von komplexen Herausforderungen zunehmend zu gesteigerter Effizienz der Organisation. Gleichzeitig schafft die innere Erfahrung von Bezogenheit den Raum für persönliches Wachstum und führt im Team dazu, dass die Herausforderungen bei der Arbeit immer mehr mit den individuellen Präferenzen für Engagement in Einklang gebracht werden können.

3.4.4 Phase 4: Transforming Companies into Communities

In dieser vierten Phase des Transformationsprozesses wird der Raum der Bezogenheit sowie der Autonomie von einem noch weitgehend persönlichen Kontext auf ein institutionelles Niveau angehoben. Hierdurch expandiert die organisatorische Effizienz in komplexer Umgebung von einem reinen Projektstatus auf das gesamte Unternehmen. Gleichzeitig kann die ganz Gemeinschaft das Konzept der Verbundenheit in einer Form verinnerlichen, durch die die Organisation die notwendigen Fähigkeiten entwickelt, um ein attraktives Mitglied von Partnernetzwerken über die Unternehmensgrenzen hinaus und somit ein bevorzugter Mitspieler in dynamischen Märkten zu werden.

Wie bereits im Abschn. 2.1 ausgeführt wurde, ist eine der Grundvoraussetzungen, um in einer Organisation einen kollektiven Fokus entstehen zu lassen, eine Konsistenz der inneren Motive und der erlebten Realität auf der individuellen, der team- sowie der unternehmensbezogenen Kontextebene. Niemand kann ernsthaft eine teamorientierte Grundhaltung in einer Organisation erwarten, wenn die Führung gleichzeitig nach außen eine rücksichtslose Ausbeutung der Lieferanten oder maximale Ausnutzung der Kunden einfordert. Ebenso verlieren interne Fürsorgeprogramme für die Mitarbeiter massiv an Glaubwürdigkeit, wenn das Unternehmen uneingeschränkt gesellschaftliche oder ökologische Systeme gefährdet oder ausbeutet.

Um daher eine positive Kulturveränderung zu ermöglichen, müssen Supply-Chain-Strategien, unternehmerisches Netzwerkverhalten sowie die Nachhaltigkeitsstrategie des Unternehmens den gleichen Standards entsprechen, auf die die interne Kulturveränderung der gegenseitigen Bezogenheit aufbaut. Dies schließt keinesfalls einen wirtschaftlich fairen Wettbewerb aus, verbannt allerdings jede Form des unfairen Machtmissbrauches, der mangelnden Integrität oder der unverantwortlichen Ausnutzung von ungeregelten Freiheiten von der Unternehmensagenda, deren Nachteile in einer global vernetzte Wirtschaft bereits im Abschn. 1.5 ausführlich beschrieben wurden.

Die hierfür notwendige Glaubwürdigkeit kann durch ein adäquat hohes Maß an Transparenz sichergestellt werden.

Daher wird in dieser vierten Phase die authentische Identität der Organisation, deren Rahmen durch die Unternehmensseele charakterisiert wird, durch zwei zusätzliche Elemente ergänzt: zum einen ein glaubwürdiges gesamtunternehmerisches Bürgerverhalten im gesellschaftlichen Kontext zusammen mit einer Nachhaltigkeitsstrategie, die Bezogenheit über organisatorisches Eigeninteresse hinaus reflektiert; und zum anderen eine vertrauenswürdige und autonomiefördernde Unternehmensführung mit einem hohen Grad an authentischer Transparenz.

Indem die Aktivitäten des Unternehmens strategisch in ein soziales und ökologisches System eingebettet und auch im größeren ökonomischen Partnerumfeld kartografiert werden, wird ein kollektives Verständnis für Verbundenheit geschaffen. Dieses schafft den Raum dafür, dass sich jede Form von selbst fokussierter Strategie auf allen Ebenen in einen WE-Fokus transformiert. Es vermittelt jedem Einzelnen ein Verständnis für seine Handlungen in dem jeweils relevanten größeren Systemkontext und initiiert gleichzeitig eine Verschiebung der individuellen Arbeitsidentität von einem rein aufgabenbezogenen Rollenfokus hin zu einem Selbstverständnis als voll integriertes Mitglied einer Gemeinschaft, die eine gemeinsame Leidenschaft für ihre Mission teilt.

Idealerweise wird diese zunächst überwiegend konzeptionelle Arbeit dieser Phase mit allen Mitarbeitern – oder zumindest einem großen Teil der Organisation – gemeinsam erbracht. Anders als traditionelle, eher einschränkende Konzepte von sozialer Unternehmensverantwortung zielt diese Herangehensweise allerdings darauf ab, die wirtschaftlichen Interessen mit den globalen Herausforderungen so in Einklang zu bringen, dass neue Möglichkeitsräume für Innovation und Erfolg ganz natürlich entstehen. Dies geschieht am leichtesten an den Schnittstellen zwischen den organisatorischen Grenzen und dem nächsten benachbarten System – Bereiche, in denen interne Strukturen vereinfacht, aber auch extern neue Märkte geboren werden und neue Kundenattraktivität geschaffen wird.

Weiterhin muss die wachsende Kultur der Autonomie aus den Pilotprojekten der vorherigen Phase eine Heimat in einer generisch neuen Kultur der Unternehmensführung, der Entscheidungsfindung und der Führung im Allgemeinen finden.

Um Autonomie in Form eines mit Autorität ausgestatteten Elementes der Organisationsprozesse zu etablieren, müssen sowohl klassische hierarchische als auch konsensbasierte Entscheidungsmodelle kulturell transzendiert werden. In einem solchen Kontext ist ultimativ vollständige Entscheidungsautonomie der Mitarbeiter lediglich auf der Basis einer Verpflichtung zur Einholung von ausreichend Fachkompetenz aus der Gemeinschaft vorstellbar.

Gleichzeitig muss sich der Führungsfokus von richtunggebenden Anweisungen auf eine eher begleitende Mentorenrolle verschieben. Anstatt systematisch eine Vision in greifbare Ziele und individuelle Vorgaben herunterzubrechen, verschiebt sich die Rolle des Managements hin zu einem Garant für einen kollektiven Entwicklungsraum, in dem die Gemeinschaft sich aktiv und gerichtet entfalten kann. Wie bereits bei den Pilotprojekten der vorhergehenden Phase gezeigt wurde, können als Konsequenz dieser Transformation typische Managementaufgaben und kontrollierende Verwaltungstätigkeiten stark ausgedünnt werden. Sie verstärken durch entsprechende Einsparungen die spielverändernde neue Dynamik in der Organisation, mit der sie agil in Zukunft auf die Veränderungen im wirtschaftlichen Umfeld reagieren kann.

Auch diese Phase sollte durch einen systematischen Fokus auf die organisatorische Verbesserung der wesentlichen Faktoren der entsprechenden vier GCH-Elemente „Kollaborative Agilität“, „Strategische Nachhaltigkeit“, „Psychisches Wohlbefinden“ sowie „Verantwortliche Unternehmensführung“ (siehe Abschn. 2.2.4.2, 2.2.4.3, 2.2.5.2 und 2.2.5.3 für weitere Details) begleitet werden. Dies beinhaltet unter anderem

- die Entwicklung und Verfolgung einer konsistenten Nachhaltigkeitsstrategie mit einer klaren Ausrichtung auf globale Megatrends und den hieraus resultierenden Notwendigkeiten,
- eine hohe interne und externe Transparenz bezüglich der ganzheitlichen Auswirkungen des unternehmerischen Handelns,
- eine umfassende Förderung und Inklusion von Vielfalt,
- eine schlanke und serviceorientierte Administration,
- eine vertrauenswürdige Führungskultur, die durch effiziente Partizipation sowie den Ausschluss von Machtmissbrauch einen sicheren Raum bietet, um ein intensives Gemeinschaftsgefühl entstehen zu lassen, das den offenen Wissensaustausch unterstützt,
- Maßnahmen, um ein allgemeines persönliches Wohlbefinden bei hoher Bereitschaft zum Engagement zu fördern.

Wie in allen drei Phasen zuvor benötigt diese kulturelle Transformation der internen und externen Beziehungen und Verantwortungen abhängig von der Unternehmensgröße eine gewisse Zeit, um sich zu entwickeln und zu stabilisieren. Die regelmäßige Möglichkeit zur Reflexion und ein offenes Feedback durch einen transparenten kollektiven Dialog sichern dabei ihre Authentizität und Konsistenz.

Ist diese Kultur allerdings einmal fest in den „genetischen Code" der Organisation übergegangen, wird sie einen hohen Grad an Agilität selbst in den komplexesten Umfeldern erreichen, verbunden mit einer gesteigerten Ausstrahlungswirkung bezüglich ihrer Attraktivität als Business Partner in den entsprechenden Märkten.

3.4.5 Phase 5: Focus Energy

Mit Abschluss der vierten Phase hat die Organisation bereits dank kollaborativer Kreativität intensive Erfahrung mit einem Strom an neuen Innovationen gemacht, durch ein authentisches Gemeinschaftsgefühl und einen langfristigen strategischen Fokus eine gesteigerte Anziehungskraft auf Kunden und Netzwerkpartner entfaltet sowie Erfahrung mit der inspirierenden Energie von Autonomie im Gleichklang mit einer verantwortlichen Führung gesammelt.

Allerdings wurden diese Veränderungen bis zu diesem Zeitpunkt im Wesentlichen durch die Unternehmensleitung initiiert und organisiert. Das wesentliche Ziel dieser letzten Phase des Transformationsprozesses ist die vollständige Überleitung der Verantwortung für die Umsetzung des GCH-Modells auf die Organisation, damit diese Kultur in den genetischen Code des Unternehmens übergeht. Hierdurch wird abgesichert, dass dieser evolutionäre Prozess unabhängig von der Präsenz der Führung nachhaltig am Leben erhalten wird.

Daher wird der Fokus von individuellen Workshops, einzelnen Events oder Projekten auf einen voll entwickelten, kontinuierlich voranschreitenden organisatorischen Innovationsprozess verschoben. In seinem Kern besteht er aus einer immer neu zu startenden Sequenz von fünf Schritten:

1. **Anheben des Anspruches („Elevate your Soul"):** Eine gemeinsame Überprüfung und Reflexion über die Fähigkeiten und Geschäftsmodelle, die zur Umsetzung der Unternehmensmission notwendig sind, um diese in ihrer Qualität immer weiter zu entwickeln.
2. **Hinterfragen von bisherigen Annahmen („Challenge your Assumptions"):** Eine Infragestellung der bisherigen Produkte und Dienstleistungen durch die Lernende Organisation, um mögliche bessere Alternativen zu identifizieren.

3. **Neujustierung der Perspektive („Reorient Perspective“):** Überprüfung und gegebenenfalls Korrektur der Führungskultur und der Nachhaltigkeitsstrategie.
4. **Erweiterung des Bewusstseins („Expand your Consciousness“):** Verbesserung der Qualität von Anerkennung, Fürsorge und Ausgewogenheit der Lebenszeit.
5. **Fokussierung der Energie („Focus Energy“):** zusätzliche Maßnahmen, um Kollaborative Agilität und Psychisches Wohlbefinden zu verbessern.

Dieser Prozess ist so konzipiert, dass eine kontinuierliche Systemtransformation möglichst effizient sichergestellt werden kann. Um ihn unabhängig von der Führung oder wechselnden Prioritäten durch Wirtschaftszyklen zu machen, sollte er in der Organisation institutionalisiert werden und einem fixen Zeitplan folgen. Abhängig von der Größe des Unternehmens ist dies in jährlicher, zweijähriger oder mehrjähriger Frequenz sinnvoll, um sowohl eine hohe Qualität des Inhaltes als auch ausreichend Zeit für eine konsequente Umsetzung zu erlauben.

Zu Beginn eines jeden Zyklus empfiehlt es sich, eine neue (Selbst-)Bewertung der GCH-Kriterien vorzunehmen. Eine Anleitung für eine Schnell-Diagnose hierfür findet sich im Abschn. 4.1. Abhängig von der Komplexität der Organisation kann eine solche Beurteilung auf einzelne Standorte oder Organisationseinheiten heruntergebrochen werden, um die Granularität der Ergebnisse zu verbessern. Dies hilft nicht nur dabei, die spezifischen Prioritäten für Interventionen besser identifizieren zu können, sondern gibt darüber hinaus eine wirtschaftliche Auskunft darüber, inwieweit das vorhandene organisatorische Potenzial tatsächlich durch adäquate Rahmenbedingungen bereits aktiviert ist (siehe auch Abschn. 2.6 für Details).

3.5 You can get more than you measure

> „Wenn du einen Diamanten findest, der niemandem gehört, dann ist er dein. Wenn du eine Insel findest, die niemandem gehört, so ist sie dein. Wenn du als erster einen Einfall hast und du lässt ihn patentieren, so ist er dein. Und ich, ich besitze die Sterne, da niemand vor mir daran gedacht hat, sie zu besitzen.“
> „Das ist wahr“, sagte der kleine Prinz. „Und was machst du damit?“
> „Ich verwalte sie. Ich zähle sie und zähle sie wieder“, sagte der Geschäftsmann. „Das ist nicht leicht. Aber ich bin ein ernsthafter Mann.“
> (Antoine de Saint-Exupéry, „Der Kleine Prinz“)

Wie kaum ein andere Glaubenssatz gehört das unter anderem dem Management-Guru Peter Drucker zugeschriebene Mantra, dass man nicht managen kann, was man nicht messen kann, zum Grundrepertoire moderner Führungsprinzipien. Doch wie man oft bei Zitaten beobachten kann, hat auch diese Aussage eine kontextunabhängige Eigendynamik entwickelt und dient inzwischen immer häufiger als Rechtfertigung dafür, in Organisationen grundsätzlich eine allumfassende Kultur der Kontrolle zu etablieren und aufrechtzuerhalten.

Dabei stellen sich in einem dynamischen Unternehmenskontext bei näherer Betrachtung selbst unter der Annahme, dass dieser Zusammenhang tatsächlich faktisch besteht, zumindest zwei grundsätzliche Fragen.

So muss zum einen in einem wirtschaftlichen Umfeld, das sich kontinuierlich verändert und weiterentwickelt, regelmäßig überprüft werden, ob das, was bisher gemessen wurde, auch die Prioritäten des aktuellen Kontextes ausgewogen repräsentiert – oder nur deswegen Teil des Berichtswesens ist, weil es gemessen werden *kann*. Insbesondere mit Beginn jeder neuen Wirtschaftsepoche (siehe Tab. 1.4 im Abschn. 1.3) ist es essenziell, die bisher gewohnten Kennzahlensysteme an die grundsätzlich veränderte Struktur der Erfolgsfaktoren anzupassen.

In der Praxis bedeutet dies nicht nur, dass gegebenenfalls ganz neue Faktoren hinzukommen, die bisher aufgrund ihrer vernachlässigbaren Relevanz nicht erfasst wurden oder mangels adäquatem Messverfahren nicht ermittelt werden konnten, sondern auch, dass bisherige Kennzahlen immer wieder dahin gehend überprüft werden müssen, ob ihre Verfolgung überhaupt noch sinnvoll ist.

Die zweite Fragestellung betrifft das grundsätzliche Führungsverständnis beziehungsweise die Einschätzung, in welchem Umfang die Führung einer Organisation aus Managementleistung im eigentlichen Sinne besteht. In einer digitalen Zeit ist die Aufarbeitung einer Unzahl von Unternehmensdaten ähnlich leicht wie die Navigation dank eines geostationären Satellitensystems. Da häufig primär kurzfristige Erfolge im Vordergrund stehen, ist daher die Versuchung groß, die Verfolgung von Kennzahlen in das Zentrum der Führungstätigkeit zu stellen. Allerdings ist es in einem dynamischen Umfeld mittelfristig keineswegs erfolgsversprechend, wenn dadurch immer weniger Zeit für strategische Aufgaben verbleibt.

Außerdem ähnelt dies dem Versuch, unabhängig von der aktuellen Wetterkonstellation mit einem Segelflugzeug einen Streckenflug zu unternehmen, für den man präzise einer im Vorhinein berechneten Route im Navigationssystem zu folgen versucht. In der Regel führt dies selten dazu, dass man die besten Thermiken ausnutzen kann, um möglichst effizient immer wieder an Höhe zu gewinnen und dadurch die längste mögliche Distanz zurücklegen zu können. Selbstverständlich könnte man auf einen Motorsegler umsteigen und versuchen, die fehlende Strecke durch einen externen Zusatzantrieb zu überwinden. Allerdings kann man die Wahrscheinlichkeit einer ungeplanten „Außenlandung" auf einem Feld wirtschaftlich effizienter reduzieren, wenn man abhängig von den herrschenden meteorologischen Gegebenheiten jeweils das nächste, am besten erreichbare Etappenziel anvisiert und die detaillierte Streckenauswahl nicht nach der Anzeige der Instrumente, sondern kontinuierlich nach der situativen Wolkenbildung ausrichtet, ohne dass man dabei die grundsätzliche Flugrichtung aus den Augen verliert.

Wie bereits im Abschn. 3.2 geschildert, steht man heute vor einer ähnlichen Wahl bei der Führung von Unternehmen. Während traditionelle Führungskonzepte auf der Annahme aufbauen, dass man von einem Homo Economicus ausschließlich die Arbeitsleistung erwarten kann, für die man ihn „managt", gilt dies in der Arbeitsrealität lediglich für den Bereich extrinsischer Motivation. Demgegenüber benötigt intrinsische Motivation kein detailliertes Management – ganz im Gegenteil. Diese kann sich nur in einem Umfeld erfolgreich entfalten, in dem Kennzahlen lediglich einen informativen und keinen kontrollierenden Charakter haben (siehe Abschn. 2.1).

Bedeutet dies in umgekehrter Logik zu Peter Drucker, dass man nicht messen muss, was man nicht managen muss? Sicherlich nicht. Auch in einem intrinsisch motivierten Umfeld sind Kennzahlen notwendig – allerdings dienen sie in erster Linie der Orientierung sowie dem kontinuierlichen Lernprozess.

Jedoch drängt sich in unserer globalisierten und vernetzten Wirtschaft des 21. Jahrhunderts zunächst die Frage auf, welches die eigentlich entscheidenden Kennzahlen sind, die für den zukünftigen Unternehmenserfolg wesentlich sind – und inwieweit diese mit unseren bisherigen Controlling-Instrumenten bereits erfasst werden oder überhaupt erfasst werden können.

Während uns die einen Berater suggerieren, dass man bereits mit einer Hand voll Kennzahlen zumindest ein mittelständiges Unternehmen steuern kann, empfehlen die anderen eine vollständige digitale Abbildung aller Geschäftsprozesse in Echtzeit. Jedoch handelt es sich bei den vorgeschlagenen Datenstrukturen mit nur wenigen Ausnahmen durchweg um Finanz- oder Logistikkennzahlen beziehungsweise operative Kenngrößen, die lediglich die wirtschaftliche Vergangenheit abbilden.

Wie bereits ausführlich im Abschn. 1.3 ausgeführt, sind demgegenüber die *zukünftig* primär erfolgsentscheidenden Faktoren die unternehmerische Innovationsleistung, die organisatorische Befähigung, in autonomen Strukturen hohe Komplexität zu managen, sowie die Fähigkeit, in Netzwerken nachhaltig erfolgreich zu sein. Bereits an dieser Stelle wird offensichtlich, dass für keinen dieser drei Faktoren trotz umfangreicher betriebswirtschaftlicher Datenerhebungen bisher eine adäquate und vollständige Messmethode existiert.

Allerdings ist es wie bei vielen Prozessen möglich, die wesentlichen Sekundärfaktoren zu spezifizieren, die diese organisatorischen Leistungsfaktoren entscheidend beeinflussen. Ähnlich wie aktuelle Liquiditätskennzahlen einen Hinweis auf die zukünftigen finanziellen Spielräume geben, lassen sich auch hinreichende Indikatoren für das zukünftige Innovations-, Effizienz- und Netzwerkpotenzial des Unternehmens identifizieren.

Wie bereits im Abschn. 1.4 erläutert und wie Abb. 3.6 noch einmal zeigt, wird die Innovationsleistung einer Organisation durch drei Sekundärfaktoren entscheidend bestimmt:

- die zur Verfügung gestellten Ressourcen,
- eine innovationsunterstützende Managementkultur sowie
- die Motivation der Organisation, sich in dem Innovationsprozess aktiv zu engagieren.

Hierbei handelt es sich zum einen um harte ressourcenbezogene Randbedingungen, zum anderen allerdings um „weiche" Faktoren wie eine geeignete Führungskultur sowie den individuellen Handlungsantrieb. Diese drei Elemente verstärken sich gegenseitig multiplikativ, wie Harvard-Professorin Theresa Amabile gezeigt hat.

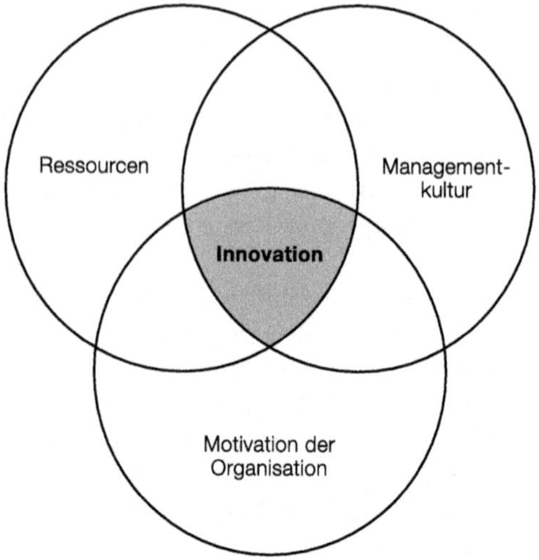

Abb. 3.6 Die drei für Innovation notwendigen Hauptfaktoren. (Nach Prof. T. Amabile, Harvard)

Analog kann man auch für die beiden anderen Erfolgsfaktoren ressourcentechnische, organisatorische sowie individuelle Schlüsselfaktoren identifizieren, die diese entscheidend beeinflussen und von denen man aufgrund der identischen Konstellation in der Organisation plausibel davon ausgehen kann, dass sie sich ebenfalls multiplikativ verstärken.

Für verantwortliches autonomes Verhalten in einem komplexen Umfeld sind dies, wie bereits ausführlich erläutert und in Abb. 3.7 dargestellt:

- das Verständnis für das übergeordnete Gesamtsystem, durch das die besten Lösungen im Kontext eines komplexen Systems identifiziert werden können,
- die Qualität der internen Unterstützungskultur, die die Effektivität von individuellen Handlungen verstärkt sowie
- die Kompatibilität der organisatorischen Ziele mit den persönlichen Überzeugungen und Grundeinstellungen, die für autonome Entscheidungsprozesse die Antriebsenergie darstellt.

Auch für das erfolgreiche Arbeiten in Netzwerkstrukturen ergeben sich, wie in Abb. 3.8 gezeigt, drei analoge Faktoren:

- als faktische Rahmenbedingung die grundsätzliche Marktattraktivität des Produkt- und Dienstleistungsportfolios des Unternehmens,

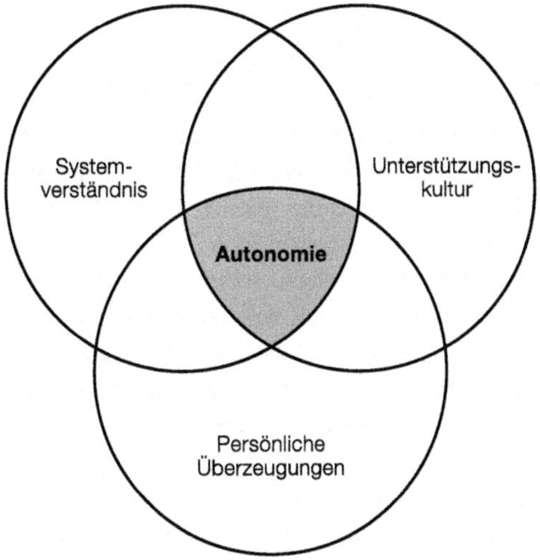

Abb. 3.7 Die drei für Autonomie notwendigen Hauptfaktoren

Abb. 3.8 Die drei für Netzwerkfähigkeit notwendigen Hauptfaktoren

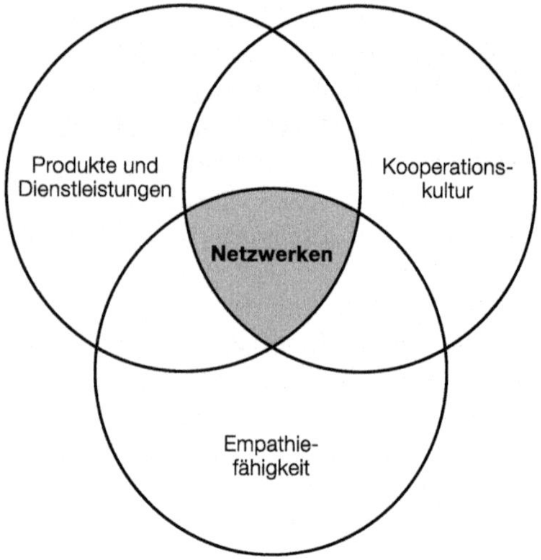

- die Reife und Qualität der Kooperationskultur innerhalb und auch außerhalb des Unternehmens und
- die individuelle Empathiefähigkeit der verantwortlichen Mitarbeiter.

Auch diese drei Sekundärfaktoren determinieren multiplikativ die entsprechende organisatorische Befähigung.

Fasst man diese neun Sekundärfaktoren zusammen, kann man hieraus ableiten, dass neben den üblicherweise betrachteten faktischen Ressourcen in Form von R&D-Investitionen, kollektivem Systemverständnis sowie der Attraktivität der Produkte und Dienstleistungen für zukünftigen Unternehmenserfolg noch kulturelle sowie individuelle Faktoren in der Organisation eine ebenso entscheidende Rolle spielen. Diese konnten allerdings bisher vom traditionellen betriebswirtschaftlichen Controlling nicht erfasst werden. Da sie jedoch als Multiplikatoren einen entscheidenden Einfluss auf das Ergebnis haben, ist es unumgänglich, einen Weg zu finden, um sie in zukünftige Kennzahlensysteme zu integrieren, wenn man aussagekräftige Informationen über die organisatorische Leistungsfähigkeit einer Organisation erhalten und qualifizierte Managemententscheidungen treffen möchte.

Betrachtet man zunächst die drei kulturellen Sekundärfaktoren, sollte ein für mittelfristigen Erfolg aussagekräftiges Kennzahlensystem zukünftig neben faktischen Unternehmenskennzahlen zusätzlich den Integrationsgrad einer

Managementkultur erfassen, die Kreativität, Kooperation und Unterstützung fördert. Bei diesen organisatorischen Kompetenzen handelt es sich nicht ganz überraschend um genau diejenigen fehlenden Erfolgsrezepte der Natur, die bereits im Abschn. 1.5 vorgestellt wurden, die allerdings bisher nicht systematisch in hierarchische und weitgehend auf Selektion ausgerichtete Organisationsformen integriert sind: die Fähigkeit der Mutation, der Kollaboration sowie der inneren organischen Unterstützung.

Der Abgleich mit dem in Abschn. 3.4 beschriebenen Transformationsprozess in Tab. 3.2 zeigt weiterhin, dass in jeder ihrer drei zentralen Hauptphasen genau eine dieser kulturellen Veränderungen im Fokus steht. So dient der systematische Innovationsprozess des Abschn. 3.4.2 der Einführung einer innovationsfördernden Managementkultur. Auf diese folgt in Abschn. 3.4.3 die Initiierung von auf gegenseitige Unterstützung ausgerichteten organisatorischen Prototypen. Zuletzt wird mit der strategischen Anbindung der Organisation an das nächsthöhere System in Abschn. 3.4.4 der Raum für eine systematische Kollaborationskultur erweitert.

Hieraus kann geschlussfolgert werden, dass der Fortschrittsgrad, mit der das GCH-Modell in einer Organisation über den beschriebenen Transformationsprozess eingeführt und durch die in Abschn. 3.4.5 beschriebene Systematik nachhaltig verankert ist, die Qualität der *kulturellen* Sekundärfaktoren repräsentiert.

Weiterhin wurde im Abschn. 1.4 bereits ausführlich gezeigt, dass die drei auf individueller Ebene erforderlichen Sekundärfaktoren vom Niveau der intrinsischen Motivation abhängen. Insofern kann die Intensität der persönlichen Überzeugung, die für verantwortliches autonomes Verhalten entscheidend ist, ebenso wie die Empathiefähigkeit der Mitarbeiter und die Motivation der Organisation zur Innovation direkt aus den neun Elementen des GCH-Modells abgeleitet werden, die hierfür wiederum die vollständigen Rahmenbedingungen repräsentieren.

Aus der nachgewiesenen Vollständigkeit der tertiären Faktoren des GCH-Modells ergibt sich folgerichtig für die primären Erfolgsfaktoren in einer global vernetzten „Industrie 4.0" die in Abb. 3.9 dargestellte strukturierte Kennzahlenhierarchie. Diese ermöglicht es, anstelle von Vergangenheitsdaten bereits heute diejenigen Kennzahlen zu ermitteln, die zukünftig die unternehmerischen Erfolgsfaktoren bestimmen.

▶ *Ein adäquates Kennzahlensystem für eine global vernetzten Wirtschaft enthält nicht nur wirtschaftliche Vergangenheitswerte, sondern ermittelt auch die Qualität der Managementkultur sowie den Entwicklungsstand der intrinsischen Motivationsfaktoren.*

Tab. 3.2 Kulturelle Schwerpunkte während den Phasen 2 bis 4 des GCH-Transformationsprozesses

GCH-Phase	Beschreibung	GCH-Hauptelemente	Ziel der Transformation	Kultureller Schwerpunkt
2. **„Creating a Movement“**	Verschiebung der Wertschätzung für Wissen und Können vom individuellen auf einen co-kreativen Level	***Positive Anerkennung***	*Transformation der Führung*	***Innovative Managementkultur***
		Lernende Organisation	*Von „Ich weiß“ zu „Wir wissen“*	
3. **„Shift from Control to Trust“**	Erweiterung des organisatorischen Raumes von reiner Kompetenzerweiterung auf persönliches Wachstum	***Ausgewogene Lebenszeit***	*Erzeugen von Ausgewogenheit der Lebensbereiche*	***Unterstützungskultur***
		Ganzheitliche Fürsorge	*Unterstützung durch unternehmerische Fürsorge*	
4. **„Transforming Companies into Communities“**	Anhebung des Bewusstseins für Bezogenheit und Autonomie von ICH- auf WE-Fokus	***Psychisches Wohlbefinden***	*Wachsendes Engagement mit verbesserten Arbeitsbedingungen*	***Kooperationskultur***
		Verantwortliche Unternehmens-führung	*Aufkommendes Vertrauen in eine authentische Führung*	
		Kollaborative Agilität	*Volle Vernetzung aller mit dem gemeinsamen Sozialen Kapital*	
		Strategische Nachhaltigkeit	*Harmonisierung von Unternehmenserfolg mit öko-sozialer Nachhaltigkeit*	

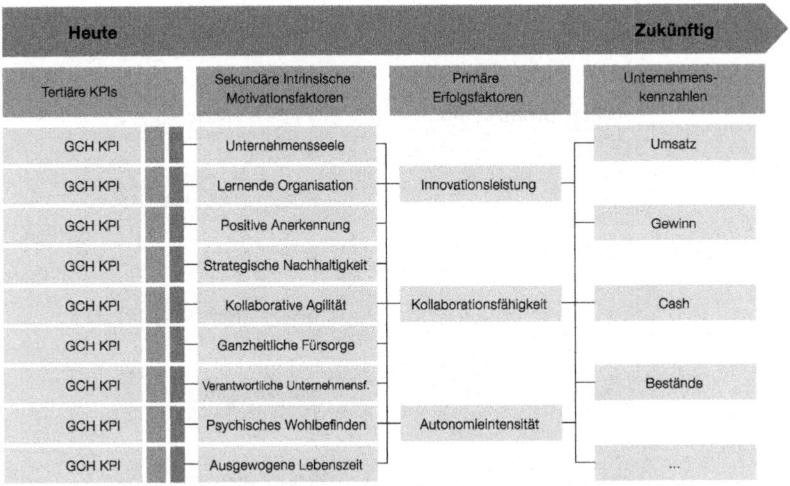

Abb. 3.9 Kennzahlenstruktur für die Antizipation des zukünftigen Unternehmenserfolges

Wie Abb. 3.10 veranschaulicht, müsste sich ein adäquates Kennzahlensystem für Unternehmen somit zukünftig nicht nur wie bisher primär aus Vergangenheitskennzahlen zusammensetzen (Finanzcontrolling), sondern gleichzeitig die Ausgewogenheit der Managementkultur bezüglich der Förderung nicht nur von Selektion, sondern auch von Mutation und Kooperation sowie ihre Qualifizierung als Organisationsorganismus erfassen (Kulturcontrolling). Als dritter Block ist schließlich die Bewertung der intrinsischen Motivation essenziell, wofür sich die Evaluierung der neun GCH-Elemente anbietet (Motivationscontrolling).

Auf dieser Basis muss sich eine Abschätzung des zukünftigen wirtschaftlichen Erfolges nicht mehr auf die fragwürdige Extrapolation der Vergangenheit abstützen, sondern kann anhand der Evaluation der Schlüsselfaktoren fundiert antizipiert werden.

Ein in dieser Form geschlossenes Kennzahlensystem hat nicht nur den Vorteil, dass es eine fundierte Zukunftsprognose erlaubt, sondern es visualisiert adäquat die Abhängigkeit des Unternehmenserfolges sowohl von der Mitarbeiter- als auch von der Führungsleistung. Diese Ausgewogenheit ermöglicht eine transparente Fortschrittsverfolgung in der Organisation, ohne dass eine kontrollierende Wirkung induziert wird, die sich kontraproduktiv auf jegliche intrinsische Motivation auswirken würde.

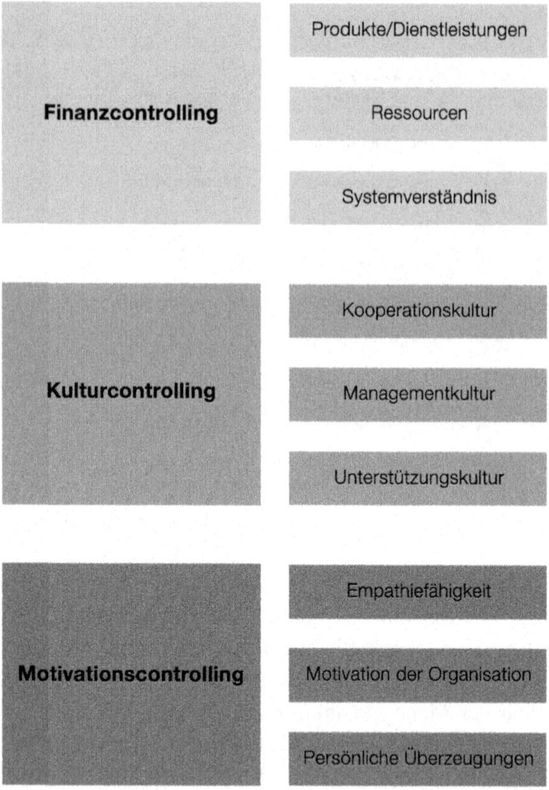

Abb. 3.10 Struktur eines ganzheitlichen Kennzahlensystem in einer Wirtschaft 4.0

3.6 Work-Life-Balance oder Motivationsosmose?

> Alice: „Von dem Moment an, in dem ich in das Kaninchenloch hinuntergefallen bin, wurde mir gesagt, wohin ich gehen muss und wer ich sein muss. Ich wurde geschrumpft, gestreckt, gekratzt und in eine Teekanne gesteckt. Ich wurde beschuldigt, Alice zu sein und nicht Alice zu sein, aber das ist ‚mein' Traum. ‚Ich' werde entscheiden, wo es von hier aus hingeht."
>
> (Lewis Carroll, „Alice im Wunderland")

Ein Buch darüber zu schreiben, wie wir unser heutiges Wirtschaftsmodell überarbeiten können, damit es uns auch in Zukunft Wohlstand beschert, ohne gleichzeitig die kommenden Generationen ihrer existenziellen Grundlagen zu berauben, wäre nicht vollständig, ohne denjenigen einen eigenen Abschnitt zu widmen, die diese Wirtschaft in nicht allzu ferner Zukunft selbst gestalten und lenken müssen.

Dies ist allein schon deswegen wichtig, weil eine solche umfangreiche und grundlegende Transformation nur durch ein besseres gegenseitiges Verständnis füreinander ein erfolgreiches generationsübergreifendes Projekt werden kann. Und weil wir dann unsere Energie nicht durch einen vermeidbaren Fokus auf Unterschiede verbrennen, die zu einem großen Teil nur durch mentale Modelle von unseren bisherigen Wahrnehmungsmustern erzeugt werden.

Im August 2012 titelte das Wall Street Journal: „Immer mehr Firmen beugen sich den Ansprüchen der Generation Y" (Kwoh 2012). In dem dann folgenden Artikel wurde beschrieben, wie immer mehr Unternehmen durch zusätzliche Zugeständnisse in Form von finanziellen Zulagen, schnelleren Beförderungen auf der Karriereleiter und mehr Flexibilität bei der Arbeitszeit versuchen, als Arbeitgeber attraktiv auf diejenige Mitarbeitergeneration zu wirken, die in den 1980er- und 1990er-Jahren geboren wurde. Gleichzeitig stimmen sie in das immer lauter werdende Klagelied über die Ansprüche dieser angeblich ungeduldigen und verwöhnten „Millennials" ein, die für immer weniger Unternehmen finanzierbar erscheinen.

In der Tat scheint die Attraktivität traditioneller Arbeitsverhältnisse für diese Generation, die bis 2020 in den meisten Industrieländern bereits etwa 40 % des Arbeitskräftepotenzials ausmachen wird, im Vergleich mit ihren Eltern deutlich abgenommen zu haben, was insbesondere für Unternehmen in Industrieländern neben der gestiegenen Dynamik der Weltmärkte eine weitere enorme Herausforderung darstellt. Um nicht den technologischen Anschluss zu verlieren, scheinen Firmen oft keine andere Wahl zu haben, als zusätzliche „Geschenke" zu verteilen, wenn man unter anderem die Kompetenzen dieser „Social-Network"-affinen Mitarbeiter für die Digitale Revolution nutzen möchte. Verstärkt wird dieser Druck noch zusätzlich dadurch, dass gleichzeitig die Baby-Boomer-Generation zunehmend das Rentenalter erreicht und eine wachsende Lücke am Arbeitsmarkt hinterlässt.

Aber sind Unternehmen tatsächlich in einer Spirale gefangen, in der nur noch diejenigen, die finanziell dazu fähig sind, Spitzenkräfte der neuen Generation anwerben und dadurch ihre Ertragskraft weiter steigern können, während in Zukunft immer mehr Firmen mangels ausreichendem Budget alternativlos einer zunehmenden Fluktuation und Überalterung ausgeliefert sind?

Zumindest erscheint es schwer nachvollziehbar, dass dieses inzwischen unübersehbare Phänomen primär darauf zurückzuführen sei, dass die individuelle Komforterwartung für zu leistende Arbeit innerhalb von nur einer Generation in diesem drastischen Maße angestiegen ist. Selbst wenn das allgemeine Anspruchsniveau tatsächlich durch die gesellschaftliche Entwicklung angewachsen ist, so bleibt gleichzeitig unstrittig, dass insbesondere die physischen Belastungen der Arbeitswelt in den letzten Jahrzehnten zumindest in den Industrieländern rapide abgenommen haben: Die wöchentliche Arbeitszeit ging zurück, die Arbeitssicherheit nahm zu und verbessertes Arbeitsplatzdesign hielt schrittweise Einzug in viele dunkle und funktionale Großraumbüros.

Die Wurzeln dieses flächendeckenden Problems in den faktischen Randbedingungen der Arbeitsumgebung zu vermuten, würde wohl eher der Vorstellung entsprechen, in einer zunehmend wohlhabenderen Gesellschaft die Ursachen für eine rapide steigende Zahl an psychischen Erkrankungen in mangelndem materiellen Wohlstand zu vermuten.

Eine kollektive Steigerung der Ansprüche könnte außerdem nicht erklären, warum auf der anderen Seite unzählige Menschen der gleichen Generation in den häufig improvisierten Räumlichkeiten von Start-ups bei minimalen Gehältern fast rund um die Uhr mit unermüdlicher Leidenschaft an neuen Geschäftskonzepten arbeiten.

Auch wenn in Diskussionen zu diesem Thema immer wieder die gleichen, für die meisten Firmen finanziell unerreichbaren Referenzbeispiele von Unternehmen genannt werden, die den Mitarbeitern angeblich 20 % der Arbeitszeit zur freien Verfügung einräumen, modernste Kreativbereiche in ihren Räumlichkeiten installieren oder deren gesundheitsfokussierte Kantinenqualität Sterneniveau erreicht, so scheinen diese Initiativen zwar einen unstrittig positiven Effekt auf die aktuelle Stimmung zu haben, aber zumindest keine zwingende Notwendigkeit zu sein.

Dennoch ist offensichtlich im letzten Vierteljahrhundert etwas grundsätzlich aus dem Gleichgewicht geraten, wodurch zunehmend die Bedürfnisse der Menschen, von denen unser wirtschaftlicher Erfolg abhängt, im Arbeitskontext nicht mehr adäquat befriedigt werden. Will man sich allerdings diesem Problem ernsthaft nähern, so reicht es nicht aus, nur die inzwischen enormen Kompensationskosten der Symptombekämpfung zu beklagen. Die entscheidende Frage ist zunächst, an welcher Stelle das Beziehungsgefüge zwischen dem Arbeitsumfeld und den dort arbeitenden Menschen begonnen hat, auseinanderzudriften.

Hierfür scheint der Ruf nach „Work-Life-Balance“ symptomatisch zu sein, der zeitgleich mit den „Millennials“ in der Industriegesellschaft aufgetaucht ist. Während diese Wortkombination ursprünglich das Ziel einer grundsätzliche Verhältnismäßigkeit der subjektiv empfundenen Belastung durch Arbeit gegenüber der restlichen Lebenszeit umschreiben sollte, wird sie heute in der Regel dahin gehend interpretiert, dass immer mehr junge Menschen auf der Suche nach einer besseren Ausgewogenheit im Leben versuchen, Arbeit aus eben diesem Leben möglichst weit heraus zu „designen“.

Dabei wird übersehen, dass es bereits für eine Gesellschaft alarmierend sein sollte, wenn Arbeit grundsätzlich dem Leben in dieser polarisierenden Weise gegenübergestellt wird – denn außerhalb von Leben herrscht typischerweise Leblosigkeit. Und auch wenn Statistiken zeigen, dass immer häufiger Mitarbeiter den Versuch unternehmen, sich angesichts eines demotivierenden Arbeitsumfeldes, in dem sie tätig sind, „tot" zu stellen, bietet Arbeit grundsätzlich nicht nur die Möglichkeit, möglichst effizient Einkommen für den Lebensunterhalt zu generieren. Arbeit ist eigentlich ein notwendiger und lebenswichtiger Bereich für die persönliche Entwicklung (siehe hierzu auch Abschn. 2.2.3.1).

72 % der Mitarbeiter in US-Unternehmen engagieren sich nicht bei der Arbeit – sie „schlafwandeln" durch den Tag (Gallup).

Wird Arbeit allerdings nur noch auf ihre Einkommensfunktion reduziert, werden die beteiligten Menschen für einen ganz wesentlichen Teil ihrer aktiven Lebenszeit der Möglichkeit beraubt, sich durch soziale Interaktion, gemeinsame Erfahrung und Austausch mit anderen persönlich weiterzuentwickeln, aber auch Selbstachtung, Sinnhaftigkeit und persönliche Identität während dieser Zeit zu finden.

Abstrahiert man einmal von einer grundsätzlich notwendigen Ausgewogenheit der Lebenszeit für die unterschiedlichen Lebensprioritäten, wie dies im Abschn. 2.2.5.1 bereits ausführlich erläutert wurde, so ist der Ruf nach „Work-Life-Balance" daher keinesfalls ein Indikator für eine steigende Anspruchshaltung einer „verwöhnten" Generation. Er ist vielmehr ein Symptom für eine allgemeine Resignation darüber, dass die Erfüllung von entscheidenden Prioritäten des Lebens über die reine Entlohnung hinaus anscheinend im Arbeitsumfeld nicht mehr erwartet werden kann und daher anderswo gesucht werden muss.

Und genau hier hat in den letzten Jahrzehnten eine grundlegende Veränderung stattgefunden. Unsere Gesellschaft, die noch vor einigen hundert Jahren machtlos dominanten Macht- und Kontrollstrukturen ausgeliefert war und in der – wenn überhaupt – nur die eigenen Familie Schutz vor Willkür bot, hat zumindest in den Industrieländern inzwischen deutlich ausgewogenere Strukturen in Form von Staatsmodellen entwickelt, in denen für die meisten ihrer Mitglieder eine grundsätzliche existenzielle Sicherheit zur Selbstverständlichkeit geworden ist.

Gleichzeitig haben nicht nur demokratische Regierungsmodelle, sondern insbesondere die massive Ausbreitung sozialer Netzwerke dazu geführt, dass spätestens seit den 1990er-Jahren in immer weniger Staaten die Möglichkeit von persönlicher Partizipation an Entscheidungsprozessen immer noch unvorstellbar ist.

Währenddessen ist die Y-Generation mit der inzwischen unbestrittenen Tatsache aufgewachsen, dass unser bisheriges als grenzenlos angesehenes Wachstum immer sichtbarere Nebenwirkungen hat, die sich ohne Zweifel noch innerhalb ihrer eigenen Lebenserwartung zu massiven existenziellen Bedrohungen entwickeln werden, wenn nicht kollektiv eine Verantwortung für Veränderung zeitnah übernommen wird.

Während frühere Generationen noch primär von persönlichen Einschränkungen ihrer Freiheit sowie physischen Bedrohungen geprägt waren, allerdings der Entwicklungsweg nach vorne unbegrenzt erschien, ist die neue Generation mit einem völlig anderen Bewusstsein aufgewachsen. Für sie ist offensichtlich, dass ihre fast unbegrenzt erscheinende Freiheit nur in Kombination mit Selbstverantwortung nachhaltig erhalten bleiben kann.

Doch wie hat sich zeitgleich das Bewusstsein in der Arbeitswelt entwickelt?

Immer noch sind viele Unternehmenskulturen von der Überzeugung geprägt, dass sich Erfolg am ehesten durch machtgeführte und bürokratische Strukturen erreichen lässt, die zwar vorhersehbare Ergebnisse liefern, allerdings gleichzeitig jegliche Eigeninitiative der Mitarbeiter unterbinden. Andere wiederum glauben, nur durch Befehls- und Kontrollsysteme die maximale Leistung von den dort arbeitenden Menschen erwarten zu können und erhöhen kontinuierlich den Systemdruck.

Und selbst in modernen Konzernen, die durch ausgeklügelte Wettbewerbsstrategien versuchen, sich einfach das größte Stück des noch verbleibenden Kuchens sichern zu können, wurde die Kultur des Wettlaufes auch innerhalb der Unternehmensgrenzen zum Mantra des Erfolges erklärt.

Nur ganz wenige Firmen haben bisher den Mut gehabt, autoritäre, regulierende oder transaktionale Führungsmodelle flächendeckend zu transzendieren und neue Führungskulturen umfassend zu implementieren, die sämtliche evolutionären Erfolgsmodelle vollständig integrieren, wie sie im Detail im Abschn. 2.4 beschrieben wurden.

Gleichzeitig ist man darum bemüht, weiterhin die Illusion zu vermitteln, mit unserem aktuellen Wirtschaftssystem, das auf Maximierung des Eigennutzes aufgebaut ist, die bestmögliche Formel der Zufriedenheit für alle gefunden zu haben.

Genau an dieser Stelle hat um die Jahrtausendwende in immer mehr Ländern die gesellschaftliche Entwicklung die jeweilige unternehmerische Bewusstseinsentwicklung überholt. Während ihr global vernetztes soziales Umfeld der jüngeren Generationen einen immer größeren Erfahrungsraum für Kollaboration, Reziprozität, Kreativität und Autonomie bietet, sind diese Möglichkeiten der persönliche Entwicklung in den meisten Unternehmensrealitäten noch weitgehend undenkbar.

Und während das gesellschaftliche Bewusstsein für die Notwendigkeit von kollektiver Verantwortung immer stärker ansteigt, hält lediglich die Wirtschaft und mit ihr eine dominierende Zahl der Unternehmen unverändert an der Grundeinstellung fest, dass sie mit den Konsequenzen ihres kontinuierlichen Wachstumsstrebens außerhalb der Firmengrenzen nichts zu tun haben.

Solange wir weiterhin versuchen, Arbeitswelten zu bewahren, deren Unternehmenskultur in alten Überzeugungen von Macht, Hierarchie oder dem Wettkampf gegeneinander wurzeln und durch ihren Fokus auf eine selbst fokussierte Maximierung der eigenen Interessen jegliche gesellschaftliche Verantwortung ablehnen, bleiben die Möglichkeiten von persönlichem Wachstum für Mitarbeiter im Arbeitskontext deutlich beschränkter, als dies ihre soziale Umgebung inzwischen bietet.

Und ähnlich wie bei dem physikalischen Prozess der Osmose, bei dem niedrig konzentriertere Flüssigkeiten immer danach streben, zu einem höher konzentrierteren Umfeld zu fließen, strebt auch das menschliche Bedürfnis nach persönlichem Wachstum ganz natürlich zu denjenigen Lebensbereichen, die hierfür die besten Voraussetzungen bieten. Und das ist immer seltener das erlebte Arbeitsumfeld. So ist es nicht verwunderlich, wenn sich die innere Motivation der neuen Generation immer mehr von der Arbeitswelt abwendet und sie ihr Engagement auf die Befriedigung ihrer Versorgungsbedürfnisse bei minimalem Aufwand reduzieren, wenn dort die Kultur den Grundsätzen ihrer eigenen gesellschaftlichen Prägung widerspricht.

▶ *Der Ruf nach „Work-Life-Balance" ist in vielen Fällen ein Symptom für Resignation einer Generation, die vom Arbeitskontext kein persönliches Wachstum mehr erwartet – eine der Hauptursachen für „Motivationsosmose".*

Der Ruf nach verbesserter „Work-Life-Balance" ist somit in vielen Fällen lediglich ein Symptom von „Motivationsosmose", das heißt, einer natürlichen menschlichen Suche nach dem Raum für die besten persönlichen Entfaltungsmöglichkeiten, die mit zunehmendem gesellschaftlichen Bewusstsein immer seltener im Arbeitskontext zu finden sind. Und der Versuch, dies durch zusätzliche materielle Annehmlichkeiten zu versüßen, kann lediglich temporäre Kompensation für dieses grundsätzliche Defizit im Arbeitsumfeld erzeugen.

Eine erfolgreiche Strategie, um auch für die neue Generation ein attraktiver Arbeitgeber zu sein, ist somit nicht die größte Zuckerstange, sondern die bewusste Schaffung von Arbeitsumgebungen, deren Kultur durch ein entsprechend entwickeltes Bewusstsein herausfordernd und anregend ist, in denen Arbeit als ein kreatives Umfeld für persönliche Weiterentwicklung erlebt werden kann – ein „Klassenraum des Lebens", in dem gefragt, gewagt und auch einmal gescheitert werden darf.

Erst wenn Unternehmen wieder ein Umfeld schaffen, in dem sie im Vergleich zu der sie umgebenden Gesellschaft einen überlegeneren Raum für persönliche Entwicklung ihrer Mitarbeiter schaffen und dadurch eine „Work-Life-Integration" ermöglichen, können sie wieder erwarten, dass sich Mitarbeiter auch aus innerer Motivation heraus engagieren.

Da genau dies ein fundamentales Ziel des in diesem Buch beschriebenen „Gross Corporate Happiness"-Modells ist, welches wir für die Bewältigung der wirtschaftlichen Herausforderungen in unserer inzwischen global vernetzten Welt des 21. Jahrhunderts benötigen, bietet es gleichzeitig einen alternativen Weg, die kommende Generation auch für unsere existierenden Unternehmen wieder zu begeistern: Indem wir durch einen Upgrade des Homo Economicus unser Verständnis von Wirtschaft auf eine Qualität anheben, die unserem gesellschaftlichen Bewusstsein entspricht, und dadurch unsere betriebswirtschaftlichen Handlungsmechanismen an das wahre Wesen der an dieser Wirtschaft beteiligten Menschen anpassen.

Literatur

Boeing, Niels. 2005. Beim Labtop des Propheten. *Die ZEIT,* 17. November, Nr. 47.

Campbell, Joseph. 1949. *The hero with a thousand faces*. New York: Bollingen Foundation.

Kwoh, Leslie. 2012. More firms bow to generation Y's demands. *Wall Street Journal,* 22. August.

Mandelbrot, Benoît B., und Richard L. Hudson. 2004. *The (mis)behavior of markets – A fractal view of risk, ruin and reward*. New York: Basic Books.

Welbourn, Theresa M., und Alice O. Andrews. 1996. Predicting the performance of initial public offerings: Should human resource management be in the equation? *Academy of Management Journal* 39 (4): 313–335.

GCH in a Nutshell

4

Zusammenfassung

Die in diesem Kapitel beschriebene Schnell-Analyse für Organisationen basiert auf dem in diesem Buch ausführlich hergeleiteten und in den vorangegangenen Kapiteln im Detail beschriebenen „Gross Corporate Happiness“®-Modell. Sie soll dabei helfen, möglichst effizient zu einer ersten qualitativen Einschätzung zu kommen, bis zu welchem Grad in einer Organisation die essenziellen Anforderungen an ein intrinsisch motivierendes Arbeitsumfeld erfüllt und damit die Grundvoraussetzung für Erfolg für eine Welt, die global vernetzt und digital verbunden ist, gegeben sind. Gleichzeitig erlaubt sie, die wichtigsten „Akkupunkturpunkte“ für unmittelbar notwendige Veränderungsmaßnahmen zu identifizieren, auf denen dann ein systematischer Transformationsprozess aufgebaut werden kann.

R. Fox, *Bionische Unternehmensführung*,
DOI 10.1007/978-3-658-13225-5_4

4.1 Das Organisations-EKG

Bei der Analyse einer Organisation allen Facetten und Schattierungen gerecht zu werden, die sich aus ihrer Struktur, aber insbesondere aus dem breiten Spektrum der individuell Beteiligten und der sich hieraus ergebenden inneren Dynamiken ergibt, ist nie zufriedenstellend möglich. Allerdings können ohne eine systematisierte Detailbetrachtung keine spezifisch zugeschnittenen Maßnahmen ergriffen werden, um gewünschte Veränderungen zu initiieren. Und es bliebe lediglich die Möglichkeit der Anwendung von organisatorischen „Breitbandantibiotika", die allerdings leicht die Fähigkeiten eines jeden Organismus, Veränderungen „verdauen" zu können, nachhaltig schädigen können.

Die in diesem Kapitel enthaltene Schnell-Analyse (Tab. 4.1, 4.2, 4.3, 4.4, 4.5, 4.6, 4.7, 4.8 und 4.9) soll dabei helfen, möglichst effizient zu einer ersten qualitativen Einschätzung einer Organisation zu kommen, bis zu welchem Grad sie die essenziellen Anforderungen an ein intrinsisch motivierendes Arbeitsumfeld erfüllt. Hierzu wurde für jedes Teilkriterium des neunteiligen GCH-Modelles auf jeder der acht Entwicklungsstufen ein typischer Zustand beschrieben, der für den jeweiligen Führungs-Archetypen charakteristisch ist.

Dies erlaubt, jedes Kriterium qualitativ grundsätzlich einzuschätzen und die wichtigsten „Akkupunkturpunkte" für notwendige Veränderungsmaßnahmen zu identifizieren. Um ein möglichst ehrliches und objektives Bild der aktuellen Situation zu erhalten, empfiehlt es sich, die Bewertung gemeinsam von einer Gruppe von Mitarbeitern und Führungskräften durchführen zu lassen, die einen Querschnitt der Organisation bestmöglich repräsentieren.

Aufgrund der Allgemeingültigkeit dieses „EKGs" für jede Form der Organisation, aber auch für jede Größe und jeden kulturellen Kontext, mussten allerdings Vereinfachungen vorgenommen werden, die im einen oder anderen Fall pointiert wirken können. Daher empfiehlt es sich, nach einer Erstanalyse mögliche kritische oder unklare Faktoren detaillierter zu analysieren, wofür die entsprechenden Abschnitte in diesem Buch einen hilfreichen Leitfaden darstellen.

Tab. 4.1 Qualitative Schnellbewertung des GCH-Faktors „Unternehmensseele“

			Wirtschaft 1.0		Wirtschaft 2.0		Wirtschaft 3.0		Wirtschaft 4.0	
			Vor Adam Smith		19./20. Jahrhundert		Um 1980		21. Jahrhundert	
			Statisch		Linear		Multi-Dimensional		Dynamisch	
		Autonomie	0 %	0 %	10 %	10 %	30 %	30 %	60 %	60 %
		Vertrauen	0 %	10 %	10 %	20 %	20 %	40 %	40 %	80 %
		Handlungs-orientie-rung	Führungs-Orientie-rung	System-Orientie-rung	Führungs-Orientie-rung	System-Ori-entierung	Führungs-Orientie-rung	System-Ori-entierung	Führungs-Orientie-rung	System-Orientie-rung
		Führungs-stil	Egofo-kussierte Führung	Anschluss-orientierte Führung	Autoritäre Führung	Regu-lierende Führung	Transak-tionale Führung	Partizi-pative Führung	Transfor-mative Führung	Bionische Führung
Element:	Abschn.	*Level*	1	2	3	4	5	6	7	8
Unter-neh-mens-seele	2.2.3.3 a)	***Transzen-dierende Vision/ Mission***	*Da die Füh-rung nur an ihrem eige-nen Vorteil interessiert ist, existiert keine orga-nisatorische Mission*	*Kern der Mission ist es, den Vorteil der eigenen Sippe sicherzu-stellen*	*Die Mis-sion dient den Inter-essen und Ideologien derjenigen, die an der Macht sind*	*Die Mission der Orga-nisation ist es, das Bestehende zu bewahren*	*Die Mission ist es, das Rennen um jeden Preis zu gewinnen*	*Die Harmo-nie mit dem System steht im Mittel-punkt der Mission*	*Die Mis-sion der Organi-sation ist strategisch verbunden mit einem sinnvollen Beitrag zum Gesamtsys-tem*	*Die Mission orientiert sich am Bedarf des überge-ordneten Systems*

(Fortsetzung)

Tab. 4.1 (Fortsetzung)

			Wirtschaft 1.0		Wirtschaft 2.0		Wirtschaft 3.0		Wirtschaft 4.0	
			Vor Adam Smith		19./20. Jahrhundert		Um 1980		21. Jahrhundert	
			Statisch		Linear		Multi-Dimensional		Dynamisch	
		Autonomie	0 %	0 %	10 %	10 %	30 %	30 %	60 %	60 %
		Vertrauen	0 %	10 %	10 %	20 %	20 %	40 %	40 %	80 %
		Handlungs-orientie-rung	Führungs-Orientie-rung	System-Orientie-rung	Führungs-Orientie-rung	System-Ori-entierung	Führungs-Orientie-rung	System-Ori-entierung	Führungs-Orientie-rung	System-Orientie-rung
		Führungs-stil	Egofo-kussierte Führung	Anschluss-orientierte Führung	Autoritäre Führung	Regu-lierende Führung	Transak-tionale Führung	Partizi-pative Führung	Transfor-mative Führung	Bionische Führung
Element:	Abschn.	*Level*	1	2	3	4	5	6	7	8
	2.2.3.3 b)	***Authen-tische Sprache & Verhalten***	*Die Sprache ist weitgehend ich-fokussiert („Ich", „mir" und „mir selbst")*	*Gruppen-spezifische Sprach-codes differen-zieren den „inneren Kreis" von allen anderen*	*Elemente militä-rischer Sprache reflektie-ren einen ständigen Kampf*	*Formalisti-sche, une-motionale und prozes-sorientierte Sprach-muster dominieren*	*Kraftvolle Sprache wird strategisch eingesetzt, um alle Beteiligten auf die Sie-gerstrategie einzuschwö-ren*	*Durch empathi-sche und inklusive Sprache wird ver-sucht, ein maximales Wir-Gefühl zu erzeugen*	*Die Anbindung an das „höhere Ziel" ist in die Kom-munikation vollständig integriert*	*Die Spra-che reflek-tiert ein höheres Bewusst-sein der syste-mischen Zusam-menhänge*

(Fortsetzung)

Tab. 4.1 (Fortsetzung)

			Wirtschaft 1.0		Wirtschaft 2.0		Wirtschaft 3.0		Wirtschaft 4.0	
			Vor Adam Smith		19./20. Jahrhundert		Um 1980		21. Jahrhundert	
			Statisch		Linear		Multi-Dimensional		Dynamisch	
		Autonomie	0 %	0 %	10 %	10 %	30 %	30 %	60 %	60 %
		Vertrauen	0 %	10 %	10 %	20 %	20 %	40 %	40 %	80 %
		Handlungs-orientie-rung	Führungs-Orientie-rung	System-Orientie-rung	Führungs-Orientie-rung	System-Ori-entierung	Führungs-Orientie-rung	System-Ori-entierung	Führungs-Orientie-rung	System-Orientie-rung
		Führungs-stil	Egofo-kussierte Führung	Anschluss-orientierte Führung	Autoritäre Führung	Regu-lierende Führung	Transak-tionale Führung	Partizi-pative Führung	Transfor-mative Führung	Bionische Führung
Element:	Abschn.	*Level*	1	2	3	4	5	6	7	8
	2.2.3.3 c)	***Unterneh-menswerte/ Verhaltens-codizes***	*Keine gemeinsa-men Werte existieren - nur das Eigeninter-esse zählt*	*Das Wer-tesystem basiert auf Tradi-tionen, die nicht hinterfragt werden*	*Werte-systeme werden unterschied-lich gelebt, abhängig von der jeweiligen Machtposi-tion*	*Ein Verhal-tenskodex ist explizit festgelegt, dessen strikte formale Einhaltung („Com-pliance") erwartet wird*	*Es existiert ein generi-scher Werte-kodex, der allerdings opportu-nistisch ausgelegt wird*	*Die Unterneh-menswerte sind stark beziehungs-orientiert und es wird erwartet, dass sie von allen ver-innerlicht werden*	*Alles Han-deln orien-tiert sich an hohen mora-lischen Standards, die dem nächst-höheren System dienen*	*Zeitlose mora-lische Werte sind a priori gege-ben und inhärente Hand-lungsma-ximen*

(Fortsetzung)

Tab. 4.1 (Fortsetzung)

			Wirtschaft 1.0		Wirtschaft 2.0		Wirtschaft 3.0		Wirtschaft 4.0	
			Vor Adam Smith		19./20. Jahrhundert		Um 1980		21. Jahrhundert	
			Statisch		Linear		Multi-Dimensional		Dynamisch	
		Autonomie	0 %	0 %	10 %	10 %	30 %	30 %	60 %	60 %
		Vertrauen	0 %	10 %	10 %	20 %	20 %	40 %	40 %	80 %
		Handlungs-orientierung	Führungs-Orientierung	System-Orientierung	Führungs-Orientierung	System-Orientierung	Führungs-Orientierung	System-Orientierung	Führungs-Orientierung	System-Orientierung
		Führungs-stil	Egofokussierte Führung	Anschluss-orientierte Führung	Autoritäre Führung	Regulierende Führung	Transaktionale Führung	Partizipative Führung	Transformative Führung	Bionische Führung
Element:	Abschn.	*Level*	1	2	3	4	5	6	7	8
	2.2.3.3 d)	***Sozialkontakte mit Kollegen***	*Misstrauen verhindert jegliche Ambition, authentische Sozialkontakte zu entwickeln*	*Es dominiert Cliquenbildung, innerhalb denen ein intensiver Sozialkontakt erwartet wird*	*Intensiver Sozialkontakt entwickelt sich als Gegengewicht zur autoritären Führung*	*Außerhalb von formalen Anlässen findet wenig Sozialkontakt statt*	*Soziale Vernetzung wird gefördert, um die spezifische Strategie zu unterstützen*	*Eine Vielzahl an hierarchieübergreifenden Aktivitäten unterstützen einen intensiven sozialen Zusammenhalt*	*Formale und informelle organisatorische Strukturen überlappen deutlich mit privaten sozialen Netzwerken*	*Da Arbeit als integraler Teil in das Leben integriert ist, verschwimmt die Grenze zwischen Kollegen und Freunden*

Tab. 4.2 Qualitative Schnellbewertung des GCH-Faktors „Lernende Organisation“

			Wirtschaft 1.0		Wirtschaft 2.0		Wirtschaft 3.0		Wirtschaft 4.0	
			Vor Adam Smith		19./20. Jahrhundert		Um 1980		21. Jahrhundert	
			Statisch		Linear		Multi-Dimensional		Dynamisch	
		Autonomie	0 %	0 %	10 %	10 %	30 %	30 %	60 %	60%
		Vertrauen	0 %	10 %	10 %	20 %	20 %	40 %	40 %	80 %
		Handlungsorientierung	Führungs-Orientierung	System-Orientierung	Führungs-Orientierung	System-Orientierung	Führungs-Orientierung	System-Orientierung	Führungs-Orientierung	System-Orientierung
		Führungsstil	Egofokussierte Führung	Anschluss-orientierte Führung	Autoritäre Führung	Regulierende Führung	Transaktionale Führung	Partizipative Führung	Transformative Führung	Bionische Führung
Element:	Abschn.	*Level*	1	2	3	4	5	6	7	8
Lernende Organisation	2.2.3.2 a)	***Lernen im Team***	*Wissen wird nicht geteilt; Fehler sind „tödlich“*	*Unidirektionales Lernen der „Jungen“ von den „Alten“*	*Es existiert kein systematischer Lernprozess; Fehler werden streng geahndet*	*Formales Lernen fokussiert auf bessere Performance; mangels Fehlerkultur werden Fehler vertuscht*	*Lernen wird an der Strategie ausgerichtet; ein formaler „Lessons Learned“ Prozess existiert, aber Fehler sind unerwünscht*	*Wissen wird offen geteilt, persönliches Wachstum und die Entwicklung der Gemeinschaft steht im Fokus; Fehler werden reflektiert*	*Kollektives Lernen ist ein natürlicher Teil der Zusammenarbeit, in der Fehler als wertvolle Bereicherung reflektiert werden*	*Jede Handlung wird als Teil eines Lernprozesses gesehen und erhöht das kollektive Systembewusstsein*

(Fortsetzung)

Tab. 4.2 (Fortsetzung)

			Wirtschaft 1.0		Wirtschaft 2.0		Wirtschaft 3.0		Wirtschaft 4.0	
			Vor Adam Smith		19./20. Jahrhundert		Um 1980		21. Jahrhundert	
			Statisch		Linear		Multi-Dimensional		Dynamisch	
		Autonomie	0 %	0 %	10 %	10 %	30 %	30 %	60 %	60%
		Vertrauen	0 %	10 %	10 %	20 %	20 %	40 %	40 %	80 %
		Handlungsorientierung	Führungs-Orientierung	System-Orientierung	Führungs-Orientierung	System-Orientierung	Führungs-Orientierung	System-Orientierung	Führungs-Orientierung	System-Orientierung
		Führungsstil	Egofokussierte Führung	Anschluss-orientierte Führung	Autoritäre Führung	Regulierende Führung	Transaktionale Führung	Partizipative Führung	Transformative Führung	Bionische Führung
Element:	Abschn.	*Level*	1	2	3	4	5	6	7	8
	2.2.3.2 b)	***Denken im System***	*Es gibt kein Konzept eines Systems, da nur das „ich“ und das „jetzt“ zählen*	*Der engste Kreis wird als das einzig relevante System gesehen; was einmal funktioniert hat, wird als immer funktionierend angenommen*	*Die Organisation repräsentiert das einzig relevante System; Machtausbau wird durch lineare Ursache-Wirkungsannahmen angestrebt*	*Alles wird als Teil eines linearen Ursache-Wirkungsmechanismus' angesehen, der durch klare Prozesse geregelt werden kann*	*Die Abhängigkeit von benachbarten Systemen wird opportunistisch als erfolgsrelevant anerkannt*	*Die Bedürfnisse der nächsthöheren Systeme sind wichtiger als Erfolgsmaximierung; Systembeziehungen werden zu Abwägungsfragen*	*Die Organisation versteht und berücksichtigt alle für ihre Aktivitäten relevanten Systemabhängigkeiten*	*Die Organisation hat verinnerlicht, dass alles miteinander verbunden ist und jede Lösung den besten Nutzen für alle repräsentieren muss*

(Fortsetzung)

Tab. 4.2 (Fortsetzung)

			Wirtschaft 1.0		Wirtschaft 2.0		Wirtschaft 3.0		Wirtschaft 4.0	
			Vor Adam Smith		19./20. Jahrhundert		Um 1980		21. Jahrhundert	
			Statisch		Linear		Multi-Dimensional		Dynamisch	
		Autonomie	0 %	0 %	10 %	10 %	30 %	30 %	60 %	60%
		Vertrauen	0 %	10 %	10 %	20 %	20 %	40 %	40 %	80 %
		Handlungsorientierung	Führungs-Orientierung	System-Orientierung	Führungs-Orientierung	System-Orientierung	Führungs-Orientierung	System-Orientierung	Führungs-Orientierung	System-Orientierung
		Führungsstil	Egofokussierte Führung	Anschlussorientierte Führung	Autoritäre Führung	Regulierende Führung	Transaktionale Führung	Partizipative Führung	Transformative Führung	Bionische Führung
Element:	Abschn.	*Level*	1	2	3	4	5	6	7	8
	2.2.3.2 c)	***Persönliches Können und Wachstum***	*Mangels Perspektiven gibt es keine Ambition für persönliches Wachstum in der Organisation*	*Persönliche Weiterentwicklung ist auf die Stabilisierung der aktuellen Tätigkeit und Position begrenzt*	*Persönliches Können muss den Zielen der Organisation dienen; persönliches Wachstum ist nicht erwünscht*	*Persönliches Können ist beförderungsrelevant; persönliches Wachstum wird standardisiert gefördert*	*Persönliche Weiterentwicklungsziele werden insoweit gefördert, als sie der Strategie dienen und wettbewerbsrelevant sind*	*Persönliches Wachstum ist ein prioritäres Ziel; fachliches Können wird als sekundär nach sozialer und emotionaler Kompetenz angesehen*	*Die persönliche Vision ist mit der Rolle in der Organisation harmonisiert; Exzellenz entfaltet sich durch Leidenschaft für die Tätigkeit*	*Die Organisation ist bevorzugter Raum für persönliches Wachstum und inspiriert ein konstantes Streben nach Exzellenz*

(Fortsetzung)

Tab. 4.2 (Fortsetzung)

			Wirtschaft 1.0		Wirtschaft 2.0		Wirtschaft 3.0		Wirtschaft 4.0	
			Vor Adam Smith		19./20. Jahrhundert		Um 1980		21. Jahrhundert	
			Statisch		Linear		Multi-Dimensional		Dynamisch	
		Autonomie	0 %	0 %	10 %	10 %	30 %	30 %	60 %	60%
		Vertrauen	0 %	10 %	10 %	20 %	20 %	40 %	40 %	80 %
		Handlungsorientierung	Führungs-Orientierung	System-Orientierung	Führungs-Orientierung	System-Orientierung	Führungs-Orientierung	System-Orientierung	Führungs-Orientierung	System-Orientierung
		Führungsstil	Egofokussierte Führung	Anschluss-orientierte Führung	Autoritäre Führung	Regulierende Führung	Transaktionale Führung	Partizipative Führung	Transformative Führung	Bionische Führung
Element:	Abschn.	*Level*	1	2	3	4	5	6	7	8
	2.2.3.2 d)	***Mentale Modelle***	*Entscheidungen werden impulsiv getroffen, ohne einen Prozess der Reflexion oder Generalisierung*	*Mentale Konzepte sind in der Historie verankert und werden nicht hinterfragt*	*Die Führung gibt die Interpretation der Realität vor*	*Höhere Hierarchielevel geben Orientierung, da sie grundsätzlich als kompetenter angesehen werden*	*Dominante mentale Modelle werden nur in Frage gestellt, wenn sie gegenüber dem Wettbewerb offensichtlich versagen*	*Mentale Modelle entstehen in der Gemeinschaft und werden grundsätzlich von allen geteilt*	*Mentale Modelle werden als temporär hilfreich angesehen, allerdings unterliegen sie ständiger Veränderung*	*Mentale Modelle werden immer weniger relevant, da das Bedürfnis nach Erklärung durch die Offenheit für die Entfaltung der Zukunft ersetzt wird*

Tab. 4.3 Qualitative Schnellbewertung des GCH-Faktors „Positive Anerkennung"

			Wirtschaft 1.0		Wirtschaft 2.0		Wirtschaft 3.0		Wirtschaft 4.0	
			Vor Adam Smith		19./20. Jahrhundert		Um 1980		21. Jahrhundert	
			Statisch		Linear		Multi-Dimensional		Dynamisch	
		Autonomie	0 %	0 %	10 %	10 %	30 %	30 %	60 %	60 %
		Vertrauen	0 %	10 %	10 %	20 %	20 %	40 %	40 %	80 %
		Handlungsorientierung	Führungs-Orientierung	System-Orientierung	Führungs-Orientierung	System-Orientierung	Führungs-Orientierung	System-Orientierung	Führungs-Orientierung	System-Orientierung
		Führungsstil	Egofokussierte Führung	Anschlussorientierte Führung	Autoritäre Führung	Regulierende Führung	Transaktionale Führung	Partizipative Führung	Transformative Führung	Bionische Führung
Element:	Abschn.	*Level*	1	2	3	4	5	6	7	8
Positive Anerkennung	2.2.3.1 a)	***Bedürfnisorientiertes Gehaltssystem***	*Ein Minimalgehalt wird auf Stundenbasis gezahlt*	*Ein fixer Stundenlohn mit qualifikationsabhängingem Zuschlag wird einheitlich gezahlt und jährlich angepasst*	*Bei hoher Spreizung ist Gehalt weitgehend intransparent und wird willkürlich festgelegt*	*Die Kompensation richtet sich im Wesentlichen nach der Betriebszugehörigkeit (und der Ausbildung)*	*Kompensation wird individuell verhandelt und enthält ein hohes Bonuselement, um den internen Wettbewerb zu stimulieren*	*Kompensation richtet sich nach der Kompetenz und enthält einen Team- und einen kollektiven Bonus (transparent mit geringer Spreizung)*	*Kompensation versucht mit hoher Fairness und Transparenz den jeweiligen Beitrag sowie die Bedürfnisse zu berücksichtigen*	*Kompensation wird kollektiv beschlossen, indem der jeweilige Beitrag sowie die Bedürfnisse berücksichtigt werden*

(Fortsetzung)

Tab. 4.3 (Fortsetzung)

			Wirtschaft 1.0		Wirtschaft 2.0		Wirtschaft 3.0		Wirtschaft 4.0	
			Vor Adam Smith		19./20. Jahrhundert		Um 1980		21. Jahrhundert	
			Statisch		Linear		Multi-Dimensional		Dynamisch	
		Autonomie	0 %	0 %	10 %	10 %	30 %	30 %	60 %	60 %
		Vertrauen	0 %	10 %	10 %	20 %	20 %	40 %	40 %	80 %
		Handlungsorientierung	Führungs-Orientierung	System-Orientierung	Führungs-Orientierung	System-Orientierung	Führungs-Orientierung	System-Orientierung	Führungs-Orientierung	System-Orientierung
		Führungsstil	Egofokussierte Führung	Anschluss-orientierte Führung	Autoritäre Führung	Regulierende Führung	Transaktionale Führung	Partizipative Führung	Transformative Führung	Bionische Führung
Element:	Abschn.	*Level*	1	2	3	4	5	6	7	8
	2.2.3.1 b)	***Gehaltsgerechtigkeit***	*Es existieren wenige Vergleichsmöglichkeiten – Gehalt wird abhängig von der Verhandlungsmacht individuell vereinbart*	*Das System ist stark intransparent, während ein interner Kreis bevorzugt wird*	*Die Machtstruktur reflektiert sich in einer hohen Gehaltsspreizung*	*Das Gehaltssystem ist transparent und stark reguliert bei begrenzter Spreizung und geringem Leistungsbezug*	*Hohe Gehaltsvariabilität bei gleicher Aufgabenverteilung, abhängig von Leistung und Verhandlungsgeschick, wird als ungerecht wahrgenommen*	*Eine geringe Gehaltsspreizung zielt eher auf gleichmäßige, als auf gerechte Verteilung ab*	*Durch hohe Überdeckung mit der jeweiligen Rolle und Verantwortung wird eine hohe Gehaltsgerechtigkeit wahrgenommen*	*Aufgrund eines partizipativen Verteilungsprozesses wird Gehalt wird als gerecht wahrgenommen*

(Fortsetzung)

Tab. 4.3 (Fortsetzung)

			Wirtschaft 1.0		Wirtschaft 2.0		Wirtschaft 3.0		Wirtschaft 4.0	
			Vor Adam Smith		19./20. Jahrhundert		Um 1980		21. Jahrhundert	
			Statisch		Linear		Multi-Dimensional		Dynamisch	
		Autonomie	0 %	0 %	10 %	10 %	30 %	30 %	60 %	60 %
		Vertrauen	0 %	10 %	10 %	20 %	20 %	40 %	40 %	80 %
		Handlungsorientierung	Führungs-Orientierung	System-Orientierung	Führungs-Orientierung	System-Orientierung	Führungs-Orientierung	System-Orientierung	Führungs-Orientierung	System-Orientierung
		Führungsstil	Egofokussierte Führung	Anschluss-orientierte Führung	Autoritäre Führung	Regulierende Führung	Transaktionale Führung	Partizipative Führung	Transformative Führung	Bionische Führung
Element:	Abschn.	*Level*	1	2	3	4	5	6	7	8
	2.2.3.1 c)	***Positive Feedback-Kultur***	*Feedback erhält man nur aus der eigenen negativen Erfahrung*	*Feedback in Form von Zugehörigkeitsgefühl wird innerhalb der Gruppe gegeben*	*Ausschließlich negatives Feedback wird top-down als disziplinarische Maßnahme genutzt*	*Es existiert ein formalisierter Prozess für jährliches Feedback bezüglich Zielerreichung, aber wenigen persönlichen Elementen*	*Feedback wird 2x im Jahr als strategische Motivationsmethodik gegeben*	*Der Fokus in der Organisation liegt auf regelmäßigem positivem Feedback, bei dem allerdings Kritik in der Regel vermieden wird*	*Multidirektionales Feedback wird regelmäßig und zeitnah in allen Interaktionen gegeben – vertrauensvoll, ermutigend und ehrlich*	*Feedback ist inhärent in alle Interaktionen als Teil einer authentischen und transparenten Kommunikationskultur integriert*

(Fortsetzung)

Tab. 4.3 (Fortsetzung)

			Wirtschaft 1.0		Wirtschaft 2.0		Wirtschaft 3.0		Wirtschaft 4.0	
			Vor Adam Smith		19./20. Jahrhundert		Um 1980		21. Jahrhundert	
			Statisch		Linear		Multi-Dimensional		Dynamisch	
		Autonomie	0 %	0 %	10 %	10 %	30 %	30 %	60 %	60 %
		Vertrauen	0 %	10 %	10 %	20 %	20 %	40 %	40 %	80 %
		Handlungsorientierung	Führungs-Orientierung	System-Orientierung	Führungs-Orientierung	System-Orientierung	Führungs-Orientierung	System-Orientierung	Führungs-Orientierung	System-Orientierung
		Führungsstil	Egofokussierte Führung	Anschluss-orientierte Führung	Autoritäre Führung	Regulierende Führung	Transaktionale Führung	Partizipative Führung	Transformative Führung	Bionische Führung
Element:	Abschn.	*Level*	1	2	3	4	5	6	7	8
	2.2.3.1 d)	***Arbeitsplatz-Sicherheit***	*Keine Arbeitsplatzsicherheit über den aktuellen Tag hinaus*	*Sicherheit in einem unsicheren wirtschaftlichen Umfeld hängt stark von der Zugehörigkeit von einem engeren Kreis ab*	*Ein reiner Fokus auf ökonomische Interessen und häufige Restrukturierungen führen zu geringer Arbeitsplatzsicherheit*	*Eine hohe prozedurale Arbeitsplatzsicherheit existiert selbst bei mittelfristig wirtschaftlicher Unsicherheit*	*Eine befristete Arbeitsplatzgarantie ist verbunden mit einer historisch ununterbrochenen Erfolgsgeschichte*	*Entlassungen werden in der Organisation um jeden Preis vermieden, auch auf Kosten wirtschaftlicher Vernunft*	*Regelmäßige Arbeitsplatzwechsel werden als Teil eines dynamischen Flusses organisatorischer Notwendigkeiten angesehen, die das Leben bereichern*	*Ein hoher Grad an innerer Sicherheit wird durch eine intensive Kultur der Fürsorge und des Vertrauens unterstützt*

(Fortsetzung)

Tab. 4.3 (Fortsetzung)

			Wirtschaft 1.0		Wirtschaft 2.0		Wirtschaft 3.0		Wirtschaft 4.0	
			Vor Adam Smith		19./20. Jahrhundert		Um 1980		21. Jahrhundert	
			Statisch		Linear		Multi-Dimensional		Dynamisch	
		Autonomie	0 %	0 %	10 %	10 %	30 %	30 %	60 %	60 %
		Vertrauen	0 %	10 %	10 %	20 %	20 %	40 %	40 %	80 %
		Handlungsorientierung	Führungs-Orientierung	System-Orientierung	Führungs-Orientierung	System-Orientierung	Führungs-Orientierung	System-Orientierung	Führungs-Orientierung	System-Orientierung
		Führungsstil	Egofokussierte Führung	Anschlussorientierte Führung	Autoritäre Führung	Regulierende Führung	Transaktionale Führung	Partizipative Führung	Transformative Führung	Bionische Führung
Element:	Abschn.	*Level*	1	2	3	4	5	6	7	8
	2.2.3.1 d)	***Arbeitsplatz-Qualität***	*Arbeitsplätze werden nur temporär zugewiesen und ihre Qualität erfüllt gerade das notwendige Minimum*	*Symbolische Arbeitsplatzverbesserungen sind bedarfsunabhängig ein Zeichen von Zugehörigkeit zum „inneren Kreis“*	*Arbeitsplätze befriedigen die minimalen Notwendigkeiten für die Tätigkeit*	*Arbeitsplätze sind eher praktisch eingerichtet und ihre Qualität hängt stark vom Hierarchielevel ab*	*Arbeitsplätze sind so designet, dass sie Arbeitseffizienz fördern, während das Campus-Design eine repräsentative Funktion hat*	*Arbeitsplätze sowie Campus-Qualität sind so designet, dass sie Kollaboration und Kommunikation fördern*	*Bei qualitativ hohem Campus-Design kann das Arbeitsplatzlayout dynamisch den Anforderungen von Flow, Kreativität und Interaktion angepasst werden*	*Campus sowie alle Arbeitsbereiche und -plätze sind eine Inspiration über die Tätigkeit hinaus*

Tab. 4.4 Qualitative Schnellbewertung des GCH-Faktors „Strategische Nachhaltigkeit"

			Wirtschaf 1.0		Wirtschaft 2.0		Wirtschaft 3.0		Wirtschaft 4.0	
			Vor Adam Smith		19./20. Jahrhundert		Um 1980		21. Jahrhundert	
			Statisch		Linear		Multi-Dimensional		Dynamisch	
		Autonomie	0 %	0 %	10 %	10 %	30 %	30 %	60 %	60 %
		Vertrauen	0 %	10 %	10 %	20 %	20 %	40 %	40 %	80 %
		Handlungs-orientierung	Führungs-Orientierung	System-Orientierung	Führungs-Orientierung	System-Orientierung	Führungs-Orientierung	System-Orientierung	Führungs-Orientierung	System-Orientierung
		Führungsstil	Egofokussierte Führung	Anschluss-orientierte Führung	Autoritäre Führung	Regulierende Führung	Transaktionale Führung	Partizipative Führung	Transformative Führung	Bionische Führung
Element:	Abschn.	*Level*	1	2	3	4	5	6	7	8
Strategische Nachhaltigkeit	2.2.4.3 a)	***Unternehmerischer „Fußabdruck"***	Ökologische Auswirkungen werden als irrelevant ignoriert	Ökologie wird gelegentlich berücksichtigt, aber nur im eigenen „Hinterhof"	Allgemeingüter werden rücksichtslos im Rahmen der Möglichkeiten ausgebeutet	Ökologische Anforderungen werden entsprechend den gesetzlichen Verpflichtungen berücksichtigt	Ökologische Auswirkungen werden bezüglich der eigenen organisatorischen Tätigkeiten berücksichtigt	Es ist grundsätzliche Strategie, die Auswirkungen auf das ökologische System zu minimieren	Der Fokus auf Nachhaltigkeit schließt die gesamte Supply Chain ein	Es ist Teil der Strategie, systematisch einen neutralen bzw. positiven ökologischen Fußabdruck zu erreichen (e.g. Blue Economy)

(Fortsetzung)

Tab. 4.4 (Fortsetzung)

			Wirtschaf 1.0		Wirtschaft 2.0		Wirtschaft 3.0		Wirtschaft 4.0	
			Vor Adam Smith		19./20. Jahrhundert		Um 1980		21. Jahrhundert	
			Statisch		Linear		Multi-Dimensional		Dynamisch	
		Autonomie	0 %	0 %	10 %	10 %	30 %	30 %	60 %	60 %
		Vertrauen	0 %	10 %	10 %	20 %	20 %	40 %	40 %	80 %
		Handlungs-orientierung	Führungs-Orientierung	System-Orientierung	Führungs-Orientierung	System-Orientierung	Führungs-Orientie-rung	System-Orientierung	Führungs-Orientie-rung	System-Orientie-rung
		Führungsstil	Egofo-kussierte Führung	Anschluss-orientierte Führung	Autoritäre Führung	Regu-lierende Führung	Transak-tionale Führung	Partizi-pative Führung	Transfor-mative Führung	Bionische Führung
Element:	Abschn.	*Level*	1	2	3	4	5	6	7	8
	2.2.4.3 b)	***Betrag des Produkt-/ Dienstleis-tungsport-folios zu Megatrends***	Produkte und Dienst-leistungen sind auf kurzfristigen Erfolg aus-gerichtet	Produkte und Dienst-leistungen fokussieren auf lokale Trends	Produkte und Dienst-leistungen fokussie-ren auf kurzfristige maximale Marktaus-beutung	Produkte und Dienst-leistungen folgen dem existieren-den Main-stream und etablierten Trends	Produkte und Dienst-leistungen adressieren opportu-nistisch Megatrends, um Markt-führerschaft zu erzielen	Produkte und Dienst-leistungen folgen aus dem Streben nach hoher sozialer und ökolo-gischer Verantwor-tung	Produkte und Dienst-leistungen zielen auf disruptive Lösungen für Her-ausforde-rungen von Megatrends	Das grund-sätzliche Ziel der Organisa-tion ist es, kollektive Herausfor-derungen der Zukunft durch innovative Lösungen zu adres-sieren

(Fortsetzung)

Tab. 4.4 (Fortsetzung)

			Wirtschaf 1.0		Wirtschaft 2.0		Wirtschaft 3.0		Wirtschaft 4.0	
			Vor Adam Smith		19./20. Jahrhundert		Um 1980		21. Jahrhundert	
			Statisch		Linear		Multi-Dimensional		Dynamisch	
		Autonomie	0 %	0 %	10 %	10 %	30 %	30 %	60 %	60 %
		Vertrauen	0 %	10 %	10 %	20 %	20 %	40 %	40 %	80 %
		Handlungs-orientierung	Führungs-Orientierung	System-Orientierung	Führungs-Orientierung	System-Orientierung	Führungs-Orientierung	System-Orientierung	Führungs-Orientierung	System-Orientierung
		Führungsstil	Egofokussierte Führung	Anschluss-orientierte Führung	Autoritäre Führung	Regulierende Führung	Transaktionale Führung	Partizipative Führung	Transformative Führung	Bionische Führung
Element:	Abschn.	*Level*	1	2	3	4	5	6	7	8
	2.2.4.3 c)	***Öko-Soziales Mitarbeiter-bewusstsein***	Öko-soziales Bewusstsein ist nicht existent, nur das Eigeninteresse zählt	Gelegentlich und opportunistisch beteiligt man sich an CSR-Aktivitäten im unmittelbaren Umfeld	Eine machtfokussierte Führung inspiriert nicht zu ökologischem oder sozialem Engagement	Die Führung fördert ökologisches und soziales Engagement im Rahmen der gesetzlichen Vorschriften	Zu ökologischem und sozialem Engagement wird ermutigt, sofern es der positiven Reputation dient	Ökologisches und soziales Engagement wird als Teil des persönlichen Engagements von allen erwartet	Die Führung repräsentiert ein glaubwürdiges Rollenmodell für ökologisches Bewusstsein und soziales Engagement	Ökologisches Bewusstsein und soziales Engagement sind ein integraler Teil des Geschäftsmodelles

(Fortsetzung)

Tab. 4.4 (Fortsetzung)

			Wirtschaf 1.0		Wirtschaft 2.0		Wirtschaft 3.0		Wirtschaft 4.0	
			Vor Adam Smith		19./20. Jahrhundert		Um 1980		21. Jahrhundert	
			Statisch		Linear		Multi-Dimensional		Dynamisch	
		Autonomie	0 %	0 %	10 %	10 %	30 %	30 %	60 %	60 %
		Vertrauen	0 %	10 %	10 %	20 %	20 %	40 %	40 %	80 %
		Handlungs-orientierung	Führungs-Orientierung	System-Orientierung	Führungs-Orientierung	System-Orientierung	Führungs-Orientie-rung	System-Orientierung	Führungs-Orientie-rung	System-Orientie-rung
		Führungsstil	Egofo-kussierte Führung	Anschluss-orientierte Führung	Autoritäre Führung	Regu-lierende Führung	Transak-tionale Führung	Partizi-pative Führung	Transfor-mative Führung	Bionische Führung
Element:	Abschn.	*Level*	1	2	3	4	5	6	7	8
	2.2.4.3 d)	***Gefährdung des Geschäfts-modelles durch ökologische Anforde-rungen***	Das Geschäfts-modell fokussiert auf kurz-fristigen Erfolg, ohne Berücksich-tigung öko-logischer Anforderun-gen	Das Geschäfts-modell basiert auf einer historischen Geschäft-sidee und erkennt neue ökologische Anforderun-gen nicht an	Das Geschäfts-modell basiert auf der Ausbeutung natürlicher irdischer Vorkommen	Die schrittweise Verbesse-rung des Geschäfts-modelles kann gerade mit den ökolo-gischen Regulierun-gen Schritt halten	Die Geschäfts-strategie beinhal-tet auch Elemente für konti-nuierliche ökologische Verbesse-rung	Das Geschäfts-modell zielt auf ökologische Verbes-serungen durch Selbstbe-schränkung	Die Geschäfts-strategie fokussiert explizit auf disruptive ökologische Verbesse-rungen	Das Geschäfts-modell ist harmo-nisch und nachhaltig in das öko-logische System integriert

Tab. 4.5 Qualitative Schnellbewertung des GCH-Faktors „Kollaborative Agilität“

			Wirtschaft 1.0		Wirtschaft 2.0		Wirtschaft 3.0		Wirtschaft 4.0	
			Vor Adam Smith		19./20. Jahrhundert		Um 1980		21. Jahrhundert	
			Statisch		Linear		Multi-Dimensional		Dynamisch	
		Autonomie	0 %	0 %	10 %	10 %	30 %	30 %	60 %	60 %
		Vertrauen	0 %	10 %	10 %	20 %	20 %	40 %	40 %	80 %
		Handlungs-orientierung	Führungs-Orientierung	System-Orientierung	Führungs-Orientierung	System-Orientierung	Führungs-Orientierung	System-Orientierung	Führungs-Orientierung	System-Orientierung
		Führungsstil	Egofokussierte Führung	Anschlussorientierte Führung	Autoritäre Führung	Regulierende Führung	Transaktionale Führung	Partizipative Führung	Transformative Führung	Bionische Führung
Element:	Abschn.	*Level*	1	2	3	4	5	6	7	8
Kollaborative Agilität	2.2.4.2 a)	***Wissensaustausch, Kreativität & Innovation***	Wissen wird grundsätzlich nicht geteilt, da jeder ein potenzieller Konkurrent ist	Erfahrung wird nur in einem inneren Kreis weitergegeben	Es existiert keine Kultur der Wissensteilung, da Wissen zu Macht verhilft	Die Teilung von explizitem Wissen ist systematisch organisiert; implizites Wissen wird nicht berücksichtigt	Implizitem Wissen wird strategisch für persönlichen Erfolg genutzt; Know-how wird nach extern geschützt (Patente, etc.)	Es herrscht offene Wissensteilung, aber nur begrenzte Anerkennung von individuellem Wissen oder Fähigkeiten	Implizites Wissen wird in der Organisation geschätzt und offen geteilt; extern existiert eine Open Source Strategie	Explizites und implizites Wissen wird offen geteilt, da im allgemeinen Verständnis Kenntnisse nicht „besessen“ werden können

(Fortsetzung)

Tab. 4.5 (Fortsetzung)

			Wirtschaft 1.0		Wirtschaft 2.0		Wirtschaft 3.0		Wirtschaft 4.0	
			Vor Adam Smith		19./20. Jahrhundert		Um 1980		21. Jahrhundert	
			Statisch		Linear		Multi-Dimensional		Dynamisch	
		Autonomie	0 %	0 %	10 %	10 %	30 %	30 %	60 %	60 %
		Vertrauen	0 %	10 %	10 %	20 %	20 %	40 %	40 %	80 %
		Handlungs-orientierung	Führungs-Orientierung	System-Orientierung	Führungs-Orientierung	System-Orientierung	Führungs-Orientierung	System-Orientierung	Führungs-Orientierung	System-Orientierung
		Führungsstil	Egofokussierte Führung	Anschlussorientierte Führung	Autoritäre Führung	Regulierende Führung	Transaktionale Führung	Partizipative Führung	Transformative Führung	Bionische Führung
Element:	Abschn.	*Level*	1	2	3	4	5	6	7	8
	2.2.4.2 b)	***Gemeinschaftsgefühl***	Es existieren keine wirklichen Beziehungen, nur eine Kultur der tolerierten Koexistenz	Nur der engste Kreis bildet die Gemeinschaft	Es existiert eine „Victim Community" der machtlosen, während gegenseitiges Misstrauen mit zunehmender Macht wächst	Hierarchien repräsentieren die einzig relevanten strukturellen Beziehungen	Eine "Kult-ähnliche" Gemeinschaft unterstützt die Strategie, während individuelle Beziehungen für das eigene Vorankommen genutzt werden	Die Organisation ist eine Gemeinschaft von Gleichen als verbindendes Kernprinzip	Ein engmaschiges internes Netzwerk bildet sich natürlich und verändert sich mit den Systemdynamiken	Die Mitarbeiter fühlen sich als „Mitglieder" einer sich gegenseitig unterstützenden Community

(Fortsetzung)

Tab. 4.5 (Fortsetzung)

			Wirtschaft 1.0		Wirtschaft 2.0		Wirtschaft 3.0		Wirtschaft 4.0	
			Vor Adam Smith		19./20. Jahrhundert		Um 1980		21. Jahrhundert	
			Statisch		Linear		Multi-Dimensional		Dynamisch	
		Autonomie	0 %	0 %	10 %	10 %	30 %	30 %	60 %	60 %
		Vertrauen	0 %	10 %	10 %	20 %	20 %	40 %	40 %	80 %
		Handlungs-orientierung	Führungs-Orientierung	System-Orientierung	Führungs-Orientierung	System-Orientierung	Führungs-Orientierung	System-Orientierung	Führungs-Orientierung	System-Orientierung
		Führungsstil	Egofokussierte Führung	Anschlussorientierte Führung	Autoritäre Führung	Regulierende Führung	Transaktionale Führung	Partizipative Führung	Transformative Führung	Bionische Führung
Element:	Abschn.	*Level*	1	2	3	4	5	6	7	8
	2.2.4.2 c)	***Mitarbeitervielfalt***	Nur das eigene Selbst zählt	Nur das eigene, engste Netzwerk von Gleichen ist wichtig	Organisatorischer „Darwinismus“ verhindert Vielfalt, da es die Mehrheit bevorzugt	Die Herkunft entscheidet über den Status; Uniformität wird bevorzugt, um die Vorhersehbarkeit zu steigern	Selektive Vielfalt wird als Chance für die strategischen Ziele verstanden; allerdings findet nur begrenzt Integration statt	Gleichwertigkeit ist ein fundamentales Organisationsprinzip, während das Potenzial von Unterschieden wenig Anerkennung findet	Multidimensionale Vielfalt und Inklusion wird systematisch gefördert und ausgebaut	Es besteht eine Kultur der Einheit in der Vielfalt

(Fortsetzung)

Tab. 4.5 (Fortsetzung)

			Wirtschaft 1.0		Wirtschaft 2.0		Wirtschaft 3.0		Wirtschaft 4.0	
			Vor Adam Smith		19./20. Jahrhundert		Um 1980		21. Jahrhundert	
			Statisch		Linear		Multi-Dimensional		Dynamisch	
		Autonomie	0 %	0 %	10 %	10 %	30 %	30 %	60 %	60 %
		Vertrauen	0 %	10 %	10 %	20 %	20 %	40 %	40 %	80 %
		Handlungs-orientierung	Führungs-Orientierung	System-Orientierung	Führungs-Orientierung	System-Orientierung	Führungs-Orientierung	System-Orientierung	Führungs-Orientierung	System-Orientierung
		Führungsstil	Egofokussierte Führung	Anschluss-orientierte Führung	Autoritäre Führung	Regulierende Führung	Transaktionale Führung	Partizipative Führung	Transformative Führung	Bionische Führung
Element:	Abschn.	*Level*	1	2	3	4	5	6	7	8
	2.2.4.2 d)	***Ausschluss von Macht-missbrauch***	Es existiert uneingeschränkte Machtausübung der Stärkeren	Nur wenn man Teil des „inneren Kreises“ ist, wird man vor Machtmissbrauch geschützt	Machtmissbrauch wird als Führungsinstrument uneingeschränkt eingesetzt	Machtmissbrauch wird formal abgelehnt und existiert offiziell nicht, findet allerdings gelegentlich dennoch statt	Machtmissbrauch wird eskaliert, aber die Konsequenzen werden mit den Unternehmensinteressen abgewogen	Machtmissbrauch ist formal abgeschafft, aber ist noch in emotionaler Form präsent	Machtmissbrauch hat keinen großen Effekt, da Macht in der Organisationsstruktur kaum noch relevant ist	Macht ist keine relevante Antriebskraft mehr in der Organisation, so dass sie auch nicht missbraucht werden kann

Tab. 4.6 Qualitative Schnellbewertung des GCH-Faktors „Ganzheitliche Fürsorge“

			Wirtschaft 1.0		Wirtschaft 2.0		Wirtschaft 3.0		Wirtschaft 4.0	
			Vor Adam Smith		19./20. Jahrhundert		Um 1980		21. Jahrhundert	
			Statisch		Linear		Multi-Dimensional		Dynamisch	
		Autonomie	0 %	0 %	10 %	10 %	30 %	30 %	60 %	60 %
		Vertrauen	0 %	10 %	10 %	20 %	20 %	40 %	40 %	80 %
		Handlungs-orientierung	Führungs-Orientierung	System-Orientierung	Führungs-Orientie-rung	System-Ori-entierung	Führungs-Orientie-rung	System-Ori-entierung	Führungs-Orientierung	System-Ori-entierung
		Führungsstil	Egofo-kussierte Führung	Anschluss-orientierte Führung	Autoritäre Führung	Regu-lierende Führung	Transak-tionale Führung	Partizipative Führung	Transforma-tive Führung	Bionische Führung
Element:	Abschn.	*Level*	1	2	3	4	5	6	7	8
Ganz-heitliche Fürsorge	2.2.4.1 a)	***Physische Fürsorge (regulie-rend)***	Physische Sicherheit ist persönli-che Verant-wortung	Schwer-punkt für minimalen physischen Schutz ist der „innere Kreis“	Wirt-schaftlich vertretbare physische Regelungen sollen den Erhalt der Arbeitskraft sicherstellen	Physische Schutzmaß-nahmen existieren im Rahmen der gesetzlichen Regelungen	Physische Schutzrege-lungen sind Teil einer systema-tischen Strategie, um die Abwesen-heitsquote zu minimie-ren	Die Orga-nisation verfolgt eine grund-sätzliche Strategie der höchst-möglichen physischen Sicherheit	Ursachen von physischen Gefahren werden systematisch analysiert, um Rege-lungen mit vertretbarer Selbstverant-wortung zu kombinieren	Der Fokus der physi-schen Für-sorge liegt nicht auf der Besei-tigung der Symptome, sondern dar-auf, die sys-temischen Gründe zu verändern

(Fortsetzung)

Tab. 4.6 (Fortsetzung)

			Wirtschaft 1.0		Wirtschaft 2.0		Wirtschaft 3.0		Wirtschaft 4.0	
			Vor Adam Smith		19./20. Jahrhundert		Um 1980		21. Jahrhundert	
			Statisch		Linear		Multi-Dimensional		Dynamisch	
		Autonomie	0 %	0 %	10 %	10 %	30 %	30 %	60 %	60 %
		Vertrauen	0 %	10 %	10 %	20 %	20 %	40 %	40 %	80 %
		Handlungs-orientierung	Führungs-Orientierung	System-Orientierung	Führungs-Orientie-rung	System-Ori-entierung	Führungs-Orientie-rung	System-Ori-entierung	Führungs-Orientierung	System-Ori-entierung
		Führungsstil	Egofo-kussierte Führung	Anschluss-orientierte Führung	Autoritäre Führung	Regu-lierende Führung	Transak-tionale Führung	Partizipative Führung	Transforma-tive Führung	Bionische Führung
Element:	Abschn.	*Level*	1	2	3	4	5	6	7	8
	2.2.4.1 b)	***Physische Fürsorge (anbietend)***	Vorsorgende physische Fürsorge ist Privatange-legenheit	Präventive physische Fürsorge besteht lediglich in Form von selektiven Ritualen in der Gruppe	Physische Prävention ist der hie-rarchischen Spitze der Organisa-tion vorbe-halten	Eine begrenzte Zahl an Standard-program-men zur physischen Fürsorge existiert	Präventive physische Fürsorge ist integraler Teil der betrieb-lichen Gesund-heitsförde-rung	Ein breites Angebot an physischen Präven-tionspro-grammen existiert und ist für alle zugänglich	Präventive physische Gesundheits-förderung ist freiwillig, aber ein breites Spektrum an Angeboten erlaubt eine individuelle Auswahl	Physische Gesund-heitsvor-sorge ist integraler Teil der organisa-torischen Fürsorge und auf die indivi-duellen Bedürfnisse abgestimmt

(Fortsetzung)

Tab. 4.6 (Fortsetzung)

			Wirtschaft 1.0		Wirtschaft 2.0		Wirtschaft 3.0		Wirtschaft 4.0	
			Vor Adam Smith		19./20. Jahrhundert		Um 1980		21. Jahrhundert	
			Statisch		Linear		Multi-Dimensional		Dynamisch	
		Autonomie	0 %	0 %	10 %	10 %	30 %	30 %	60 %	60 %
		Vertrauen	0 %	10 %	10 %	20 %	20 %	40 %	40 %	80 %
		Handlungs-orientierung	Führungs-Orientierung	System-Orientierung	Führungs-Orientie-rung	System-Ori-entierung	Führungs-Orientie-rung	System-Ori-entierung	Führungs-Orientierung	System-Ori-entierung
		Führungsstil	Egofo-kussierte Führung	Anschluss-orientierte Führung	Autoritäre Führung	Regu-lierende Führung	Transak-tionale Führung	Partizipative Führung	Transforma-tive Führung	Bionische Führung
Element:	Abschn.	*Level*	1	2	3	4	5	6	7	8
	2.2.4.1 c)	***Mentale Fürsorge (regulie-rend)***	Mentale Schwächen führen zu Aussonde-rung	Mentale Schwächen führen zu Ausgren-zung aus dem "inne-ren Kreis"	Mentale Schwächen führen zu systemati-scher Elimi-nierung	Es gibt einen Unterstüt-zungspro-zess zum Umgang mit mentaler Schwäche, wenn sie aktenkundig wird	Unterstüt-zung für ein mentales Gleichge-wicht wird im Rahmen der üblichen Standards angeboten	Unterstüt-zung für ein mentales Gleichge-wicht erhält jeder bei Bedarf; gleichzeitig werden strukturelle Verbes-serungen gesucht	Der Fokus liegt auf dem Ursachen-verständnis für mentales Ungleich-gewicht; Unterstüt-zung bein-haltet auch persönliche Stärkung	Eine hohe Achtsam-keit in der Organisa-tion hilft, mentale Schwächen frühzeitig zu identifi-zieren und ganzheitlich zu unter-stützen

(Fortsetzung)

Tab. 4.6 (Fortsetzung)

			Wirtschaft 1.0		Wirtschaft 2.0		Wirtschaft 3.0		Wirtschaft 4.0	
			Vor Adam Smith		19./20. Jahrhundert		Um 1980		21. Jahrhundert	
			Statisch		Linear		Multi-Dimensional		Dynamisch	
		Autonomie	0 %	0 %	10 %	10 %	30 %	30 %	60 %	60 %
		Vertrauen	0 %	10 %	10 %	20 %	20 %	40 %	40 %	80 %
		Handlungs-orientierung	Führungs-Orientierung	System-Orientierung	Führungs-Orientie-rung	System-Ori-entierung	Führungs-Orientie-rung	System-Ori-entierung	Führungs-Orientierung	System-Ori-entierung
		Führungsstil	Egofo-kussierte Führung	Anschluss-orientierte Führung	Autoritäre Führung	Regu-lierende Führung	Transak-tionale Führung	Partizipative Führung	Transforma-tive Führung	Bionische Führung
Element:	Abschn.	*Level*	1	2	3	4	5	6	7	8
	2.2.4.1 d)	***Mentale Fürsorge (anbietend)***	Mentale Stärke wird voraus-gesetzt; präventive Maßnahmen werden nicht angeboten	Präventive mentale Unter-stützung wird nicht angeboten, da mentale Schwäche innerhalb des engsten Kreises "nicht exis-tieren"	Mentale Stärke wird erwartet, mentale Schwächen führen in der Orga-nisation zu Stigmatisie-rung	Vereinzelte präventive Maßnahmen für ein men-tales Gleich-gewicht werden im Rahmen des Gesund-heitsma-nagements angeboten	Die Orga-nisation fördert präventive Maßnahmen für ein men-tales Gleich-gewicht auf persönlichen Wunsch	Jeder wird ermutigt, an einem breiten Angebot an Program-men zur Förderung eines mentales Gleichge-wicht teilzu-nehmen	Die Orga-nisation unterstützt dabei, einem individuellen Programm zum Erhalt der mentalen Stärke zu folgen	Es wird syste-misch eine Umgebung geschaffen, die das mentale Gleichge-wicht im Arbeitskon-text optimal fördert

Tab. 4.7 Qualitative Schnellbewertung des GCH-Faktors „Verantwortungsvolle Unternehmensführung“

			Wirtschaft 1.0		Wirtschaft 2.0		Wirtschaft 3.0		Wirtschaft 4.0	
			Vor Adam Smith		19./20. Jahrhundert		Um 1980		21. Jahrhundert	
			Statisch		Linear		Multi-Dimensional		Dynamisch	
		Autonomie	0 %	0 %	10 %	10 %	30 %	30 %	60 %	60 %
		Vertrauen	0 %	10 %	10 %	20 %	20 %	40 %	40 %	80 %
		Handlungsorientierung	Führungs-Orientierung	System-Orientierung	Führungs-Orientierung	System-Orientierung	Führungs-Orientierung	System-Orientierung	Führungs-Orientierung	System-Orientierung
		Führungsstil	Egofokussierte Führung	Anschlussorientierte Führung	Autoritäre Führung	Regulierende Führung	Transaktionale Führung	Partizipative Führung	Transformative Führung	Bionische Führung
Element:	Abschn.	*Level*	1	2	3	4	5	6	7	8
Verantwortungsvolle Unternehmensführung	2.2.5.3 a)	***Transparentes Berichtswesen***	Völlige Intransparenz, da Informationen aus Prinzip geheim gehalten werden	Nur generische Informationen werden mit einem inneren Kreis geteilt	Keine Transparenz, da die Führung keine Veranlassung sieht, sich zu rechtfertigen	Transparenz ist beschränkt auf das gesetzliche Minimum (Global Compact GP Learner oder vergleichbar)	Informationsteilung wird intern und extern strategisch eingesetzt (Global Compact GP Active oder vergleichbar)	Transparenz über relevante Information ist ein Grundprinzip (GRI, B-Corp oder vergleichbar)	Integrale Transparenz über die eigenen Tätigkeiten und ihre Auswirkungen auf die benachbarten Systeme wird sichergestellt	Völlige Transparenz in allen Aspekten ist Teil der Organisationskultur

(Fortsetzung)

Tab. 4.7 (Fortsetzung)

			Wirtschaft 1.0		Wirtschaft 2.0		Wirtschaft 3.0		Wirtschaft 4.0	
			Vor Adam Smith		19./20. Jahrhundert		Um 1980		21. Jahrhundert	
			Statisch		Linear		Multi-Dimensional		Dynamisch	
		Autonomie	0 %	0 %	10 %	10 %	30 %	30 %	60 %	60 %
		Vertrauen	0 %	10 %	10 %	20 %	20 %	40 %	40 %	80 %
		Handlungsorientierung	Führungs-Orientierung	System-Orientierung	Führungs-Orientierung	System-Orientierung	Führungs-Orientierung	System-Orientierung	Führungs-Orientierung	System-Orientierung
		Führungsstil	Egofokussierte Führung	Anschlussorientierte Führung	Autoritäre Führung	Regulierende Führung	Transaktionale Führung	Partizipative Führung	Transformative Führung	Bionische Führung
Element:	Abschn.	*Level*	1	2	3	4	5	6	7	8
	2.2.5.3 b)	***Vertrauen in die Führung***	Es gibt keine Führung, der man vertrauen kann – nur sich selbst	Es ist Tradition, den Älteren und Erfahrenen bedingungslos zu vertrauen	Führung durch die Mächtigsten wird durch Druck und Angst abgesichert, die keine Ambition haben, Vertrauen zu erzeugen	Die ernannte Führung wird als bestmöglich qualifiziert angenommen; eine Vertrauensfrage wird nicht gestellt	Es existiert eine heterogene Vertrauensstruktur, die stark von individuellen Beziehungen abhängt	Führung bemüht sich, Vertrauen durch Einbindung der Beteiligten zu gewinnen	Hohes Vertrauen in die Führung entsteht durch charismatischer Führung in Verbindung mit Partizipation	Vertrauen ist ein inhärentes Element der Kultur, da Führung natürlich aus der Organisation emergiert

(Fortsetzung)

Tab. 4.7 (Fortsetzung)

			Wirtschaft 1.0		Wirtschaft 2.0		Wirtschaft 3.0		Wirtschaft 4.0	
			Vor Adam Smith		19./20. Jahrhundert		Um 1980		21. Jahrhundert	
			Statisch		Linear		Multi-Dimensional		Dynamisch	
		Autonomie	0 %	0 %	10 %	10 %	30 %	30 %	60 %	60 %
		Vertrauen	0 %	10 %	10 %	20 %	20 %	40 %	40 %	80 %
		Handlungsorientierung	Führungs-Orientierung	System-Orientierung	Führungs-Orientierung	System-Orientierung	Führungs-Orientierung	System-Orientierung	Führungs-Orientierung	System-Orientierung
		Führungsstil	Egofokussierte Führung	Anschlussorientierte Führung	Autoritäre Führung	Regulierende Führung	Transaktionale Führung	Partizipative Führung	Transformative Führung	Bionische Führung
Element:	Abschn.	*Level*	1	2	3	4	5	6	7	8
	2.2.5.3 c)	***Leistung der Verwaltung***	Die Administration dient primär dazu, der obersten Führung zu dienen	Lokale Selbstverwaltung entsteht innerhalb der Teams, oft aus Unzufriedenheit mit der organisatorischen Administration	Die Administration fokussiert auf die Ausübung und Stabilisierung der Machtverhältnisse	Die Administration ist im Detail durch Prozesse und Regeln reglementiert	Die Administration ist durch standardisierte Prozesse mit hohem Fokus auf Effizienz verschlankt	Die Administration fokussiert auf individuellen Service, was zum Teil aufwendige Prozesse verursacht	Die Administration wird in ihrer elementaren Rolle respektiert, da sie hohe Effizienz mit zugeschnittenem Service sicherstellt	Die Organisation ist weitgehend selbstorganisiert; effiziente administrative Strukturen verändern sich dynamisch nach Bedarf

(Fortsetzung)

Tab. 4.7 (Fortsetzung)

			Wirtschaft 1.0		Wirtschaft 2.0		Wirtschaft 3.0		Wirtschaft 4.0	
			Vor Adam Smith		19./20. Jahrhundert		Um 1980		21. Jahrhundert	
			Statisch		Linear		Multi-Dimensional		Dynamisch	
		Autonomie	0 %	0 %	10 %	10 %	30 %	30 %	60 %	60 %
		Vertrauen	0 %	10 %	10 %	20 %	20 %	40 %	40 %	80 %
		Handlungsorientierung	Führungs-Orientierung	System-Orientierung	Führungs-Orientierung	System-Orientierung	Führungs-Orientierung	System-Orientierung	Führungs-Orientierung	System-Orientierung
		Führungsstil	Egofokussierte Führung	Anschlussorientierte Führung	Autoritäre Führung	Regulierende Führung	Transaktionale Führung	Partizipative Führung	Transformative Führung	Bionische Führung
Element:	Abschn.	*Level*	1	2	3	4	5	6	7	8
	2.2.5.3 d)	***Partizipation***	Eine Beteiligung an Entscheidungsprozessen ist grundsätzlich nicht vorgesehen	Nur ein enger Kreis von Erfahrenen wird an Entscheidungen beteiligt	Entscheidungen werden ohne Abstimmung von denjenigen getroffen, die die Macht innehaben	Entscheidungsprozesse sind klar für die jeweiligen Hierarchieebenen geregelt	Wenn kreativer Input notwendig ist, werden projektbezogen Methoden der Beratung eingesetzt	Partizipation ist ein Kernprinzip in der Organisation, unabhängig von möglichen Effizienzverlusten	Eine effiziente Einbindung der Betroffenen sowie Beratung mit den Kompetentesten ist essenzieller Teil der Entscheidungskultur	Entscheidungen werden weitgehend selbstverantwortlich getroffen – unter dynamischer Einbeziehung von kompetenten Kollegen

Tab. 4.8 Qualitative Schnellbewertung des GCH-Faktors „Psychisches Wohlbefinden“

			Wirtschaft 1.0		Wirtschaft 2.0		Wirtschaft 3.0		Wirtschaft 4.0	
			Vor Adam Smith		19./20. Jahrhundert		Um 1980		21. Jahrhundert	
			Statisch		Linear		Multi-Dimensional		Dynamisch	
		Autonomie	0 %	0 %	10 %	10 %	30 %	30 %	60 %	60 %
		Vertrauen	0 %	10 %	10 %	20 %	20 %	40 %	40 %	80 %
		Handlungs-orientie-rung	Führungs-Orientie-rung	System-Orientie-rung	Führungs-Orientie-rung	System-Orientie-rung	Führungs-Orientie-rung	System-Orientie-rung	Führungs-Orientie-rung	System-Orientie-rung
		Führungs-stil	Egofo-kussierte Führung	Anschluss-orientierte Führung	Autoritäre Führung	Regu-lierende Führung	Transak-tionale Führung	Partizi-pative Führung	Transfor-mative Führung	Bionische Führung
Element:	Abschn.	*Level*	1	2	3	4	5	6	7	8
Psychi-sches Wohlbefin-den	2.2.5.2 a)	***Bedrü-ckung - Freude (eindimen-sional)***	*Bedrü-ckung*	− − −	− −	−	+	+ +	+ + +	*Freude*
	2.2.5.2 b)	***U-Form (zweidi-mensional)***	*zornig*	*Ängstlich*	*Gelang-weilt*	*Müde*	*Gelassen*	*Behaglich*	*Enthusias-tisch*	*Energisch*

(Fortsetzung)

Tab. 4.8 (Fortsetzung)

			Wirtschaft 1.0		Wirtschaft 2.0		Wirtschaft 3.0		Wirtschaft 4.0	
			Vor Adam Smith		19./20. Jahrhundert		Um 1980		21. Jahrhundert	
			Statisch		Linear		Multi-Dimensional		Dynamisch	
		Autonomie	0 %	0 %	10 %	10 %	30 %	30 %	60 %	60 %
		Vertrauen	0 %	10 %	10 %	20 %	20 %	40 %	40 %	80 %
		Handlungs-orientie-rung	Führungs-Orientie-rung	System-Orientie-rung	Führungs-Orientie-rung	System-Orientie-rung	Führungs-Orientie-rung	System-Orientie-rung	Führungs-Orientie-rung	System-Orientie-rung
		Führungs-stil	Egofo-kussierte Führung	Anschluss-orientierte Führung	Autoritäre Führung	Regu-lierende Führung	Transak-tionale Führung	Partizi-pative Führung	Transfor-mative Führung	Bionische Führung
Element:	Abschn.	*Level*	1	2	3	4	5	6	7	8
	2.2.5.2 c)	***Spiritua-lität***	*Nur die materielle Welt exis-tiert*	*Spiritualität beschränkt sich auf einige „magische Glaubens-sätze“*	*Persönliche Spiri-tualität wird nicht gezeigt, da sie als Schwäche angesehen wird*	*Spiritu-alität ist beschränkt auf die Glaubens-überzeu-gungen der kulturellen Mehrheit*	*Geld, Status und materiel-ler Erfolg sind die dominanten Ideale*	*Spirituellen Elementen werden als Gegen-pol zum Materiel-len in der Organisa-tion Raum gegeben*	*Die Orga-nisation respektiert individuelle Spiritua-lität und bietet den Raum dafür, diese zu prakti-zieren*	*Der Arbeits-platz ist eine Ins-pirations-quelle für transper-sonales Wachstum*

Tab. 4.9 Qualitative Schnellbewertung des GCH-Faktors „Ausgewogene Lebenszeit"

			Wirtschaft 1.0		Wirtschaft 2.0		Wirtschaft 3.0		Wirtschaft 4.0	
			Vor Adam Smith		19./20. Jahrhundert		Um 1980		21. Jahrhundert	
			Statisch		Linear		Multi-Dimensional		Dynamisch	
		Autonomie	0 %	0 %	10 %	10 %	30 %	30 %	60 %	60 %
		Vertrauen	0 %	10 %	10 %	20 %	20 %	40 %	40 %	80 %
		Handlungsorientierung	Führungs-Orientierung	System-Orientierung	Führungs-Orientierung	System-Orientierung	Führungs-Orientierung	System-Orientierung	Führungs-Orientierung	System-Orientierung
		Führungsstil	Egofokussierte Führung	Anschlussorientierte Führung	Autoritäre Führung	Regulierende Führung	Transaktionale Führung	Partizipative Führung	Transformative Führung	Bionische Führung
Element:	Abschn.	*Level*	1	2	3	4	5	6	7	8
Ausgewogene Lebenszeit	2.2.5.1 a)	***Für Arbeit aufgewendete Zeit***	*Ungeregelte Arbeitszeiten folgen den zwingenden Erfordernissen der Aufgabe*	*Hohe Leistung während langer Arbeitszeiten wird von Allen erwartet*	*Individuelle Arbeitszeiten werden maximiert, um höchstmöglichen Output zu erzielen*	*Arbeitszeit wird im Rahmen der rechtlichen Grenzen genutzt und akribisch in Form von Anwesenheit am Arbeitsplatz erfasst*	*Ein hohes Maß an Engagement und permanenter Verfügbarkeit wird erwartet; selbst während arbeitsfreier Zeiten*	*Flexible Arbeitszeitmodelle erlauben einen hohen Grad an Autonomie*	*Arbeit und persönliche Leidenschaft überlappen sich zunehmend; die Organisation stellt die gesunde Begrenzung der Arbeitszeit sicher*	*Arbeit erlaubt hohe Flexibilität, ist harmonisch ausgewogen und integriert in die persönliche Lebensgestaltung*

(Fortsetzung)

Tab. 4.9 (Fortsetzung)

			Wirtschaft 1.0		Wirtschaft 2.0		Wirtschaft 3.0		Wirtschaft 4.0	
			Vor Adam Smith		19./20. Jahrhundert		Um 1980		21. Jahrhundert	
			Statisch		Linear		Multi-Dimensional		Dynamisch	
		Autonomie	0 %	0 %	10 %	10 %	30 %	30 %	60 %	60 %
		Vertrauen	0 %	10 %	10 %	20 %	20 %	40 %	40 %	80 %
		Handlungsorientierung	Führungs-Orientierung	System-Orientierung	Führungs-Orientierung	System-Orientierung	Führungs-Orientierung	System-Orientierung	Führungs-Orientierung	System-Orientierung
		Führungsstil	Egofokussierte Führung	Anschlussorientierte Führung	Autoritäre Führung	Regulierende Führung	Transaktionale Führung	Partizipative Führung	Transformative Führung	Bionische Führung
Element:	Abschn.	*Level*	1	2	3	4	5	6	7	8
	2.2.5.1 b)	***Unbeeinträchtigte Erholungsphasen***	*Unzureichende Erholungszeiten führen zu einer kontinuierlichen Abnahme der Energiereserven*	*Gruppendruck verhindert, dass sich das Maß an gewährter Erholung an den individuellen Bedürfnissen orientiert*	*Wenige und kurze, aber unterbrechungsfreie Erholungszeiten werden bei entsprechender Leistung gewährt*	*Wenn die formalen Regeln befolgt werden, sind sorgenfreie Erholungszeiten in ausreichendem Maße sichergestellt*	*Zunehmende Verantwortung beeinträchtigt die Erholungsphasen, da sie häufig die tatsächlichen Einflussmöglichkeiten übersteigt*	*Es wird versucht, auf die individuellen Erholungsbedürfnisse bestmöglich einzugehen*	*Durch einen möglichst hohen Gleichklang zwischen Fähigkeiten, Einfluss und Verantwortung entstehen intensive Erholungsphasen*	*Hohe Achtsamkeit in der Organisation stellt das regelmäßige Auftanken der physischen, emotionalen und sozialen Energiereserven sicher*

4.2 Ein paar abschließende Worte

Auch wenn auf dem Buchdeckel oft nur ein Name steht, so ist ein Buch wie dieses nie ein Werk eines einzelnen Autors, sondern es repräsentiert lediglich die verschriftlichte Version einer Vielzahl von Erfahrungen, Anregungen, Inspirationen und Emotionen, die ohne viele andere Menschen nie möglich gewesen wären.

Es ist allerdings unmöglich, all diejenigen aufzuzählen, die mich bisher auf dem Weg dahin begleitet haben, heute einen letzten Punkt hinter mein Manuskript zu setzen – und noch weniger diejenigen zu würdigen, die hoffentlich aus dem Punkt ein Komma machen und auf der Basis dieser Momentaufnahme meiner bisherigen Gedanken diese konstruktiv weiterdenken, sie hinterfragen, nächste Schritte ausprobieren und auch ihre Erfahrungen teilen werden.

Daher möchte ich mich lediglich verneigen vor dem Leben, das mir über ein halbes Jahrhundert unzählige wertvollen Begegnungen ermöglicht hat – mit denjenigen, die mich inspiriert, motiviert, unterstützt und ermutigt haben, Neues zu denken und es unbeirrbar auszuprobieren; aber auch mit all denjenigen, die mich herausgefordert oder sogar bekämpft haben. Denn ohne sie hätte ich nie den Punkt erreicht, heute mehr denn je davon überzeugt zu sein, dass eine Wirtschaft mit dem Menschen im Zentrum nicht nur wünschenswert, sondern auch erfolgsentscheidend ist.

Stellvertretend für sie alle möchte ich lediglich ein paar von ihnen an dieser Stelle namentlich erwähnen und ihnen explizit danken: Vor allem meiner Frau Kathrin, die selbst in herausfordernden Zeiten mir immer wieder die Kraft gegeben hat, meine Überzeugungen nie aufzugeben und weiterzumachen; dem vierten Drachenkönig von Bhutan, Jigme Singye Wangchuck, dessen Weisheit in der Regierungsführung die inspirierende Grundlage des GCH-Modelles ist; Professor Stephan Breidenbach, dessen jahrelange Begleitung mich erst dazu gebracht hat, meine Gedanken in dieser Form zu systematisieren; Professor Rebecca Henderson und Leith Sharpe aus Harvard, in denen ich treue Weggefährten für meine Ideen gefunden habe; Dasho Kado Tshering und Dorji Penjore aus Bhutan, die mir einen tiefen Einblick in ihr Land und ihre Kultur erlaubt haben; Sjoerd Luteyn und Oscar Rosa von Soul.com, meinen Brüdern im Geiste auf der Suche nach der gelebten Unternehmensseele; Todd Khosein und den Partnern von Secondmuse, meinen Lehrmeistern in co-kreativer Kollaboration; Thomas Hübl für seine inspirierenden Gedanken über die Geheimnisse der Mystik; Dr. Kaum, meinem Philosophielehrer und Inspiration der ersten Stunde auf der Suche nach der Transzendierung des alltäglichen Daseins; meinen tausenden Mitarbeitern, von denen ich täglich lernen durfte; meinen Verhandlungspartnern in der IG Metall für eine immer respektvolle und konstruktive Zusammenarbeit – sowie meinen Eltern, die mich immer wieder zum Andersdenken provoziert haben und mir gleichzeitig das Herz gaben, zu spüren, dass wahre Freiheit ist, wenn wir uns für die Zukunft entscheiden, die wir haben wollen – und dafür auch bereit sind, zu kämpfen.

Printed by Printforce, the Netherlands